ALBER SYMPOSION

Zu diesem Buch:
Kaum ein philosophischer Autor des 20. Jahrhunderts hat weniger über Ethik geschrieben als Wittgenstein. Dennoch wurden seine Schriften von Anbeginn von einem »ethischen« Impetus gespeist. Es ging dem Philosophen, wie im Zuge einer neuen Gesamtdarstellung seines Denkweges gezeigt wird, darum, die »philosophische Anschauungsweise« seiner Zeit zu verändern und zu einer »richtigen Sicht« der Dinge zu verhelfen, die die Probleme des Lebens ebenso wie das Quälende philosophischer Fragen zum Verschwinden bringt.

In seiner Frühphilosophie propagierte er eine Sicht »sub specie aeternitatis«, in der sich der »ethische Sinn« des »Tractatus« auf überraschende Weise mit einer Theorie der Bildlichkeit des Satzzeichens verbindet. Im Spätwerk gelangt Wittgenstein zu einer Sicht »sub specie hominis«. Majetschak zeigt, wie sich dieser Denkstil in den Hauptthemen des Spätwerks niederschlägt und in den letzten Notizen »Über Gewißheit« Perspektiven einer Philosophie aufreißt, die von universalistischen Ansprüchen Abschied genommen hat.

About this book: Hardly any other philosophical author of the twentieth century wrote less about ethics than Wittgenstein. Nevertheless, his writings were nourished from the very beginning by an »ethical« impetus. This philosopher was concerned with changing the »philosophical way of looking at things« of his time and help it to a »proper view« which would cause the problems of life, as well as the torment of philosophical questions, to disappear.

In his early philosophy, he propagated a view »sub specie aeternitatis«, in which the »ethical sense« of the *Tractatus* is combined in a surprising manner with a theory of the pictorial nature of the propositional sign. The new thought game of the late work leads Wittgenstein's philosophy to a view »sub specie hominis« (from the viewpoint of humanity). Majetschak shows how this style of thought is reflected in the major themes of the late work, and, in the last notes of »On Certainty,« opens perspectives upon a philosophy which has taken its leave of universalistic pretensions.

Der Autor: Dr. phil. Stefan Majetschak, geb. 1960, Promotion und Habilitation in Bonn, ist Professor für Philosophie an der Kunsthochschule in der Universität Gesamthochschule Kassel. Bücher und Aufsätze zu Themen der Sprachphilosophie, Ästhetik und Gegenwartskunst sowie der »klassischen deutschen Philosophie«.

Stefan Majetschak

Ludwig Wittgensteins Denkweg

SYMPOSION

PHILOSOPHISCHE SCHRIFTENREIHE

BEGRÜNDET VON
MAX MÜLLER, BERNHARD WELTE, ERIK WOLF

HERAUSGEGEBEN VON
MAXIMILIAN FORSCHNER, LUDGER HONNEFELDER

Stefan Majetschak

Ludwig Wittgensteins Denkweg

Verlag Karl Alber Freiburg / München

Die Deutsche Bibliothek – CIP-Einheitsaufnahme

Majetschak, Stefan:
Ludwig Wittgensteins Denkweg / Stefan Majetschak. –
Freiburg (Breisgau) ; München : Alber, 2000
(Symposion ; 114)
Zugl.: Bonn, Univ., Habil.-Schr., 1998
ISBN 3-495-47975-9

Symposion 114

Texterfassung: Autor

Gedruckt auf alterungsbeständigem Papier (säurefrei)
Printed on acid-free paper

Einbandgestaltung: Eberle & Kaiser, Freiburg
Einband gesetzt in der Rotis SemiSerif von Otl Aicher
Satzherstellung: Parerga Verlag GmbH, Düsseldorf
Inhalt gesetzt in der Aldus und Gill Sans
Druck und Bindung: Difo-Druck, Bamberg 2000
ISBN 3-495-47975-9

Der Erinnerung an Albrecht Fabri (1911-1998),
den großen Stilisten, der schon 1953 über Wittgenstein schrieb

Vorwort

Das Manuskript des vorliegenden Buches war im wesentlichen im Jahre 1995 abgeschlossen. So habe ich lange gezögert, ob es überhaupt noch der Öffentlichkeit zugänglich gemacht werden soll. Einiges, das ich seither über Wittgenstein las, hat mich zu diesem Schritt dann aber doch bewogen.

Einmal mehr hat vieles, was in diesem Buch zum Ausdruck kommt, von den langjährigen Anregungen Josef Simons, meines akademischen Lehrers an der Universität Bonn, profitieren können. Daß dieses Buch – in anderer Fassung – auch als Habilitationsschrift hat dienen können, verdanke ich der beständigen Ermunterung zweier nicht nur wissenschaftlich außerordentlicher Persönlichkeiten: Gottfried Boehm (Universität Basel) und Paul Good (Kunstakademie Düsseldorf). Ebenso bleibe ich Hans Michael Baumgartner (Universität Bonn), der 1999 allzu früh verstarb, in diesem Zusammenhang stets verpflichtet. Ihnen allen sei herzlich gedankt.

Ludger Honnefelder (Universität Bonn) danke ich für die Anregung, dieses Buch in die Reihe »Symposion« des Karl Alber Verlages aufzunehmen.

Stefan Majetschak
Im Sommer 2000

Inhalt

Die Qual des Asketen
Zur Einleitung

»In the elder days of art, / Builders wrought with greatest care / Each minute and unseen part, / For the gods are everywhere.« „Könnte mir als Motto dienen" (VB 497[1]), notierte Ludwig Wittgenstein im Jahre 1938 unter Longfellows Vers. Tatsächlich trifft er einen Charakterzug sehr gut, der Wittgensteins Denken mindestens seit 1929 auszeichnet, da er sich nach beinahe einer Dekade philosophischer Abstinenz Problemen der Philosophie neuerlich zuzuwenden beginnt. So, wie er »ältere Tage« sehnsuchtsvoll aufruft und einen von der Erfahrung der Allgegenwart der Götter geprägten, in jenen Tagen wohl geläufigen Stil des sorgfältigsten Umgangs mit der Welt beschwört, korrespondiert er dem „Geist" des Wittgensteinschen Werkes, der, wie sein Verfasser meinte, „ein anderer ist als der des großen Stromes der europäischen und amerikanischen Zivilisation, in dem wir alle stehen." (PB, Vorwort) Für diesen »Geist« – ob in älteren Tagen philosophischen Denkens schon einmal verbreitet oder durchaus »neu«, mag hier dahingestellt bleiben – ist kennzeichnend, daß er in der die Neuzeit beherrschenden „Idee vom großen Fortschritt" in den Wissenschaften ebenso wie in der Idee „von der endlichen Erkenntnis der Wahrheit" in unserer Zeit nichts anderes als „eine Verblendung" sah. Die ein wenig an Karl Kraus'sche Apokalyptik gemahnende Vorstellung, „daß das wissenschaftlich technische Zeitalter", das diesen Ideen anhängt, vielleicht gar als „der Anfang vom Ende der Menschheit" zu betrachten sei, daß also „an der wissenschaftlichen Erkenntnis nichts Gutes oder Wünschenswertes" sei „und daß die Menschheit, die nach ihr strebt," entsprechend „in eine Falle läuft" (VB 529), schien Wittgenstein aus solchem »Geist« heraus sehr wohl diskutabel.

Der von ihm verachtete Geist des gegenwärtigen Zeitalters äußert sich – so jedenfalls will es seine kulturkritische Diagnose – „in

[1] Wittgensteins Schriften werden in dieser Untersuchung mit Siglen im fortlaufenden Text zitiert. Zu Modus und Siglen der Zitation vgl. das »Verzeichnis der zitierten Literatur« am Schluß. Werke der kritischen Literatur zu Wittgenstein sowie sonstige herangezogene Schriften werden im folgenden bei der ersten Erwähnung mit vollständiger bibliographischer Angabe, sodann bei allen weiteren mit Kurztitel in den Anmerkungen angeführt.

einem Bauen immer größerer und komplizierterer Strukturen" im Zuge philosophischer und technisch-naturwissenschaftlicher Theoriebildung, einem Bauen, genauer gesagt, welches die Welt „in ihrem Zentrum – ihrem Wesen" – zu erfassen sucht und welches man in dem Maße, in dem es sie stets *allgemeiner* beschreib- und beherrschbar macht, gewöhnlich als „Fortschritt" bezeichnet. Demgegenüber sah er den Geist seiner eigenen philosophischen Arbeit durch ein „Streben nach Klarheit und Durchsichtigkeit welcher Strukturen immer" bestimmt. Sie wollte „die Welt durch ihre Peripherie – in ihrer" durch Theorien unverstellten „Mannigfaltigkeit", gleichsam »each minute and unseen part«, wie die Bauenden jener älteren Tage in Longfellows Vers – »mit größter Sorgfalt« „erfassen" (PB, Vorwort). So entstanden Schriften, denen nicht theoretische Komplexität, sondern „Klarheit, ... Durchsichtigkeit," sowohl der behandelten Gegenstände in ihrer unreduzierten Mannigfaltigkeit als auch der jeweiligen philosophische Argumentation als solche ein „Selbstzweck" (VB 459) war.

Diese Schriften traten, wie man weiß, innerhalb eines vier Jahrzehnte umspannenden philosophischen Lebenswerkes nicht unmittelbar als Kulturkritik, sondern auf sehr unterschiedliche Weisen je als Sprachkritik auf, wobei man für gewöhnlich eine Früh- und eine Spätphilosophie, in der gegenwärtigen Forschung gelegentlich auch noch eine eigenständige »mittlere Periode« zu Beginn der dreißiger Jahre unterscheidet: In der Frühzeit des Wittgensteinschen Philosophierens gestalteten sie sich zunächst als Kritik an der logischen Inadäquatheit der natürlichen Sprache, später dann als Kritik an den philosophisch irreführenden Mißdeutungen, die wir dem Funktionieren der nunmehr als in sich vollkommen erachteten natürlichen Sprache zuteil werden zu lassen geneigt sind. So sehr sich diese Schriften im einzelnen auch konzeptionell gewandelt haben mochten, so sehr versuchten sie stets, „Propaganda" für den Geist, aus dem heraus sie verfaßt waren, sowie den ihm korrelierten „Stil des Denkens" (VG 46) zu machen. Obgleich kaum ein einflußreicher philosophischer Autor des 20. Jahrhunderts weniger als Wittgenstein über Ethik geschrieben hat, waren sie insofern von Anbeginn von einem untergründigen, (in weitem Sinne) »ethischen« Impetus getragen. Es ging ihnen, je auf ihre Weise, darum, die philosophische „Anschauungsweise" (Z § 461) ihrer Zeit zu verändern und zu einer »richtigen Sicht« (vgl. Tlp 6.54) der Dinge zu verhelfen, die – statt sich dem, „was *viele* heute *schwefeln*" (BW 97), in einem weiteren gelehrten Traktat anzuschließen –

die drängenden ethischen „Probleme des Lebens" (Tlp 6.52) ebenso wie das Quälende der überkommenen philosophischen Probleme wirklich zum Verschwinden bringt. „Unverkennbar ist" dabei natürlich die in den dreißiger Jahren stattfindende „»Kehre« in dem »langen und verwickelten« Denkweg Wittgensteins ... Unverkennbar ist aber auch, daß es sich" von dieser ethischen Zielsetzung her gesehen „um den gleichen Denkweg handelt", um eine „Kontinuität in der Verschiedenheit von Früh- und Spätphilosophie"[2].

Zweifellos wird die Kontinuität auf Wittgensteins Denkweg aber nicht nur durch jene die Sprachkritik stets leitende »ethische« Zielsetzung gestiftet, sondern auch dadurch, daß er, der nach der Veröffentlichung der üblicherweise *Tractatus* genannten *Logisch-Philosophischen Abhandlung* Anfang der zwanziger Jahre zu Lebzeiten kein Werk mehr zur Publikationsreife brachte, sich mit den jeweiligen Resultaten seiner philosophischen Arbeit niemals zufrieden gab. Denn die „Arbeit an der Philosophie" sei, so notierte er 1931, nicht nur die kritische, quasi-therapeutische Arbeit an einer irreführenden »Anschauungsweise« bzw. einer verfehlten »Geisteshaltung« anderer, sondern „– wie vielfach die Arbeit in der Architektur", der er sich verschrieb, als er gemeinsam mit Paul Engelmann das Haus für seine Schwester Margarete in der Wiener Kundmanngasse erbaute – „eigentlich mehr die Arbeit an Einem selbst. An der eigenen Auffassung. Daran, wie man die Dinge sieht." (VB 472 / Phil 407) Und in seinen Schriften *die* »richtige Sicht« erreicht zu haben, jene, die „Friede in Gedanken" als das „ersehnte Ziel dessen, der philosophiert" (VB 511), wirklich verschafft, gestand er sich niemals zu. So ist gerade sein Werk, wie kaum ein zweites, durch eine manchmal geradezu »manisch« zu nennende Neu- und Umbearbeitung *derselben* Probleme, *derselben* Schriften gekennzeichnet, denen er immer neue Aspekte abgewinnt, ohne – wie Wittgenstein jedenfalls glaubte – „das erlösende Wort zu finden" (Phil 409), das alles Quälende sowohl der Probleme des Lebens als auch derer der Philosophie zum definitiven Verschwinden bringt. Wenn es deshalb stimmt, was Wittgenstein einmal über das „Seltsame an der philosophischen Beunruhigung und ihrer Lösung" notierte, daß sie nämlich sei, „wie die Qual des Asketen, der, eine schwere Kugel unter Stöhnen stemmend, da stand und den ein Mann erlöste, indem er ihm

[2] Günter *Wohlfart, Sprachkritik und Sprachmetakritik*. Bemerkungen zur Sprachphilosophie Wittgensteins, in: Allgemeine Zeitschrift für Philosophie 9.3 (1984), 27 f.

sagte: »lass' sie fallen«" (Phil 416), so muß man wohl sagen, er selbst sei – schon von seiner ganzen Lebensführung her gesehen – jener »Asket« gewesen, der freilich zur erwünschten Befreiung von der »Qual« seiner Last niemals fand.

Weil Wittgenstein sich insbesondere auf dem Weg zu einem zweiten philosophischen Buch, als welches er die erst aus dem Nachlaß veröffentlichten *Philosophischen Untersuchungen* plante, während beinahe zweier Jahrzehnte zur unaufhörlichen Rekonzeption von Schriften, für die teils gar Vorworte bereits geschrieben waren, genötigt sah und dabei stets (wenigstens) zu einer Umakzentuierung der argumentativen Gewichtungen gelangte, ist es nicht leicht, vielleicht sogar unmöglich, eine *allgemeine* Verständigung darüber zu erreichen, welche philosophische Position, falls überhaupt irgendeine, er in seinem Werk nun in inhaltlicher Hinsicht als »erlösend« empfand. Die gängige, immer noch überaus äußerlich bleibende Einteilung »früher / mittlerer / später Wittgenstein«, welche in der gegenwärtigen Forschung die von Wolfgang Stegmüller inaugurierte Rede von »Wittgenstein I« und »Wittgenstein II« ersetzt und die ihn – wie im übrigen jeden anderen Philosophen, der über einen jahrzehntelangen Zeitraum schrieb – in bestimmter Hinsicht natürlich trifft, täuscht allzu leicht über dieses Problem hinweg, indem sie mindestens drei klar identifizierbare und benennbare Positionen suggeriert. Nur 15 Jahre nach Wittgensteins Tod konnte Hans Lenk in seinem Habilitationsvortrag des Jahres 1966 jedoch schon die folgenden, in der kritischen Literatur verwendeten Kennzeichnungen seiner Philosophie bzw. ihrer verschiedenen Entwicklungsstufen unterscheiden: „verborgener metaphysischer Realismus, antirealistischer »linguistisch-pragmatischer Nominalismus«, Panlinguismus, Behaviorismus, »Vollblut-Konventionalismus«, philosophischer Konstruktivismus"[3] – und anderes mehr. Obwohl, seit Erik Stenius[4] im *Tractatus* eine Verwandtschaft mit Kantischen Theorieelementen[5] entdecken zu können glaubte,

---

[3] Hans *Lenk, Zu Wittgensteins Theorie der Sprachspiele,* in: Kant-Studien 58 (1967), 458-480, Zitat: 458 f.

[4] Vgl. Erik *Stenius, Wittgenstein's Tractatus.* A Critical Exposition of its Main Lines of Thought, Oxford 1960, 220 f.

[5] Für einen knappen Überblick über wichtige Interpretationen zur Beziehung »Wittgenstein und Kant« in der älteren, aber heute teilweise noch einflußreichen angelsächsischen Literatur vgl. Susanne *Engel, Wittgenstein and Kant,* in: Philosophy and Phenomenological Research 30 (1969/70), bes. 483-492.

auch in der kontinentaleuropäischen Tradition des Philosophierens stehende Interpreten Wittgensteins frühe *und* späte Überlegungen an einigen Punkten „zu ähnlichen Einsichten wie bei *Kant* führen"[6] sahen, wird vielen Philosophen dieser Tradition dessen Denken wohl zumeist als ein (gar »naiver«) »Realismus« erscheinen. Manche dem Typus des (sprach-) analytischen Philosophierens verpflichtete Interpreten sahen sein Denken – jedenfalls in einigen Aspekten – dagegen wiederum als einen »Idealismus« an.[7] Zu einigen dieser Kennzeichnungen, die wir hier exemplarisch, ohne Anspruch auf Vollständigkeit anführen, hat Wittgenstein selbst Anlaß gegeben; so, wenn er bemerkte, es könne „scheinen, als wäre, was wir treiben, Nominalismus" (PU § 383), bzw. wenn er sich fragte, ob er nicht als „ein verkappter Behaviourist" (PU § 307) oder – da er doch ständig die Zweckgebundenheit unserer „symbolische[n] Praxis" (BPP I, § 147) des Handelns mit Worten untersucht – als „Pragmatiker" (BPP I, § 266) zu verstehen sei. Doch wies er all diese Kennzeichnungen auch als inadäquat zurück.

In der vorliegenden Untersuchung wird versucht, zu einer Verständigung über die Grundmotive auf jenem von Wittgenstein »qualvoll asketisch« begangenen Denkweg beizutragen, die ohne solche allgemeinen, nicht Verständigung, sondern letztlich *Vor*verständigung (über das, was er eigentlich gedacht haben *sollte*) ausdrückenden Kennzeichnungen auskommt.[8] Solche Verständigung ist nötig, weil nur sie, sollte sie denn gelingen, erstens einer angemessenen, jenseits von philosophischen Schul- und Richtungsstreitigkeiten vorzunehmenden Einschätzung von Wittgensteins Stellung in der Philosophie des 20. Jahrhunderts, zweitens aber auch vorliegenden und noch ausstehenden Spezialuntersuchungen über Einzelmotive einen orientierenden Horizont verschaffen kann. Die Chancen, *daß* es gelingen könnte, in

---

[6] So etwa Wilhelm *Lütterfelds, Zur sprachanalytischen Rehabilitierung des Kantischen Idealismus bei Wittgenstein,* in: Zeitschrift für Didaktik der Philosophie 3 (1981), Zitat: 79.

[7] Vgl. etwa Gertrud Elizabeth M. *Anscombe, The Question of Linguistic Idealism,* in: Acta Philosophica Fennica [Essays on Wittgenstein in Honour of G.H. von Wright] 28 (1976), 188, sowie in jüngerer Zeit Michael *Kober, Gewißheit als Norm.* Wittgensteins erkenntnistheoretische Untersuchungen in Über Gewißheit, Berlin / New York 1993, 257 ff.

[8] Für einen solchen Versuch *in nuce* vgl. Stefan *Majetschak, Ludwig Wittgenstein,* in: Tilman Borsche (Hrsg.), Klassiker der Sprachphilosophie, München 1996.

konsensusfähiger Weise den Rahmen, die Reichweite sowie die Grundgedanken der Wittgensteinschen »Theorie« abzustecken – wohl wissend, daß sich Wittgenstein, als historische Gestalt gesehen, die längste Zeit seines Lebens über gegen die Zuschreibung *irgendeiner* »Theorie« natürlich verwahrt hätte –, stehen heute besser denn je. Denn „Wittgenstein wird in immer höherem Maße ein Philosoph der Vergangenheit."[9] Das heißt, es kann – und braucht – heute gar nicht mehr darum zu gehen, sein Denken als irgend*etwas* zu klassifizieren; noch weniger darum, ablehnend *oder* zustimmend zu optieren[10], seinen sprachanalytischen Zugang zu philosophischen Problemen als den einzig angemessenen zu erweisen oder als unangemessen zu verwerfen, ist doch beinahe 50 Jahre nach seinem Tod die historische Distanz inzwischen groß genug, ihm dasjenige widerfahren zu lassen, was er selbst einmal als *seine* „Aufgabe" bezeichnete: „gerecht zu sein"; die „Ungerechtigkeiten der Philosophie aufzuzeigen und zu lösen, aber nicht neue Parteien – und Glaubensbekenntnisse – aufzustellen." (Phil 420)

Wittgenstein, wie es in dieser Untersuchung geschieht, als einen »Philosophen der Vergangenheit« zu behandeln heißt, mit einer neuen *Lektüre* seiner Texte zu beginnen, die nicht schon weiß, *was* in ihnen zu suchen oder möglicherweise sogar zu finden sei, sondern der, bewußt orientiert an der vorliegenden Schriftgestalt[11], der überliefer-

---

[9] Joachim *Schulte, »Es regnet, aber ich glaube es nicht.«*, in: E. v. *Savigny* / O.R. *Scholz* (Hrsg.), *Wittgenstein über die Seele*, Frankfurt/Main 1995, 194

[10] Dies war in den ersten Jahrzehnten der Auseinandersetzung mit Wittgensteins Werk noch anders, als man einerseits glaubte, »*die* Philosophie« (bzw. was man dafür gehalten hat) gegen deren »Negation« bei Wittgenstein verteidigen zu müssen (vgl. in diesem Sinne Walter *Schulz, Wittgenstein.* Die Negation der Philosophie, Pfullingen ²1979), und andererseits die Identifikation mit ihm und seinem Werk (insbesondere im angelsächsischen Raum) soweit ging, daß man – wie Gilbert Ryle berichtete – „Philosophen, die ihn nie kennengelernt haben, mit seinem Tonfall philosophieren hören; und Studenten, die kaum seinen Namen richtig schreiben können, ... die Nase über Dinge" rümpfen sehen konnte, „die er nicht mochte." (Gilbert *Ryle, Collected Papers*, Hutchinson 1971, Bd. 1, 249; dt. zitiert nach: Anthony *Kenny, Wittgenstein*, Frankfurt/Main ⁴1989, 11)

[11] Wir sprechen bewußt von »Schriften« und »Texten«, nicht von »Werken« Wittgensteins. Denn wie man weiß, ist eine philologisch gesicherte Klärung der Frage schwierig, was man überhaupt als ein authentisches *Werk* Wittgensteins im Sinne eines in sich abgeschlossenen Ausarbeitungsstadiums auf seinem Denkweg zu betrachten hat. Insofern es sich bei manchen Wittgensteinschen Schriften in ihrer gegenwärtig vorliegenden Form um Herausgeberkompilationen aus seinem Nachlaß handelt,

te Text als begrenzter Möglichkeitsraum der Interpretation die *einzige* Autorität ist. Dabei gilt es, aus seinen Texten einen durchgehenden Theoriezusammenhang allererst zu rekonstruieren, denn die Gestalt seines Werkes ist bis heute, im Bilde zu reden, nichts als ein »Stapel Zettel«, dessen Organisation zu den veröffentlichten Büchern sich vielfach Herausgeberentscheidungen – und damit Herausgeberinterpretationen – verdankt. Eine solche Lektüre muß, wenn sie mit dem angedeuteten Verständnis vom philosophischen Text als begrenztem Möglichkeitsraum der Interpretation wirklich ernst macht, hermeneutisch davon ausgehen, daß alle für ein Gedankenmotiv wichtigen Argumente *in Wittgensteins Texten selbst* zu finden sind. Das heißt, sie wird mit historischen Querverweisen ebenso wie mit einflußgeschichtlichen Herleitungen sparsam zu verfahren haben, wollte er doch *ausschließlich* aus sich selbst, d.h. aus seinen Texten heraus verstanden werden. Selbstverständlich sind solche Querverweise und Herleitungen prinzipiell möglich, schon deshalb, weil Wittgenstein mit dem, was er schrieb, „im Einzelnen überhaupt nicht den Anspruch auf Neuheit" erhob. Doch war es ihm „gleichgültig ..., ob das[,] was" er „gedacht" hat, vor ihm „schon ein anderer gedacht hat", und darum gab er für seine Überlegungen gewöhnlich „auch keine Quellen an" (Tlp, Vorwort). Dies, was der *Tractatus* eigens konstatierte, gilt für das spätere Werk nicht weniger. Ein philosophischer Gedanke, dachte Wittgenstein stets, müsse für sich selbst bestehen können – sofern es denn überhaupt einer sei. Selbstverständlich darf der Versuch, Wittgenstein in der von ihm selbst erwünschten Weise zu verstehen, dabei nicht zur bloßen Paraphrase des »Wittgenstein sagt, daß ...« oder »Wittgenstein zeigt, daß ...« verkommen. Vielmehr wird er – mit einem seiner

---

sind die Kriterien dafür derzeit keineswegs eindeutig (zu dieser Problematik vgl. J. *Schulte, Wittgenstein,* Stuttgart 1989, 43 ff., sowie Oliver R. *Scholz, Zum Status von Teil II der Philosophischen Untersuchungen,* in: E. v. Savigny / O.R. Scholz (Hrsg.), Wittgenstein über die Seele, bes. 25-29). Eine »lückenlose« Dokumentation des Wittgensteinschen Denkweges sowie der verschiedenen Schichten in der Entwicklung der jeweiligen Textgestalten wird erst nach Abschluß der von Michael *Nedo* edierten *Wiener-Ausgabe* (Zum Zeitpunkt der Niederschrift dieser Studie lagen vor: Bd. 1: *Philosophische Bemerkungen* / Bd. 2, *Philosophische Betrachtungen, Philosophische Bemerkungen,* Wien 1994) von Wittgensteins Schriften möglich sein. Diese Ausgabe, die allein für die Edition der *Philosophischen Bemerkungen* und der *Philosophischen Grammatik* mehrere Bände benötigt, macht freilich bereits nach Erscheinen der ersten Bände deutlich, daß eine grundlegende Revision unseres schon jetzt möglichen Wittgenstein-Bildes kaum zu erwarten steht.

eigenen Motive zu reden – durch »das Chor« der aus verschiedenen Texten zusammengestellten Bemerkungen zu einer »übersichtlichen Darstellung« des von Wittgenstein philosophisch Intendierten werden müssen, war er es doch wiederum selbst, der Philosophieren in seinem Spätwerk als ein fortwährendes, auf je und je neu zu gewinnende »Übersicht« abzweckendes Umordnen von Begriffen, die wir philosophisch zu mißdeuten neigen, verstand und in seiner eigenen philosophischen Arbeit im Laufe vieler Überarbeitungsstufen seiner Texte faktisch betrieb. Denn das „philosophische Problem *ist* ein Bewusstsein der Unordnung in unsern Begriffen, und durch Ordnen derselben zu heben." (Phil 421/Herv. S.M.)

Wie ein Blick über das »Verzeichnis der zitierten Literatur« zum Schluß dieser Untersuchung zeigt, gibt es zahlreiche Studien, die Orientierung über Wittgensteins Denken im ganzen versprechen. Und so ist klar, daß man darüber streiten kann, ob es überhaupt einer neuen Darstellung dieses Denkweges bedarf, verstehe sie sich nun »historisch« oder wie auch immer. Wirklich zu rechtfertigen ist ein solches Unternehmen wohl nur im Rückblick auf den folgenden Untersuchungsgang, und zwar durch die Neuheit und vor allem durch die Überzeugungskraft der Interpretationen, die es – gemessen an unserem bisherigen Verständnis für diesen Weg – präsentiert. Obwohl sich die folgende Darstellung natürlich mit manchem treffen wird, was lange schon – und von zahlreichen Interpreten – über Wittgenstein gesagt worden ist, ist sie sich sicher, auf einige für Wittgenstein überaus zentrale Punkte ein zumindest verändertes Licht zu werfen. Was ihre Überzeugungskraft betrifft, muß sie sich dem Urteil des Lesers stellen.

1. Wittgensteins ursprüngliche Fragestellungen

1.1 Logik und Leben

Wittgenstein war kein historischer Denker. Sieht man von seinem Studium von Russells und Whiteheads *Principia Mathematica* sowie der logischen Schriften Gottlob Freges um 1911 einmal ab, hat er die Problemstellungen und Gedankenmotive seines Philosophierens kaum je aus einläßlicher, gar exegetischer Beschäftigung mit philosophischen Texten der Tradition gewonnen. „Es wäre", berichtet Georg Henrik von Wright, „nicht Wittgensteins Art gewesen, philosophische Schriften anderer genauer zu *studieren*, vielmehr hätte er diese nur kursorisch *gelesen* (»überflogen«), bis ihm dabei einzelne Sätze aufgefallen seien, über die er dann – ohne den vorliegenden Text systematisch zu interpretieren – zu reflektieren begonnen hätte, etwa in der Art, welche Gründe einen Philosophen dazu veranlaßt haben könnten, einen solchen Satz zu formulieren, und – wohl in den meisten Fällen – weshalb solche Sätze zu verwerfen sind."[1] Von solchen, akademischen Standards der Klassiker-Rezeption kaum genügenden Lektüregewohnheiten her gesehen, besteht das verbreitete Wittgenstein-„Bild des Philosophen ohne Vorbilder"[2], des Denkers, der ohne Bezug auf überkommene Problemlagen und Theorieansätze ein erratisches Werk von epochaler Wirkung schuf, wohl nicht völlig zu unrecht. Aus überlegener Kenntnis der europäischen Philosophiegeschichte ist sein Werk nicht entsprungen.

Die »Phoenix-aus-der-Asche«-These über Wittgensteins Werkgenese sieht sich freilich mit der Tatsache konfrontiert, daß Wittgenstein selbst sein Denken überwiegend für „reproduktiv" (VB 476) gehalten hat. Seine „Originalität", schrieb er, sei die „des Bodens, nicht des Samens." (VB 500) Nie habe er „eine Gedankenbewegung *erfunden*", stets sei sie ihm „von jemand anderem gegeben" worden. Aus-

---

[1] So der Bericht von Michael Kober über ein Gespräch mit Georg Henrik von Wright im März 1989; in: Michael *Kober, Gewißheit als Norm*, 25.

[2] So Michael *Huter, Natur der Sprache*. Zu einigen Motiven bei Wittgenstein und Goethe, in: W. Schmidt-Dengler, M. Huber, M.Huter (Hrsg.), Wittgenstein und Philosophie ↔ Literatur, Wien 1990, 37.

drücklich sah er sich von „Boltzmann, Hertz, Schopenhauer, Frege, Russell, Kraus, Loos, Weininger, Spengler" und „Sraffa beeinflußt." (VB 476)[3] Überdies las er, vielfach durchaus zustimmend und mit Interesse, philosophische Autoren, die mit dem glücklicherweise im Aussterben begriffenen Wittgenstein-Bild als eines »logischen Positivisten« kaum in Einklang zu bringen sind: so z.B. schon zur Zeit der Arbeit am *Tractatus* Nietzsche[4] und – wie lange Zeit unbekannt war – auch Kant[5]. Allerdings sind Art und Umfang der Beeinflussung fast ungreifbar, wuchs der auf Wittgensteins Boden treffende Same bei ihm doch „anders ... als in irgend einem anderen Boden." (VB 500)

Aus welchen Quellen und Problemlagen Wittgensteins Denken in seinen Anfängen entsprang, ist deshalb keineswegs vollständig klar – und wohl auch nicht mit letzter Gewißheit zu eruieren. Seine eher geheimnisvoll denn klärend anmutende Bemerkung im Vorwort des *Tractatus,* man „könnte den ganzen Sinn des Buches etwa in die Worte fassen: Was sich überhaupt sagen läßt, läßt sich klar sagen; und wovon man nicht reden kann, darüber muß man schweigen", war rezeptionsgeschichtlich eher dazu angetan, zur Mythenbildung als zur Etablierung einer umfassenden Interpretationsperspektive für das Frühwerk beizutragen. Die lange Zeit am weitesten verbreitete Standardinterpretation der Wittgensteinschen Ausgangspunkte hat von Wright in den Sätzen zusammengefaßt: „Der junge Wittgenstein hatte von Frege und Russell gelernt. Seine Fragestellungen waren zum Teil

---

3 Über Wittgensteins nachweisliche Lektüren berichten umfänglich: Ray *Monk, Wittgenstein.* The Duty of Genius, London 1990, sowie Brian *McGuinness, Wittgenstein*: A Life, Duckworth 1988. Wittgensteins kulturellen Wiener Hintergrund, insbesondere die Bedeutung von Loos, Kraus und Hertz, erhellen Allan *Janik* und Stephen *Toulmin, Wittgensteins Wien,* München / Zürich 1987 [engl.: *Wittgenstein's Vienna,* New York 1973]. In ähnlich erhellender, wenn auch knapperer Weise als Janik und Toulmin informiert über Wittgensteins Wiener Hintergrund das Kapitel *Wittgenstein und das Wien des »fin de siècle«* im Buch von Peter *Kampits, Ludwig Wittgenstein.* Wege und Umwege zu seinem Denken, Graz / Köln / Wien 1985, 36 ff. Siehe zudem das Kapitel *Kritik und Kultur in Wien* in dem „Essay" von Richard *Heinrich, Wittgensteins Grenze,* Wien 1993, 26 ff.

4 Vgl. GT 8.12.14. Im Jahre 1931 attestiert er „Nietzsche" sogar, an „Probleme[n] der abendländischen Gedankenwelt" „vorbeigekommen" zu sein, die „kein Philosoph je angegangen" habe und an die er selbst „nie herankomme" (VB 462).

5 Vgl. den Bericht von Franz Parak, der Wittgenstein nach dem ersten Weltkrieg in einem italienischen Kriegsgefangenenlager kennenlernte: Franz *Parak, Wittgenstein in Monte Cassino,* in: Ludwig Wittgenstein, Geheime Tagebücher 1914-1916, hg. von W. Baum, Wien / Berlin 1991, 152.

die gleichen wie die ihren."[6] Wittgensteins im *Tractatus* vorgelegter Versuch, „dem Denken eine Grenze [zu] ziehen, oder vielmehr – nicht dem Denken, sondern dem Ausdruck der Gedanken" – stünde so besehen primär im Dienste einer als „Sprachkritik" (Tlp 4.0031) im Sinne Freges, also als „logische Klärung der Gedanken" (Tlp 4.112) verstandenen Philosophie. Diese, so scheint es, sucht nach einer Begründung der Logik sowie dem Entwurf einer „*logischen* Grammatik" des Denkens auf den Spuren der „Begriffsschrift Frege's und Russell's", die nach Meinung Wittgensteins bekanntlich „noch nicht alle Fehler" (Tlp 3.325) vermieden hat. „Der *Tractatus*" gehörte so besehen „einer bestimmten Tradition der europäischen Philosophie an, die über Frege und Russell hinaus zurückreicht zumindest bis hin zu Leibniz"[7], aber genauer betrachtet wohl gar bis zu Descartes, der in einem Schreiben an seinen langjährigen Briefpartner Marin Mersenne von November 1629, das Leibniz später zu seinen Überlegungen inspirierte, die Idee einer gedankenadäquaten »Begriffsschrift« erstmals konzipierte[8]: einer Tradition also, in der sich die Idee philosophischer Sprachkritik mit dem Projekt der Ausarbeitung einer der Logik des reinen Denkens ädaquaten *characteristica universalis* auf das engste verband.[9] Und er wäre allein vor ihrem Hintergrund angemessen zu verstehen. Sein originäres Zentrum wäre damit (ungefähr) in den Sätzen 4.1213 bis 6.3 zu sehen, d.h. in den Passagen, die die »richtige« Auffassung der logischen Zeichensprache, die Methode der Wahrheitstafeln sowie die Theorie der Wahrheitsfunktionen einführen. Tatsächlich nehmen sie im *Tractatus* rein quantitativ auch den breitesten Raum ein. Die sogenannte »Ontologie« des *Tractatus* (Tlp 1 bis 2.063) und die Bild-Theorie des Satzes (Tlp 2.1 bis 4.1212) hätten demgegenüber nur Grundlegungsfunktion. Die Sätze über Wissenschaftstheorie, Ethik und Ästhetik sowie das Rätsel des Lebens (Tlp 6.31 bis 7) pflegt man auf einer solchen Interpretationslinie gemeinhin als zu vernachlässigenden, weil letztlich bloß idiosynkratischen »Anhang« zu deuten.

Doch wollte der junge Wittgenstein das ihm durch Russell und Frege bekannt gewordene Theorieprogramm wirklich einfach nur fort-

---

6 Georg Henrik *von Wright, Ludwig Wittgenstein.* Eine biographische Skizze, in: G.H.v.W., Wittgenstein, Frankfurt/Main 1986, 36 [engl.: Wittgenstein, Oxford 1982]

7 *von Wright, Ludwig Wittgenstein*, 36 Anm.

8 Vgl. *Brief an Marin Mersenne* vom 20.11.1629, in: Œuvres de Descartes, hg. von Ch.Adam / P.Tannery, Paris 1897 bis 1909, Bd. I (Neudruck 1974).

9 Vgl. L.*Couturat* / L.*Leau, Histoire de la langue universelle,* Paris ²1907.

schreiben? Tatsächlich weist der *Tractatus* ja auch „eine Fülle von Gegenmotiven auf", die man, wie bemerkt worden ist[10], in ihrer argumentativen Stoßrichtung geradezu als Kritik an Russells und Freges Auffassungen vom Programm einer logischen Sprachanalyse interpretieren kann. Und mehr noch: Selbstdeutungen Wittgensteins aus seinen frühen Jahren bieten allen Anlaß, die Triftigkeit der Interpretationsthese von der *primär* »logiktheoretischen« Motivation des *Tractatus* in Frage zu ziehen. Es waren vor allem Allan Janik und Stephen Toulmin, die ihr in einem einflußreichen Buch unter Berufung auf einen inzwischen berühmten Brief Wittgensteins an Ludwig von Ficker von Oktober oder November 1919 vehement entgegengetreten sind. Der „Sinn" des *Tractatus*, schrieb Wittgenstein in diesem Brief, sei „ein Ethischer. Ich wollte einmal in das Vorwort einen Satz geben, der nun tatsächlich nicht darin steht, den ich Ihnen aber jetzt schreibe, weil er Ihnen vielleicht ein Schlüssel sein wird: Ich wollte nämlich schreiben, mein Werk bestehe aus zwei Teilen: aus dem, der hier vorliegt, und aus alledem, was ich *nicht* geschrieben habe. Und gerade dieser zweite Teil ist der Wichtige. Es wird nämlich das Ethische durch mein Buch gleichsam von Innen her begrenzt" (BW 96), indem Wittgenstein über all jenes schwieg, „was *viele* heute *schwefeln*" (BW 97). Dessen Hauptanliegen bestehe deshalb keineswegs primär darin, eine logische Grammatik und Begriffsschrift grundzulegen, sondern sei in seiner für Wittgenstein selbst entscheidenden ethischen Dimension angemessen allein vor dem kulturellen Hintergrund des zeitgenössischen Wien verständlich zu machen. Unter dem Eindruck einer hohl gewordenen, zunehmend zerfallenden K.u.K.-Kultur sowie von weit verbreitetem »ethischem Geschwefel«, mindestens indirekt vertraut mit der dagegen gerichteten Sprach-, Form- und Darstellungskritik eines Karl Kraus, Adolf Loos oder Hugo von Hofmannsthal und voller Bewunderung für die Modelltheorien der Physik eines Heinrich Hertz und Ludwig Boltzmann habe der junge Wittgenstein nämlich um eines angemessenen Verständnisses des »Ethischen« willen in einer allgemeinen philosophischen Theorie dem sinnvoll Sagbaren im Ganzen eine Grenze ziehen wollen. Er tat dies, indem er im *Tractatus* „die Principe der Darstellung *überhaupt*" (TB 1.11.14), d.h. innerhalb jedes möglichen Sprach- und Zeichensystems, zu untersuchen unter-

[10] So Christian *Stetter, Wittgensteins »Tractatus«*: Bemerkungen zu einem Mißverständnis, in: Kodikas / Code 2.4 (1980), 404.

nahm. Seine Hauptfrage sei entsprechend gewesen: „Gibt es eine Methode, für die *Sprache überhaupt* – das heißt: für jede mögliche Sprache – zu tun, was Boltzmann und Hertz für die Sprache der Physik getan hatten? Gibt es also einen Weg, den Bereich und die Grenze des Sagbaren erschöpfend »von innen her« zu bestimmen? Zu klären, wie einerseits *darstellende* als abbildende Sprache in der Art von mathematisierbaren »Hertzschen« Modellen der Tatsachen fungiert; und andererseits den »transzendentalen«", d.h. in der Ausdrucksweise des frühen Wittgenstein: den *wesentlich* unaussprechlichen „Charakter aller ethischen Fragen als Nebenprodukt der Analyse zu zeigen?"[11] Daß er diesen Versuch in der Sprache Freges und Russells unternommen hat, wäre gewissermaßen allein dem kontingenten Umstand verdankt, daß er mit diesen Philosophen zuerst in Berührung kam.

Haben Janik und Toulmin mit ihrer Interpretation freilich auch einer nicht-logizistischen, die kryptischen Schlußpartien dieses Werkes durchaus ernst nehmenden *Tractatus*-Deutung, die nicht allein die Traditionslinie »Frege, Russell, Wittgenstein« in den Blick nimmt, eine Bresche geschlagen[12], ist die Bedeutung des Ethischen für Witt-

---

[11] *Janik / Toulmin, Wittgensteins Wien*, 225

[12] Seither hat sich das Spektrum möglicher nicht-logizistischer Deutungsansätze für den *Tractatus* erheblich erweitert. Drei von ihnen, die wir freilich nicht weiter verfolgen werden, weil wir im folgenden andere Gedankenmotive als entscheidende Inspirationsquellen des Wittgensteinschen Frühwerkes sehen, seien hier wenigstens genannt. Vgl. in jüngerer Zeit z.B. das Buch von Claus-Artur *Scheier, Wittgensteins Kristall.* Ein Satzkommentar zur »Logisch-philosophischen Abhandlung«, Freiburg / München 1991, das die *Tractatus*-Probleme in einen ästhetischen Kontext stellt. Wilhelm *Baum, Nachwort zur Edition,* in: Ludwig Wittgenstein, Geheime Tagebücher 1914-1916, will mit Bezug auf einige Stellen der geheimen und der philosophischen Tagebücher Wittgensteins in der „Philosophie des *Tractatus*" sogar „eine moderne Variante der »negativen Theologie«" sehen, „die immer schon die Unzulänglichkeit des menschlichen Sprechens über transzendente Phänomene reflektierte" (172). Wie Janik und Toulmin erkennt er darum den »Schlüssel« zur *Tractatus*-Interpretation in den Schlußpassagen des Werkes, besonders in Wittgensteins Rede von einem Sich-Zeigen des Mystischen, und meint mit Bezug auf Wittgensteins Bemerkung Tlp 6.432 „Gott offenbart sich nicht *in* der Welt": „Was Wittgenstein mit dem »Mystischen« meinte, läßt sich aufgrund des religiösen Untertones der *Geheimen Tagebücher* deutlich erkennen: es ist das Analogon zu dem, was »Negative Theologie« immer schon wußte. Gott läßt sich in den Kategorien menschlicher Sprache nicht beschreiben." (180) Freilich bleibt die Frage, weshalb Wittgenstein angesichts eines *solchen* Grundanliegens den dann nur als »übertrieben« zu bezeichnenden logischen Aufwand des *Tractatus* treibt. Baums Interpretation – und auch diejenige Scheiers in ihrem Grundansatz – zeigt, daß der offene, aphoristische Darstellungsstil Wittgensteins eine Vielzahl heterogener, jedoch durchaus plausibel zu machender Kontextualisierungen erlaubt. Vgl. beispielsweise

gensteins Denken bei ihnen aber wohl sogar noch unterschätzt, wenn sie meinen, er habe im Zuge einer kultur- und zeitkritisch motivierten Theorie der Darstellung den »transzendentalen Charakter aller ethischen Fragen« bloß »als *Nebenprodukt* der Analyse« zeigen wollen. Wie stark Wittgensteins frühes Philosophieren – historisch-biographisch betrachtet – tatsächlich von einem auf die Lösung, mindestens die *Auf*lösung ethischer Fragen drängenden Impuls gespeist wird, der die auf den ersten Blick überpointiert wirkende und am Text des *Tractatus* vorderhand kaum zu bewährende Selbsteinschätzung, der »Sinn« des *Tractatus* sei *als solcher* ein »ethischer«, durchaus rechtfertigt, ist seit der erstmaligen Edition der von der Sorge um das eigene Leben geprägten Kriegstagebücher Wittgensteins (unter dem Titel *Geheime Tagebücher* durch Wilhelm Baum im Jahre 1991) deutlich geworden. Sie zeigen, daß Wittgensteins damaliges Interesse an der Lösung seiner philosophischen Fragen nicht zuletzt als Versuch der eigenen Lebensbewältigung verstanden werden muß. In ihnen, die die Theoriebildung der philosophischen Tagebücher der Jahre 1914 - 1916 gleichsam kontrapunktieren, dominiert das ethische Motiv der »Sorge-um-sich«, genauer: das Motiv der unter Depressionen (vgl. GT 8.3.15 u.ö.) und Selbstmordgedanken (vgl. GT 26.2.15 u.ö.) durchlittenen Angst, sich selbst in der Wirrnis des Zeitgeschehens, in der als widerwärtig erlebten soldatischen Umwelt zu verlieren (vgl. GT 27.2.15 u.ö.). Im Zuge solcher Erfahrung bedrohter persönlicher Identität stellt sich ihm die ethische Frage nach der rechten Lebensführung in einem ganz und gar konkreten, individuellen Sinn. „Wie muß ich also leben," so lautet die bedrängendste Frage seiner Notizen, „um in jedem Augenblick zu bestehen? Im Guten und Schönen zu leben, bis das Leben von selbst aufhört." (GT 7.10.14) In den *Philosophischen Tagebüchern* scheint diese Frage in der Formulierung: „Kann man ... so leben, daß das Leben aufhört, problematisch zu sein?" (TB 6.7.16) wider. Und natürlich ist sie auch noch im *Tractatus* präsent, wenn Wittgenstein dort die „Lösung des Problems des Lebens" (Tlp 6.521) diskutiert. Eine Auflösung dieser Fragen hat sich der junge Wittgenstein

---

die Interpretation von Helmut *Fahrenbach, Die logisch-hermeneutische Problemstellung in Wittgensteins »Tractatus«*, in: R. Bubner (Hrsg.), Hermeneutik und Dialektik, Bd. 2, Tübingen 1970, 25-54, der – mit nachvollziehbaren Gründen – die hermeneutische Frage nach den Möglichkeitsbedingungen des Sinn-Verstehens für die maßgebliche Leitfrage einer *Tractatus*-Lektüre hält.

von seiner philosophischen Arbeit erhofft, die für ihn *als solche* eine ethische Dimension gewinnt.[13] Sie erscheint ihm nämlich als ein Weg, in seiner Orientierungsnot zu sich selbst zu finden, wie er selbst stets sagt: als ein Weg, sich zu »sammeln« (vgl. GT 25.8.14, 12.11.14, u.ö.), hoffte er doch, *durch philosophische Reflexion* eine Perspektive zu erlangen, die „die Welt richtig" »sieht« (Tlp 6.54) und *dadurch* die quälenden Probleme des Lebens zum Verschwinden bringt. „Nur sich selbst nicht verlieren!!!", notierte er deshalb. „Sammle dich! Und arbeite [philosophisch, S.M.] nicht zum Zeitvertreib, sondern fromm, um zu leben." (GT 12.11.14) Insofern der *Tractatus* eine solche »richtige Sicht der Welt« mit Hilfe des Entwurfs einer komplexen Theorie ikonischer und sprachlicher Wirklichkeitsreferenz zu vermitteln versucht, kann man ihn – wie wir später sehen werden – selbst geradezu als eine „ethische Tat"[14] bezeichnen.

Daß Wittgenstein seinen frühesten Denkweg also fraglos unter ethischen Auspizien antrat, kann natürlich seine logik- und darstellungstheoretischen Verdienste nicht schmälern, wie man diese und die ethische Dimension seines Frühwerkes wohl überhaupt nur um den Preis einer jeweils zwangsläufigen interpretativen Verkürzung gegeneinander ausspielen kann. Denn tatsächlich sah sich Wittgensteins frühes Theorieprojekt mit (von Russell und vor allem von Frege übernommenen) *theoretischen* Fragestellungen konfrontiert, die eine Theorie, die eine ethisch *und* logisch »richtige Sicht der Welt« zu vermitteln beansprucht, natürlich würde beantworten müssen. Doch welches waren die theoretischen Fragestellungen, die der junge Wittgenstein vorfand? Ging es ihm wirklich nur um eine korrigierte Fortschreibung des Fregeschen und Russellschen Theorieprogramms?

---

[13] Eine Dimension, welche er bis zu seinen letzten philosophischen Notizen mit ihr verbunden sehen sollte. Sie wird besonders von Knut Erik *Tranøy, Wittgenstein – Ethics and the »Wonderful Life«*, in: Rudolf Haller / Johannes Brandl (Hrsg), Wittgenstein. Eine Neubewertung / Towards a Re-Evaluation, Wien 1990, Bd. 1, 276 ff, J.C. *Nyíri, Das unglückliche Leben des Ludwig Wittgenstein*, 99-103, sowie Aldo G. *Gargani, Wittgensteins ethische Einstellung*, in: Brian McGuinness / Rudolf Haller (Hrsg), Wittgenstein in Focus – Im Brennpunkt: Wittgenstein, Amsterdam / Atlanta 1989 (= Grazer Philosophische Studien 33/34 [1989]) betont. Letzterer belegt sie anhand von Texten aus allen Phasen des Wittgensteinschen Denkens ausführlich.

[14] So zurecht *Janik / Toulmin, Wittgensteins Wien*, 227 ff.

1.2 Ein Anstoß Freges

Im folgenden soll gezeigt werden, daß Wittgenstein insbesondere von Frege nicht nur ein Programm philosophischer Sprachkritik[15], sondern auch ein Problem übernahm, vor dessen Hintergrund vielleicht verständlich wird, weshalb sich sein erster philosophischer Ansatz im *Tractatus* als *Bild-Theorie* des Satzes, genauer: als Theorie der Bildlichkeit „sinnlich wahrnehmbare[r] Zeichen (Laut- oder Schriftzeichen etc.)" (Tlp 3.11) innerhalb jener Zeichenkonfigurationen, die er dann „Satzzeichen" (Tlp 3.12) nennt, präsentieren mußte. Denn Frege hatte im Zusammenhang methodologischer Überlegungen zur Möglichkeit einer »Begriffsschrift« das durchaus unterschiedliche semantische Darstellungspotential von phonetischen Zeichen im Medium der Zeit und schriftlichen Zeichen im Medium räumlicher Ordnung entdeckt und beschrieben und mit seiner These, daß der Aufbau eines Satzes in einer logisch exakten Begriffsschrift ein *Bild* des Aufbaus eines Gedankens sei, Wittgenstein das Stichwort für seine über Frege hinausweisende, verallgemeinerte Frage geliefert, *inwiefern* – d.h.: unter welchen Bedingungen – sich faktische Zeichenkonfigurationen überhaupt bildlich auf »etwas« beziehen: beispielsweise Konstellationen von Lautzeichen in ihrer zeitlichen Folge auf Sachverhalte der Welt oder, in der Logik, Notationssymbole in ihrer räumlichen Anordnung unmittelbar auf »reine« Gedanken. Eine Vergegenwärtigung nur weniger Fregescher Grundgedanken in knappen Strichen mag dies zeigen.

Weit tiefer als derjenige Wittgensteins ist Freges Denkansatz in jener oben erwähnten Cartesisch-Leibnizschen Tradition der Bemühung um eine *characteristica universalis* als einer Universalsprache des »reinen Gedankens« verwurzelt, in welche von Wright auch noch den *Tractatus* stellt. Denn über die Vermittlung Leibnizscher Schriften gelangte die Idee einer Universalsprache zu Frege, der – ursprünglich an dem Nachweis interessiert, „daß die Arithmetik" als „weiter entwickelte Logik"[16] auf dieselbe rückführbar sei – unter dem Namen

---

[15] Für einen Überblick über die Entwicklung des neuzeitlichen Sprachbegriffs sowie die mit ihr eng verbundene Idee der Sprachkritik vgl. Stefan *Majetschak, Sprache* (III. Neuzeit), in: Historisches Wörterbuch der Philosophie, hg. von K. Gründer, Bd. 9, Basel 1996, Sp. 1468-1495.

[16] Gottlob *Frege, Funktion und Begriff*, in: G.F., Funktion, Begriff, Bedeutung, hg. von G.Patzig, Göttingen ^{6}1986, 27

einer *Begriffsschrift* „eine »*lingua characterica*« im leibnizischen Sinne schaffen"[17] wollte. „Beim Denken", so lautet Freges gleichsam »platonistische« Grundüberzeugung, aus der sich auch sein Interesse an einer Begriffsschrift erklärt„erzeugen wir nicht die Gedanken", die objektiv strukturiert, „zeitlos" und unabhängig von individuellen Denkvollzügen in intersubjektiv gültiger Weise existieren, „sondern wir fassen sie"[18] und bilden sie in Sprache bloß ab. Wenn dies so sein sollte, wenn die „Welt der Gedanken" nach Freges Überzeugung also auch grundsätzlich „ihr Abbild in der Welt der Sätze, Ausdrücke, Wörter, Zeichen"[19] finden kann, so geschieht dies, wie man rasch sieht, doch nicht in allen Sprachen adäquat, weil offenkundig nicht in allen die unterscheidbaren Teile eines Sprachgebildes in einer ein-eindeutigen Beziehung zu den „Teilen" stehen, aus denen sich der Gedanke, wie Frege meint, »zusammensetzt«.[20] Insbesondere in sogenannten »natürlichen« Sprachen, die er auch als „Volkssprachen"[21] bezeichnet, ist dies in der Regel keineswegs der Fall. Vielmehr erwiesen sie sich „als mangelhaft, wenn es sich darum handelt, das Denken vor Fehlern zu bewahren"[22], weil die Worte nicht eindeutig bezeichneten, die sinnliche „Bildlichkeit der Sprache" (G 40 Anm.) sich immer wieder in den Gedankenausdruck hineindränge und die Sprache somit insgesamt „nicht in der Weise durch logische Gesetze beherrscht" werde, „daß die Befolgung der Grammatik schon die formale Richtigkeit der Gedankenbewegung verbürgte"(WB 108). Denn in natürlichen Sprachen lassen sich grammatische Transformationen von Sätzen (z.B. vom Aktiv ins Passiv) vornehmen, die das grammatische Satzsubjekt modifizieren, jedoch das logische unverändert lassen.[23] Gerade dies zeigt für

---

[17] Gottlob *Frege, Ueber den Zweck der Begriffsschrift,* in: G.F., Begriffsschrift und andere Aufsätze, hg. von I. Angelelli, Darmstadt [3]1964, 98

[18] Gottlob *Frege, Der Gedanke*. Eine logische Untersuchung (= G), in: G.F., Logische Untersuchungen, hg. von G.Patzig, Göttingen [3]1986, 50

[19] Gottlob *Frege, Die Verneinung*. Eine logische Untersuchung, in: G.F., Logische Untersuchungen, 59

[20] Vgl. Gottlob *Frege, Logische Untersuchungen*. Dritter Teil: Gedankengefüge, in: G.F., Logische Untersuchungen, 72.

[21] Gottlob *Frege, Über Sinn und Bedeutung,* in: G.F., Funktion, Begriff, Bedeutung, 42

[22] Gottlob *Frege, Ueber die wissenschaftliche Berechtigung einer Begriffsschrift* (= WB), in: G.F., Begriffsschrift und andere Aufsätze, 108

[23] Vgl. Gottlob *Frege, Begriffsschrift,* eine der arithmetischen nachgebildete Formelsprache des reinen Denkens (= B), in: G.F., Begriffsschrift und andere Aufsätze, 3 und 18.

Frege die – mindestens partielle – Inkongruenz von logischer Gedankenform und grammatischer Sprachform, die dazu führt, daß uns die Ausdrucksformen der natürlichen Sprache hinsichtlich der objektiven logischen Beziehungen, die zwischen unseren Gedanken und Begriffen herrschen, täuschen können. Genau deshalb ergibt sich für Frege die Notwendigkeit, eine Begriffsschrift des reinen Denkens zu entwickeln, die die grammatischen Strukturen der natürlichen Sprache durch gedankenformadäquate Strukturen ersetzt und es dadurch ermöglicht, die Struktur der »objektiven Gedanken« in angemessener Weise abzubilden.

Damit trägt die Ausarbeitung einer Begriffsschrift nach Frege dann auch zur Erfüllung der eigentlichen sprachkritischen „Aufgabe der Philosophie" bei, die er darin erblickte, „die Herrschaft des Wortes über den menschlichen Geist zu brechen, indem sie die Täuschungen aufdeckt, die durch den Sprachgebrauch über die Beziehungen der Begriffe oft fast unvermeidlich entstehen" (B XII). Die Herrschaft des natürlich-sprachlichen Wortes über den menschlichen Geist zu brechen, bedeutet für Frege freilich nicht, daß das Denken in Gänze von seiner Bindung an sinnliche Zeichen zu emanzipieren sei. „Denn der sinnlichen Zeichen bedürfen wir nun einmal zum Denken", um die Flüchtigkeit sinnlicher Eindrücke zu fixieren und „uns gegenwärtig" zu machen, „was abwesend, unsichtbar, vielleicht unsinnlich ist." (WB 106 f) Vielmehr bedeutet es, unter Umgehung der *phonetischen* Wortsprache des Alltags einen *ädaquaten* logischen Symbolismus des Denkens einzuführen, der Gedanken unverstellt zum Ausdruck bringt. Seine „Begriffsschrift" sollte dazu „ein brauchbares Werkzeug" (B XIII) sein, indem sie als „ein Ganzes von Regeln ... durch geschriebene oder gedruckte Zeichen ohne Vermittlung des Lautes unmittelbar Gedanken auszudrücken vermag."[24] Von ihren Sätzen kann dann gelten, was von einer jeden logisch exakten Sprache zu fordern ist, daß nämlich der „Aufbau des Satzes *als Bild* ... des Aufbaues des Gedankens" (G 72 / Herv. S.M.) zu betrachten sei.

Wie schon der Name »Begriffs*schrift*« andeutet, ist eine Sprache des reinen Gedankens für Frege tatsächlich überhaupt nur als eine schriftliche denkbar. Er erörtert dies in seiner Schrift *Ueber die wissenschaftliche Berechtigung einer Begriffsschrift*, in der er sich die Frage explizit vorlegt, „ob die Zeichen für's Ohr oder die für's Auge

---

[24] Gottlob *Frege, Was ist eine Funktion?*, in: G.F., Funktion, Begriff, Bedeutung, 90

den Vorzug" (WB 110) im Rahmen des Projekts einer Begriffsschrift verdienten, um zu dem Schluß zu kommen, daß unter logischen Gesichtspunkten „die Schrift dem Laute vorzuziehen" (WB 111) sei.[25] Im Zuge dieser Überlegungen bemerkt er, daß schriftlichen und phonetischen Zeichen ein unterschiedliches Darstellungspotential eignet, weil beide Zeichenarten verschiedene »Formen des Erscheinens« – wie Wittgenstein später sagen wird: verschiedene »Formen der Abbildung« – verwenden, die sie damit auch für je anders geartete Darstellungszwecke jeweils mehr oder minder geeignet erscheinen lassen.

„Insbesondere zum Gemüthsleben haben die Töne" nach Frege beispielsweise „eine innigere Beziehung als Gestalten und Farben", die für geschriebene Zeichen verwendet werden, denn „die nähere Verwandtschaft der Klänge zu den innern Vorgängen" des Gemüts bestehe darin, daß „die Form des Erscheinens ... für beide die zeitliche Folge" sei. Und sofern es auf dessen Darstellung ankommt, sind phonetischen Zeichen darum schriftlichen vorzuziehen. Zudem vermöge „die menschliche Stimme in ihrer unendlichen Biegsamkeit ... auch den feinsten Mischungen und Abwandlungen der Gefühle gerecht zu werden. Aber wie werthvoll diese Vorzüge auch für andere Zwecke seyn mögen, für die Strenge der Schlußfolgerungen" in unseren Gedanken, die die *Begriffsschrift* zu notieren unternimmt, „sind sie ohne Bedeutung." (WB 110) Denn sie überlassen die logischen Beziehungen des Denkens dem bloßen „Errathen" (WB 109), weil das im Fluß der Zeit verklingende phonetische Zeichen sie nicht fixieren und *deshalb* auch nicht in ihrer ganzen Komplexität in *einer* Zeit, wie Frege sagt: in einem „Augenblicke in's Auge" fallen lassen kann. Denn die „einfache Reihung" der phonetischen Zeichen in der vektoriell-einsinnig verlaufenden Zeit, welche ihnen als »Form des Erscheinens« eignet, entspricht „in keiner Weise der Mannichfaltigkeit der logischen Beziehungen, durch welche die Gedanken unter einander verknüpft sind." Demgegenüber verfügen schriftliche Zeichen über ihre Fixierungsfunktion hinaus über Ausdrucksmöglichkeiten, die den ausschließlich in der Form der Zeit erscheinenden Lautzeichen gänzlich fehlen. Die Schrift ist nämlich in der Lage, die Form des Raumes als semantisch-diakritische Darstellungsform auszunutzen. „Die Lagenverhältnisse der Schriftzeichen auf der zweifach ausgedehnten Schreib-

---

[25] Zuerst erschienen in der *Zeitschrift für Philosophie und philosophische Kritik,* Nr. 81, 1882, 48-56.

fläche können in weit mannichfacherer Weise zum Ausdrucke innerer Beziehungen verwendet werden als das bloße Folgen und Vorhergehen in der einfach ausgedehnten Zeit" (WB 111). So kann beispielsweise die „Ausdehnung der Schreibfläche für die Uebersichtlichkeit der Darstellung gut ausgenutzt werden". (WB 113; vgl. 112) Beinahe jeder Paragraph der *Begriffsschrift* macht sich dies zunutze. Wenn Frege z.B. in § 14 den propositionalen Gehalt des Satzes: »der Fall, wo *a* verneint, *b* bejaht und *a* bejaht wird, ist ausgeschlossen« durch das nachstehende begriffsschriftliche Satzzeichen niederschreibt

(B 26), dann sieht man – unabhängig von der Frage, wie Frege seine logische Notation im einzelnen verstanden wissen will –, wie die Notation die in *einem* Augenblick überschaubaren räumlichen Beziehungen der Elemente auf dem Papier für logische Darstellungszwecke gebraucht. Von solchen in räumlicher Form erscheinenden Markierungen gedanklicher Beziehungen läßt sich in Freges Perspektive behaupten, daß in ihnen der Aufbau des Satzzeichens ein angemessenes *Bild* des Aufbaus des Gedankens sei.

Freilich, so sehr Frege in seinem angeführten Text, den – methodologisch grundlegend wie er für das Projekt einer Begriffsschrift als solches ist – der junge Wittgenstein als interessierter Leser Freges wohl gekannt haben dürfte, das Bewußtsein für die darstellungsformenspezifischen Unterschiede phonetischer und schriftlicher Zeichensysteme auch geschärft haben mochte: eine befriedigende Theorie, *was* so unterschiedliche Zeichenkonfigurationen wie Anordnungen von Tönen oder Strichen in beliebigen Darstellungssystemen überhaupt dazu befähigt, als *Bilder* des Aufbaus von Gedanken zu fungieren, entwickelt er *nicht*. Konzentriert auf die Ausarbeitung seiner *Begriffsschrift* setzt er schlichtweg voraus, *daß* dies so sei. Doch kann dies wirklich als selbstverständlich gelten? Denn, so greift Wittgenstein diese Problemlage im Text des *Tractatus* auf, wenigstens auf „den ersten Blick scheint der Satz – wie er etwa auf dem Papier gedruckt steht – kein Bild der Wirklichkeit zu sein, von der er handelt" (Tlp 4.011); *weder* im Falle von Freges begriffsschriftlichen Markierungen *noch* im Falle eines beliebigen anderen Satzzeichens ist unmittelbar irgendeine Ähnlichkeit mit den (logischen oder weltlichen) Sachverhalten erkennbar, von denen die Zeichen handeln, und die es erlauben würde, die jeweilige Zeichenordnung *als* ein Bild des Bezeichneten zu interpretieren.[26] Was kann es dann aber heißen, wenn Frege behauptet, daß »der Aufbau des Satzes *als Bild* des Aufbaus des Gedankens« zu betrachten sei? Daß Frege hier keine befriedigende Theorie mehr anzubieten hat, dürfte dem jungen Wittgenstein nicht entgangen sein.

Insofern also gar nicht klar ist, *inwiefern* die Verkettungen von Zeichen in beliebigen phonetischen oder schriftlichen Sprachen Bilder von Gedanken – oder bildliche Darstellungen von Sachverhalten in der Welt – sein können, scheint man in verallgemeinerter Weise fragen zu müssen: „Worauf gründet sich" eigentlich überhaupt „unsere –" wie Wittgenstein im September 1914 dachte: „sicher wohl begründete – Zuversicht, daß wir jeden beliebigen Sinn in unserer zweidimensionalen Schrift werden ausdrücken können?!" (TB 26.9. 14)[27] Eine Zuversicht, derer wir zweifellos immer dann bedürfen, wenn wir irgendetwas – in der Logik z.B. einen Gedanken – notieren. Solange eine Antwort auf *diese* Frage nicht in Sicht ist, solange bleibt auch die *Möglichkeit* von Logik, als Begriffsschrift des reinen Denkens, prinzipiell in Frage gestellt. Denn die Fregesche These, daß der Aufbau des Satzes als Bild des Aufbaus des Gedankens zu betrachten sei, ist an dem systematischen Punkte, bis zu dem Frege durchdrang, nichts als eine philosophisch unexplizierte Behauptung.

Diese Problemdiagnose, so unsere These, könnte für die Theorieversuche des jungen Wittgenstein eine entscheidende Herausforderung dargestellt haben. Zahlreiche Formulierungen des *Tractatus*, doch weit deutlicher noch der *Philosophischen Tagebücher*, in denen sich der junge Wittgenstein vorsichtig tastend auf die spätere *Tractatus*-Konzeption zubewegt, lassen sie – wir wir in den folgenden Kapiteln sehen werden – jedenfalls nicht unplausibel erscheinen. Verhielte es

---

[26] Von dem systematisch weitergehenden Problem, daß freilich auch eine Bildbeziehung nicht einfach als eine Ähnlichkeitsbeziehung interpretiert werden kann, können wir hier zunächst absehen. Vgl. dazu Nelson *Goodman, Sprachen der Kunst*. Entwurf einer Symboltheorie, Frankfurt/Main 1995, 16 f.

[27] Es sei ausdrücklich darauf hingewiesen, daß sich Wittgenstein diese mit Frage- und Rufzeichen wohl als zentral markierte Frage in seinen philosophischen Tagebüchern zu einer Zeit (September 1914) notiert, da er mitten in der Ausarbeitung der grundlegenden Theorieelemente des *Tractatus* steckt.

sich so, dann hätte die bekanntlich höchst intensive Frege-Lektüre der frühen Jahre den jungen Wittgenstein mit einer Reihe von Fragen konfrontiert, die es – von Frege selbst ungelöst, ja genau besehen nicht einmal in Angriff genommen – in seiner eigenen Theorie nun zu bewältigen galt. Wenn es nämlich stimmt, daß verschiedene Zeichensysteme ihren je eigenen »abbildungsformenspezifischen« Repräsentationsgesetzen folgen, so mußte sich Wittgenstein fragen, wie sind dann die »Prinzipien der Darstellung« für *beliebige* Zeichensysteme *im allgemeinen* zu fassen? Das heißt: Ist – was keineswegs als selbstverständlich gelten kann – eine Minimalbedingung *jeglicher* Art von zeichenbasierter Repräsentation formulierbar? Und vor allem: Wie vermögen so unterschiedliche Zeichenkonfigurationen wie Laute im Gefüge eines phonetischen Satzzeichens oder Striche auf dem Papier als Elemente eines graphischen Notationssystems (z.B. der Logik) – *als Tatsachen in der Welt betrachtet* – überhaupt irgendetwas von ihnen *Verschiedenes*, sei es einen Sachverhalt in der Welt, sei es einen Gedanken, darzustellen? Diese Frage ist offen, denn die Zeichen z.B. in der Ordnung eines beliebigen Satzes haben, wie gesagt, wenigstens auf den ersten Blick, keinerlei Ähnlichkeit, keinerlei Gemeinsamkeit mit dem, *was* sie jeweils repräsentieren. Kann man gleichwohl irgendeine sachhaltige Beziehung zwischen (phonetischen und schriftlichen) Zeichenkomplexen und repräsentierten Gehalten ausweisen?

Wir wir gesehen haben, glaubte Wittgenstein durchaus, daß unsere »Zuversicht«, »jeden beliebigen Sinn in unserer zweidimensionalen Schrift« – einer gedankenformadäquaten Begriffsschrift im Sinne Freges, aber auch einer »gewöhnlichen« Schrift – ausdrücken zu können, »wohl begründet« sei. Und er nahm dabei Freges Idee positiv auf, daß „sich diese Zeichensprachen auch im gewöhnlichen Sinne als Bilder dessen, was sie darstellen", „erweisen" (Tlp 4.011) lassen. So setzte seine Frühphilosopie an die Stelle des „Studium[s] der Denkprozesse, welches die Philosophen für die Philosophie der Logik für so wesentlich hielten," zunächst das „Studium der Zeichensprache" (Tlp 4.1121), um das vorgängige Problem der Bezugnahme beliebiger Zeichensysteme im allgemeinen zu bewältigen. Mittels seiner Version einer philosophischen Bild-Theorie meinte er, das Verhältnis zwischen beliebig gearteten Zeichenverbindungen und dem jeweils Bezeichnetem erstmals befriedigend klären zu können. Denn nur vier Wochen nach dem angeführten Tagebucheintrag von September 1914, als der entscheidende Durchbruch in der Konzeption der Bild-Theorie gelungen war, hält sich Wittgenstein in einem weiteren Tagebucheintrag gerade dies zugute[28]. „Die Schwierigkeit vor meiner Theorie der logischen Abbildung", notierte er nicht ohne Stolz, „war die, einen Zusammenhang zwischen den Zeichen auf Papier und einem Sachverhalt draußen in der Welt zu finden." (TB 27.10.14) In seiner Theorie des Satzes als eines bildlichen *Satzzeichens* glaubte er sie gelöst.

---

[28] Nach von *Wrights* Bericht (in: G.H.v.W., *Ludwig Wittgenstein,* 29) soll Wittgenstein die entscheidende Idee zur Bild-Theorie am Beispiel der Rekonstruktion eines Verkehrunfalls mittels Puppen in einem Pariser Gerichtssaal gekommen sein. Diese Episode ist in Wittgensteins Tagebuch am 29.9.14 vermerkt.

2. Die Semiotik des Tractatus Zur Ontologie und Logik der Abbildung in Bild und Satz

2.1 Die »Tatsächlichkeit« des Satzzeichens

Im Blick auf die im ersten Kapitel diagnostizierte Problemlage ist es sicher nicht falsch, die Bild-Theorie des *Tractatus* in ihrer nicht unwichtigsten Dimension als eine semiotische Theorie[1] zu bezeichnen. Der Ausdruck »semiotisch« soll in diesem Zusammenhang besagen, daß Wittgenstein ausgehend von der faktischen Erscheinung der *Sprache* als ein in Raum und Zeit gegebenes *System von phonetischen und graphischen Zeichen* der Frage nachgeht, wie solche Zeichen in ihren internen Verknüpfungen zu strukturierten *Satzzeichen* in eine repräsentationale Beziehung zu Gedankengehalten oder zu Wirklichkeitssachverhalten zu treten vermögen. Denn wenn wir uns mit Sätzen, jenen primären semantischen Einheiten der Sprache[2], intentional auf »etwas« beziehen, „benützen" wir ja offenkundig „das sinnlich wahrnehmbare Zeichen (Laut- oder Schriftzeichen etc.) des Satzes als Projektion einer möglichen Sachlage." (Tlp 3.11) In weiten Teilen der angelsächsischen Wittgenstein-Literatur wurde Wittgensteins nicht nur in den frühen philosophischen Tagebüchern, sondern natürlich auch im *Tractatus* explizite zeichentheoretische Fragestellung wohl deshalb häufig übersehen, weil hier zumeist die Neigung bestand, Wittgensteins Rede vom »Satz« fast ausschließlich im Sinne von »proposition« (also ungefähr von »Urteil«) und nicht zugleich auch im Sinne von »sentence« zu verstehen.[3] Im *Tractatus* schlägt sich die

---

[1] Auch Chris *Bezzel, Wittgenstein zur Einführung,* Hamburg ²1989, 73, hat die Bild-Theorie des *Tractatus* als Entwurf „einer philosophischen Semiotik" verstehen wollen. Soweit ich sehe, hat sein Deutungsansatz mit dem hier vorgelegten jedoch wenig Ähnlichkeit. Vgl. auch Ch.B., *Bild, Satz, Text,* in: W. Schmidt-Dengler u.a. (Hrsg.), Wittgenstein und Philosophie ↔ Literatur.

[2] Die Auffassung, daß nicht das Wort, sondern der Satz als die semantische Grundeinheit der Sprache anzusehen sei, übernimmt Wittgenstein von Frege. Vgl. dazu vor allem Ernst *Tugendhat, Die Bedeutung des Ausdrucks »Bedeutung« bei Frege,* in: M.Schirn (Hrsg.), Studien zu Frege, Bd. 3, Stuttgart 1976, 59.

[3] Eine Ausnahme bildet die Deutung von Anthony *Kenny, Wittgenstein,* 31 ff.

Unterscheidung dieser beiden Hinsichten in der – unglücklicherweise nicht immer terminologisch stringent durchgehaltenen[4] – Differenzierung von »Satz« und »Satzzeichen« nieder, wobei man die theoriekonstitutive Bedeutung des Satzzeichens (»sentential sign«), das man der angedeuteten Interpretationstendenz gemäß gelegentlich gar als »propositional sign« übersetzte, kaum zureichend beachtete. So faßte man, wenn man so unterscheiden will, Wittgenstein nicht zeichen-, sondern primär urteilstheoretisch auf. Gewiß verwendet Wittgenstein in seinen frühen englischsprachigen Aufzeichnungen selbst den Ausdruck »proposition« als Übersetzung für »Satz«. Doch sollte dies nicht darüber hinwegtäuschen, daß seine Theorie des Satzes auf einer grundlegenderen Theorie des »Satzzeichens« (»sentence«, »sentential sign«), d.h. der »proposition *as a fact*« im Sinne eines gegliederten, raumzeitlichen Zeichengebildes aufruht.

Wie David Favrholdt[5] schon in den sechziger Jahren gezeigt hat, wurde Wittgensteins nie erloschenes Interesse an Sprachen als raumzeitlich gegebenen Zeichensystemen nicht nur von Freges dargelegten Überlegungen inspiriert. Vielmehr konnte er die Unterscheidung des Satzes als *Tatsache* eines materielle Zeichen zusammenstellenden Gebildes, das er »Satzzeichen« nennen wird, vom Satz im Sinne des Urteils (als geltungsdifferentem, logisch strukturiertem Sinngehalt) auch aus Russells und Whiteheads *Principia Mathematica* übernehmen, wo „a proposition as a fact and a proposition as a vehicle of truth or falsehood"[6] differenziert wurde. Ebensowenig wie bei Frege vermochte er freilich bei den Autoren der *Principia Mathematica* eine befriedigende Theorie der »proposition as a fact« zu sehen. Seit seinen frühesten Aufzeichnungen, die um die Probleme des *Tractatus* kreisen, war Wittgenstein deshalb klar, daß die Repräsentationsbedingungen und -möglichkeiten des Satzes im Ausgang von *faktischen* Zeichenverbindungen in der Welt zu erhellen sind. „Sätze [die tatsachenbezügliche Symbole sind]", sind ja „ihrerseits Tatsachen", d.h. spezi-

---

[4] Auch darauf hat Anthony *Kenny, Wittgensteins frühe Philosophie der psychologischen Begriffe* [Wittgenstein's Early Philosophy of Mind, 1981], in: J.Schulte (Hrsg.), Texte zum Tractatus, Frankfurt/Main 1989, 159, mit Bezug auf Tlp 3.12 f hingewiesen.

[5] Vgl. David *Favrholdt, An Interpretation and Critique of Wittgenstein's Tractatus,* Kopenhagen 1964, 33.

[6] B.*Russell* / A.N. *Whitehead, Principia Mathematica,* Bd. 1, Cambridge 1910, ²1960, 660

fisch organisierte Verbindungen von »Gegenständen« (nämlich beliebigen Laut- oder Schriftzeichen), und zwar *genauso*, wie in der gewöhnlich als nicht semantisch betrachteten Tatsache, daß „dieses Tintenfaß" beispielsweise „auf diesem Tisch steht", konkrete Gegenstände zueinander in bestimmter Beziehung stehen. Ebenso wie *diese* Tatsache, einen entsprechenden Code vorausgesetzt, aber unter Umständen *bedeuten* kann, „daß ich auf diesem Stuhl sitze" (AL 193), soll auch das semantische Potential eines Satzes aus seinen internen Eigenschaften als gegliederter, weltlicher Sachverhalt erklärbar werden. Im Text des *Tractatus* ist dieser Ausgangspunkt dadurch präsent[7], daß Wittgenstein dort, wo er den Begriff des Satzes erstmals einführt, sogleich das „Satzzeichen" (Tlp 3.12) als „eine Tatsache" (Tlp 3.14) zu untersuchen unternimmt.

Was versteht Wittgenstein in der Theoriesprache des *Tractatus* nun unter »Tatsachen«, wenn er in diesem Werk mehrfach Wert auf die Bemerkung legt, daß »Sätze«, als »Satzzeichen« aufgefaßt, »Tatsachen« seien? Bekanntlich führt Wittgenstein seinen Tatsachen-Begriff gleich zu Beginn der sogenannten »ontologischen« Grundlegungspartien des *Tractatus* in die Theorie ein, und wie alle theoriekonstitutiven Grundbegriffe ist auch er bei den Interpreten umstritten.[8] »Tatsachen«, soviel dürfte freilich unumstritten sein, sind dem *Tracta-*

---

[7] In zahlreichen Deutungen von Wittgensteins Frühphilosophie herrscht die Tendenz vor, deutliche Positionsveränderungen zwischen den frühesten philosophischen Aufzeichnungen und Tagebüchern sowie dem *Tractatus* zu behaupten. Diese Tendenz hat in der Regel den interpretationsstrategischen Hintergrund, Deutungen des *Tractatus*, die von den *Tagebüchern* eindeutig ausgeschlossen werden, gegen Einwendungen zu immunisieren. Um es deshalb mit aller Deutlichkeit herauszustellen: Die hier vorgelegte Interpretation verfolgt die gegenläufige Strategie und versucht zu zeigen, daß es in den theoriekonstitutiven Auffassungen der Frühphilosophie spätestens seit September 1914, da Wittgenstein den entscheidenden darstellungstheoretischen Durchbruch erzielt, bestenfalls Veränderungen in Detailauffassungen, keineswegs aber in den Grundthesen gegeben hat. Darum betrachtet sie es als legitim, die *Tagebücher* hier und in anderen Zusammenhängen ohne Einschränkung zur Erhellung der häufig allzu aenigmatisch ausfallenden *Tractatus*-Thesen heranzuziehen. Vgl. demgegenüber die gegenteiligen hermeneutischen Überzeugungen von Ernst-Michael *Lange, Wittgenstein und Schopenhauer*. Logisch-philosophische Abhandlung und Kritik des Solipsismus, Cuxhaven 1989, 81, der in dieser Hinsicht freilich nur ein Beispiel für viele ist.

[8] Vgl. zur Kontroverse um diesen Begriff, insbesondere im Blick auf seine angemessene Abgrenzung vom »Sachverhalts«-Begriff, vor allem Anselm *Müller, Wittgensteins »Tractatus«*, Bonn 1967, 30 ff; Rolf-Albert *Dietrich, Sprache und Wirklichkeit in Wittgensteins Tractatus*, Tübingen 1973, 20 ff; sowie Peter *Simons, Das alte Problem von Komplex und Tatsache*, in: J. Schulte (Hrsg.), Texte zum Tractatus, 86 ff.

tus zufolge die »ontologischen Grundeinheiten« der Welt, denn sie sind das, was in ihr der Fall ist. „Die Welt ist alles, was der Fall ist" (Tlp 1); sie „ist die Gesamtheit der Tatsachen" (Tlp 1.1), dekretieren jene opaken und vielleicht gerade auf Grund ihrer Opazität so berühmten Anfangssätze des *Tractatus* in diesem Sinn. Sie „zerfällt" in ontologisch basale, voneinander wesentlich unabhängige „Tatsachen" (Tlp 1.2) und ist „dadurch, daß es *alle* Tatsachen sind", die die „Welt" (Tlp 1.11) ausmachen, vollständig bestimmt. „Was der Fall ist, die Tatsache," wird von Wittgenstein näherhin als „das Bestehen von Sachverhalten" (Tlp 2) erläutert, wobei er mit der von ihm stets gebrauchten pluralischen Formulierung, die *der* (einen) Tatsache das Bestehen von (mehreren) Sachverhalten zuordnet[9], vermutlich der in anderem Zusammenhang überdachten Möglichkeit Rechnung tragen will, daß in einer „unendlich komplex" verfaßten Welt „jede Tatsache aus unendlich vielen Sachverhalten" (Tlp 4.2211) aufgebaut sein *könnte*. Doch kann man die Frage, ob die Welt als unendlich komplex oder als in sich finit bestimmt zu verstehen sei, hier ruhig beiseite lassen. Deutlich genug ist jedenfalls, daß Wittgenstein in terminologischer Hinsicht das „*Bestehen* von [einem oder mehreren, S.M.] Sachverhalten ... eine positive, das Nichtbestehen" derselben korrelativ „eine negative Tatsache" (Tlp 2.06 / Herv. S.M.) nennen will. Dies zeigt sich nicht zuletzt daran, daß Wittgenstein die „Welt" nicht nur als »Gesamtheit der Tatsachen«, sondern in einer synonymen Formulierung auch als die „Gesamtheit der bestehenden Sachverhalte" (Tlp 2.04) definieren kann.

Ein „Sachverhalt" – oder wie Wittgenstein in einigen Fällen auch sagt: eine »Sachlage«[10] – wird nun selbst genauer als „eine Verbindung von Gegenständen (Sachen, Dingen)" (Tlp 2.01) erklärt. In ihm, der »tatsächlich« bestehen oder nicht bestehen kann, „verhalten sich die Gegenstände in bestimmter Art und Weise zueinander" (Tlp 2.031), so daß Wittgenstein seine terminologische Entscheidung für diesen Begriff wohl gerade auf Grund des innerhalb seiner Einheit wesentlichen Sich-zueinander-*Verhaltens* von *Sachen* getroffen hat.[11] Die bestimmte „Art und Weise, wie die Gegenstände im Sachverhalt zusammenhängen," nennt Wittgenstein „die Struktur des Sachverhaltes"

---

[9] Vgl. Tlp 2, 2.034, 2.06.

[10] Vgl. z.B. Tlp 2.0121, 2.014, 4.031, PT 2.0121.

[11] Es ist nicht unplausibel, daß Wittgenstein die Unterscheidung von »Tatsachen« und »Sachverhalten« in Anlehnung an einen juristischen Sprachgebrauch vorgenommen

(Tlp 2.032). Ihr kommt, was sich für das Verständnis des zeichentheoretischen Grundgedankens (vgl. Tlp 4.0312) des *Tractatus* als wichtig erweisen wird, keine eigenständige ontologische Dignität in dem Sinne zu, daß man sagen dürfte, es existierten in Sachverhalten Strukturen so, wie es in ihnen Gegenstände »gibt«. Wittgenstein deutet dies mit der Bemerkung an, im „Sachverhalt hängen die Gegenstände ineinander, wie die Glieder einer Kette" (Tlp 2.03), deren Zusammenhang als solcher ja die Verkettung *ist*, die nicht zusätzlich noch durch ein strukturierendes, Zusammenhang stiftendes Element hergestellt wird. Sofern der Sachverhalt besteht, sofern er also nicht nur vorgestellt oder in Sätzen irrtümlich als bestehend behauptet worden ist, kann man ihn als die „Tatsache, *daß* diese Glieder so zusammenhängen" (PB 303 / Herv. S.M.), bezeichnen.

Die *Möglichkeit*, daß die Gegenstände als Glieder eines als »Tatsache« der Welt bestehenden Sachverhalts strukturell *so* zusammenhängen, *wie* sie je zusammenhängen, nennt Wittgenstein, der den Ausdruck „Form" im *Tractatus* stets *terminologisch* im Sinne von „Möglichkeit der Struktur" (Tlp 2.033) gebraucht, »die logische Form« des Sachverhalts. »Logische Formen«, die wir in einer »die Logik« genannten philosophischen Disziplin auf ihre transformatorischen Eigenschaften hin untersuchen und in graphischen Zeichen notieren, *sind* ihrem Begriff nach für Wittgenstein nichts anderes als in sich bestimmte *Möglichkeiten*, zwischen beliebigen Elementen Strukturen zu bilden, und insofern ist Wittgensteins Auffassung von »logischer Form« von der »gewöhnlichen« durchaus nicht sehr weit entfernt. Doch gehört es zu den entscheidenden Grundideen des *Tractatus*, daß sich alle logischen Möglichkeiten der Strukturierung von Gegenständen in Sachverhalten *allein* den Konfigurationsmöglichkeiten verdanken sollen, die *in* den Gegenständen, sozusagen in ihrer „Natur", selbst beschlos-

---

hat, in welchem der Sachverhaltsbegriff ein *Verhalten* von Personen oder Sachen betont, das »der Fall« oder »nicht der Fall« sein kann. So schrieb Barry *Smith, Wittgenstein und das ethische Gesetz*, in: Dieter Birnbacher / Armin Burkhardt (Hrsg.), Sprachspiel und Methode. Zum Stand der Wittgenstein-Diskussion, Berlin / New York 1985: „Der Begriff *Sachverhalt* ist ... von dem deutschen Wort *Verhalten* abgeleitet ... Ein *Sachverhalt*, wie dieser Begriff im juristischen Bereich verstanden wird, ist eine genau bestimmte, dynamische oder statische wechselseitige Verhaltensbeziehung zwischen Menschen" oder Dingen. „Ein *Sachverhalt* kann existieren oder nicht existieren (bestehen oder nicht bestehen), d.h. *Sachverhalte* haben sowohl einen Existenz- als auch einen Nicht-Existenz-Pol." (199)

sen liegen (Tlp 2.0123 / vgl. Tlp 2.0121). Dem „Ding" sei es nämlich „wesentlich, der Bestandteil eines Sachverhaltes sein zu können" (Tlp 2.011), und wenn es „im Sachverhalt vorkommen *kann,*" *müsse* „die Möglichkeit des Sachverhaltes" hinsichtlich seiner realisierbaren Struktur also „im Ding bereits präjudiziert" (Tlp 2.012) sein. „Wenn ich den Gegenstand kenne, so kenne ich" nach Wittgenstein damit „auch sämtliche Möglichkeiten seines Vorkommens in Sachverhalten" (Tlp 2.0123), weil ich dann nämlich mindestens seine „*Form*"[12] als ihm »interne« (vgl. 2.01231), spezifische „Möglichkeit seines Vorkommens in Sachverhalten" (Tlp 2.0141/Herv. S.M.) kenne. Von den Formen der Gegenstände hängen die »logischen Formen« als Möglichkeiten der Strukturierung von Sachverhalten deshalb letztlich ab. Insofern kann Wittgenstein – in dieser Hinsicht vom »gewöhnlichen« Logikverständnis abweichend, welches in logischen Formen *nur* »unsere« Formen des Denkens sieht – „die logische Form" immer wieder auch als „die Form der Wirklichkeit" (Tlp 2.18 u.ö.) bezeichnen.

Doch stellen wir eine eingehendere Diskussion der zweifellos intrikaten logisch-ontologischen Probleme, die sich mit solchen Thesen, ja wohl überhaupt mit den Begriffen »Gegenstand«, »Sachverhalt« und »Tatsache« in Wittgensteins frühem Verständnis verbinden, noch für einen Augenblick hintan. Klar sein sollte auch schon durch unseren kurzen Aufriß einiger begrifflicher Zusammenhänge der *Tractatus*-Ontologie, daß Wittgenstein jedenfalls dann, wenn er »Satzzeichen« als »Tatsachen« bezeichnet, hervorheben will, daß man sie als *bestehende* Sachverhalte der Welt, in denen sich „Elemente auf bestimmte", spezifisch *strukturierte* „Art und Weise zueinander verhalten" (Tlp 3.14), zu begreifen hat. Denn in Satzzeichen sind die phonetischen oder graphischen Elemente, welche wir Zeichen oder Wörter zu nennen gewohnt sind, diejenigen (in einem weiten Sinne des Begriffs aufgefaßten) »Gegenstände«, die eine Sachverhaltsverbindung bilden. Diese Auffassung der »proposition as a fact« stellte für Wittgenstein deshalb die Grundlage dar, das Problem, wie faktische Konfigurationen von Zeichenelementen über sich selbst hinaus auf etwas Bezeichnetes zu verweisen vermögen, in Angriff zu nehmen. Bereits in frühesten Notizen kleidete er es in die Form der Frage, wie „Tatsa-

---

12 Wie die »Gegenstände«, die Wittgenstein auch als „einfach" (Tlp 2.02) und als „die Substanz der Welt" (Tlp 2.0211) beschreibt, über diesen Begriff ihrer »Form« hinaus genauer zu verstehen sind, wird uns etwas später eingehender beschäftigen.

chen durch Tatsachen symbolisiert" (AL 192) werden können. Die Lösung seines Problems, mutmaßte Wittgenstein schon früh, müsse „*höchst* einfach sein" (TB 29.9.14), hätte er doch auf der Basis seiner ontologischen Begrifflichkeit, die freilich im September 1914 noch nicht in allen Einzelheiten ausgearbeitet war, im Grunde nur zu klären, „wie eine Zuordnung von Sachverhalten (einem bezeichnenden und einem bezeichneten)" (TB 25.9.14) möglich sei. Wenn sich dafür eine theoretisch tragfähige Explikation fände, wäre die Repräsentationsfähigkeit von beliebigen – begriffsschriftlichen ebenso wie von natürlich-sprachlichen (phonetischen und graphischen) – Satzzeichen befriedigend aufgeklärt. Wie man weiß, glaubte er die entscheidende Lösung damit gefunden zu haben, daß er zeigte, inwiefern sich Satzzeichen beliebiger Provenienz als *Bilder* auf »etwas« beziehen – wofür ihm Frege, wir wir sahen, das Stichwort geliefert haben dürfte.

Was heißt es aber nun für irgendein strukturiertes Zeichengebilde konkret, sich *bildlich* auf etwas zu beziehen? Wie funktionieren Bilder? Und ist diese These nicht gerade angesichts natürlich-sprachlicher Satzzeichen völlig kontraintuitiv, d.h., gilt sie vielleicht nur für bestimmte Arten von Satzzeichen? Verfolgen wir diese Fragen der Reihe nach.

2.2 Bedingungen bildlicher Repräsentation

Ein Bild ist nach Wittgenstein ein „Modell der Wirklichkeit." (Tlp 2. 12) Als solches ist es eine der Wirklichkeit zugehörige, positive „Tatsache" (Tlp 2.141), d.h., ein bestehender Sachverhalt, der »Gegenstände«, in diesem Falle: beliebige Darstellungs- oder Zeichenelemente, auf bestimmte Weise miteinander verknüpft. Gleichgültig, welche Darstellungselemente je nach Art des Bildes verwendet werden: Dadurch, daß sich in ihm „Elemente in bestimmter Art und Weise zu einander verhalten" (Tlp 2.15), soll es – das ist Wittgensteins entscheidende Grundidee – *andere* Tatsachen dann abbilden können, wenn die Konfiguration der Bildelemente mit der Konfiguration der Gegenstände innerhalb des abzubildenden Sachverhalts *strukturidentisch* ist. Unter der „Struktur" des Bildes versteht Wittgenstein den je faktisch realisierten „Zusammenhang der Elemente des Bildes" (Tlp 2.15). Weil Bildelemente im Bild die bezeichneten Gegenstände „vertreten" (Tlp 2.131), stellt ihre strukturelle Anordnung in ihrem Verhältnis zueinander „vor, daß sich die Sachen" wie die Bildelemente „zueinander verhalten" (Tlp 2.15).

Dabei ist ein Bild ein freier Entwurf dessen, der eine Elementenanordnung in repräsentierender Weise verwendet, und keine gewissermaßen photomechanische Kopie.[13] In ihm wird vermittels der Bildelemente eine mögliche „Sachlage", d.h. eine mögliche „Welt probeweise zusammengestellt" (Tlp 4.031; TB 29.9.14), so daß eine Gegenstandskonstellation der Welt strukturell mit der Konstellation der Elemente des Bildes übereinstimmen oder nicht übereinstimmen *kann*. Es *zeigt* durch die Konfiguration seiner Elemente, wie der abgebildete Sachverhalt aufgebaut wäre, wenn es ihn zutreffend darstellte. Das Bild *„enthält"* sozusagen in Form der Konfiguration seiner Darstellungselemente „die Möglichkeit" der durch es bezeichneten „Sachlage" (Tlp 2.203/ Herv. S.M.); darin besteht sein „Sinn" (Tlp 2.221). Weil sich Gegenstandskonstellationen jedoch „in der Wirklichkeit ... *nicht*" mit Notwendigkeit in solcher Weise „zu verhalten brauchen" (TB 15.10.14), da das Bild ja von jemandem standpunktbedingt entworfen wurde, kann ein Bild, das »Sachverhalte« (bzw. »Sachlagen«) vorstellt, stimmen oder nicht stimmen, d.h., es kann die Welt der Tatsachen mehr oder weniger angemessen bzw. gegebenenfalls gar nicht abbilden. Wenn es etwas abbildet, dann gerade nicht, weil eine wie auch immer zu fassende »Ähnlichkeit« zwischen Bildelementen und abgebildeten Gegenstände vorläge, sondern weil die Struktur in Bild und Abgebildetem ein und dieselbe, d.h. im logischen Sinne *identisch* ist – gleichgültig, ob die Zuordnungsbeziehung von Bildelementen und Gegenständen als mimetisch zu interpretieren ist oder nicht. Es stimmt, wenn sich das gewissermaßen wie ein „Maßstab an die Wirklichkeit" (Tlp 2.1512) anzulegende Bild mit dieser ohne Unterschied überdeckt, so wie z.B. eine Landkarte auf der kartographierten Landschaft[14] bei Vergrößerung um den passenden Maßstabsfaktor auflie-

[13] Zurecht sind *Janik* und *Toulmin, Wittgensteins Wien,* deshalb weit verbreiteten Interpretationen entgegengetreten, die dem frühen Wittgenstein einen reproduktiven, quasi-photographischen Bild-Begriff unterstellen. Vielmehr sehen sie deutlich, daß Wittgenstein von Bildern stets „in Begriffen des Handelns und konstruktiven Tätigseins" (246) spricht. „Ein *Bild* ist für Wittgenstein etwas, das wir herstellen wie ein Artefakt" (247). Diesen Punkt hat auch Scott Randall *Stripling, The Picture Theory of Meaning*: An Interpretation of Wittgenstein's Tractatus Logico-Philosophicus, Washington 1978, nachdrücklich betont. Vgl. 29 ff.

[14] Daß das Verhältnis von Landschaft und Landkarte ein gutes Beispiel für Wittgensteins Vorstellung von Abbildung ist, hat bereits Frank Ramsey, der erste Rezensent

gen würde. Im Falle zutreffender bildlicher Darstellung sind Bild und Abgebildetes dann im mathematischen Sinne „kongruent“ (TB 1.11. 14).

Sieht man von einigen ein wenig manierierten Interpretationen ab[15], wurde von den Interpreten kaum je bestritten, daß Wittgenstein bildliche Repräsentation durch den Strukturidentitätsgedanken[16] erläutern will. Allerdings impliziert die Strukturidentitätstheorie des Bildes in Wittgensteins Fassung eine Eigentümlichkeit, vielleicht sogar Eigenwilligkeit, die angesichts der gegenwärtigen, von Nelson Goodman entfachten Diskussionen um einen allgemeinen Bildbegriff ausdrücklich hervorgehoben werden sollte. Während man eine Abbildungsbeziehung nämlich für gewöhnlich als eine nicht-symmetrische, nicht-reflexive Relation[17] deutet, in der zwar die Landkarte als Bild der Landschaft, keineswegs aber die Landschaft als Bild der Landkarte gelten könne, faßt der junge Wittgenstein den Bild-Begriff symmetrisch und reflexiv. Denn so, wie er ihn gebraucht, impliziert er die Auffassung, daß im Falle des Vorliegens eines faktischen Abbildungsverhältnisses gerade dann „*intern*[e]“, strukturelle „Übereinstimmung“ zwischen zwei gegliederten Sachverhalten gegeben sei, wenn „der eine das ... Bild des andern sein kann“ (TB 6.10.14).[18] Ansonsten ließe sich auch gar nicht von Struktur*identität* zwischen Komplexen reden. Bereits diese vordergründige, jedoch bewußt in Kauf genom-

---

des *Tractatus*, bemerkt. Vgl. Frank *Ramsey, Rezension des »Tractatus«* [engl. zuerst erschienen in Mind 1923], in: J.Schulte (Hrsg.), Texte zum Tractatus, 14.

[15] Vgl. in diesem Sinne R.-A. *Dietrich, Sprache und Wirklichkeit in Wittgensteins Tractatus*, 49, sowie S.R.*Stripling, The Picture Theory of Meaning*, 69 ff.

[16] Schon ältere Darstellungen der *Tractatus*-Theorie heben ihn als entscheidend heraus; vgl. bereits Geoffrey James *Warnock, English Philosophy since 1900*, London 1959, 65.

[17] Vgl. Nelson *Goodman, Sprachen der Kunst*, 15 f. Siehe dazu auch die instruktive, an Goodmans Überlegungen angelehnte Studie zum Bild-Begriff von Oliver R. *Scholz, Bild, Darstellung, Zeichen*. Philosophische Theorien bildhafter Darstellung, Freiburg/München 1991, 18 u.ö. Freilich mißdeutet Scholz Wittgensteins Bild-Begriff, wenn er ihm eine Theorie der „Strukturähnlichkeit“ (60) und nicht der „Strukturidentität“ zwischen Komplexen unterstellt. Ähnlichkeit bedeutet partielle Übereinstimmung unter bestimmten Gesichtspunkten, wodurch sie sich per definitionem von Identität unterscheidet.

[18] Dies übersieht auch Anthony *Kenny, Wittgenstein*, wenn der die Bild-Beziehung „eine einseitige Zuordnung“ (87) nennt. Demgegenüber machte schon G.E.M. *Anscombe, An Introduction to Wittgenstein's Tractatus*, London 1959, 67 f., darauf aufmerksam.

mene »Seltsamkeit« in Wittgensteins Gebrauch des Bild-Begriffs sollte seinen Interpreten ein Anlaß sein, diesen Begriff nicht einfach im Lichte überkommener bildtheoretischer Vorstellungen zu interpretieren.

Die Fähigkeit einer tatsächlichen Gegenstandsordnung, etwas zu repräsentieren, sucht Wittgenstein nun terminologisch durch die Ausdrücke »darstellen« bzw. »vorstellen« einerseits und »abbilden« andererseits zu konkretisieren. Bilder, heißt es im *Tractatus* häufig, stellen etwas dar oder bilden es ab, wobei zu Recht geltend gemacht worden ist, daß Wittgenstein diese Begriffe keineswegs synonym verwende.[19] Obwohl sein Sprachgebrauch im *Tractatus* zweifellos „nicht ganz einheitlich"[20] ist, scheint Wittgenstein mit der Rede von »Abbildung« tatsächlich eine Differenzierung in das allgemeine Konzept der Darstellung der Wirklichkeit durch Bilder einführen zu wollen. Offenbar will er darauf hinaus, daß jede bildliche Darstellung *als* eine wahre oder falsche Abbildung der Wirklichkeit erläutert werden kann, so daß der Ausdruck »Darstellung« der umfassendere Begriff ist. *Jedes* Bild nämlich stellt etwas dar: seinen „Sinn" (Tlp 2.221). Dieser ist bestimmt durch die „Übereinstimmung, und Nichtübereinstimmung" der Bildzeichenkonfiguration „mit den Möglichkeiten des Bestehens und Nichtbestehens" der repräsentierten „Sachverhalte" (Tlp 4.2), welche nach der Theorie des *Tractatus* wiederum auf den Konfigurationsmöglichkeiten aufruhen, die in den Gegenständen selbst angelegt sind (vgl. Tlp 2.014). Sofern eine Bildzeichenkonfiguration, heißt dies, innerhalb der Grenzen verbleibt, die dem Bestehen *und* Nichtbestehen von Sachverhalten durch die Konfigurationsmöglichkeiten der von den Bildelementen vertretenen Gegenstände gezogen sind, kann sie als *sinnvolle* Darstellung gelten. Einen möglichen Sachverhalt *darzustellen* ist insofern eine allgemeine Eigenschaft aller bildlichen Zeichenkomplexe, die weder tautologisch noch kontradiktorisch noch auf Grund im Bild zwar behaupteter, aber auf der Ebene der vertretenen Gegenstände unmöglicher Sachverhaltsstrukturen *unsinnig* sind. Es

---

[19] So bemerkte z.B. Peter *Simons, Das alte Problem von Komplex und Tatsache*, 88 f, Wittgenstein verwende „das Wort »abbilden« fast immer für die Beziehung zwischen Sätzen und Tatsachen bzw. der Wirklichkeit (2.17, 2.18)", also für eine *faktische* Beziehung zwischen beiden, „während er im Hinblick auf Sachverhalte und Sachlagen", die als *mögliche* Gegenstandskonfigurationen im logischen Raum bestehende *und* nicht bestehende Tatsachen (vgl. Tlp 2.06) sein können, „die Wörter »darstellen« (2.11, 3.0321, 4.1, 4.122) oder »vorstellen«" gebrauche.

[20] Peter M. *Simons, Das alte Problem von Komplex und Tatsache*, 89

drückt seinen Sinn allein dadurch aus, daß es irgendeine Zeichenordnung *tatsächlich* aufweist, die repräsentational gesehen einen Sachverhalt als *mögliche* Tatsache vorstellt. Die jeweilige Darstellung ist freilich geltungsdifferent, d.h., das Bild kann im Hinblick auf die Verfassung der Wirklichkeit wahr *oder* falsch sein (vgl. Tlp 2.21). „Das Bild stellt" als solches freilich „dar, was es darstellt, unabhängig von seiner Wahr- oder Falschheit" (Tlp 2.22). Da es „ein a priori wahres Bild ... nicht" (Tlp 2.225) gibt, muß man es, will man „erkennen", ob das Sinn *darstellende* Bild *abbildet* oder *nicht abbildet*, d.h. „wahr oder falsch ist, ... mit der Wirklichkeit vergleichen" (Tlp 2.223).

Methodische und erkenntnistheoretische Probleme eines solchen verifikativen »Vergleichs« von Darstellung und Dargestelltem, also die prinzipielle Dimension der Frage, *wie* man überhaupt je feststellen könne, ob eine Darstellung eine wahre oder eine falsche Abbildung sei, hat Wittgenstein im *Tractatus* nicht thematisiert; vermutlich, weil er sie als für seine Theorieintentionen irrelevant erachtete.[21] Ein solcher Vergleich müsse, wie Wittgenstein schon früh klar war, jedenfalls generell dadurch geschehen, „daß ich den Bestandteilen des Bildes Gegenstände zuordne, *dadurch* stellt es nun einen Sachverhalt dar und stimmt nun entweder oder stimmt nicht." (TB 26.11.14) Doch ist vielfach zunächst aber gar nicht klar, *wie* es im Blick auf Übereinstimmung mit dem Abgebildeten zu vergleichen sei, d.h. *in welcher Weise* Bildbestandteilen Gegenstände zugeordnet werden sollen. Um Wittgensteins eigenes Beispiel aufzugreifen: Ein Bild, etwa

kann bedeuten „»A ficht mit B«" (TB 29.9.14), aber das Bild könnte natürlich auch zeigen, „wie es sich *nicht* verhält" (TB 1.11.14), falls man z.B. deutlich machen wollte, „wie man *nicht* fechten solle." (TB 5.11.14) Entgegen einer weit verbreiteten Ansicht über das Wesen bildlicher Repräsentation ist diese demnach keineswegs so eindeutig, daß man sich zu ihrer theoretischen Explikation mit dem gängigen, traditionell angeführten Begriff der »Ähnlichkeit« zufrieden geben könn-

---

[21] Wie wir sehen werden, nimmt er diese Probleme und Fragen explizit erst um 1929 in den Gesprächen mit Friedrich Waismann auf. Vgl. Kapitel 7.2.

te. Schon der junge Wittgenstein wußte wohl, was Nelson Goodman dann viel später explizit bildtheoretisch ausformulieren sollte: »Ähnlichkeit« ist in bildtheoretischem Zusammenhang mindestens ein vager, wollte man von so etwas wie »objektiver Ähnlichkeit« zwischen Bild und Abgebildetem reden: gar ein gehaltloser Begriff. Wittgenstein verwendet ihn in seinen grundlegenden bildtheoretischen Erörterungen darum auch nicht. Denn »objektive Ähnlichkeit«, welche zwischen Bild und Abgebildetem zu entdecken vermeintlich als das »Verstehen eines Bildes« gelten können soll, gibt es nicht. Versteht man »Ähnlichkeit« nämlich als partielle Übereinstimmung von Gegenständen hinsichtlich gewisser Merkmale oder Eigenschaften, kommt man um die Einsicht nicht umhin, daß „any two things have exactly as many properties in common as any other two"[22] (streng genommen nämlich jeweils *unendlich* viele), sofern man nicht ein tertium comparationis spezifiziert hat, welches den jeweiligen Maßstab für relevante »Ähnlichkeit« generell sowie für Grade der »Ähnlichkeit« im besonderen darstellt. Stets existieren ja – wie Wittgenstein wußte – „verschiedene Darstellungsweisen" (TB 30. 10.14), d.h. unterschiedliche Möglichkeiten, *wie* sich ein und dasselbe pikturale Gebilde sinnvoll auf das je Repräsentierte beziehen und ihm entsprechend »ähnlich« oder »unähnlich« sein kann. Anders als später Goodman, reflektiert Wittgenstein im *Tractatus* noch nicht explizit auf die prinzipielle Kontextrelativität, ja Wandelbarkeit der Maßstäbe, nach denen sich Ähnlichkeitsrelationen definieren lassen. Doch sieht er bereits, daß das „Darstellende" an einem Bild keineswegs bloß das jeweilige pikturale Gebilde ist, „sondern auch die Methode der Darstellung" (TB 30.10.14), die man kennen muß, um zu wissen, wie es sich auf das Repräsentierte bezieht und in welcher Hinsicht es ihm gegebenenfalls »ähnlich« sein soll.

Es ist dieser Problemhorizont, vor dem Wittgenstein in unterschiedlichen Zusammenhängen auch von der „Abbildungsmethode", der „Vergleichsmethode" (TB 1.11.14) bzw. – im in terminologischer Hinsicht wohl »letztgültigen« Text des *Tractatus* – von der „Projek-

---

[22] Nelson *Goodman, Seven Strictures on Similarity,* in: L.Foster / J.W.Swanson (Hrsg.), Experience and Theory, Amherst, 1970, 26. Seine Kritik am Ähnlichkeitsbegriff als eines Interpretaments einer Bild-Beziehung hat Goodman vor allem in *Sprachen der Kunst,* 15 ff., sowie in Form einer kompendienhaften Zusammenfassung auch in Nelson *Goodman,* Catherine Z. *Elgin, Reconceptions in Philosophy and others Arts and Sciences,* Indianapolis 1988, Kap. VII.3 und VIII, vorgetragen.

tionsmethode" (Tlp 3.11)[23] spricht, welche man zur Herstellung des repräsentationalen Bezuges eines Bildes kennen müsse. Letztere nennt er an der einzigen Stelle seines Werkes, an der er seinen Begriff der »Projektionsmethode« offenlegt, eine „Regel des Übertragens" (PG § 50). Sie bildet freilich „*nicht* ab", vielmehr bestimmt sie, „wie die Wirklichkeit mit dem Bild verglichen werden muß" (TB 30.10.14), d.h., wie Bildelemente den »Gegenständen« des dargestellten Sachverhalts zugeordnet werden sollen. Ihre Anwendung, z.B. unter Verwendung des Maßstabs einer Landkarte, stiftet so besehen „die abbildende Beziehung", die eine Konfiguration von beliebigen (Zeichen-) Elementen allererst „zum Bild *macht*." (Tlp 2.1513/Herv. S.M.)

Ein Bild zu sein – so könnte man eine systematische Zwischensumme der bisherigen Überlegungen ziehen – ist für Wittgenstein also keine ontologische, sondern eine *funktionale* Bestimmung einer faktischen Gegenstandskonfiguration, die sich der repräsentierenden Ingebrauchnahme jenes Gebildes unter Anwendung einer bestimmten Projektionsmethode verdankt. Diese Bestimmung wird einem solchen Gebilde unter drei konstitutiven Bedingungen zugesprochen: *erstens*, daß Darstellungselemente als Vertreter von Gegenständen im Bild angesehen werden, denn auf „dem Prinzip der VERTRETUNG von Gegenständen durch Zeichen" (TB 25.12.14) beruht alle Abbildung, *zweitens*, daß eine Abbildungs- bzw. Projektionsmethode erklärt, *wie* Bildelemente Gegenständen zuzuordnen sind, und *drittens*, daß die Elementenkonfigurationen in repräsentierendem und repräsentiertem Sachverhalt als identisch (im Falle wahrer Abbildung) oder nicht identisch (im Falle der Falschheit des Bildes) aufgefaßt werden *können*.

Im *Tractatus* hat Wittgenstein insbesondere eine Theorie über die drittgenannte Bedingung ausgearbeitet, indem er der Frage nachging, was eine „Tatsache", um überhaupt als Bild gelten zu können, mit dem Abgebildeten „gemeinsam haben" (Tlp 2.16), genauer: was in „Bild und Abgebildetem ... identisch sein" (Tlp 2.161) müsse, wenn mit dem bildtheoretischen Grundgedanken einer Strukturidentität zwischen Elementenkonfigurationen ein präziser Sinn soll verbunden werden können. Seine erste Antwort auf diese Frage lautet, daß das Bild mit dem Abgebildeten die „Form der Abbildung" (Tlp 2.17) teilen müsse.

Eine »Form der Abbildung« ist das spezifische Ordnungssystem, welches ein jedes Bild zur Markierung der Strukturen des dargestell-

---

[23] Soweit ich sehe, gebraucht Wittgenstein diese Ausdrücke weitgehend synonym.

ten Sachverhalts verwendet. „Form", so betonten wir bereits, ist nach Wittgenstein generell als „die Möglichkeit von Struktur" (Tlp 2.033) zu verstehen. Die »Form der Abbildung« beschreibt er entsprechend als die „Möglichkeit" (Tlp 2.15) des Strukturzusammenhangs der Elemente einer Bildkonfiguration. Innerhalb eines besonderen Abbildungssystems ist sie durch die Gesamtheit der in ihr *potentiell* realisierbaren Bildstrukturen bestimmt, wobei die Bestimmtheit dieses Struktur*potentials*, das – da es ja „verschiedene Formen der Abbildung" (PT 2.171) gibt – unter Umständen sehr verschieden sein kann, von ihren jeweiligen internen Eigenschaften abhängt. Wenn sie in Bild und Abgebildetem gleich ist, *können* die realisierbaren Strukturen der als Abbildungssystem verwendeten Gegenstandskonfigurationen nach Mannigfaltigkeit und Differenzierbarkeit mit den darzustellenden Konfigurationen der abzubildenden Tatsachen übereinstimmen. So besehen ist ihr dann „die Möglichkeit" verdankt, „daß sich die Dinge so zu einander verhalten, wie die Elemente des Bildes" (Tlp 2.151).[24]

---

[24] Wir verstehen also Satz 2.151, der die „Form der Abbildung" als „die Möglichkeit" bestimmt, „daß sich die Dinge so zu einander verhalten, wie die Elemente des Bildes", als Ausformulierung der darstellungstheoretischen Leistung, die Wittgenstein einer konstitutiven formalen Eigenschaft eines Bildes, nämlich deren bestimmter Strukturierbarkeit, in Satz 2.15 zuschreibt. *Aufgrund* der identischen »Form der Abbildung« in Bild und Abgebildetem, meint Wittgenstein, sei deren Strukturidentität denkbar. Seit Frank Ramseys *Tractatus*-Rezension hat man demgegenüber in der Forschung gelegentlich eine gewisse »Spannung« zwischen den Begriffsbestimmungen der »Form der Abbildung« in den Sätzen 2.15 und 2.151, wenn nicht gar unterschiedliche Definitionen sehen wollen. In Satz 2.151 sei „diese Form nicht mehr die Möglichkeit einer bestimmten Verbindung von Bildelementen, sondern die Möglichkeit, daß die abgebildete Tatsache dieselbe Struktur wie das Bild hat; sie ist die Möglichkeit einer korrekten Darstellung der Tatsache durch das Bild." (So Wolfgang *Carl, Sinn und Bedeutung*. Studien zu Frege und Wittgenstein, Königstein/Ts. 1982, 180 f.) Carl suchte diese scheinbare »Spannung« mit der Interpretationsthese aufzulösen, die »Form der Abbildung« sei in keiner Weise als die Form des Bildes zu verstehen. Wittgensteins definitorische Formulierung in Satz 2.15: „Dieser Zusammenhang der Elemente des Bildes heiße seine Struktur und ihre Möglichkeit seine Form der Abbildung" rede nämlich gar nicht vom Zusammenhang der Elemente *innerhalb* des Bildes. Vielmehr sei „der Ausdruck »dieser Zusammenhang der Elemente des Bildes« elliptisch: gemeint ist der Zusammenhang der in bestimmter Weise verbundenen Elemente mit den in bestimmter Weise verbundenen Sachen"(182), was Satz 2.151 betone. Diese Carlsche These erscheint freilich überaus manieriert und im Rahmen seiner ansonsten in den meisten Punkten treffenden Interpretation wenig überzeugend. Was Carl freundlich eine »elliptische« Ausdrucksweise nennt, wäre nämlich nicht anders als eine in jeder Hinsicht mißglückte und zudem irreführende Formulierung Wittgensteins zu bezeichnen. Kaum vorstellbar ist, daß er sie im Übergang vom *Prototractatus*

„Das räumliche Bild", will sagen: dasjenige, welches ein räumliches Ordnungssystem als »Form der Abbildung« verwendet, kann dann „alles Räumliche, das farbige alles Farbige, etc." (Tlp 2.171) abbilden. So vermag, um das anmerkungsweise bereits erwähnte Beispiel aufzugreifen, das Wittgensteins Initialidee zur Bild-Theorie entzündet haben soll, in einem „Pariser Gerichtssaal ein Automobilunglück mit Puppen etc. dargestellt" (TB 29.9.14) zu werden, weil das Modell die in Bild und Abgebildetem gemeinsame Dreidimensionalität des Raumes als »Form der Abbildung« zur strukturidentischen Markierung der relevanten Konfigurationen des dargestellten Sachverhalts nutzen kann.[25] Bild und Abbildung teilen hier ja, trotz aller sonstigen Verschiedenheit, das Spektrum potentieller räumlicher Zuordnungen von Elementen hinsichtlich Differenzierbarkeit und Mannigfaltigkeit miteinander.[26]

---

zum *Tractatus* stehen gelassen haben sollte (vgl. PT 2.151, 2.15101). Wir meinen deshalb Grund zu haben, die »Form der Abbildung« – Wittgensteins Wortlaut gemäß – als Moment des Zusammenhanges der Bildelemente zu fassen.

[25] Vgl. Anthony *Kenny, Wittgenstein,* 71 f.

[26] In den Sätzen 2.172 und 2.173 des *Tractatus* verwendet Wittgenstein auch noch den Ausdruck »Form der Darstellung«. Während die »Form der Abbildung« als repräsentationsermöglichende Gemeinsamkeit von Bild und Abgebildetem gefaßt wird, wird der „Standpunkt" des Bildes „außerhalb" des „Objekt[s]", der dafür verantwortlich sei, daß „das Bild sein Objekt richtig oder falsch" darstelle, die „Form der Darstellung" (Tlp 2.173) genannt. Was Wittgenstein mit dieser begrifflichen Differenzierung deutlich zu machen beabsichtigte, ja ob er mit »Form der Darstellung« überhaupt etwas anderes meint als mit dem Ausdruck »Form der Abbildung«, ist in der kritischen Literatur wiederum umstritten. So schrieb Anselm *Müller, Wittgensteins »Tractatus«,* „Form der Abbildung und Form der Darstellung" seien „identisch, obgleich Darstellung (Sinn) und Abgebildetes (Wirklichkeit) differieren, wenn das Bild falsch ist." (190, Anm. 74) Dieser – wohl verbreitetesten – Auffassung ist Richard *Heinrich, Einbildung und Darstellung.* Zum Kantianismus des frühen Wittgenstein, Kastellaun / Düsseldorf 1977, nachdrücklich mit der Bemerkung entgegengetreten, von „Identität der Begriffe" könne „nicht die Rede sein" (35). Tatsächlich macht Heinrich zu Recht darauf aufmerksam, daß der Text des *Tractatus* die »Form der Abbildung« und die »Form der Darstellung« ganz verschieden bestimmt.

Einen interessanten Differenzierungsversuch unternimmt Anthony *Kenny, Wittgenstein,* der vorschlägt, das „Gemeinsame" vom Bild und Wirklichkeit mit Wittgenstein »Form der Abbildung«, dasjenige aber, was etwas „zu einem Bild und nicht einfach einer Verdoppelung der Wirklichkeit macht", »Form der Darstellung« zu nennen. „Bei einer zweidimensionalen Bleistiftskizze einer Landschaft etwa ist die Form der Abbildung die Räumlichkeit des Bildes, die es mit der Landschaft gemeinsam hat; die Form der Darstellung ist sein Schwarz-Weiß-Charakter, seine Kleinheit und seine

Zwischen verschiedenen Abbildungsformen herrschen signifikante Unterschiede. In der Form der Zeit erscheinende phonetische Zeichen weisen z.B., wie wir bereits bei Frege sahen, schon auf Grund abbildungsformenspezifischer Eigenschaften eine andere Mannigfaltigkeit und Differenziertheit der diakritischen Markierungsmöglichkeiten auf als die die Zweidimensionalität der »Schreibfläche« als Abbildungsform nutzenden Zeichen irgendeiner Schrift. Obgleich besondere Formen der Abbildung also unterschiedliche Arten der Konfiguration von Elementen ermöglichen und insofern spezifisch voneinander abweichen, gibt es nach Wittgenstein freilich eine Minimalbedingung, die

---

Zweidimensionalität, die nur dem Bild eignet" (73). Freilich sieht auch Kenny, daß wir im *Tractatus* eigentlich kaum genug über die »Form der Darstellung« erfahren (vgl. 76), um eine textuell gesicherte Interpretation vorlegen zu können.

Sofern Wittgenstein tatsächlich eine systematische Unterscheidung von »Form der Abbildung«und und »Form der Darstellung« beabsichtigt haben sollte, könnte man sie auch folgendermaßen deuten: Jedes sinnvolle Bild ist Darstellung eines Sachverhalts, die sich im Anschluß an einen Wirklichkeitsvergleich als wahre oder falsche Abbildung einer Tatsache erweisen *kann*. Die *Möglichkeit* dieser Wahrheitsdifferenz beruht darauf, daß das Bild seinen Gegenstand von einem Standpunkt außerhalb darstellt, so daß die Konfigurationsstruktur des bildlichen Zeichenkomplexes von der Struktur des dargestellten Sachverhalts abweichen *kann*. Dieser »Standpunkt außerhalb«, auf den die Geltungsdifferenz aller Darstellung zurückzuführen ist, ist entsprechend eine Möglichkeitsbedingung der bildlichen Struktur aller wahren oder falschen Abbildung und insofern zu Recht als »Form der Darstellung« jeglichen Bildes zu bezeichnen. Die bildliche Darstellung kann also wahr oder falsch abbilden, auf keinen Fall aber kann sich das „Bild", wie es in Satz 2.174 heißt, „außerhalb seiner Form der Darstellung stellen" und von einem objektiven, gewissermaßen »standpunktlosen Standpunkt« aus die Wahrheitsdifferenz jeglicher Darstellung umgehen. Freilich läßt die Form der Darstellung des Bildes die Verwendung verschiedener Formen der Abbildung zu. Zwei Bilder können dieselbe Form der Darstellung und verschiedene Formen der Abbildung aufweisen; sie können aber auch die gleiche Form der Abbildung und unterschiedliche Formen der Darstellung verwenden. So kann ein Bild einerseits von ein und demselben Darstellungsstandpunkt aus z.B. entweder eine räumliche (etwa schriftliche) oder eine zeitliche (etwa phonetische) Form der Abbildung verwenden. Andererseits können sich auf der Grundlage der gleichen Abbildungsform entworfene Bilder durch ihren ganz unterschiedlichen, Form der Darstellung genannten Standpunkt der Bezugnahme auf einen Sachverhalt unterscheiden.

Es ist nicht auszuschließen, daß Wittgenstein bei seiner Unterscheidung von »Form der Abbildung« und »Form der Darstellung« eine Differenzierung der bildlichen Repräsentationsrelation in der dargelegten Weise vorschwebte. Die spärliche Textlage in dieser Frage läßt aber, wie gesagt, eine genauere Deutung nicht zu, weil sich Wittgenstein im Zuge seiner Untersuchung von Darstellungsprozessen weniger für die Standpunkthaftigkeit von Bildern als vielmehr für die allgemeinen Eigenschaften interessierte, die unterschiedliche Abbildungsformen zu Repräsentationssystemen qualifizieren.

ein jedes Bild aufweisen muß, welche besondere »Form der Abbildung« es auch immer verwenden mag, und die entdeckt zu haben er für seine entscheidende bildtheoretische Einsicht hielt: „Was jedes Bild, welcher Form immer, mit der Wirklichkeit gemein haben muß, um sie überhaupt – richtig oder falsch – abbilden zu können, ist die logische Form, das ist, die Form der Wirklichkeit." (Tlp 2.18)[27]

Eine bestimmte *logische Form* ist eine *Möglichkeit* der internen Strukturierung von beliebigen Gegenstandsanordnungen in Sachverhalten und *die Logik* der Inbegriff solcher Formen; letztere ist, wie Wittgenstein in einer rückblickenden Selbstinterpretation sagt: „die Ordnung der *Möglichkeiten*, die Welt und Denken gemeinsam sein muß" (PU § 97), damit Repräsentation von Sachverhalten der Wirklichkeit durch Zeichengebilde verständlich wird.[28] Die logische Form

---

[27] Diese Wittgensteinsche Bemerkung könnte, *isoliert* genommen, einem an Kantischer Transzendentalphilosophie geschulten Denken geeignet erscheinen, in aporetische »Verwicklungen« hineinzuführen. Denn „verbirgt sich" nicht hinter „diesem Diktum ... eine petitio principii", d.h., basiert die gesamte Bild-Theorie von ihm her besehen nicht „auf einer unbegründeten und mit den Denkmitteln" des *Tractatus* auch „unbegründbaren These"? (Wie Susanne *Thiele, Die Verwicklungen im Denken Wittgensteins*, Freiburg / München 1983, 124, meint.) Aus Kantischer Sicht gesehen legt Wittgenstein die logische Form hier ja scheinbar „vorkritisch" (130) zugleich als „ontologische Form" (127) der Wirklichkeit aus, wobei die „vorausgesetzte Übereinstimmung, die Übereinstimmung der Form, die Vorbedingung für die Harmonie von Sprache, Denken und Welt" (155), nicht eigens legitimiert wird: eine Legitimation, für die Kant durch die sogenannte »Transzendentale Deduktion der Kategorien« aufkommt. Eine solche „transzendentalphilosophische Antwort auf die Frage nach der Möglichkeit der Übereinstimmung von Satz [bzw. Bild / S.M] und Wirklichkeit" sei freilich innerhalb des Theorierahmens des *Tractatus* „unmöglich" (123). Dies ist, wenigstens was die Unmöglichkeit einer *transzendentalen* Begründung des epistemischen und ontologischen Status der »logischen Form« betrifft, zweifellos richtig (vgl. dazu Kapitel 5 der vorliegenden Untersuchung). Allerdings verkennt dieser Wittgensteins Theorieansatz *vorschnell* als »vorkritisch« abstempelnde Einwand, daß Wittgenstein, wie wir etwas später sehen werden, die ontologische *Geltung* der »logischen Form« durchaus verständlich machen zu können glaubt – wenn auch nicht auf die Weise einer »transzendentalen Überlegung«. Bei allen Schwierigkeiten, die sein diesbezüglicher Gedankengang birgt, trifft ihn also – wie wir meinen – der Einwand einer *vor-* bzw. *un*kritischen Voraussetzung der Übereinstimmung von Wirklichkeitsform und Gedankenform nicht. Die Begründungen, die Wittgenstein in diesem Zusammenhang vorgeschwebt haben müssen, werden wir in Abschnitt 4.3 näher darlegen.

[28] Wittgensteins – wie wir oben gesehen haben – nicht nur in Satz 2.033 des *Tractatus* eingeführte, in diesem Werk terminologisch durchgehaltene und auch noch in rückblickenden Selbstinterpretationen betonte Bestimmung der »Form« als »*Möglichkeit*« von »Struktur« muß auch im Zusammenhang der Interpretation seiner Theorie bild-

basiert, wie wir schon hörten und wie bald auch noch näher verdeutlicht werden wird, gemäß der Lehre des *Tractatus* auf der »Form« der Gegenstände selbst und *ist* deshalb nichts anderes als die den Gegenständen der Welt *interne* „ability to build up a particular structure"[29]. Insofern ist sie dasjenige, was allen möglichen Sachverhaltskonfigurationen – unabhängig davon, welche *externen* Eigenschaften (Räumlichkeit, Zeitlichkeit, Farbigkeit etc.) den Gegenständen in ihnen als weltlichen Entitäten auch immer zukommen mögen[30] – mindestens gemeinsam sein muß, wenn sie sich in Relationen *identischer* Differenziertheit und Mannigfaltigkeit als Bild und Wirklichkeit zueinander in ein Verhältnis setzen lassen sollen. Jede beliebige Abbildungsform, welcher spezifischen Eigenart auch immer, muß mindestens sie innerhalb ihres Differenzierungspotentials markieren können, damit wir von einer Bildrelation zwischen Konfigurationen reden können.

Es ist wichtig zu sehen, daß die Begriffe »logische Form« und »Form der Abbildung« für Wittgenstein also nicht koextensiv sind, obgleich Satz 2.2 des *Tractatus*, in dem von der „logische[n] Form der Abbildung" die Rede ist, dies auf einen ersten Blick nahezulegen scheint.[31] Sie decken sich vielmehr bloß partiell im Begriff eines »logischen Bildes«. „Ist die Form der Abbildung die logische Form, so heißt das Bild

---

licher Darstellung beachtet werden. Sie wird auch manchmal von Interpreten nicht zureichend gewürdigt, die sich der Aufgabe einer Deutung der Begriffe »Form« und »Struktur« explizit stellen. Vgl. etwa Kurt *Wuchterl, Struktur und Sprachspiel bei Wittgenstein*, Frankfurt/Main 1969, der Satz 2.171 des *Tractatus* („Das Bild kann jede Wirklichkeit abbilden, deren Form es hat") in seiner im Ganzen instruktiven Arbeit mit den Worten kommentiert: „Die Identität der Struktur stellt die Bedingung der Möglichkeit der Abbildungen dar" (41) und damit die gesamte Theorie um ihre Pointe bringt. Natürlich muß es heißen: Die Identität der Form stelle die Bedingung der Möglichkeit der Identität *oder* Nicht-Identität der Strukturen von Bild und Wirklichkeit dar. D.h., sie kommt dafür auf, daß ein Bild überhaupt einen Sinn darstellen und infolgedessen eine Tatsache wahr *oder* falsch abbilden kann.

29 So Ralf *Funke, The Names in a Game*, in: Klaus Puhl (Hg), Wittgensteins Philosophie der Mathematik. Akten des 15. Internationalen Wittgenstein-Symposions, Wien 1993, 179.

30 Diesen Punkt hat R. Funke in seinem angeführten Aufsatz anhand der logischen Äquivalenz mathematischer Spiele mit unterschiedlichen Spielelementen (d.h. »Gegenständen«) überzeugend deutlich gemacht.

31 Von einer solchen Koextensivität gehen immer noch zahlreiche *Tractatus*-Interpreten aus. Vgl. in neuerer Zeit – exemplarisch für eine Deutungstradition – z.B. Matthias *Kroß, Klarheit als Selbstzweck*. Wittgenstein über Philosophie, Religion, Ethik und Gewißheit, Berlin 1993, der die »Form der Abbildung« „eine *reine* logische Form nennt" (69 / Herv. S.M.).

das logische Bild." (Tlp 2.181) „Jedes Bild" ist natürlich *„auch* ein logisches", welche Abbildungsform es darüber hinaus auch immer verwenden mag. „Dagegen ist" aber „z.B. nicht jedes Bild ein räumliches" (Tlp 2.182), wenn wir eine räumliche Sachverhaltskonfiguration etwa durch eine Anordnung phonetischer Zeichen repräsentieren. Es manifestiert dann die logische Form der Gegenstandskonfiguration des abzubildenden Sachverhalts, also sein Strukturpotential, auf seine jeweils abbildungsformenspezifische Weise, indem es diese Form innerhalb des eigenen Differenzierungspotentials reproduziert, ohne daß darüber hinaus irgendeine Ähnlichkeit zwischen den repräsentierenden Bildelementen und den ihnen zugeordneten Gegenständen zu bestehen braucht.

Die Identität der logischen Form in Bild und abgebildetem Sachverhalt wird von Wittgenstein deshalb als „minimale Bedingung"[32] jeglicher Art von bildlicher Repräsentation angesehen. Denn sie ermöglicht es, *daß* die internen Strukturbeziehungen der Bildelementanordnungen *trotz* unterschiedlicher Realisierungen in verschiedenen Abbildungsformen *gleichbleiben* können, wenn sie sich salva veritate auf denselben abzubildenden Sachverhalt beziehen. Die als »Bild« gebrauchte Gegenstandskonfiguration kann dann die tatsächliche Struktur des abgebildeten Sachverhalts *in sich* ausdrücken. Sofern es sich um ein »wahres« Bild handelt, „absorbiert"[33] es – wie David Pears dies mit einem treffenden Ausdruck nannte – gewissermaßen die Struktur der dargestellten Wirklichkeit.

Die logische Formidentität in Bild und Abgebildetem als Minimalbedingung geltungsdifferenter Darstellung ermöglicht es demnach, daß Strukturidentität zwischen beiden bestehen *oder* nicht bestehen kann. Solche logische Strukturidentität zwischen Bild und Abgebildetem im Falle »wahrer« bzw. »korrekter« Abbildung ist freilich – wie sich schon andeutete – nicht immer offenkundig, z.B. dann nicht, wenn sich die Bildelemente und die repräsentierten Gegenstände so unähnlich sind, wie im Falle der Darstellung von Ordnungen physikalischer Gegenstände im Raum durch phonetische Lautzeichen in der Ord-

---

[32] So Wolfgang *Carl, Sinn und Bedeutung,* 198

[33] David *Pears, Die Beziehung zwischen Wittgensteins Bildtheorie des Satzes und Russells Urteilstheorien* (The Relation between Wittgenstein's Picture Theory of Propositions and Russell's Theories of Judgement, 1977), in: J.Schulte (Hrsg.) Texte zum Tractatus, 62 und 66 f: „propositions *absorb* the forms of the states of affairs" (engl. 191 / Herv. S.M.). Vgl. auch Wolfgang *Carl, Sinn und Bedeutung,* 189.

nung der zeitlichen Folge. Freilich ruht nach Wittgenstein *jegliche* Abbildungsbeziehung – auch diejenige unserer Sprache – auf einer so verstandenen „Logik der Abbildung" (Tlp 4.015). „Die Grammophonplatte, der musikalische Gedanke, die Notenschrift, die Schallwellen, stehen", wenn sie sich auf dieselbe Musik beziehen, trotz allen Unterschieden des jeweiligen Abbildungssystems „in jener abbildenden internen Beziehung" logischer Strukturidentität „zu einander, die" – wie Wittgenstein als ursprüngliche Einsicht seines Frühwerks sieht – auch „zwischen Sprache und Welt" bestehen muß, sofern sprachliche Gebilde etwas ihnen in materialer Hinsicht völlig Unähnliches sollen ausdrücken können. „Ihnen allen ist der logische Bau gemeinsam." (Tlp 4.014)

Wenn wir »wahre« Bilder der Wirklichkeit entwerfen wollen, versuchen wir nach Wittgensteins Auffassung stets, die jeweilige Struktur des abzubildenden Sachverhalts innerhalb der Grenzen einer besonderen Abbildungsform in die Struktur der bildlichen Zeichensachverhalte hineinzubilden, was natürlich nur denkbar ist, wenn die jeweilige Bildgestalt deren logische Differenzierungsmannigfaltigkeit auch annehmen *kann*. Natürlich ist nicht jede bildliche Darstellung ein wahres (Ab-) Bild. Das Bild stellt seinen Sinn ja ganz „unabhängig von seiner Wahr- oder Falschheit" dar. Aber es kann es doch sein, erstens nämlich durch eine solche Vertretung von Gegenständen durch bildliche Zeichenelemente, welche die Zeichenelemente den formalen Konfigurationsmöglichkeiten der bezeichneten Gegenstände *unterstellt*, und zweitens „durch die Form der Abbildung" (Tlp 2.2), deren mindestens in logischer Hinsicht identische Diakritizität in Bild und Dargestelltem die *Möglichkeit* seines Wahrseins verbürgt.

Vor dem Hintergrund der dargestellten systematischen Überlegungen zur Möglichkeit pikturaler Repräsentation läßt sich nun auf überraschend einfache Weise andeuten, inwiefern Wittgenstein vermittels der Bild-Theorie sein Ausgangsproblem, was die Zeichen auf dem Papier in einer zweidimensionalen Schrift oder die phonetischen Zeichen in der Ordnung der Zeit, *als Bildkonfigurationen interpretiert*, mit den bezeichneten Sachverhalten zu tun haben, glaubte aufklären zu können. „Man kann" nun nämlich „sagen, wir haben zwar nicht die Gewißheit, daß wir alle Sachverhalte in Bildern aufs Papier bringen können," wenn etwa ein Darstellungssystem wie die Schrift auf Grund ihrer zweidimensionalen Form der Abbildung beispielsweise nicht hinreicht, um *alle* diakritischen Unterschiede einer dreidimensionalen räumlichen Verteilung *gleichförmig* darzustellen; „wohl aber die Gewißheit, daß wir alle *logischen* Eigenschaften der Sachverhalte in einer zweidimensionalen Schrift abbilden können" (TB 29. 9.14); dann nämlich, wenn wir davon ausgehen können, daß die schriftliche Zeichenordnung auf Grund logischer *Formidentität* mit der dargestellten Wirklichkeit die Verteilung *strukturell* relevanter Unterschiede an der abzubildenden Tatsache in die Mannigfaltigkeit ihrer diakritischen Unterscheidungen zu übersetzen erlaubt. Es ist klar: Ließe sich diese bildtheoretische Grundidee wirklich auch sprachphilosophisch für das Verständnis der Satzzeichen einer gewöhnlichen Sprache oder einer logischen Begriffsschrift fruchtbar machen, hätte man eine mindestens diskussionswürdige Theorie über das logisch-semiotische Verhältnis zwischen Konstellationen sprachlicher Zeichen und dem durch sie je Repräsentierten vorgelegt. Zudem hätte man erklärt, was Frege offenließ, unter welchen Bedingungen der Aufbau des Satzes als Bild des Aufbaus des Gedankens gelten kann. Doch inwiefern sind Sätze als die basalen Zeichenkonstellationen einer Sprache überhaupt Bilder im bezeichneten Sinn?

2.3 Satzbilder

Wittgenstein jedenfalls dachte, mit dem so verstandenen Abbildungsgedanken zugleich das Wesen des Satzes im allgemeinen enthüllt zu haben, wenn er ihn ein „Bild" oder auch „ein Modell der Wirklichkeit, *so wie wir sie uns denken*" (Tlp 4.01/Herv. S.M.), nennt. Im „Satz" wird wie im Bild „eine Sachlage probeweise zusammengestellt" (Tlp 4.031), wobei die Frage nach Stimmigkeit oder Nicht-Stimmigkeit des Bildes auf der Ebene des Satzes als Frage nach seiner Wahr- oder Falschheit erscheint. Damit der Satz freilich eine Sachlage mitteilen kann, und vor allem, damit erklärlich wird, *wie* er dies kann, „muß er *wesentlich* mit der Sachlage zusammenhängen. Und der Zusammenhang ist eben, daß er ihr logisches Bild ist." (Tlp 4.03)

Daß im Gedanken von »Bildlichkeit« freilich der wesentliche Zusammenhang von Satz und Sachlage zu erblicken sei, läßt sich interpretativ wohl nur verständlich machen, wenn die primäre Sichtweise auf den Satz keine urteilstheoretische, sondern eine zeichentheoretische ist, für welche die Ausdrücke „»Zusammengesetztes Zeichen« und »Satz«" als *„gleichbedeutend"* (TB 28.5.15) gelten. Für eine solche

Sichtweise sind die Sätze der Sprache primär „Satzzeichen" als „Tatsache[n]" der Welt, in denen sich die „Elemente, die Wörter, ... auf bestimmte Weise zu einander verhalten" (Tlp 3.14). Als Tatsache einer strukturierten Zeichenkonfiguration gesehen ist der „Satz" demnach „kein" beliebiges „Wörtergemisch". Vielmehr ist er wesentlich „artikuliert" (Tlp 3.141), d.h., das faktische *Wie* der Anordnung seiner Zeichenelemente ist für seine Semantik konstitutiv. „Daß der Satz eine Tatsache" im Sinne der *Tractatus*-Terminologie ist, wird freilich nach Wittgenstein „durch die gewöhnliche Ausdrucksform der Schrift oder des Druckes verschleiert" (Tlp 3.134). Und doch ist die Artikulation des Satzzeichens entscheidend, denn sie ermöglicht es, daß es vermittels seiner strukturellen Gliederung selbst „in *internen* Relationen zur Welt" (TB 25.4.15) stehen kann. In einem artikulierten Zeichenkomplex, z.B. »aRb«, ist es dieser Auffassung zufolge also nicht der Satzzeichenkomplex *als Einheit*, „welcher symbolisiert, sondern die Tatsache, *daß* das Symbol »a« in einer bestimmten Beziehung zum Symbol »b« steht." Daß „im Symbol etwas Bestimmtes der Fall ist, sagt, daß in der Welt etwas Bestimmtes der Fall ist." (AL 192) Anders ausgedrückt: „Nicht: »Das komplexe Zeichen ›aRb‹ sagt, daß a in der Beziehung R zu b steht«, sondern: *Daß* »a« in einer gewissen Beziehung zu »b« steht, sagt, *daß* aRb." (Tlp 3.1432) Durch die faktische Art und Weise seiner Zeichenordnung vermittelt jeder Satz, so aufgefaßt, gewissermaßen »automatisch«[34] einen sachverhaltsreferentiellen Sinn, der sich an ihr ablesen läßt, weil man bei ihrem Verständnis weiß, daß sie eine identische Gegenstandsordnung darzustellen beansprucht. Die räumliche Zweidimensionalität der Schreibfläche ist dabei die Form der Abbildung, die eine diakritische Konfiguration schriftlicher Zeichen in der Weise gestattet, daß ihre „gegenseitige räumliche Lage ... den Sinn des Satzes" (Tlp 3.1431) ausdrücken kann. Die Repräsentationsfähigkeit eines phonetischen Satzgebildes verdankt sich analog der Abbildungsform der Zeit, welche eine temporale Konfiguration der Zeichenelemente erlaubt. Sofern die interne Differenzier-

---

[34] Zu Recht schreibt deshalb Jacques *Bouveresse, Ludwig Wittgenstein (1889 - 1951)*, in: Sprachphilosophie. Philosophy of Language. La philosophie du langage. Ein Internationales Handbuch zeitgenössischer Forschung, hrsg. von M. Dascal, D. Gerhardus, K. Lorenz, G. Meggle, Berlin 1992, daß sich mit der Bildtheorie des Satzes die Idee „de l'automatisme du sens" verbinde. „Elle signifie que, si les signes sont liés dans la proposition d'une manière que correspond réelement aux possibilités de combinaison des objets qu'ils représent, la proposition communique automatiquement un sens." (565)

barkeit beider Abbildungsformen der abbildungstheoretischen Minimalbedingung genügt, mindestens die Bestimmtheit der logischen Form des Dargestellten immanent auszudrücken, ist es denkbar, daß das räumliche Abbildungssystem der Schrift unräumliche Sachverhalte wie Gedanken und das temporale Abbildungssystem der Laute in gesprochener Sprache räumliche Verhältnisse darstellt.

Abbildung der Welt durch beliebige Satzzeichenkomplexe ist so besehen für Wittgenstein stets dann möglich, wenn die „Konfiguration der ... Zeichen im Satzzeichen" der Gegenstandskonfiguration des intendierten Sachverhalts „entspricht" (Tlp 3.21), weil das strukturierte Satzzeichen mindestens die logische Form des Sachverhalts in sich aufweist. Durch die immanente Satzzeichenstruktur *„zeigt"* der Satz dann, „wie es sich verhält, *wenn* er wahr ist" (Tlp 4.022). »Wahr-Sein« heißt hier wie an den meisten Stellen, an denen Wittgenstein das Substantiv »Wahrheit« bzw. das Adjektiv »wahr« im *Tractatus* gebraucht, so viel wie »Strukturell-mit-den-(negativen oder positiven)-Tatsachen-übereinstimmend-Sein«.[35] Daß der Satz *zeige,* »wie es sich verhält, wenn er wahr ist«, will entsprechend besagen, man könne gewissermaßen aus „dem Satz ... den logischen Bau des Sachverhaltes *ersehen,* der ihn wahr oder falsch macht." (TB 20.10.14 / Herv. S.M.) Solches »Ersehen« des Baus des je verifizierenden Sachverhalts ist das, was Wittgenstein auch seinen *Sinn* zu „verstehen" (Tlp 4.024) nennt. *Weil* die Zeichenstruktur ihn zeigt und er entsprechend von ihrer Bildlichkeit gar nicht abgelöst werden kann, hielt Wittgenstein, wie er Friedrich Waismann erklärte, unsere übliche Ausdrucksweise beim Reden über Sätze, z.B. wenn wir sagen: „»Dieser Satz hat einen Sinn«",

---

[35] Der *primär* im *Tractatus* zugrundegelegte Wahrheitsbegriff ist also der einer korrespondenztheoretisch konzipierten »Aussagenwahrheit«. Dieses Wahrheitsverständnis wird Wittgenstein später, wie wir sehen werden, nachdrücklich problematisieren. Richtig ist freilich, daß der *Tractatus* durchaus auch noch einen anderen, „sprachphilosophisch eigenartigen Gebrauch von »Wahrheit«" kennt – worauf Karlheinz *Hülser, Die Unterscheidung „sagen – zeigen", das Logische und die „Wahrheit" in Wittgensteins Tractatus,* in: Kant-Studien 65 (1974), 458, aufmerksam gemacht hat. Dieser Gebrauch manifestiert sich im Vorwort, in welchem Wittgenstein von der *„Wahrheit* der hier mitgeteilten Gedanken" spricht, welche ihm „unantastbar und definitiv" erscheine. »Wahrheit« heißt, wie Hülser vorschlug, in diesem Zusammenhang wohl so viel wie „Problemlösung" (460) angesichts der dem *Tractatus* eigenen Überzeugung, daß „die philosophischen Probleme" – wie es im Vorwort ebenfalls heißt – auf einem Mißverständnis der Logik unserer Sprache beruhen. Man könnte sagen, der *Tractatus als ganzer* sei die Theorie dieses weiteren Verständnisses von Wahrheit.

für eine mindestens „unglückliche Redewendung. »Dieser Satz hat einen Sinn«, das klingt so wie: »Dieser Mensch hat einen Hut.«" D.h., es klingt so, als könne man den Sinn, der einem Satz eigen ist, von den ihn darstellenden Zeichen unterscheiden, wie man den Menschen von dem ihm eigenen Hut unterscheiden kann. Von der Bild-Theorie des Satzes gemeint ist aber folgendes: Wenn wir irgendeine Zeichenkonfiguration als Satz auffassen und sagen: „»Diese Zeichen bedeuten einen Satz«", dann „ziehen" wir „die Form des Satzes in den Zeichen nach", was im Lichte der dargelegten Logik der Abbildung bedeutet: „Wir ziehen im Satz gleichsam die Form der Wirklichkeit nach." (WWK 108) Dieses Sehen und Nachziehen der Form in ihm *ist* das Erfassen seines Sinnes, der insofern von der jeweiligen Zeichenkonfiguration gar nicht abgelöst, sondern allein durch strukturidentische Konfigurationen substituiert werden kann. Wir erfassen ihn und verstehen dadurch, wie gesagt, welche Sachverhalte der Wirklichkeit ihn bewahrheiten werden. Ist er wahr, besteht zwischen der Konfiguration seiner Zeichenelemente und der Sachverhaltskonfiguration ein bildliches Kongruenzverhältnis im oben beschriebenen Sinne. Wie Wittgenstein mit kaum zu überbietender Deutlichkeit schreibt: „Der Satz *selber* scheidet das mit ihm Kongruierende von dem nicht Kongruierenden. Zum Beispiel: ist also der Satz gegeben und Kongruenz, dann ist der Satz wahr, wenn der Sachverhalt mit ihm kongruent *ist*, oder es sind gegeben der Satz und Nicht-Kongruenz, dann ist der Satz wahr, wenn der Sachverhalt mit ihm nicht kongruent ist." (TB 3.11.14)

Den Satz ein Bild zu nennen, ist darum keineswegs nur eine explikative Metapher Wittgensteins; ebensowenig wie seine im Frühwerk bereits vorhandene, in der mittleren Phase nach 1929 aber immer wichtiger werdende Rede vom Satz als einem Maßstab. Der Satz ist durchaus im „gewöhnlichen Sinne" (Tlp 4.011) ein Bild, und allein *diese* Auffassung erlaubt es Wittgenstein, das systematische Problem zu bewältigen, was unterschiedliche Zeichensysteme mit den durch sie bezeichneten Gegenständen zu tun haben. Freilich handelte er sich mit dieser Konzeption theoretische Konsequenzen ein, die bereits seine ersten Interpreten erheblich an ihr störten. Gerade dasjenige, was ein Bild oder ein Satzzeichen befähigt, etwas zu *zeigen*, läßt sich nämlich nicht *aussagen*. „Die Form der Abbildung", heißt es in diesem Sinne im *Tractatus*, „kann das Bild nicht abbilden", welche es auch immer verwenden mag; „es weist sie auf." (Tlp 2.172) So kann beispielsweise das räumliche Bild nicht zugleich die Räumlichkeit als seine Abbildungsform repräsentieren, sowenig wie es sich „außerhalb seiner Form der Darstellung stellen" (Tlp 2.174) kann. Es kann sie nur verwenden. Und darüber hinaus ist auch keines in der Lage, die logische Form als darstellungstheoretische Minimalbedingung jedweder Abbildung als solche zu objektivieren. Wie Wittgenstein im Zusammenhang der Erörterung der Bildlichkeit des Satzes sagt: „Der Satz", und gleichermaßen natürlich auch jedes nicht-sprachliche Bild, „kann die gesamte Wirklichkeit darstellen, aber er kann nicht das darstellen, was er mit der Wirklichkeit gemein haben muß, um sie darstellen zu können – die logische Form." (Tlp 4.12) Diese kann ebenso wie die jeweilige Form der Abbildung allein *gezeigt* werden (vgl. Tlp 4.121).

Mit diesem Gedanken, der zweifellos zu den im *Tractatus* niedergelegten Grundgedanken zu rechnen ist, ist – wie schon Russell sah[36] – nichts weniger als die *Möglichkeit* einer Unterscheidung von Objekt- und Metasprachen, mit deren Hilfe sich über die Struktur von wirklichkeitsbezüglichen (Objekt-) Sprachen reden ließe, in Frage gestellt. Denn unter den Prämissen einer Bild-Theorie des Satzes, wie sie der *Tractatus* entfaltet, ist sie undenkbar. Wittgensteins diesbezügliches Argument, welches auf einer prinzipiellen Unterscheidung des sprachlich Sagbaren und des allein Zeigbaren beruht, ist *Tractatus*-intern einer relativ einfachen Begründung zugänglich.[37] Wenn Abbil-

---

[36] Vgl. Bertrand *Russell, Vorwort,* in: Tlp 284 / 285 sowie 286 / 287.

[37] Jedenfalls dann, wenn man die mindestens dreifältige Weise, auf die Wittgenstein das Wort »zeigen« in diesem Werk verwendet, hinreichend genau unterscheidet. Die hierbei vorzunehmenden begrifflichen Differenzierungen sind in der kritischen Literatur zum *Tractatus* mehrfach – und mit außergewöhnlicher Übereinstimmung der Interpreten – herausgestellt worden. Zunächst kann man, je nach eigener terminologischer Vorliebe, einen »demonstrativen« und einen »reflexiven« Gebrauch des Wortes (vgl. in diesem Sinne Donald W. *Harward, Wittgenstein's Saying and Showing Themes,* Bonn 1976, 13 u.ö.) bzw. eine Theorie des »äußeren« und des »inneren Zeigens« (so Wolfgang *Stegmüller, Hauptströmungen der Gegenwartsphilosophie,* Stuttgart [4]1969, 555 f; vgl. auch Ch.*Bezzel, Wittgenstein,* 79, der von »internem« und »externem« Zeigen spricht) unterscheiden. In einem demonstrativen Sinne verwendet Wittgenstein den Ausdruck »zeigen«, wenn er – wie in Satz 4.022 – davon spricht, der Satz stelle seinen Sinn dar, indem er durch seine Zeichenordnung *zeige,* wie sich Gegenstände im Sachverhalt zueinander verhalten. Das Zeigen, das Wittgenstein mit solcher Redeweise meint, ist »extern«, weil es *vermittels* der Satzstruktur auf die Struktur des intendierten Sachverhalts hinausweist. In einem »reflexiven« Gebrauch spricht Wittgenstein demgegenüber von »zeigen«, wenn er wie in Satz 4.121 behauptet, daß der Satz – gleichsam selbstbezüglich – in der Internität seiner Struktur die logische Form der Wirklichkeit *zeige.* Schließlich kennt Wittgenstein im *Tractatus* noch ein

dung tatsächlich in der Weise funktioniert, daß eine als Kongruenz kennzeichenbare Strukturidentität zwischen einer abbildenden Zeichenkonfiguration *Z* und einer abgebildeten Sachverhaltskonfiguration *S* faktisch besteht, dann müßte jedes die logische Struktur von *Z* abbildende metasprachliche Zeichengebilde Z_1 – gleichgültig, welche Abbildungsform es verwendet – mindestens die gleiche strukturelle Mannigfaltigkeit wie *S* und *Z* aufweisen und insofern die logische Form mit beiden teilen. Statt ausgesagt zu sein, wäre sie in Z_1 deshalb selbst wieder nur gezeigt. Das gleiche gilt einsichtigermaßen für jede weitere Strukturbezugnahme durch Z_2, Z_3 usw. ad infinitum. Denn die logische Form müßte *jede* nur denkbare Metasprache mit der jeweiligen Objektsprache gemeinsam haben. Deren logische, oder wie Wittgenstein im *Tractatus* auch sagt, „mathematische Mannigfaltigkeit kann man natürlich nicht selbst wieder abbilden. Aus ihr kann man beim Abbilden nicht heraus." (Tlp 4.041) Auch Sätze aus Metasprachen beliebiger Ordnung können sie entsprechend nur *zeigen*.

Russells „Idee, daß man logische Formen mit der Sprache" – gleichgültig, welcher Ordnung innerhalb einer Metasprachenhierarchie – „beschreiben kann", bedeutet im Lichte der satztheoretischen Prämissen des *Tractatus* also folgendes: „In so einer Beschreibung werden", wie Wittgenstein noch in den *Philosophischen Bemerkungen* sowie der *Philosophischen Grammatik* schrieb, „die Strukturen und etwa zu-ordnende Relationen etc. in verpacktem Zustand", nämlich durch einen Begriff (etwa von logischer Konjunktion oder ähnlichem), „präsentiert, und so sieht es allerdings aus, als könne man von einer Struktur reden, ohne sie in dem Satz selber wiederzugeben. Derart verpackte, also ihrer Struktur nach unkenntliche Begriffe dürfen wir allerdings verwenden, aber sie haben ihre Bedeutung immer über Definitionen[,] die eben Begriffe solchermaßen einpacken" (PB § 170 / vgl. PG 468). In einem vollständig analysierten, direkt bildlichen Satzzeichen würden sie verschwinden und allein durch dessen Struktur *gezeigt* wer-

---

»mystisches Zeigen« (vgl. W.*Stegmüller, Hauptströmungen der Gegenwartsphilosophie*, ebd., sowie Ch.*Bezzel, Wittgenstein*, 89), nämlich das für ihn in Ethik und Ästhetik wichtige *Sich*-Zeigen des eigentlich Unsagbaren, auf welches wir in Kapitel 6 näher zu sprechen kommen werden. Wenn Wittgenstein im Kontext seines Arguments von der Unmöglichkeit einer Objekt-/Metasprachen-Unterscheidung auf die Differenzierung von »Zeigen« und »Sagen« Wert legt, verwendet er das Wort »zeigen« im reflexiven, internen Sinne.

den. Eine über die logische Form einer Objektsprache *sprechende* Metasprache ist deshalb, streng genommen, undenkbar.

Über die bislang angesprochenen Gemeinsamkeiten von Sätzen und Bildern hinaus gibt es natürlich zwischen beiden auch einen wichtigen Unterschied, auf den Wittgenstein insbesondere seit den späten zwanziger Jahren immer wieder aufmerksam macht. Dieser war ihm bereits in seinen frühen philosophischen Tagebüchern aufgefallen. Bilder im engen Sinne, wie z.B. gemalte Porträts von Personen, weisen keine grammatischen oder logischen Operatoren wie Verneinung, Konjunktion etc. auf, die eine für die Satzsemantik konstitutive Regelkenntnis ihrer Verwendung voraussetzen und insofern als satzzeicheninterne Anweisungen für die Beziehung von Satzzeichenelementen auf Elemente des bezeichneten Sachverhaltes dienen. Denn ein Bild im engen Sinne kann man nicht „verneinen" wie einen Satz, dem man einfach ein Negationszeichen einfügt. „Und darin liegt der Unterschied zwischen Bild und Satz. ... Kurz: Ich kann nur verneinen, daß das Bild stimmt, aber das *Bild* kann ich nicht verneinen." (TB 26.11.14) Als er geschrieben habe, „»Der Satz ist ein logisches Bild der Tatsache«", so erläuterte Wittgenstein später gegenüber Friedrich Waismann, habe er gemeint, „ich kann in einen Satz ein Bild einfügen, und zwar ein gezeichnetes Bild, und dann im Satz fortfahren." (WWK 185) Der Satz bestünde dann so verstanden aus bildhaften Elementenkonfigurationen im engen Sinne, die durch Strukturkongruenz repräsentieren, sowie Operatorenzeichen, welche festlegen, wie die bildlichen Elementenkonfigurationen mit der Wirklichkeit zu vergleichen sind. Der „Ausdruck »Bild«" sei im *Tractatus* deshalb „schon in einem erweiterten Sinn genommen" gewesen; „erstens von dem gezeichneten Bild, zweitens von dem Bild der Mathematik, das schon ein allgemeiner Begriff ist. Denn der Mathematiker spricht ja auch dort von Abbildung, wo der Maler diesen Ausdruck nicht verwenden würde." (WWK 185; vgl. V I, 26) Für ein Bild im weiteren Sinne – z.B. ein mathematisches – gilt demnach, daß die Übertragung einer abzubildenden Elementenkonfiguration in eine Zeichenkonfiguration teilweise komplizierte Übertragungsregeln zugrundelegt, die im Zeichenkomplex durch Zeichen für logische oder grammatische Operationen markiert sind.[38] Dieser erweiterte Bildbegriff ist zu beachten, wenn verständlich wer-

---

[38] Es ist also richtig und wird von Wittgenstein auch selbst gesehen, daß „sich in dem Begriff des Bildes, welcher am Grunde der Bildtheorie des Satzes liegt, zwei Bedeu-

den soll, inwiefern ein Satz einer *natürlichen* Sprache ein Bild sein kann.

Denn auf den ersten Blick geht Wittgensteins Theorie darüber, wie ein Satz die Wirklichkeit darstellen könne, von idealisierenden Annahmen aus, die durch alltagssprachliche Sätze nicht erfüllt zu werden scheinen. Die „Umgangssprache" als „Teil des menschlichen Organismus und nicht weniger kompliziert als dieser", so stellt sich Wittgensteins Problemlage nun dar, „verkleidet den Gedanken" (Tlp 4.002; vgl. Tlp 3.323) in normalsprachlichen Sätzen ja ganz offenkundig so, daß man aus der Konfiguration der Zeichenelemente im Satz *nicht* unmittelbar die Gegenstandskonfiguration im intendierten Sachverhalt *ersehen* kann. So droht die Bild-Theorie dadurch erheblich an Plausibilität einzubüßen, daß der alltagssprachliche Satz – „wie er auf dem Papier gedruckt steht" oder wie er ausgesprochen wird – gerade „kein Bild der Wirklichkeit, von der er handelt" (Tlp 4.011), zu sein scheint. Der erweiterte Bildbegriff im skizzierten Sinne macht freilich klar, in welcher Hinsicht auch ein natürlich-sprachlicher Satz als »bildlich« aufgefaßt werden kann. Wittgenstein nimmt nämlich an, daß die ursprüngliche Bildlichkeit eines jeden normalsprachlichen Satzes *hinter* logischen und grammatischen Transformationsregeln verborgen liege. „Um das" bildliche „Wesen" eines solchen „Satzes zu verstehen", schreibt er in einem instruktiven Vergleich, „denken wir an die Hieroglyphenschrift, welche die Tatsachen[,] die sie beschreibt[,] abbildet.[[39]]Und aus ihr wurde die Buchstabenschrift, ohne das Wesentliche der Abbildung zu verlieren." (Tlp 4.016; vgl. TB 29.9.14) Die von ihren Zeichenelementen als solchen her gesehen arbiträre Buchstabenschrift, heißt dies, »übersetzt« die direkt bildliche Hieroglyphenschrift nach Übertragungsregeln. Dabei verliert sie das Wesentliche

---

tungen von »Bild«" kreuzen. Anders als S. *Thiele, Die Verwicklungen im Denken Wittgensteins,* 143, vermögen wir allerdings nicht zu sehen, inwiefern diese Bedeutungen „einander eigentlich ausschließen", ja, weshalb „der Bildbegriff des *Tractatus* in seiner Mehrdeutigkeit zugleich widersprüchlich" wird. Natürlich sind beispielsweise mathematische Bilder der dargestellten Sache nicht »ähnlich« wie etwa gemalte Portraits. Dies macht aber die beiden Dimensionen des Bild-Begriffs noch nicht inkompatibel oder widersprüchlich (wie *Thiele,* vgl. ebd., 142, zu meinen scheint). Der Unterschied von »Ähnlichkeit« und »Unähnlichkeit« ist in Wittgensteins Perspektive einfach nur der von offensichtlicher und verdeckter logischer Strukturidentität.

[39] Die Tatsache, daß Wittgenstein die Hieroglyphenschrift, die wohl eine phonetische Schrift ist, an dieser Stelle nicht korrekt deutet, ist für den Gehalt seines Beispiels irrelevant.

der Abbildung nicht, weil sie auf Grund logischer Formidentität mit der Hieroglyphenschrift auf »verkleidete« Weise deren Struktur ausdrückt, also unter Zugrundelegung der Übertragungsregeln doch deren Bild *und* auch das Bild des von ihr intendierten Sachverhalts im erweiterten Sinne ist. Ähnlich verhält es sich nach Wittgenstein mit der sogenannten gewöhnlichen Sprache, deren Bildlichkeit durch Anwendung der ihre Struktur erklärenden Regeln aufgedeckt, gleichsam »decodiert« werden muß. In ihr wird ein Satz nur dann als ein Bild der Wirklichkeit gelten können, wenn das *Denken* das normalsprachliche Satzzeichen dadurch *zum Bild macht,* daß es den jeweiligen Satzzeichenkomplex *als* Darstellung einer bestimmten Gegenstandskonfiguration erfaßt. Dabei wird sich das Denken auf die „enorm kompliziert[en]" Konventionen und „stillschweigenden Abmachungen" (Tlp 4.002) verstehen müssen, deren Kenntnis die verdeckte Bildhaftigkeit[40] der Umgangssprache allererst freilegt. So stellt sich das Problem der Sprachanalyse.

[40] Daß die Bildhaftigkeit nach Wittgenstein im natürlich-sprachlichen Satz verdeckt ist, wird in Darstellungen seiner Bild-Theorie gelegentlich nicht deutlich genug herausgestellt. Hingewiesen auf diesen Punkt haben bereits Frank *Ramsey, Rezension des »Tractatus«*, 17, sowie Anthony *Kenny, Wittgenstein*, 88.

3. Vom Satz zum Bild
Die Idee der Sprachanalyse

In Sätzen drücken wir nach Wittgenstein Gedanken als logische Bilder von Tatsachen (vgl. Tlp 3) „sinnlich wahrnehmbar aus." (Tlp 3.1) „Der Gedanke", heißt es mit der für den Präsentationsstil des *Tractatus* eigentümlichen Apodiktizität, „*ist* der sinnvolle Satz." (Tlp 4/Herv. S.M.) Freilich besteht der Gedanke nicht wie der Satz „aus Wörtern", sondern – wie Wittgenstein erklärend an Russell schrieb – „aus psychischen Bestandteilen, die in einer gleichartigen Beziehung zur Wirklichkeit stehen wie die Wörter. Welches diese Bestandteile sind, weiß" (BW 90) Wittgenstein nicht; und als empirisch-psychologische Frage ist dies für die logisch-zeichentheoretischen Interessen des *Tractatus* auch uninteressant. Entscheidend ist vielmehr, daß die Beziehung von Sachverhalt, Satzzeichen und Gedanke in abbildungstheoretischer Hinsicht nun als logische Strukturidentität der jeweiligen Elementenkonfigurationen aller sich wechselseitig abbildenden Gebilde beschrieben werden kann. „Denken und Sprechen" sind zwar auf Grund der Verschiedenheit der in Gedanken- und Satzkonfigurationen verwendeten Bestandteile nicht „dasselbe", wie Wittgenstein wohl eine Zeitlang dachte, aber Denken kann doch als „eine Art Sprache" verstanden werden. „Denn der Gedanke ist natürlich *auch* ein logisches Bild des Satzes und somit ebenfalls eine Art Satz." (TB 12.9.16) Er gelangt zum Ausdruck, indem das „Denken des Satz-Sinnes" (Tlp 3.11) ein strukturiertes Zeichengebilde wirklich *als Bild* seiner logischen Struktur in Gebrauch nimmt. So kann Wittgenstein nun auch zwischen »Satzzeichen«, »Satz« und »Gedanke« präzise unterscheiden. Der »eigentliche« „Satz", d.h. derjenige, der das »Gedanke« genannte logische Sachverhaltsbild *in sich* ausdrückt, ist nämlich in dieser Perspektive „das Satzzeichen in seiner projektiven Beziehung zur Welt" (Tlp 3.12), dasjenige also, das *als* Ausdruck eines Gedankens von einer möglichen Sachlage benutzt wird. Daß wir in Sätzen Sachverhalte darstellen und Gedanken ausdrücken können, wird durch die bisher entfaltete Logik der Abbildung somit im Prinzip befriedigend plausibel gemacht.

Im Prinzip; denn wird Wittgensteins Bild-Theorie nicht gerade durch natürlich-sprachliche Sätze in Frage gestellt, insofern sie in der

»Verkleidung« durch ihre grammatische Abbildungsform doch offenkundig *nicht* bildlich sind? Hat Wittgensteins Bild-Theorie die Bedingungen der Repräsentationsfähigkeit unterschiedlicher, der je verwendeten Abbildungsform nach differenter Zeichensysteme deshalb vielleicht gar nicht im allgemeinen, sondern nur für bestimmte Repräsentationssysteme geklärt, bei denen, wie in Freges Begriffsschrift beansprucht, jede notationale Markierung in direkter Vertretungsbeziehung zu den »Teilen« steht, aus denen sich der Gedanke »zusammensetzt«? Und vielleicht *wollte* Wittgenstein auch gar nicht mehr erreichen, denn von der Frage, inwiefern eigentlich eine begriffsschriftliche Markierung ein Bild des Aufbaus eines Gedankens sein könne, war er ja ausgegangen.

Ein solcher Verdacht wurde von einigen Interpreten geäußert. So meinte – um nur zwei Repräsentanten dieser Auffassung zu nennen – Irving Copi, die Bild-Theorie sei nur auf logische Symbolsysteme anwendbar[1], und Reinier F. Beerling schrieb, „sensu strictu" sei das von Wittgenstein erarbeitete Modell der logischen Abbildung „auf allereinfachste, keine logischen Konstanten und andere Sätze enthaltenden Sätze" beschränkt. „Für andere ... Sätze" wie diejenigen der natürlichen Sprache „scheitert es sofort."[2] Wie sein zum Schluß des vorigen Kapitels erwähntes Gleichnis über das Abbildungsverhältnis von Hieroglyphen- und Buchstabenschrift bereits andeutete, war Wittgenstein freilich nicht dieser Auffassung, sondern wollte zeigen, daß auch der in der Alltagssprache formulierte Satz als ein Bild von Gedanken oder Sachverhalten verstanden werden kann.

Dies wird klarer, wenn man zunächst präzisiert, worin eigentlich die von Wittgenstein in der Frühzeit seines Philosophierens diagnostizierte »Verkleidung« des Gedankens durch die natürliche Sprache besteht. Man könne sich vorstellen, schreibt er in einem von ihm mehrfach gebrauchten Beispiel, daß Figuren aus einer Ebene I, z.B. Ellipsen und Rechtecke, unter Verwendung verschiedener „Projektionsgesetz[e]" auf eine Ebene II proijziert werden sollen. Wenn man es nun „aus irgendeinem Grund" als zweckmäßig empfände, die Figuren aus Ebene I auf Ebene II stets durch Kreise und Quadrate darzustellen,

---

[1] Irving *Copi, Objects, Properties, and Relations in the Tractatus,* in: I.M. Copi / R.W. Beard, (Hrsg.), Essays on Wittgenstein's Tractatus, New York / London 1966, 167 ff.

[2] Reinier F. *Beerling, Sprachspiele und Weltbilder*. Reflexionen zu Wittgenstein, Freiburg / München 1980, 207

dann sei aus diesen „Bildern“, welche sich auf Ebene II ergeben, die Form der Figuren auf Ebene I nicht mehr unmittelbar zu entnehmen.[3] Gerade so verhalte es sich mit der „Umgangssprache“ (BlF 22), die die Struktur der abgebildeten Sachverhalte nicht ohne weiteres *sehen* lasse. Denn die hier gültigen syntaktischen Formschemata, z.B. die „Subjekt-Prädikat Norm“ vieler natürlicher Sprachen, würden „als Projektion unzähliger verschiedener logischer Formen“ (PG 205) benutzt. Die grammatische Abbildungsform, die die Gestalt natürlich-sprachlicher Satzzeichengebilde bestimmt, *simplifiziert* sozusagen die Struktur des je abzubildenden Sachverhalts, weil sie nicht die angemessene Mannigfaltigkeit potentieller Zeichenkonfigurationen zu deren Ausdruck aufweist. „Und aus ebendiesem Grund können wir aus dem Gebrauch dieser Normen keine – oder höchstens ganz vage – Schlüsse ziehen im Hinblick auf die wirkliche logische Form der beschriebenen Phänomene.“ (BlF 22)

Im Falle natürlich-sprachlicher Satzzeichen besteht also nach Wittgenstein das Problem, daß die „Zeichen“ durch ihre uneindeutige (z.B. homonyme) Erscheinungsform sowie die egalisierende Tendenz der grammatischen Darstellungsnormen die Unterscheidungen „verschlucken“ (Tlp 3.262), die am Sachverhalt oder am Gedanken markierbar sind. „So erscheint das Wort »ist« als Kopula, als Gleichheitszeichen und als Ausdruck der Existenz; »existieren« als intransitives Zeitwort wie »gehen«; »identisch« als Eigenschaftswort; wir reden von *Etwas*, aber auch davon, daß *etwas* geschieht“ (Tlp 3.323), um Wittgensteins eigene Beispiele anzuführen, die allesamt zeigen, wie die natürliche Sprache nicht nur durch Darstellung unterschiedlicher logischer Formen mittels vereinheitlichender syntaktischer Schemata, sondern auch durch zeichenbasierte Gleichsetzungen des Verschiedenen die Differenziertheit des zu Bezeichnenden verschleift. Die grammatische (Oberflächen-) Form der natürlichen Sprache – das ist die entscheidende Überzeugung des frühen Wittgenstein – weist so besehen nicht die passende *Mannigfaltigkeit* und *Differenziertheit* auf, um die logische Form des Abzubildenden *direkt bildlich* auszudrücken. Wittgenstein wirft, anders als eine lange Tradition philosophischer Sprachkritik und auch anders als Frege, der natürlichen Sprache also *nicht* vor, prinzipiell logisch inadäquate Darstellungsmittel zu verwen-

[3] Mit geringen Abweichungen im Wortlaut findet sich dieses Beispiel BlF 21 f, PB § 93 und PG 204 f.

den. „Alle Sätze unserer Umgangssprache sind tatsächlich, *so wie sie sind,* logisch vollkommen geordnet." (Tlp 5.5563/Herv.S.M.) Ihre grammatische »Form der Abbildung« muß ja – darin bestand die Pointe der Bild-Theorie –, um überhaupt etwas darstellen zu können, mit dem Abgebildeten mindestens die logische Form teilen, d.h. sie *prinzipiell* darstellen können. Wittgensteins eigentümliche Problemdiagnose besteht vielmehr in der Ansicht, daß sie dies auf eine Weise tut, die die konkrete Mannigfaltigkeit logischer Beziehungen nicht differenziert genug markiert und deshalb hinter den Vereinheitlichungen der grammatischen Sprachform nicht deutlich erkennen läßt. Denn die Form einer natürlichen Sprache ist „nach ganz anderen Zwecken" als denen der ädaquaten Markierung von logischen Formen „gebildet" (Tlp 4.002).

Um normalsprachliche Satzzeichen *als* Darstellungen von Sachverhalten verstehen zu können, ist nach Wittgenstein darum zweierlei erforderlich:

Erstens muß man die passende „Projektionsmethode" (Tlp 3.11), d.h. die „Regel des Übertragens" (PG § 50) kennen, die aus der manifesten Satzzeichenstruktur zu erschließen erlaubt, *wie* Zeichen- und Sachverhaltselemente einander zuzuordnen sind. Im Falle des von Wittgenstein angeführten mathematischen Projektionsbeispiels könnte sie z.B. durch die Regelformulierung ausgedrückt werden: »Ellipsen und Dreiecke werden im Abbildungssystem durch Kreise und Quadrate substituiert«. Die Projektionsregeln natürlicher Sprachen sind mit diesem simplen Beispiel verglichen selbstverständlich „enorm kompliziert" (Tlp 4.002).

Zweitens gilt es beim Verständnis natürlich-sprachlicher Zeichengebilde das „Symbol am Zeichen" zu „erkennen" (Tlp 3.326), auch wenn es an der manifesten Satzzeichenstruktur nicht eindeutig markiert ist. Unter »Symbol« versteht Wittgenstein jeden eindeutig sinnkonstitutiven Teil eines Satzes (vgl. Tlp 3.31). Während das „Zeichen" in einer natürlichen Sprache nach Wittgenstein also bloß der „Schriftzug bzw. der Laut" (V I,48) ist, d.h. der seinen spezifischen Eigenschaften nach »willkürliche« (vgl. Tlp 3.322) »Gegenstand«, der als bedeutungstragendes Element jeweils verwendet wird, „gehört zum Symbol" alles, „was für das Zeichen notwendig ist" (V I,48), um ihm einen eindeutigen Sinn zu verleihen. Ein manifestes Zeichen in einer natürlichen Sprache wird von Wittgenstein entsprechend bloß als „das sinnlich Wahrnehmbare am Symbol" (Tlp 3.32) gesehen, welches erst mit den Regeln seiner „logisch syntaktischen Verwendung zusammen" eindeutig auf „eine logische Form" (Tlp 3.327) bezogen ist. Das heißt z.B., in einem alltagssprachlichen Satz wie „»Grün ist grün«" muß der sprachlogische Status der homonymen Zeichen allererst »erkannt« werden, indem etwa „das erste Wort" etwa als „ein Personenname, das letzte" als „ein Eigenschaftswort" (Tlp 3.323) aufgefaßt wird. Erst dann ist klar, wie die die logische Eindeutigkeit verschleifenden Zeichen im Satz tatsächlich *symbolisieren,* d.h. sich jeweils projektiv auf die gemeinte Wirklichkeits- oder Gedankenkonfiguration beziehen.

„Im Satze *kann* der Gedanke" allerdings durchaus auch „so ausgedrückt sein, daß den Gegenständen des Gedankens", d.h. jenen »psychischen Bestandteilen«, von denen Wittgenstein in seinem zitierten Brief an Russell gesprochen hatte[4], „Elemente des Satzzeichens entsprechen." (Tlp 3.2/Herv. S.M.) Weil es nach Wittgensteins früher Sprachansicht aber „menschenunmöglich" ist, die „Sprachlogik" dem Bau natürlich-sprachlicher Sätze „*unmittelbar* zu entnehmen" (Tlp 4.002/Herv.S.M.), bedürfen sie der logischen Analyse, die ihre bildliche Struktur »hinter« den Projektionskonventionen ihrer normalsprachengrammatischen Form freilegt. Wenn ein Satz Sinn hat, d.h., wenn er eine mögliche Sachlage darstellt, dann wird es genau *eine* Auffassung dieses Zeichenkomplexes geben müssen, die den verdeckt bildhaften alltagssprachlichen Satz in Richtung auf eine Struktur hin auffaßt, die *direkt* abbildet, d.h. eine strukturidentische Beziehung mit der Sachverhaltskonfiguration *aufdeckt* (vgl. Tlp 3.25). Es ist bekannt und vielfach betont worden, daß Wittgenstein diese Aufgabe einer als „»Sprachkritik«" verstandenen „Philosophie" (Tlp 4.0031) zuwies. Ihr „Zweck" sei die „logische Klärung der Gedanken" (Tlp 4.112), und insofern sei sie keine Theorie über Tatsachen wie die Naturwissenschaften (vgl. Tlp 4.111). Ihr „Resultat" sei vielmehr das „Klarwerden von Sätzen" (Tlp 4.112).

Die logische Klärung von Gedanken und Sätzen durch die Philosophie kann sich für Wittgenstein nun prinzipiell in zwei Richtungen entfalten, die man deutlich unterscheiden sollte. Diese beiden Richtungen lassen sich durch die Stichworte *Explikation* und *Elimination*

---

4 Daß die in Tlp 3.2 angesprochenen »Gegenstände« also nicht die gedankenexternen Gegenstände der Bezugnahme, sondern die den Gedanken konstituierenden „psychischen Elemente" sind, betont – wie wir meinen: zurecht – Anthony *Kenny, Wittgensteins frühe Philosophie der psychologischen Begriffe,* 159.

der für ein Satzzeichen gültigen Projektionsregeln andeuten. Im Gespräch mit Waismann beschrieb Wittgenstein dies durch die Formulierung: „Ein Zeichensystem von richtiger Mannigfaltigkeit macht die Syntax überflüssig. Ich kann aber ebensogut sagen: Die Syntax macht ein solches Zeichensystem überflüssig." (WWK 80) Dieser Auffassung zufolge kann sich eine logische Grammatik einerseits um eine deutliche *Explikation* der Syntaxregeln aller möglichen Zeichentransformationen in Sätzen bemühen, so daß unter Anwendung dieser Regeln die logische Mannigfaltigkeit, welche die Zeichen selbst nicht erkennen lassen oder gar verschleiern, erschlossen werden kann. Sie *„erklärt"* dann „die Bedeutung der Zeichen", die in der Normalsprachengrammatik nicht ausreichend deutlich wird, „und dadurch macht sie die Sprache bildhaft." (PG § 142) Andererseits kann sie aber auch die Ausarbeitung einer „Zeichensprache" betreiben, „die der *logischen* Grammatik – der logischen Syntax – gehorcht." (Tlp 3.325) Dies geschieht nach Wittgenstein in einem begriffsschriftartigen Symbolismus, aus dem alle nicht direkt bildlichen, sondern projektionsregulativen Elemente *eliminiert* sind, und welcher, wenn man die natürlichsprachlichen Sätze in ihn übersetzt, alle relevanten logischen Beziehungen eindeutig sehen läßt.

Wittgenstein hat im *Tractatus* mit der zweitgenannten Möglichkeit sympathisiert. Er hat dies nicht nur deshalb getan, weil ihm mit der „Begriffsschrift Frege's und Russell's" (Tlp 3.325) Projekte solchen Typs vor Augen standen. Vielmehr haben ihn seine grundlegenden logiktheoretischen Einsichten schon im Jahre 1913 – so vage sie damals auch noch sein mochten – auf diesen Gedanken gebracht. Er arbeitete ihn zum logiktheoretischen „Grundgedanken"[5] des *Tractatus* aus, demzufolge sich sogar noch die sogenannten »logischen Konstanten«, also die scheinbar in keiner Sprache, in keinem Symbolismus vermeidbaren Zeichen »für« basale logische Formen, wie Negation, Konjunktionen etc., prinzipiell eliminieren lassen. Denn er dachte, „daß die »logischen Konstanten« nicht vertreten", wie Satzzeichenelemente Elemente des dargestellten Sachverhalts vertreten; ja, daß „sich die *Logik* der Tatsachen" überhaupt „nicht" durch Zeichen irgendwelcher

[5] Zu den logiktheoretischen Hintergründen von Wittgensteins sogenanntem »Grundgedanken« vgl. insbesondere Brian *McGuinness, Der Grundgedanke des »Tractatus«*, in: J.Schulte (Hrsg.), Texte zum Tractatus.

Art „vertreten läßt" (Tlp 4.0312), schon deshalb nicht, weil es »logische Formen« gar nicht in irgendeinem ontologisch ausweisbaren Sinne »gibt«. Diese sind ja nichts weiter als die auf den Formen der Gegenstände basierenden Möglichkeiten ihrer Konfiguration in Sachverhalten. Und darum kann man auch nicht mittels besonderer Zeichen auf sie Bezug nehmen. Die »Logik der Tatsachen« kann *nur* durch die Elementenkonfigurationen der Satzzeichen intern *gezeigt* werden. Was wir »logische Konstanten« nennen, muß man darum als Anweisungen interpretieren, wie die Zeichenelemente innerhalb eines *nicht* direkt bildlichen Zeichensystems aufeinander, bzw. wie sie projektiv auf den bezeichneten Sachverhalt zu beziehen sind. In einem direkt bildlichen Symbolismus, der rein durch die Konfiguration seiner Zeichenelemente symbolisiert, kämen sie als Zeichen für logische Formen gar nicht vor.

Die dieser These zugrundeliegende Urintention läßt sich in den *Aufzeichnungen über Logik* von 1913 erstmals aufweisen. Dort heißt es: „Symbole sind nicht, was sie zu sein scheinen. In »aRb« sieht »R« wie ein Substantiv aus, ist aber keins. Was in »*aRb*« symbolisiert, ist, daß R zwischen *a* und *b* vorkommt. ... Ebenso sieht »φ« in »φx« wie ein Substantiv aus, ohne eins zu sein; in »~p« sieht »~« so ähnlich aus wie »φ«, ist diesem aber nicht ähnlich. Das ist das erste, was darauf hindeutet, daß es *womöglich* keine logischen Konstanten gibt." (AL 195) Der komprimierte Gedankengang, der hinter dieser Textstelle steht, ist ungefähr folgender: Auf die Idee, daß in einem gegliederten Satzzeichen wie »aRb« das Zeichen »R« für eine »logische Konstante« stehe und entsprechend die »logische« Form des Sachverhalts ebenso »vertrete«, wie »a« und »b« »Gegenstände« des dargestellten Sachverhalts vertreten, kommen wir, weil wir die oberflächliche Erscheinungsform unseres Symbolismus mißverstehen und all seine Elemente nach dem Muster substantivischer Bezugnahme ausdeuten. Daß dies eine inkorrekte Auffassung ist und man dann, wenn man sie korrigiert, zu der Einsicht gelangt, daß es »womöglich keine logischen Konstanten gibt«, kann man sich freilich anhand einer Überlegung wie der folgenden klarlegen: Nehmen wir z.B. an, in einem Sachverhalt im dreidimensionalen Raum stünden zwei Gegenstände *a'* und *b'* in einer bestimmten räumlichen Relation zueinander. Wenn es nun stimmt, daß die Beziehung eines Satzes auf diesen Sachverhalt nur dann explizierbar ist, wenn die im artikulierten Satzzeichen strukturell angeordneten Zeichenelemente in einer bildlichen Relation zu ihm stehen, dann muß der Satz die Struktur dieses Sachverhalts in sich ausdrücken. Der Satz »aRb« tut dies auch zum Teil, indem dasjenige, was in dieser Zeichensequenz symbolisiert, gerade das Vorkommen von R *zwischen* a und b ist. Gleichwohl tut er es nur unvollkommen, denn das Zeichen R ist in ihm die Umsetzung der tatsächlichen Relation von *a'* und *b'* im dreidimensionalen Raum in die sequentielle Abbildungsform der Sprache, die auf Grund der eindimensional gerichteten Linearität der in ihr möglichen phonetischen oder schriftlichen Zeichen*reihung* die faktische räumliche Relation von *a'* und *b'* nicht durch eine gleichartige Relation der Zeichen a und b imitieren kann. Durch seine Zwischenstellung zwischen a und b kann R somit nur andeuten, daß die Relation beider gemeint ist, ohne das Spezifische der Anordnungsstruktur deutlich zeigen zu können. Man muß deshalb die passende Projektionsmethode kennen, um dem Satz entnehmen zu können, in *welcher* Relation *a'* und *b'* wirklich stehen. Dem Satz selbst sieht man sie nicht an, ja in ihm sieht das Zeichen R nicht wesentlich anders aus als die Zeichen a und b, so daß man geneigt ist, seine Bedeutung nach Art von Substantiven über den Gegenstandsbezug des Zeichens zu erklären. R bezieht sich aber gar nicht in der gleichen Weise auf etwas im abgebildeten Sachverhalt, wie sich a nach Art eines referentiellen Substantivs auf *a'* und b auf *b'* bezieht.

Die »Symbole« sind demnach nicht in jedem Falle das, »was sie zu sein scheinen«. Hinter der vereinheitlichenden Tendenz der sprachlichen Form verschwindet die Verschiedenartigkeit der symbolisierenden Elemente des Satzes in manchen Fällen bis zur Unkenntlichkeit. Das ist nicht nur so, wenn wir Relationen als eigene Gegenstandsarten deuten, sondern auch, wenn wir glauben, in dem Ausdruck »φx« (Funktion von x) stehe das Funktionszeichen »φ« nicht für ein Gesetz der Zuordnung von Werten, sondern wie ein Substantiv für einen eigenständigen Gegenstand. Ähnliche Verwirrung entsteht, wenn wir das Zeichen »~« in dem Ausdruck »~p« wiederum wie einen Funktionsausdruck deuten, obgleich es diesem nicht ähnlich ist. Es bestimmt gar keine Operation über p, sondern legt nur die Projektionsmethode fest, indem es sagt, wie der Ausdruck mit der Wirklichkeit zu vergleichen ist: daß der vom Bild gezeigte Sachverhalt nämlich *nicht* besteht. Aufzulösen wäre ein solcher von der sprachlichen Ausdrucksform erzeugter »Schein« nur dadurch, daß man die bloß relative Bildlichkeit dieser Ausdrücke durch eine Zeichenform klärt, in der z.B. a genauso zu b steht, wie *a'* zu *b'*. Um ein vereinfachendes Beispiel zu geben: in einem auf Grund seiner unverstellten Bildlichkeit wirklich ädaquaten Symbolismus müßte die Relation

$$a'^{\,b'} \text{ nicht durch »aRb«, sondern durch »}a^{\;b}\text{«}$$

abgebildet werden. Dies deutet darauf hin, daß es »*womöglich*« gar keine logischen Konstanten im nichteliminativen Sinne gibt, weil sie (wie das Zeichen »~«) als bloße Projektionsregeln oder (wie R) als satzinterne Strukturbestimmungen durch eine angemessenere symbolische Darstellung zum Verschwinden gebracht werden können. Sie haben ja auch keine Entsprechung im bezeichneten Sachverhalt, da sich die *Struktur*, die das direkt bildliche Satzzeichen auf Grund der Logik der Abbildung annehmen muß, allein den Konfigurationsmöglichkeiten verdankt, die die Gegenstände des abgebildeten Sachverhalts ihrer Form nach eingehen können.

Um der historischen Wahrheit ihr Recht zu lassen: Es ist zuzugeben, daß Wittgenstein im Jahre 1913 die Möglichkeit einer Elimination der logischen Konstanten im dargestellten Sinne – wie sein vorsichtiges »womöglich« andeutet – nur erst erwog. Obgleich sein abbildungstheoretisches Grundkonzept mehr und mehr Konturen gewann, operierte er noch 1914 in den Notizen, die G.E. Moore nach seinem Diktat niederschrieb, mit dem Gedanken, daß sich Zeichen für logisch-syntaktische Relationen auf »etwas« im dargestellten Sachverhalt beziehen könnten.[6] Spätestens als Wittgenstein klar wurde,

[6] Auch in den sogenannten *Aufzeichnungen, die G.E. Moore in Norwegen nach Diktat niedergeschrieben hat* von April 1914 geht Wittgenstein davon aus, daß „»R« in »aRb« *kein* Symbol" sei – er meint wohl an dieser Stelle, „kein Eigenname" wie »a« und »b«, sondern die Bezeichnung *für* „eine *Beziehung*"–, „aber daß »R« zwischen einem Namen und einem anderen steht," sagt er auch hier, dies „symbolisiert" (AM 211). Letztlich kommt er aber doch noch zu dem Resultat, daß »R« nicht völlig zu eliminieren sei, denn er meint, wenn man einen Satz der Form »aRb« weiter analysiere, müsse man „am Ende der Analyse zu Sätzen der gleichen Form kommen, hinsichtlich der Tatsache, daß in ihnen ein Ding zwischen zwei anderen steht." (AM 213) Wie dieses Zitat sehr deutlich zeigt, ist er also noch bereit, die logische Relation »vergegenständlichend« als Korrelat einer bestimmten Art von Zeichen aufzufassen. Auch Jaakko und Merrill B. *Hintikka, Untersuchungen zu Wittgenstein,* Frankfurt/Main 1990, 60 ff, weisen auf diese frühe Wittgensteinsche Auffassung hin. Allerdings glauben sie, daß sie sich auch noch in der Endfassung des *Tractatus* erhalten habe. Wie wir im nächsten Kapitel sehen werden, haben sie zweifellos recht mit ihrer Auffassung, daß auch der *Tractatus* manche Arten von Relationen, wie z.B. die Beziehung »a *liegt auf*

daß sich zumindest in der Logik vermittels des Sheffer-Striches »|« (weder ..., noch ...) alle Zeichen *für* vermeintlich irreduzible »logische Konstanten« tatsächlich eliminieren und *salva veritate* in eine ohne sie auskommende Schreibweise überführen lassen, wurde ihm sein sogenannter »Grundgedanke« Gewißheit.[7] So läßt sich z.B. der Schluß „von p ∨ q und ~p auf q" *bedeutungsidentisch* durch die Sheffer-Notation ausdrücken, wenn man „statt »p ∨ q« »p|q.|.p|q« und statt »~p« »p|p« (p|q = weder p, noch q)" (Tlp 5.1311) schreibt. Damit war nach Wittgensteins Meinung erwiesen, daß die „Anzahl der nötigen Grundoperationen" in Satzgefügen gar nicht von ontischen Korrelaten der logisch-syntaktischen Zeichen, sondern „*nur* von unserer Notation" (Tlp 5.474) abhängt. Man schien deshalb die Bildlichkeit von Sätzen wirklich dadurch freilegen zu können, daß man *alle* syntaktischen Satzelemente als notationsbedingte Verhüllungen ihrer logischen Form interpretierte und entsprechend in einer Analyse ihrer Struktur durch einen adäquateren Symbolismus vermied.

Wittgenstein dachte damals, daß sich eine solche Analyse im Prinzip (wenn wohl auch nicht faktisch) für jeden normal-sprachlichen Satz finden lasse. Ihr Resultat, den vollständig analysierten, *direkt* bildlichen Satz nannte er den „Elementarsatz" (Tlp 4.21). Dieser ist ein *junktorenloser* „Zusammenhang, eine Verkettung, von Namen" (Tlp 4.22), die in ihm „in *unmittelbarer* Verbindung" (Tlp 4.221/Herv.S.M.) stehen. In ihm sind alle grammatischen Projektionsformen, alle Zeichen für logisch-syntaktische Operationen, aufgelöst, freilich um den Preis, daß seine direkt bildliche Gliederungsstruktur hinsichtlich der darin verwendeten Darstellungselemente in der Regel komplexer sein wird als die Gliederung des alltagssprachlichen Satzes. Wie Wittgenstein gegenüber Waismann sagte, braucht der „logische Bau der Elementarsätze" insofern „nicht die geringste Ähnlichkeit zu haben mit dem logischen Bau der Sätze" unserer Alltagssprache. „Denken Sie einfach an die physikalischen Gleichungen: wie enorm komplex sind diese gebaut. Von dieser Komplexität werden auch die Elementarsätze

---

b«, in einer bestimmten Perspektive als »einfache Gegenstände« gelten lassen *kann*. Freilich gilt dies dem »Grundgedanken« des *Tractatus* zufolge *nicht* für *logische* Relationen, die *überhaupt keine* »Gegenstände« sind und in einem adäquaten logischen Symbolismus darum auch durch *nichts* »vertreten« werden können.

[7] H.M.Sheffer hat seine logische Notation, die es gestattet, alle zweistelligen Aussagenverbindungen darzustellen, im Jahre 1913 eingeführt. So ist es durchaus denkbar, daß sie Wittgenstein erst im Laufe des Jahres 1914 bekannt wurde.

sein." (WWK 42) Die Namen als „einfache", nicht mehr weiter analysierbare „Zeichen" (Tlp 3.201) würden in ihnen unmittelbar die Gegenstände der bezeichneten Sachverhaltskonfiguration »vertreten« (vgl. Tlp 3.22).

Die „Einführung der Elementarsätze" erschien Wittgenstein als „für das Verständnis aller anderen Satzarten grundlegend" (Tlp 4.411). *Daß* sie sich sämtlich auf Elementarsätze zurückführen lassen sollen, ist nach Wittgenstein natürlich nicht so zu verstehen, als verschaffe die Analyse normalsprachlichen Sätzen allererst ihren Sinn. Wie er gegenüber Friedrich Waismann erklärte, hat er über die „Frage: Kann die logische Analyse erst erklären, was wir mit den Sätzen der Umgangssprache meinen?" wiederholt mit G.E. Moore diskutiert. Anders als Moore neigte er nicht zu einer solchen Auffassung, ja er hielt sie geradezu „für eine höllische Idee! ... Ich muß natürlich", meinte er, „den Satz verstehen können, ohne die Analyse zu kennen." Sonst geriete man zu der kontraintuitiven Konsequenz, normale Sprecher einer Sprache wüßten eigentlich „nicht, was sie meinen, wenn sie sagen: »Heute ist es klarer als gestern«" (WWK 130). Vielmehr legt die Analyse den Sinn eines Satzes nur auseinander, indem sie *zeigt*, wie sich ein Satz ohne die Verkleidung durch beliebige Projektionsgesetze direkt bildlich auf einen Sachverhalt bezieht. Erst dann ist über seinen Sinn oder Unsinn bzw. über seine Wahr- oder Falschheit definitiv zu entscheiden.

„Es scheint also", daß wir vor der Analyse eines normalsprachlichen Satzes zwar wissen, was *wir* mit ihm meinen, jedoch „keine Garantie haben, daß unser Satz wirklich ein Bild der Wirklichkeit ist." (TB 20.6.15) Die vollständig analysierte Satzform kann gewissermaßen erst die ansonsten nicht zu beschwichtigende Skepsis beseitigen, ob wir mit unseren Sätzen via bildliche Strukturidentität tatsächlich »etwas« oder nicht vielmehr nichts bezeichnen. Freilich, eine vollständig durchgeführte Analyse eines komplexen Satzes, die ihn als eine Funktion von Elementarsätzen wirklich darstellen würde, konnte Wittgenstein weder in den philosophischen Tagebüchern noch im *Tractatus* noch an irgendeiner anderen Stelle seines Werkes vorlegen. Denn woher weiß man, ob eine Analyse vollständig durchgeführt wurde, d.h., daß man sie auf adäquate Weise zum Abschluß gebracht hat und wirklich bei einfachen, nicht weiter analysierbaren Zeichen angekommen ist? *„Jedenfalls"*, dachte Wittgenstein, *„gibt es ... einen Prozeß der Analyse.* Und kann nun nicht gefragt werden, ob dieser Prozeß einmal zum Ende kommt? Und wenn ja: Was wird das Ende sein??" (TB 9.5.15) Schon ein trivialer alltagssprachlicher Satz „wie »dieser Sessel ist braun«" schien ihm „etwas enorm Kompliziertes zu sagen, denn wollten wir diesen Satz so aussprechen, daß uns niemand gegen ihn Einwendungen, die aus seiner Vieldeutigkeit entspringen, machen könnte, so würde er endlos lang werden müssen." (TB 19.9.14) Jedes Satzzeichen, das als Analyse eines anderen präsentiert wird, besteht ja – dies ist eine alte, wenigstens bis zu Leibniz zurückreichende Einsicht[8] – selbst wiederum aus Zeichen, an die sich stets eine weitere Analyse anschließen kann. Die Analyse von »aRb« z.B. unter Zugrundelegung der Projektionsregeln »a = c^d«, »R = ↔« und »b = e^f« in der bereits bildlicher wirkenden Form »c^d ↔ e^f« setzt ja – soll sie als definitiv gelten – voraus, daß alle explizierenden Zeichen selbst vollständig analysiert sind. Aber natürlich lassen sich an sie und alle zu *ihrer* Explikation verwendeten Zeichen *ad infinitum* neue Analysen anknüpfen. So schien es Wittgenstein, als sei das Wissen um die Struktur des Elementarsatzes nur ein Wissen um „eine Form, von welcher ich kein einziges Beispiel kenne." (TB 16.6.15)

Auch nach 1915, da Wittgenstein die zitierte Formulierung niederschrieb, wußte er, wie gesagt, kein Beispiel für einen Elementarsatz anzugeben. Aber er stützte seine Theorie des Elementarsatzes durch eine Überlegung ab, die in der These kulminierte, daß „wir aus rein logischen Gründen" wissen, „daß es Elementarsätze geben *muß*" und daß dies „jeder wissen" müsse, der „Sätze in ihrer unanalysierten Form versteht." (Tlp 5.5562/Herv.S.M.) Freilich handelte er sich mit dieser Überlegung Folgeprobleme ein, die die bis heute kontrovers diskutierte »Ontologie« des *Tractatus* betreffen. Denn die „*Forderung* der Möglichkeit der einfachen Zeichen", die sich nach der durchgeführten Analyse im Elementarsatz unmittelbar verketten sollen, erschien ihm nun als „die *Forderung* der Bestimmtheit des Sinnes" (Tlp 3.23/Herv.S.M.) jedes nicht-elementaren Satzes. Gäbe es das Ende der Analyse nicht, es ließe sich von keinem *isolierten* Satzgebilde sagen, ob es sich wahr oder falsch auf »etwas« bezieht. Die Wahrheit eines jeden Satzes wäre prinzipiell davon abhängig, ob ein anderer Satz wahr ist, derjenige, der die Analyse des ersten darstellt. Die Entscheidung darüber, ob »aRb«

[8] Vgl. Gottfried Wilhelm *Leibniz, Meditationes de cognitione, veritate et ideis / Betrachtungen über die Erkenntnis, die Wahrheit und die Ideen*, in: G.W.L., Kleine Schriften, hg. von H.H. Holz, Darmstadt 1985, 25 ff.

wahr ist, wäre beispielsweise abhängig von der Frage, ob »$c^d \leftrightarrow e^f$« wahr ist; ein Satz, der natürlich selbst wieder auf seine Analyse sowie die Frage nach deren Wahrheit verwiese usw. Heißt aber einen „Satz verstehen …, wissen was der Fall ist, wenn er wahr ist" (Tlp 4.024), gleichgültig, wie komplex seine Formulierung je ausfällt, dann *muß* es an irgendeinem Punkt ein Ende der Analyse geben, will man den Gedanken der Wahrheitsdefinitheit von Sätzen nicht gänzlich preisgeben.[9] Wahrheitsdefinitheit von Sätzen ist nur denkbar, wenn man das Ende ihrer Analyse in ihrer Übereinstimmung mit einer finit bestimmten Welt verankert.

Am Ende jeder Analyse müssen im Elementarsatz nach Wittgenstein *einfache* Zeichen in einer ein-eindeutigen Beziehung zu (im *Tractatus* per definitionem *einfachen*) Gegenständen stehen, die „die Substanz der Welt" (Tlp 2.021) bilden. „Hätte die Welt keine Substanz", meinte er im *Tractatus*, „so würde, ob ein Satz Sinn hat, davon abhängen, ob ein anderer Satz wahr ist" (Tlp 2.0211), nämlich derjenige, der in weiterer Analyse aussagt, wie der Sachverhalt der Bezugnahme jeweils aufgebaut ist. „Es wäre dann unmöglich, ein Bild der Welt (wahr oder falsch) zu entwerfen." (Tlp 2.0212) Wie Wittgenstein selbst sagte, kann man die Idee des Endes einer Analyse, für die es eigentlich kein faktisches Beispiel gibt, darum „auch so vorbringen: Es scheint, daß die Idee des *Einfachen* in der des Komplexen und in der Idee der Analyse bereits enthalten liegt, so zwar, daß wir ganz absehend von irgendwelchen Beispielen einfacher Gegenstände oder von Sätzen, in welchen von solchen die Rede ist, zu dieser Idee kommen und die Existenz einfacher Gegenstände als eine logische Notwendigkeit – a priori – einsehen." (TB 14.6.15)

Wie sind aber die »einfachen Gegenstände«, auf die der Elementarsatz Bezug nehmen soll, näher zu verstehen? Offenbar scheinen wir „die einfachen Gegenstände" wenigstens „nicht aus der Anschauung" zu kennen, wo jeder im Kontext der Erfahrung gegebene Gegenstand „komplex" (TB 24.5.15), also unbegrenzt weiter analysierbar zu sein scheint. So sieht es auf den ersten Blick so aus, als hätte Wittgenstein

[9] Vgl. in diesem Sinne auch Josef *Simon, Sprachphilosophie,* Freiburg / München, 1981, 93 ff, und Richard *Rorty, Wittgenstein, Heidegger und die Hypostasierung der Sprache,* in: »Der Löwe spricht … und wir können ihn nicht verstehen«. Ein Symposion an der Universität Frankfurt anläßlich des hundertsten Geburtstages von Ludwig Wittgenstein, Frankfurt am Main 1991, 78 f.

die Idee der Sicherstellung der wahrheitsdefiniten, bildlichen Wirklichkeitsreferenz nicht unmittelbar bildlicher Sätze der Alltagssprache via analytische Rückführung auf Funktionen von Elementarsätzen mit einer auf den ersten Blick recht kontraintuitiv wirkenden Ontologie erkauft. Diese ist – wie es scheint – der Preis dafür, die systematische Frage nach dem Verhältnis von Zeichen und Wirklichkeit in beliebigen Darstellungssystemen mittels des Bild-Begriffs beantworten zu können.

4. Namen und Gegenstände

4.1 Zwei Thesen über »Gegenstände«

Es hat sich zum Schluß des vorigen Kapitels gezeigt, daß Wittgensteins Option für ein Ende der Analyse komplexer alltagssprachlicher Sätze bei einer »Elementarsatz« genannten (junktorenlosen) Verknüpfung von »Namen«, zu der eine Konfiguration »einfacher Gegenstände« das „Gegenstück" (TB 26.5.15) in der Welt der Tatsachen bilde, nicht primär mit ontologischen Einsichten in deren Verfassung zu tun hat. Vielmehr hat sich ihm – wie wir soeben sahen: bereits im Jahre 1915, als seine Theorie noch gar nicht in Gänze entfaltet war – der Gedanke der »Existenz einfacher Gegenstände« als ein aus theorieinternen Gründen notwendiges *Postulat*, mit seinen eigenen Worten zu reden: »als eine a priori einsehbare logische Notwendigkeit«, ergeben. Mit der kategorischen Bemerkung „Der Gegenstand ist einfach" (Tlp 2.02) greift er dieses Postulat im *Tractatus* auf.

Allerdings ist keineswegs klar, was man sich unter jenen »einfachen Gegenständen« vorstellen soll, denen Wittgenstein Eigentümlichkeiten zuschreibt, welche sie von Gegenständen des alltäglichen Umgangs beträchtlich unterscheiden. Die Autorität, durch deren Einfluß sich der frühe Wittgenstein dazu legitimiert sah, war wohl wie so häufig Frege. Denn auch Frege vertrat einen vom Alltagsverständnis abweichenden Gegenstandsbegriff, ohne sich freilich zu dessen „schulmäßige[r] Definition" in der Lage zu sehen, weil man mit diesem Begriff etwas vor sich habe, „was wegen seiner Einfachheit eine logische Zergliederung nicht zuläßt." Im allgemeinen wollte er „Gegenstände" in logischer Hinsicht als „Argumente" (also als „Funktionswerte" in Sätzen, die er nach dem Muster mathematischer Gleichungen analysierte) auffassen. „Gegenstand" sollte in diesem Sinne alles sein, „was nicht Funktion ist." So konnte Frege außersprachliche Objekte, Begriffsumfänge und Wahrheitswerte gleichermaßen als »Gegenstände« ansehen.[1] Wittgenstein wußte natürlich, daß dies ein ungewöhnlicher Sprachgebrauch ist. Anfang der dreißiger Jahre erinnerte er sich an „eine Unterredung" mit Frege, in welcher dieser gesagt habe, „daß

---

[1] Vgl. bei Frege *Funktion und Begriff*, 30, und *Über Sinn und Bedeutung*, 48.

das Zusammentreffen einer Mondfinsternis und einer Gerichtsverhandlung" in logischer Hinsicht „ein Gegenstand" sein könne, wenn es nämlich gerade das jenes Ereignis bezeichnende Wort sei, dessen Einsetzung als Argument dem funktional verstandenen Satz einen Wahrheitswert verschaffe. Und er fand nichts „dagegen einzuwenden", nur daß ihn zu dieser Zeit bereits die Abweichung vom normalen Sprachgebrauch störte, weil „das Wort »Gegenstand« dann in zweideutiger Weise" (PB § 115), einmal als *terminus technicus* der Logik, einmal im alltäglichen Sinne, verwendet sei.

Zur Zeit der Arbeit am *Tractatus* hat er dies, wie man weiß, noch ganz anders gesehen. Zweifellos vom Alltagsverständnis abweichend schrieb er den »einfachen Gegenständen« zu dieser Zeit noch die folgenden strukturellen Merkmale zu: Sie bildeten „die Substanz der Welt" (Tlp 2.021), welche – zugleich als deren „Form und Inhalt" (Tlp 2.025) betrachtet – selbst „unabhängig von dem[,] was" als Tatsachen der Welt „der Fall ist, besteht." (Tlp 2.024) Ihre „Konfiguration" bilde „den Sachverhalt" (Tlp 2.0272), wobei der „Gegenstand ... das Feste, Bestehende; die Konfiguration ... das Wechselnde, Unbeständige" (Tlp 2.0271) im Sachverhalt sei. In welchen Konfigurationen ein Gegenstand vorkommen könne, soll in ihm selbst „präjudiziert" (Tlp 2.012) sein, und zwar seiner *„Form"* nach, die Wittgenstein begrifflich als die „Möglichkeit seines Vorkommens in Sachverhalten" (Tlp 2.0141/ Herv.S.M.) erklärt. So bilden die Gegenstände durch *ihre* Form diejenige „feste Form" (Tlp 2.023), die – gedacht als „logischer" Möglichkeits-„Raum"[2] aller denk- und realisierbaren Strukturen von Sachverhalten – jede „von der wirklichen noch so verschieden gedachte Welt ... mit der wirklichen gemein haben" (Tlp 2.022) müsse. „Diese feste Form" der Welt sei nämlich gar nichts von den Gegenständen Ablösbares, sondern bestehe „eben aus den Gegenständen." (Tlp 2.023) Über diese Funktion hinaus, eine feste Form der Welt zu bestimmen, seien die Gegenstände der *Tractatus*-Ontologie inhaltlich, z.B. hinsichtlich ihrer „materiellen Eigenschaften", wesentlich als unbestimmt zu nehmen. Denn die „Substanz der Welt", betont der *Tractatus* nachdrücklich, *„kann* nur eine Form und keine materiellen Eigenschaften bestimmen." (Tlp 2.0231) „Beiläufig gesprochen: Die Gegenstände", für die sich der *Tractatus* interessiert, sind in inhaltlicher Hinsicht „farblos." (Tlp 2.0233)

---

[2] Vgl. Tlp 1.13 sowie 2.11.

Sieht man von den angeführten Bemerkungen zum Gegenstandsbegriff ab, von denen man nicht wird sagen wollen, daß ihnen eine intuitive Verständlichkeit eigne, sowie einigen wenigen weiteren, welche sich – wie beispielsweise die opake Bemerkung, daß „Raum, Zeit und Farbe (Färbigkeit) ... Formen der Gegenstände" (Tlp 2.0251) seien – wohl auch nicht »von selbst« verstehen, „bleibt das Wesen der einfachen Gegenstände der Ontologie des *Tractatus* das ganze Buch hindurch in Dunkelheit gehüllt."[3] Daß dies so ist, ja, daß dies vielleicht sogar unvermeidlich ist, dürfte mit den Schwierigkeiten zusammenhängen, mit denen Wittgenstein selbst jeden Versuch konfrontiert sah, für eine Plausibilisierung oder Exemplifizierung der als sprachlogische Postulate in die Theorie eingeführten »einfachen Gegenstände« aufzukommen. Eine kurze Zeitlang erwog er, ob man nicht z.B. „die materiellen Punkte der Physik" als „*wirklich* einfache" Gegenstände ansehen und exemplarisch anführen könne (TB 21.6.15). Doch bedachte er während des gleichen Zeitraums *auch*, daß scheinbar kein im Kontext raumzeitlicher Erfahrung gegebener Gegenstand – also auch *kein* Gegenstand der Physik, sofern dieser nicht eine theoretische Entität, sondern ein Erfahrungsgegenstand sein soll – jemals als absolut-einfach zu erweisen sei. Von einer solchen Unmöglichkeit seines (empirisch-faktischen) Aufweises her besehen hielt er es sogar für möglich, daß man zu einer „vollständigen Analyse" von Sätzen prinzipiell „gar nicht kommen *kann*": etwa, wenn „jeder räumliche Gegenstand" aufgrund der Kontinuität seiner räumlichen Gegebenheitsform „aus unendlich vielen Punkten" bestünde. Dann nämlich „ist klar, daß ich diese" am Ende der Analyse im Elementarsatz „nicht alle namentlich anführen kann, wenn ich von jenem Gegenstand spreche." Und es schien ihm damals, als sei gerade dies „der gewöhnliche Fall." (TB 17.6.15)

War Wittgenstein schon das »Wissen« um den Elementarsatz gelegentlich als ein Wissen um »eine Form« erschienen, »von welcher er kein einziges Beispiel kenne«, so mußte er sich angesichts solcher Schwierigkeiten schon früh auch hinsichtlich seines Begriffs vom »einfachen Gegenstand« eingestehen: „Unsere Schwierigkeit war doch die, daß wir immer von einfachen Gegenständen sprachen und nicht einen einzigen anzuführen wußten." (TB 21.6.15) An der Notwendig-

---

[3] Vgl. P.M.S. *Hacker, Einsicht und Täuschung.* Wittgenstein über Philosophie und die Metaphysik der Erfahrung, Frankfurt/Main 1978, 67.

keit, sie theorieintern zu postulieren, hielt er gleichwohl fest. Denn es „geht", so dachte er, „nicht gegen unser Gefühl, daß *wir* Sätze nicht soweit zerlegen können, um die Elemente namentlich anzuführen, aber wir fühlen, daß die WELT aus Elementen bestehen muß. Und es scheint, als sei das identisch mit dem Satze, die Welt müsse eben sein, was sie ist, sie müsse bestimmt sein. Oder mit anderen Worten, was schwankt, sind unsere Bestimmungen, nicht die Welt." (TB 17.6.15) Und deshalb *müsse* man »einfache Gegenstände« als ihre formgebende Substanz annehmen.

Angesichts der Plausibilisierungsschwierigkeiten, welche die »einfachen Gegenstände« Wittgenstein selbst bereiteten, verwundert es nicht, daß die Frage nach ihrem Begriff zu den umstrittensten Themen in der kritischen Literatur zum *Tractatus* gehört. Selbst wenn gegenwärtig kaum ein Interpret wird behaupten wollen, Wittgensteins früher Gegenstandsbegriff artikuliere eine genuin »ontologische Einsicht«, sondern beinahe alle darin übereinstimmen, daß die ontologischen Thesen des *Tractatus* „sowohl historisch als auch logisch den Thesen über die Sprache nachgeordnet"[4] sind, lassen sich doch, wie Joachim Schulte herausstellte, „drei grundverschiedene *Arten* der Interpretation des Gegenstandsbegriffs" je auf ihre Weise einsichtig machen:

„(1) die Gegenstände sind realistisch aufzufassen als seien es physische oder in sonst einem Sinne »wirkliche« Atome, die ihrerseits unveränderlich sind, während ihre Zusammensetzung wechseln kann".[5] Diese Deutung wurde nachdrücklich von Norman Malcolm vertreten. Sein Hauptargument bestand darin, daß »Namen« nach der Lehre des *Tractatus* nur dann »Gegenstände« im Satz »vertreten« können, wenn sie „eine Syntax haben, die die Form des Gegenstands widerspiegelt. ... Der Name und sein Gegenstand haben zwar dieselbe »Form«, doch die »Form« des Namens (seine logische Syntax)" sei „durch die Form" des sprachunabhängigen „Gegenstands vorgeschrieben – und nicht umgekehrt".[6] Die »Gegenstände« des *Tractatus* hätte man, *so* besehen, als Voraussetzungen der logischen Form der Sprache zu verstehen.

---

4 So Anthony *Kenny, Wittgenstein*, 89.

5 Joachim *Schulte, Wittgenstein*, 73

6 Norman *Malcolm, Sprache und Gegenstände* [Language and the Objects, 1986], in: J.Schulte, Texte zum Tractatus, 147

„(2) die Gegenstände sind Sinnesdaten oder Elemente im Wahrnehmungsfeld des einzelnen."[7] Diese Interpretation haben Jaakko und Merrill B. Hintikka[8] im Zusammenhang mit der These vertreten, Wittgensteins *Tractatus*-Gegenstände seien nichts anderes als die sinnlichen Gegenstände unmittelbarer »Bekanntschaft«, die Russell in seinem Aufsatz *Knowledge by Acquaintance and Knowledge by Description* einführte[9]: eine zweifellos auf den ersten Blick überraschende Interpretation, welche sich im Text des *Tractatus* wohl nur durch eine einzige Bemerkung stützen läßt[10], die jedoch im Lichte der Wittgensteinschen *Tagebücher* keineswegs der Plausibilität entbehrt.

„(3) die Beschaffenheit der Gegenstände ist nur in Abhängigkeit von der Funktion der sie bezeichnenden Ausdrücke zu begreifen; ein selbständiges Wesen kommt ihnen nicht zu."[11] Die bekanntesten Vertreter dieser (vermutlich verbreitetsten Auffassung) sind Hidé Ishiguro und Peter Winch – mit Argumenten, die den unter (1) genannten von Malcolm genau entgegengesetzt sind. Sie weisen auf Wittgensteins affirmative Übernahme des Fregeschen »Kontextprinzips« hin, demzufolge „nur im Zusammenhang eines Satzes ein Name Bedeutung" (Tlp 3.3) habe, und gelangen zu dem Schluß, aus den „Thesen des *Tractatus*" folge, „daß die Identität des Gegenstands durch den Gebrauch des NAMENS angegeben wird, und nicht umgekehrt."[12] Gegenstände ließen sich so besehen ausschließlich als gewissermaßen »virtuelle« Entitäten, nämlich als die Korrelate einer *jeweiligen* sprachlichen Bezugnahme durch »Namen« verstehen. „Things, or objects, i.e. the substance of the world," möchte man auf dieser Interpretationslinie dann sagen, „are a requirement of logic and not a presupposition of it."[13]

---

[7] Joachim *Schulte, Wittgenstein,* 73

[8] Vgl. Merrill B. und Jaakko *Hintikka, Untersuchungen zu Wittgenstein,* 77 ff.

[9] Russells in den Proceedings of the Aristotelian Society 1910/11 veröffentlichter Aufsatz ist am leichtesten zugänglich als: B.R., *Erkenntnis durch Bekanntschaft und Erkenntnis durch Beschreibung,* in: B.R., Die Philosophie des logischen Atomismus, hg. von J.Sinnreich, München 1979. Vgl. dort vor allem 67 f.

[10] Vgl. Tlp 2.0131, wo von einem „Fleck im Gesichtsfeld" als „Gegenstand" des „Farbenraums" die Rede ist.

[11] Joachim *Schulte, Wittgenstein,* 73

[12] Hidé *Ishiguro, Namen. Gebrauch und Bezugnahme* [Use and Reference of Names, 1969], in: J.Schulte, Texte zum Tractatus, 114. Vgl. Peter *Winch, Sprache, Denken und Welt in Wittgensteins Tractatus,* in: P.W., Versuchen zu Verstehen [Trying to make sense, 1987], Frankfurt/Main 1992, 16 ff.

[13] So S.R.*Stripling, The Picture Theory of Meaning,* 33.

Eine durch Wittgensteins Texte philologisch abgesicherte und die genannten Deutungsansätze vereinheitlichende Interpretation der *Tractatus*-Gegenstände ist gegenwärtig nicht in Sicht. Ihr kommt man gewiß mindestens näher, wenn man sich davon überzeugt, daß die drei skizzierten Interpretationstendenzen so »grundverschieden«, so »unversöhnlich«, wie Schulte in seiner Deutungssynopsis meinte, gar nicht sind. Für diese Überzeugung wird man sich vielleicht schon durch die Tatsache einnehmen lassen, daß sich alle drei »eindrucksvoll« an Wittgensteins Texten belegen lassen. Will man seinen frühen Überlegungen also nicht fundamentale Inkonsistenzen unterstellen, wird man versuchen müssen, einen Zusammenhang zwischen den scheinbar gegenläufigen, zu diametral entgegengesetzten Interpretationen inspirierenden Gedankensträngen in Wittgensteins Texten zu sehen. In den folgenden Überlegungen dieses Kapitels soll deshalb gezeigt werden, daß dies auch möglich ist, sofern man sich deutlich macht, daß Wittgenstein am Ende eines in den *Tagebüchern* nachvollziehbaren Ringens um den Gegenstandsbegriff in etwa die folgenden beiden Thesen miteinander verbinden wollte. Die *erste* besagt: »Einfache Gegenstände« dürfen nicht in einem objektivistisch-ontologischen Sinne (miß-) verstanden werden. Denn der Ausdruck »Gegenstand« im Sinne des *Tractatus* ist ein »formaler Begriff« und meint zunächst nichts anderes als die »Bedeutung« eines nicht weiter definierbaren Zeichens. Er bezieht sich auf all jenes, das die Sprecher in einer Sprache *als* einen »einfachen Gegenstand« behandeln. Wittgenstein arbeitet diesen Gegenstandsbegriff vor allem in den *Tagebüchern* aus, indem er den Begriff des »einfachen Gegenstands« nicht an das objektive Wesen subjektsunabhängiger Dinge, sondern an den subjektiven, phänomenalen Erfahrungsraum der Sprecher einer Sprache bindet. Die *zweite* These besagt: *Was* den Sprechern einer Sprache jeweils als »einfach« gilt, läßt sich zwar nicht *sagen*, aber doch exemplarisch durch die Logik des jeweiligen Wortgebrauchs oder durch hinweisende Definitionen *zeigen*. Solches Zeigen *muß* eine feste Verbindung zu den »einfachen Gegenständen« des jeweiligen phänomenalen Erfahrungsraums der Sprecher stiften. Denn obschon über die »ontische Verfassung« des von ihnen in ihrem phänomenalen Erfahrungsraum je als »einfach« Behandelten *im allgemeinen* nichts entschieden werden kann, muß man voraussetzen, daß die logische Form möglicher Verbindungen von »Namen« in (Elementar-) Sätzen doch *durch* die Form jener, wie wir sehen werden: *phänomenal*-einfachen »Gegenstände«, die sie repräsentieren, bestimmt sei – kurz: *durch* die logische Form der subjektiv-phänomenalen Wirklichkeit *selbst*. Ob es Wittgenstein gelang, diese beiden Auffassungen überzeugend zu verschmelzen, ist eine philosophisch nach wie vor offene Frage.

4.2 »Gegenstand« als formaler Begriff

Die erste der beiden Thesen läßt sich am deutlichsten im Ausgang von Wittgensteins Selbstinterpretationen in den späten zwanziger und frühen dreißiger Jahren entwickeln. Diese bekunden, daß sich mit seiner *Tractatus*-These „Der Name bedeutet den Gegenstand. Der Gegenstand ist seine Bedeutung" (Tlp 3.203) keinerlei geheimnisvolle Ontologie verband. Der Ausdruck „»Gegenstand«" als *terminus technicus* des *Tractatus* „meint" vielmehr, wie Wittgenstein in der *Philosophischen Grammatik* rückblickend sagt, im allgemeinsten Sinne nichts anderes als „»Bedeutung eines nicht weiter definierbaren Wortes«" (PG 208) an der Grenze, an der man dessen Bedeutung „nicht" mehr sinnbewahrend „durch Definitionen auseinanderlegen" (Tlp 3.261) *kann*. „Von Gegenständen sprechen wir" deshalb „einfach dort," wie er Waismann erklärte, „wo wir gleichberechtigte", also wesentlich nicht definitorisch auf andere Zeichen zurückführbare „Elemente der Darstellung haben" (WWK 43); Elemente, die Wittgenstein im Tractatus bekanntlich »Namen« nennt. *Wo* wir im Zuge einer logischen Satzanalyse auf sie treffen, *sagen* wir, daß »Gegenstände« durch sie benannt würden.

Diese für diejenigen, die den Gegenstandsbegriff des *Tractatus* als primär ontologischen Grundbegriff zu lesen gewohnt sind, vielleicht überraschende Selbstinterpretation Wittgensteins findet ihre einfachste Erklärung darin, daß er in der Terminologie dieses Werkes mit dem Ausdruck »Gegenstand« – ebenso wie mit „den Worten »Komplex«, »Tatsache«, »Funktion«, »Zahl«, etc." (Tlp 4.1272) – einen »*formalen Begriff*« bezeichnet, dessen logische Merkmale wie »Einfachheit« etc. von ontologischen Annahmen vollständig unabhängig sind. Ein »formaler Begriff« kennzeichnet in Wittgensteins Sprachgebrauch eine „Satzvariable" (Tlp 4.126), d.h. „eine konstante Form" (Tlp 4.1271) unserer Sprache: Im Falle des formalen Begriffs »Gegenstand« handelt es sich um die konstante Form »Bedeutung eines nicht weiter definierbaren Zeichens«, welche durch die Einsetzung unterschiedlicher semantischer Gehalte ausgefüllt werden kann. „Das Zeichen", an dem wir die logischen „Merkmale eines formalen Begriffs" erkennen, ist dabei nach Wittgenstein „ein charakteristischer Zug aller Symbole, deren Bedeutungen unter den Begriff fallen." (Tlp 4.126) Das Zeichen der logischen Merkmale eines »Gegenstands« (also z.B. seiner »Einfachheit«) ist entsprechend ein charakteristischer Zug in der logischen Grammatik der »Namen«, weil ja deren »Bedeutungen« der *Tractatus*-These 3.203 zufolge unter den formalen Begriff »Gegenstand« fallen sollen. Dieser für die logische Grammatik der „Namen" »charakteristische Zug« besteht darin, daß sie „durch keine Definition weiter zu zergliedern" sind und insofern die „Urzeichen" (Tlp 3.26), die »einfachen« Elemente, unseres Darstellungssystems bilden. Wenn wir im Zuge einer Analyse auf solche einfachen Elemente stoßen, erkennen wir deshalb *an ihnen*, daß wir uns auf etwas beziehen, was im Sinne des *Tractatus* unter den formalen Begriff des »einfachen Gegenstands« fällt. „*Daß* etwas unter einen formalen Begriff ... fällt, *kann*" nämlich nach Wittgenstein prinzipiell „nicht durch einen Satz" der Form »x ist ein Gegenstand« „ausgedrückt werden." (Tlp 4.126 / Herv. S.M.) Ja, man kann „nicht" einmal „sagen »Es gibt Gegenstände«, wie man sagt »Es gibt Bücher«" (Tlp 4.1272), geschweige denn, daß man *a priori* auch nur irgendetwas über die objektive ontologische Verfassung jener Referenzobjekte ausmachen könnte, die wir durch Namen als »einfache Gegenstände« behandeln. „Sondern es zeigt sich an dem Zeichen dieses Gegenstandes selbst" im Satz. „Der Name *zeigt*, daß er einen Gegenstand bezeichnet, das Zahlzeichen, daß es eine Zahl bezeichnet etc." (Tlp 4.126/Herv. S.M.)

Freilich: Wenn Wittgenstein im *Tractatus* auch deutlich macht, daß wir nur korrelativ zu den »einfachen Zeichen« unseres Darstellungssystems von »einfachen Gegenständen« als deren »Bedeutungen« reden können, ist insoweit zweifellos noch nicht geklärt, wie man ihre postulierte »Einfachheit« begreiflich machen kann. Denn all jenes, das wir exemplarisch als einen durch einen Namen gezeigten Gegenstand anführen können, scheint ja alles andere als im absoluten Sinne »einfach« zu sein. Eine Lösung dieses ihn lange bedrängenden Problems fand Wittgenstein in den *Tagebüchern*, als er im Zuge seiner fortgesetzten Suche nach Beispielen plötzlich bemerkt, in welcher Hinsicht man *sogar* Gegebenheiten des phänomenalen Gesichtsraums einer Person als »einfache Gegenstände« betrachten kann. Gegebenheiten dieses Raumes als solche Beispiele heranzuziehen – wie es z.B. noch der *Tractatus* erwägt: einen „Fleck im Gesichtsfeld“ (Tlp 2.0131) –, mag ja auf den ersten Blick *besonders* unplausibel erscheinen. Denn schon auf Grund der Kontinuität seiner räumlichen Gegebenheitsform im Kontext persönlicher Erfahrung scheint „jeder Fleck unseres Gesichtsbildes unendlich komplex“ zu sein, d.h. als flächige Gegebenheit „unendlich viele“ Raum-„Punkte“ in sich zu enthalten. Gleichwohl, gewahrte Wittgenstein auf einmal, sei es „möglich, daß Flächen in unserem Gesichtsbild“ *als* „einfache Gegenstände“ *gelten*, die wir mit Worten bezeichnen: indem „wir nämlich keinen einzigen Punkt dieser Fläche separat wahrnehmen“ (TB 18.6.15) und sie insofern *für uns* innerhalb unseres unmittelbaren Erfahrungsraums »einfach« *sind*. Mehr als „Dieser Gegenstand ist für *mich einfach*!“ (TB 22.6.15) läßt sich ohnehin von keinem sagen. Und zwar aus einem Grund, den Wittgenstein im Laufe seiner Tagebuchreflexionen immer deutlicher herausarbeitet: »Einfachheit« ist ein relationaler Begriff, dem ohne Rücksicht auf eine Sprecherperspektive bzw. auf ein vom Sprecher zugrunde gelegtes Bezugssystem mit seinen jeweils internen Kriterien für »Einfachheit« (oder »Komplexität«) *gar kein* verständlicher Sinn gegeben werden kann. In der Perspektive der Physik z.B., in der alle »Gegenstände« unserer Alltagserfahrung *gegen den Augenschein* als auf molekularer Ebene »komplex« gelten, werden wir anderes als »einfach« beschreiben als in der Perspektive unseres gewöhnlichen, visuellen Erfahrungsraums. Denn der „visuelle Tisch“ als »Gegenstand« unserer Alltagserfahrung – um ein Beispiel zu verwenden, das Wittgenstein selbst später im Kontext ähnlicher Überlegungen benutzt – ist natürlich *für uns* in der je aktualen Wahrnehmung „nicht aus Elektronen zusammengesetzt“ (PB § 35). „Sätze der Physik“, die seine molekulare Komplexität gleichwohl behaupten, „handeln“ insofern „durchwegs von anderen Gegenständen als denen unserer gewöhnlichen Sprache“ (TB 20.6.15), in der ein Tisch oder ein flächiger Fleck wesentlich *als* ein »einfaches« Gebilde aufgefaßt wird. Und was je als »einfach« angesehen ist, genauer gesagt: was von den Elementen unseres Darstellungssystems je als »einfach« behandelt wird, *nennen* wir – dies ist Wittgensteins in den *Tagebüchern* erarbeitete Einsicht – in der Terminologie des *Tractatus* einen »Gegenstand«.

„Unser Einfaches“, welches wir als »Bedeutung« der einfachen Zeichen unserer Sprache postulieren, schrieb Wittgenstein deshalb, als er zu dieser Einsicht durchgedrungen war, „IST: das Einfachste, was wir“ in unserer jeweiligen Perspektive oder innerhalb unseres Bezugssystems „kennen. – Das Einfachste, zu dem unsere Analyse vordringen kann“, wenn wir beispielsweise die Referenz komplexer sprachlicher Ausdrücke untersuchen; „*dies* ist das Einfache, welches wir meinen und suchen.“ Es „*braucht* nur als Urbild“, wie er hier schon sagt: „als Variable in unseren Sätzen zu erscheinen“ (TB 11.5.15/Herv. S.M.), welche in unterschiedlichen Sprecherperspektiven oder unterschiedlichen Bezugssystemen durchaus verschieden ausgefüllt werden kann. Dabei kann das, was in einem Satz die sprachlogische Rolle »Bedeutung eines einfachen Zeichens« spielt und uns in einer vom jeweiligen Satzkontext isolierten Betrachtung als »komplex« erscheint, innerhalb dieses Satzes *selbst* doch gleichwohl *als* sprecherrelational bzw. bezugssystemrelational »einfach« *fungieren*.

Betrachten wir, um dies deutlicher zu machen, mit Wittgenstein die »Gegenstände«, auf die sich die Ausdrücke »Sokrates« und »sterblich« in den Schlußprämissen »Alle Menschen sind sterblich« und »Sokrates ist ein Mensch« beziehen. In einer kontextisolierten Perspektive handelt es sich hier zweifellos um »komplexe« Gegenstände, und so weiß man in der Regel wohl auch gar „nicht ..., welche Struktur“, welche »objektive Komplexion« „das Ding Sokrates oder die Eigenschaft der Sterblichkeit hat“, wenn man aus den Prämissen die Conclusio »Sokrates ist sterblich« „richtig“ erschließt. Doch kommt es darauf, wie Wittgenstein jetzt sieht, auch gar nicht an. Denn diese „fungieren eben hier als einfache Gegenstände“, weil ihre (isoliert konstatierbare) Komplexität im Hinblick auf den Sinn des Satzes, in diesem Falle im Hinblick auf die durch den Schluß herzustellende Beziehung der Ausdrücke, „vollkommen *gleichgültig*“ ist. „Sie verschwindet uns“ sozusagen „aus den Augen“ (TB 21.6.15), wenn wir in der angeführten Weise logisch folgern. Und was für dieses Beispiel gilt, gilt ebenso für jeden beliebigen „Satz“, in dem „klar sein“ muß, „wie der Gegenstand zusammengesetzt ist, soweit wir überhaupt“ in unserer Perspektive, in unserem Bezugssystem „von seiner Zusammengesetztheit reden können“ (TB 17.6.15), für dessen Sinnbestimmtheit es jedoch keine Rolle zu spielen braucht, was der »Gegenstand« in einem objektivistisch-absoluten Sinne sein mag. Denn wer vermöchte dies auch zu entscheiden? Deshalb kann man verallgemeinert über die postulierten »einfachen Gegenstände« sagen: „Ist die Zusammengesetztheit eines Gegenstandes für den Sinn eines Satzes bestimmend, dann muß sie soweit im Satze abgebildet sein, als sie seinen Sinn bestimmt. Und soweit die Zusammensetzung für *diesen* Sinn *nicht* bestimmend ist, soweit sind die Gegenstände dieses Satzes *einfach.*" (TB 18.6.15)

Von solchen Überlegungen her gesehen ist, wie schon A. Maslow schrieb, klar, daß im Grunde „no sense" im Gedanken von absolut-einfachen Gegenständen liegt, den »atomistische« Interpretationen des *Tractatus* immer wieder betonen: „the criterion of simplicity is to be established by ourselves, not found in the world",[14] indem etwas im Lichte des von einem Sprecher auszudrückenden Sinns *als* »einfacher Gegenstand« behandelt wird. Ähnlich betonte J.C. Nyíri, daß, „ob wir etwas als einfach oder zusammengesetzt erkennen," nach Wittgensteins Auffassung in den philosophischen *Tagebüchern* „eine Frage des Gesichtspunktes" sei: „*absolut* einfache Gegenstände können wir uns gar nicht vorstellen."[15] So gewendet zeigt sich nochmals, daß Wittgensteins *Postulat* des prinzipiellen, idealtypisch konzipierten Endes einer Satzanalyse bei einer Kongruenzrelation von einfachen Zeichenelementen im Elementarsatz und Konfigurationen von »einfachen« Gegenständen wohlverstanden keine *faktisch* aufzudeckende Relation von »*absolut*-einfachen« Zeichen und »*absolut*-einfachen« Gegenständen im Blick haben kann. Vielmehr meint es: „Immer, wenn der Sinn des Satzes vollkommen in ihm selbst ausgedrückt ist", so daß er keine projektionsregulativen Elemente mehr, sondern nur *für uns* nicht weiter analysierbare Zeichen aufweist, „ist der Satz in seine einfachen Bestandteile zerlegt ... und diese" bezeichnen dann „Gegenstände im ursprünglichen Sinne" (TB 17.6.15).[16] Im *allgemeinen* lassen sie sich

---

[14] A. *Maslow, A Study in Wittgenstein's Tractatus,* Berkeley / Los Angeles 1961, 39 und 38

[15] J. Christoph *Nyíri, Das unglückliche Leben des Ludwig Wittgenstein,* zuerst in: Zeitschrift für philosophische Forschung 26.4 (1972), wiederabgedruckt in: J.C.N., Gefühl und Gefüge. Studien zum Entstehen der Philosophie Wittgensteins, Amsterdam 1986, 114

[16] Gewiß: Als er im Juni 1915 schrieb, es scheine „immer so, als ob es komplexe Gegenstände gäbe, die als einfache fungieren und dann auch *wirklich* einfache, wie die materiellen Punkte der Physik" (21.6.15), von denen wir oben bereits erwähnten, daß er sie eine Zeitlang als Beispiele für »einfache Gegenstände« anführen wollte, schwankte er noch zwischen einem sprach- und perspektivenrelativen und einem absolut verstandenen Begriff vom »einfachen Gegenstand«. Doch setzte sich, wie wir meinen, bei ihm dessen relationale Auffassung durch. Diese Interpretationsthese wird – selbstverständlich – keineswegs von allen Interpreten geteilt. So vertrat beispielsweise J. C. Nyíri an der eben angeführten Stelle die Meinung, daß Wittgenstein den in den *Tagebüchern* erarbeiteten relationalen Gegenstandsbegriff in der endgültigen Fassung des *Tractatus* wieder zugunsten einer These von „der *an sich* Einfachheit der Gegenstän-

nur »formal« als relational-einfache Korrelate der sprachlichen Bezugnahme charakterisieren, die sich an einem »charakteristischen Zug« im Gebrauch von Zeichen zeigt.

4.3 Der Gegenstand als »Dieses«

Die sprachlogische Rolle, die der Gegenstandsbegriff als »formaler Begriff« im *Tractatus* spielt, macht es unmöglich, *allgemeine* ontologische Charakteristika dessen anzugeben, *was* für die Sprecher einer Sprache als »einfacher Gegenstand« fungieren kann. Und wohl deshalb geben sich die allgemeinen Bemerkungen über »Gegenstände« in den sogenannten »ontologischen Anfangspartien« dieses Werkes in der von den Interpreten vielfach beklagten Abstraktheit. Gleichwohl nahm Wittgenstein an, daß derjenige, der »etwas« in den Sätzen seiner Sprache als »einfach« behandelt, selbst freilich mit dem für ihn Einfachen *unmittelbar vertraut* und zweifelsfrei *bekannt* sei. Nach Wittgensteins Darlegung im *Tractatus* kann er es nämlich „durch Erläuterungen" (Tlp 3.262), die die »Bedeutung« von Namen durch Verwendungsbeispiele ihres Gebrauchs explizieren, oder – wie er in diesem Werk wohl unausgesprochen angenommen hat – „durch Erläuterungen ... der Form »Dies ist A«"[17], also durch ostensive Definitionen, sehr wohl *zeigen*.[18] „Sage ich jemandem", so Wittgensteins Beispiel in den *Tagebüchern*, „»die Uhr liegt auf dem Tisch«, und nun

---

de" verworfen habe (*Das unglückliche Leben des Ludwig Wittgenstein*, 115). Doch ist, wie wir gezeigt zu haben glauben, gerade dem *Tractatus* eine *jede* Aussage über das »an sich seiende« Wesen von »Gegenständen« verwehrt, wenn er den Gegenstandsbegriff als einen »formalen Begriff« expliziert.

[17] P.M.S. *Hacker, Einsicht und Täuschung*, 213

[18] Daß Wittgenstein die Möglichkeit einer »hinweisenden Erklärung« der Bedeutung von »Namen« im Text des *Tractatus* nicht explizit anspricht, heben insbesondere Interpreten hervor, die geltend machen möchten, diese Idee habe innerhalb der *Tractatus*-Theorie gar keinen systematischen Ort. Vgl. in diesem Sinne Hidé *Ishiguro, Namen. Gebrauch und Bezugnahme*, 107. Freilich hatte schon Friedrich Waismann Wittgenstein so verstanden, daß er eine Erläuterung der »Bedeutung« von »Namen« durch – wie Waismann es nennt – ostensive „Aufweisung" (WWK 246) für möglich halte. Und diese Deutung seiner Auffassung dürfte wohl – wie K.*Wuchterl, Struktur und Sprachspiel bei Wittgenstein*, zu Recht sagt – „die einzig naheliegende sein" (96) angesichts der im weiteren zu präsentierenden Überlegungen aus Wittgensteins philosophischen Tagebüchern *und* auch angesichts seiner späteren, rückblickenden Selbstinterpretationen.

sagt er »ja aber wenn die Uhr so und so läge, würdest du da auch noch sagen, ›sie liegt auf dem Tisch‹«", so würde man gewiß „unsicher". Doch wenn „man mich so in die Enge triebe, um mir zu zeigen, daß ich nicht wisse, was ich meine, würde ich sagen: »*Ich weiß*, was ich meine; ich meine eben DAS« und würde dabei auf den betreffenden Komplex mit dem Finger zeigen." (TB 22.6.15) Dessen Konfiguration würde illustrieren, was der Ausdruck »liegen auf ...« in der Perspektive des Sprechers bedeutet.[19] Er zeigt es, indem er Beispiele für das gibt, was er noch als »liegen auf ...« zu bezeichnen bereit wäre, oder eben durch einen sprachlichen (»Ich meine eben *dieses dort*«) und bzw. oder gestischen Akt der Deixis. „Das, was uns a priori gegeben scheint," wenn wir in der Perspektive des *Tractatus* über »Gegenstände« reden, ist für Wittgenstein deshalb nicht nur der formale Begriff »Bedeutung eines einfachen Zeichens«, sondern auch „der Begriff: *Dieses.*" Er ist „identisch mit dem Begriff des *Gegenstands*" (TB 16.6.15), insofern das, was für einen Sprecher die Position »Bedeutung eines einfachen Zeichens« im Satz einnimmt, was er also mit Hilfe der Elemente seiner Sprache je *als* »einfach« *behandelt*, stets *muß* gezeigt werden können.[20]

---

[19] Es ist – nebenbei bemerkt – nicht uninteressant, daß Wittgenstein diese mit seinem Gegenstandsbegriff verbundene deiktische Dimension anhand eines Verbums und nicht anhand eines Substantivs erläutert. Denn sein Beispiel zeigt, daß die Frage nach dem objektiven Wesen der *Tractatus*-Gegenstände, z.B. in Form der Frage: „Sind die Gegenstände etwas Dinghaftes?" eigentlich gar „keinen Sinn" hat (WWK 43). „Auch Relationen", wie sie z.B. der Ausdruck »liegen auf...« ausdrückt, „und Eigenschaften etc. sind *Gegenstände*" ebenso, wie Frege »das Zusammentreffen einer Mondfinsternis und einer Gerichtsverhandlung« als »Gegenstand« gelten lassen konnte, sofern dieses in sich komplexe »Ereignis« nur innerhalb eines Darstellungssystems oder einer Sprecherperspektive als nicht weiter zerlegbare Einheit gefaßt wird. Daß es innerhalb einer anderen Betrachtungsweise auch als analysierbar dargestellt werden *könnte*, tangiert nicht die sprechersinnrelationale, zeigbare Einfachheit.

[20] Weil Hidé *Ishiguro, Die Beziehung zwischen Welt und Sprache im früheren und späteren Wittgenstein*, in: Wilhelm Vossenkuhl (Hrsg.), Von Wittgenstein lernen, Berlin 1992, die Interpretationsthese, „die Beziehung zwischen Namen und Dingen" sei „die elementare und wichtigste Verbindung von Wörtern und der Welt im *Tractatus*" (16), überhaupt bestreitet, vermag Ishiguro auch an Stellen wie der zitierten keine Verankerung der Name/Gegenstandsrelation im deiktischen Zeigen zu sehen. Der „Begriff »dieses«, von dem Wittgenstein spricht," müsse „nicht deiktisch (hinweisend), sondern analog zum anaphorischen (rückweisenden) Gebrauch verstanden werden ... Darunter ist zu verstehen, daß der Begriff »dieses« nicht immer auf einen Gegenstand in Raum und Zeit, sondern immer auf etwas schon früher Gesagtes oder etwas, was schon früher identifiziert und auch ausgesprochen worden sein könnte, verweist. Wenn ich

Wittgenstein glaubte, von solcher Zeigbarkeit der sprecherrelational einfachen »Gegenstände« durch eine „hinweisende Erklärung" – dies hervorzuheben ist entscheidend – *a priori* ausgehen zu müssen. Ohne (wie später in den *Philosophischen Untersuchungen*) die Problematik einer ostensiven Definition eigens zu reflektieren, schrieb er ihr die Fähigkeit zu, eine »feste« Verbindung zwischen »Namen« und als »relationales *Dieses*« gefaßten »Gegenständen« ausweisbar zu machen, weil seine oben angeführte zweite These, daß die logischen Formen möglicher Verbindungen von »Namen« in (Elementar-) Sätzen *durch* die Form jener als »einfach« angesehenen »Gegenstände« bestimmt seien, dies schlicht aus Gründen der theorieinternen Konsistenz – und in diesem Sinne *a priori* – erfordert. Er *mußte* dies als möglich *postulieren*, weil er, wie wir gesehen haben, aus seinem »Grundgedanken« von der Nicht-Referentialität der in einem direkt bildlichen Symbolismus ja tatsächlich eliminierbaren »logischen Konstanten« ableitete, *daß* logischen Formen überhaupt *keine* eigenständige ontologische Dignität – *weder* im menschlichen Geiste *noch* in der extramentalen Wirklichkeit *noch* in einer »objektiven Ideenwelt« – zukomme, sondern daß alle logischen Formen, welche Konfigurationen von »Gegenständen« repräsentierende »Namen« in »tatsachenbezüglichen« Sätzen aufweisen können, *von* den in den Formen der »Gegenstände« *selbst* angelegten Konfigurationsmöglichkeiten mit anderen Gegenständen *abkünftig*, anders gesagt: *aus* diesen Konfigurationsmöglichkeiten erklärbar seien. Soll diese These nicht völlig gehaltlos erscheinen, *muß* man natürlich prinzipiell eine Verbindung zu den je sprachrelational als »einfache Gegenstände« fungierenden „Phänomenen" (z.B. unseres Gesichtsraumes), deren „logische Mannigfaltigkeit" (BlF 21) die logische Grammatik der sie repräsentierenden Namen bestimmen soll, für ausweisbar halten. Sonst bliebe unverständlich, was Wittgenstein nach eigenem Bekunden im *Tractatus* mit der Bemerkung 2.1511, „der Satz »reiche bis zur Wirklichkeit« ... gemeint" hat: „daß die Formen der Gegenstände enthalten sind in der Form des Satzes, der von diesen Gegenständen handelt." (BlF 26)

An der prinzipiellen Möglichkeit einer solchen Verbindung hatte Wittgenstein in jenen frühen Jahren tatsächlich keinen Zweifel, ver-

---

z.B. sage: »Koch hat die Bakterien entdeckt, welche die Tuberkulose verursachen. Diese werden Tuberkelbazillen genannt«, gebrauche ich den Ausdruck »diese« anaphorisch." (25) Diese Deutung ist freilich angesichts von Wittgensteins eigener Rede von einem gestischen Zeigen »mit dem Finger« unhaltbar.

trat er zur Zeit der Konzeption des *Tractatus* doch noch *nicht* die für das Spätwerk konstitutive, von Peter Hacker so genannte These von der »Autonomie der Grammatik«[21], welche in einer besonders klaren, im selbstkritischen Rückblick auf die *Tractatus*-Konzeption ausgesprochenen Formulierung der *Philosophischen Grammatik* lautet: „Die »Verbindung der Sprache mit der Wirklichkeit«, etwa durch die hinweisenden Definitionen, macht die Grammatik nicht zwangsläufig (rechtfertigt die Grammatik nicht)." (PG 313) Er „dachte damals" vielmehr, so sagte er im Jahre 1932 zu Waismann, „daß es eine »Verbindung der Sprache mit der Wirklichkeit« gibt", die durch „logische Analyse" (WWK 209f) von Sätzen aufgedeckt werden kann und dadurch eine Rechtfertigung der Zeichenkonfigurationsformen eines logisch deutlichen, direkt bildlichen Symbolismus erlaubt. Er dachte dies noch in dem einzigen philosophischen Aufsatz »klassischer Form«, den er jemals verfaßt hat: in den 1929 veröffentlichten *Bemerkungen über logische Form*, wenn er dort die Formulierung der „Regeln" eines direkt bildlichen Symbolismus von einer „abschließenden Analyse der betreffenden Phänomene" (BlF 28), die *für uns* »einfache Gegenstände« darstellen, abhängig sah, und schrieb, „zu einer richtigen Analyse" der logischen Grammatik unserer Sätze könnten „wir einzig und allein durch eine sozusagen logische Untersuchung der Phänomene selbst gelangen, d.h. nicht durch Mutmaßungen über apriorische Möglichkeiten, sondern gewissermaßen a posteriori." (BlF 21)

Gewiß: Gerade von Wittgensteins Spätwerk her besehen mag einem diese Auffassung philosophisch wenig überzeugend erscheinen. Und so hat in jüngster Zeit Hidé Ishiguro überhaupt bestritten, daß sich mit dem Gedanken einer Abkünftigkeit der logischen Form von Sätzen von der Form der Gegenstände ein klarer Sinn verbinden lasse. „Quite independently of Wittgenstein," schrieb Ishiguro, „I fail to understand what kind of link between the world and logical syntax is being asserted when it is claimed that the logical behaviour of an expression is one way or another »because« of the nature of objects in reality", was es also überhaupt heißen solle, „that the logical syntax of the language we use to speak of the object *derives* from it."[22] Natür-

[21] Vgl. P.M.S. *Hacker, Einsicht und Täuschung*, 212 ff.

[22] Hidé *Ishiguro, Can the World Impose Logical Structure on Language?*, in: Rudolf Haller / Johannes Brandl (Hrsg.), Wittgenstein. Eine Neubewertung / Towards a Re-Evaluation, Wien 1990, Bd. 1, 28 und 31 / Herv. S.M.

lich kann kein „implausible causal link between natural properties of things and the human ability to talk about them in certain ways"[23] gemeint sein. Über die spezifische Art und Weise der Konstitution der Name/Gegenstandsrelation vertritt der *Tractatus*, der in vager Weise von einer »Kenntnis« der »Form« bzw. der »Natur« der Gegenstände spricht, tatsächlich *gar keine* bestimmte Theorie – weder eine »kausale« noch irgendeine andere. Die *postulierte* Abkünftigkeit, die Wittgenstein im Auge hatte, ist nichts anderes als ein theoretisches Implikat der beiden »Grundgedanken« des *Tractatus*, nämlich 1.) daß Sätze Bilder seien und 2.) daß logischen Strukturen keine eigenständige ontologische Dignität zukomme. *Wenn* es logische Strukturen im strengen Sinne mithin weder in der Psyche des Denkenden noch in der »extramentalen« Wirklichkeit »gibt«, *kann* die Zeichenordnung eines bildhaften Satzes ja nur die Gegenstandsordnung des dargestellten Sachverhaltes imitieren, d.h. die jeweilige Weise des Sich-Zueinander-Verhaltens von Sachen *in sich* ausdrücken, deren *Möglichkeit* dann natürlich nicht der Satz vorschreibt, sondern die in den Gegenständen »präjudiziert« sein *muß*. Und genau dieses Imitations- bzw. – in Anlehnung an Pears zu reden – Absorptionsverhältnis zwischen Bild- und Wirklichkeitsordnung unter dem Primat der Wirklichkeitsordnung wird durch die Rede von einer Abkünftigkeit der logischen Formen des Satzes von der Form der Wirklichkeit beschrieben.

In der philosophischen Disziplin »Logik« versuchen wir so besehen vermittels einer Zeichensprache, alle *möglichen* Strukturen von Sachverhalten *abgelöst* von dem faktisch in einer möglichen Welt realisierten *Wie* von Gegenstandskonfigurationen zu studieren. Insofern ist die „Logik *vor* jeder Erfahrung – daß etwas *so* ist" (Tlp 5.552), denn sie handelt nicht von kontingenterweise realisierten Strukturen, sondern „von jeder Möglichkeit und alle Möglichkeiten sind ihre Tatsachen." (Tlp 2.0121) Sie ist „vor dem Wie" der Gegenstände der Welt, „*nicht*" aber „vor dem Was." (Tlp 5.552/Herv. S.M.) Sie „hängt davon ab", so erklärt Wittgenstein diesen Satz des *Tractatus* gegenüber Moritz Schlick, „daß etwas existiert (im Sinne von: etwas vorhanden ist)", und ist gewissermaßen „empirisch" (WWK 77)[24], insofern man

---

[23] Hidé *Ishiguro, Can the World Impose Logical Structure on Language?*, 24

[24] Mit dieser Auffassung vom gewissermaßen »empirischen« Charakter der Logik verbinden sich natürlich Probleme, die wohl schon Schlick gesehen hat und auf die wir in Kapitel 5 zu sprechen kommen werden.

die »Gegenstände« – wie wir hörten: »a posteriori« – kennen muß, um zu wissen, welche logischen Strukturen von ihnen selbst her möglich sind. Als Studium von möglichen Ordnungen vor dem konkreten Wie einer bestimmten untersucht sie also die *Form der Welt,* die sie durch Zeichenanordnungen *zeigt.* Darum kann Wittgenstein die logische „Form" (Tlp 2.0141) als „Möglichkeit der Struktur" (Tlp 2.033 / vgl. Tlp 2.032) von Gegenstandsordnungen immer wieder „ein Spiegelbild der Welt" (Tlp 6.13) nennen.[25] Die symbolischen Verhältnisse zwischen den Zeichen (vgl. Tlp 3.33) in den Sätzen der Logik lassen dann nach der Lehre des *Tractatus* unter dem Primat der »Logik der Welt« die *ihr sowie allen denkbaren Darstellungssystemen gemeinsamen formalen Eigenschaften unverhüllt sehen.*

---

[25] Vgl. AM 209; Tlp 4.4.121; Tlp 5.4711; Tlp 5.511; Tlp 5.61; Tlp 6.12; Tlp 6.124; Tlp 6.22 sowie PB § 54. Falls es sich bei Wittgensteins Rede von der Logik als einem »Spiegelbild der Welt« tatsächlich um eine „illegitimate metaphor" handeln sollte, wie Hidé *Ishiguro, Can the World Impose Logical Structure on Language?,* 30, will, muß man sagen, daß sich Wittgenstein ziemlich häufig unklar ausdrückt.

5. Ontologie oder Transzendentalphilosophie?

Wittgensteins Verankerung der Logik- und Abbildungstheorie des *Tractatus* in einer primordialen »Logik der Welt« macht deutlich, daß die wohl von Erik Stenius aufgebrachte und heute immer noch verbreitete »transzendentale« Deutung des *Tractatus* den Grundgedanken dieses Werkes kaum angemessen sein dürfte – eine Deutung, der Wittgenstein mit Satz 6.13 des *Tractatus*: „Die Logik ist transcendental" freilich selbst Vorschub geleistet hat. Stenius entwickelt seine »transzendentalphilosophische« Interpretation vor dem Hintergrund der folgenden einfachen Überlegung: Wenn es denn stimmt, daß nach der Auffassung des *Tractatus* „the internal structure of reality ... can only be »shown« or »exhibited« by language but not described by sentences"[1], so werde innerhalb dieser Theorie selbst der Gedanke entwikkelt, daß sinnvolle Sprache keine satzförmige *Beschreibung* geben könne, wie es sich in der Welt »ontologisch« verhält: „»Ontological« statements", scheint man folgern zu müssen, „are always nonsensical; what they »state« can only be shown but not said."[2] Angesichts der im *Tractatus* somit selbst erwiesenen Unsinnigkeit ontologischer Rede liegt es nahe, den jungen Wittgenstein nicht als »Ontologen«, sondern in wesentlichen Punkten geradezu als »Transzendentalphilosophen« Kantischer Provenienz[3] zu deuten. Denn die „logischen Formen beschreiben" nach Wittgenstein ja „das Gerüst der Welt" (Tlp 6.124), und so scheint es, daß sie unter Bedingungen eines sprachphilosophisch modifizierten Transzendentalismus an die Stelle jener kategorialen Formen treten, durch die Kant das »Gerüst« möglicher Erfahrung beschrieben hatte. Ihre Geltung für mögliche Erfahrung werde freilich bei Wittgenstein nicht auf dem Wege einer transzendentalen Deduktion, sondern durch logische Analyse erwiesen: „What Kant's transcendental deductions are intended to perform: this is performed by the logical analysis of language"[4].

Bei Wittgenstein, argumentierte Stenius ferner, lasse sich die logische Form als Form möglicher Erfahrung zudem analog zu Kant als

[1] E. *Stenius, Wittgenstein's Tractatus*, 181
[2] E. *Stenius, Wittgenstein's Tractatus*, 183
[3] Vgl. E. *Stenius, Wittgenstein's Tractatus*, 214.
[4] E. *Stenius, Wittgenstein's Tractatus*, 218

»subjektiv« im transzendentalen Sinn verstehen, wenn man beachte, daß im *Tractatus* an die Stelle des transzendentalen Subjekts das »metaphysische Subjekt« trete, welches hier dasjenige »Subjekt« sei, „which uses and understands language, and which must be distinguished from the empirical subject, which is part of the world describable in language."[5] Von diesem spricht Wittgenstein nach Stenius, wenn er im *Tractatus* die »Wahrheit« des »Solipsismus« (vgl. Tlp 5.62) erörtert: Freilich hätte Wittgenstein an dieser Stelle besser den Ausdruck »Idealismus« gebrauchen sollen, weil das, was hier als »Solipsismus« bezeichnet werde, genau Wittgensteins sprachphilosophischer Wendung des »transzendentalen Idealismus« entspreche.[6] So glaubte Stenius, den *Tractatus* letztlich als „a »Critique of Pure Language«"[7] bezeichnen zu dürfen. In ihr beschreibt der „Aussagenkalkül ... das apriorische »Gerüst« der Sprache und damit auch die Basis für jede wissenschaftliche Beschreibung der Wirklichkeit. ... Genau wie bei Kant die Vernunft die Ordnung der Naturphänomene schafft," so argumentierten z.B. Allan Janik und Stephen Toulmin ganz auf Stenius' Linie, „macht die Logik Wittgensteins »Welt« möglich, indem sie ihr eine Form gibt".[8] Für Wittgensteins philosophisches System hatte deshalb schon Stenius Bezeichnungen wie »Critical Lingualism«, »Transcendental Lingualism« oder »Lingualistic Idealism« vorgeschlagen.[9] Dieser Lesart des *Tractatus* sind bis heute zahlreiche Interpreten gefolgt.[10]

---

5 E. *Stenius, Wittgenstein's Tractatus*, 221

6 Vgl. E. *Stenius, Wittgenstein's Tractatus*, 221/222, Anm. 3.

7 E. *Stenius, Wittgenstein's Tractatus*, 220

8 A. *Janik* / St. *Toulmin, Wittgensteins Wien*, 255; vgl. E. *Stenius, Wittgenstein's Tractatus*, wo es analog heißt: „Since the logical form of substance is prior to all experience it could be said to be *a priori*" (219).

9 E. *Stenius, Wittgenstein's Tractatus*, 220

10 Vgl. z.B. Wolfgang *Stegmüller, Ludwig Wittgenstein als Ontologe, Isomorphietheoretiker, Transzendentalphilosoph und Konstruktivist*, in: Philosophische Rundschau 13.2 (1965), 136; Jürgen *Habermas, Zur Logik der Sozialwissenschaften*, Frankfurt/Main 1970, 223; Kuno *Lorenz, Elemente der Sprachkritik*. Eine Alternative zum Dogmatismus und Skeptizismus in der analytischen Philosophie, Frankfurt/Main 1970, 23, 35 f., 64; Karl-Otto *Apel, Wittgenstein und Heidegger*. Die Frage nach dem Sinn von Sein und der Sinnlosigkeitsverdacht gegen alle Metaphysik, in: K.-O.A., Transformation der Philosophie, Frankfurt/Main 1973, 63; Peter *Bachmaier, Wittgenstein und Kant*. Versuch zum Begriff des Transzendentalen, Frankfurt/Main/Bern/Las Vegas 1978, 57 f., 160 u.ö., sowie in jüngerer Zeit etwa Ch. *Bezzel, Wittgenstein*, 64; W.*Baum, Nachwort*, 180; Kai *Buchheister* / Daniel *Steuer, Ludwig Wittgenstein*, Stuttgart 1992, 35 u.ö.

Gleichwohl müssen sich im Lichte der in dieser Studie entfalteten *Tractatus*-Interpretation gegen die transzendentale Deutung eine Reihe von Bedenken melden. Beginnen wir mit der bei fast allen Vertretern dieser Deutung zu findenden These, die von Wittgenstein erörterten logischen Formen sinnvoller Sprache seien als apriorische »Bedingungen der Möglichkeit« von Erfahrung unter den Prämissen eines linguistisch modifizierten Transzendentalismus und insofern als Analogien zu Kants kategorialen Formen des reinen Verstandes zu verstehen. Tatsächlich – dies wird man nicht bestreiten – beschreiben „die logischen Sätze" nach Wittgenstein „das Gerüst der Welt, oder vielmehr, sie stellen es dar" (Tlp 6.124), und so kann man in bestimmter Hinsicht natürlich sagen, Sprache und Logik seien bei ihm »Bedingungen« denkender und erkennender Bezugnahme auf die Welt. Es scheint jedoch philosophisch kurzschlüssig, das, was »Bedingungen« *hier* heißt, unter dem Einfluß des in diesem Kontext immer wieder bemühten Satzes 6.13 mit transzendentalphilosophischen Gehalten zu überblenden.[11] Denn „Bedingungen im gewöhnlichen Wortsinn" – dies hat Wolfgang Röd nachdrücklich deutlich gemacht – „dürfen eben nicht mit »Bedingungen der Möglichkeit« im technischen Wortsinn" der Transzendentalphilosophie „verwechselt werden."[12] Während sich nämlich mit klassischen Transzendentalphilosophien z.B. Kantischer Provenienz in der Regel mindestens drei Grundannahmen verbanden, *erstens*, daß transzendentale Strukturen als Bedingungen der Möglichkeit von Erfahrung begrifflich formulierbar seien, *zweitens*, daß sich an ihrem Leitfaden die apriorische Ordnung der Wirklichkeit beschreiben lasse, und *drittens*, daß die Formen des Denkens die Formen der Gegenstände konstituieren, teilt der frühe Wittgenstein *keine* dieser Annahmen. Für ihn ist „kein Teil unserer Erfahrung ... a priori", und insofern gibt es seiner Theorie zufolge auch „keine Ordnung der

---

[11] So versieht Karlheinz *Hülser, Die Unterscheidung „sagen – zeigen"*, diesen Satz etwa einfach mit der Anmerkung: „Im Anschluß hieran und an die heute gängige Terminologie werden »Bedingung(en) der Möglichkeit« und »transzendental« synonym gebraucht." (465 Anm. 15)

[12] Wolfgang *Röd, Enthält Wittgensteins Tractatus transzendentalphilosophische Ansätze?*, in: Kjell S. Johannessen / Tore Nordenstam (Hrsg.), Wittgenstein – Ästhetik und transzendentale Philosophie. Akten eines Symposions in Bergen (Norwegen) 1980, Wien 1981, 52. Vgl. dagegen Christian Stetter, *Wittgensteins »Tractatus«*, der geltend machen möchte, „daß Wittgenstein den Term *transzendental* im genauen Kantischen Wortsinn gebraucht" (406).

Dinge a priori" (Tlp 5.634), die sich anhand von Sprachstrukturen beschreiben ließe, so wie die »Grundsätze des reinen Verstandes« der Kantischen *Kritik der reinen Vernunft* beispielsweise den kategorialen Rahmen aller erfahrbaren Wirklichkeit von den Strukturen des reinen Verstandes ableiten konnten.[13]

Zudem besteht eine der zentralen Pointen seines Frühwerks für Wittgenstein gerade darin, daß sich die logische Form als vermeintlich »transzendentale« Möglichkeitsbedingung sprachlichen Wirklichkeitsbezuges in *keiner* Weise artikulieren lasse. Denn jeder Satz, der sie auszusagen versucht, kann sie – wie wir sahen – wiederum nur *in sich* ausdrücken. Statt einer transzendentalphilosophischen Analyse zugänglich zu sein, ist die im *Tractatus* geltend gemachte Fundamentalbedingung aller Abbildung oder Darstellung – die logische Formidentität von Bild und Abgebildeten – also etwas, das sich in die Unaussagbarkeit bloßen Sich-Zeigens entzieht.[14] „Der Satz *zeigt* die logische Form der Wirklichkeit. Er weist sie auf." (Tlp 4.121) Wenn Wittgenstein die „Logik" im *Tractatus* selbst „transcendental" nennt, dann bezeichnender Weise an einer Stelle, an der er auf den Gedanken Nachdruck legt, daß sie „keine Lehre, sondern ein Spiegelbild der Welt" (Tlp 6.13) sei – also etwas, das sich gegenüber dem durch Sätze Darstellbaren als *transzendent* erweist.[15] Dies macht deutlich, daß er sie im selben Sinne als transzendental verstanden wissen will, wie die „Ethik", die er gerade deshalb, weil sie sich „nicht aussprechen läßt",

---

[13] *Diesen* Gegensatz zur Kantischen Transzendentalphilosophie hat bereits Rudolf *Haller, War Wittgenstein ein Neokantianer?*, in: Kjell S. Johannessen / Tore Nordenstam (Hrsg.), Wittgenstein – Ästhetik und transzendentale Philosophie, den wichtigsten „innersystematischen" Grund (39) genannt, der gegen die transzendentalphilosophische *Tractatus*-Deutung spreche.

[14] Obgleich wir die »kantianisierende« *Tractatus*-Deutung von Stenius im ganzen für unangemessen halten, muß freilich darauf hingewiesen werden, daß Stenius *diesen* Punkt selbst gesehen hat. Vgl. E.*Stenius, Wittgenstein's Tractatus*, 219. Auch Karlheinz *Hülser, Die Unterscheidung „sagen – zeigen"*, sieht ihn, wenn er es als wichtiges Merkmal von Wittgensteins früher Logik-Auffassung herausstellt, daß dieser „das Logische als nicht sagbare, vielmehr zeigbare Bedingung der Möglichkeit der Aussagen" (465) konzipiere. Um so mehr muß seine interpretative Gesamtperspektive, daß der *Tractatus* „eine transzendentale Sprachauffassung" (457) vertrete, verwundern.

[15] Daß Wittgenstein die Logik gerade im Zusammenhang mit seiner Spiegel-Analogie als »transzendental« bezeichnet, motivierte schon Bruno *Liebrucks, Sprache und Bewußtsein*, Bd. VI.1, Frankfurt am Main / Bern 1974, 160, zu Recht zur Äußerung des „Verdacht[s]", daß er „den Ausdruck »transzendental« im Sinn von »transzendent«" gebrauche. Vgl. im selben Sinne auch Walter *Schulz, Wittgenstein*, 34.

ebenfalls als „transcendental" (Tlp 6.421) bezeichnet (vgl. Kapitel 6).[16] Wenn logische Sätze nach Wittgenstein also die »Form« einer gegenüber *jeglicher* Darstellung primären »Wirklichkeit« zeigen, indem sie sie in der Ordnung ihrer Zeichenstruktur wie in einem Spiegel sehen lassen, dann teilt die Theorie des *Tractatus* mit der klassischen Transzendentalphilosophie auch *nicht* deren konstitutionstheoretische Annahmen, die die kategorial-logische Verfassung des Denkens umgekehrt als Explikation der Wirklichkeitsform (in der Erscheinung) aufbieten will. „Von der transzendentalen Frage Kants ist" also „in alledem", was Wittgenstein über die »Transzendentalität« der Logik sagt, „nichts enthalten."[17]

Angesichts solch signifikanter Unterschiede zwischen einem transzendentalphilosophischen Theorieprogramm und demjenigen des frühen Wittgenstein muß es als problematisch erscheinen, wie Stenius die transzendentale Lesart des *Tractatus* durch einen Hinweis auf eine vermeintliche Parallele zwischen einem kantisch-transzendentalphilosophischen Begriff von Subjektivität und den subjektsphilosophischen Andeutungen des *Tractatus* abzustützen versucht. Anders als das »transzendentale« Subjekt bei Kant ist das »metaphysische« Subjekt, von dem Wittgenstein in seiner von Stenius herangezogenen Bemerkung zur »Wahrheit« des Solipsismus spricht, gar kein theoriefähiger Gegenstand der Erörterung, dem Beweislasten irgendeiner Art aufgebürdet werden könnten. Insofern erscheint eine Parallelisierung beider Konzepte von Subjektivität wenig sinnvoll. Dies zeigt sich auch deutlich, wenn man sich vor Augen hält, *inwiefern* nach Wittgensteins Ansicht in der Philosophie allein auf nicht-psychologische Weise vom »Ich« die Rede sein kann.

Auf das »metaphysische Ich« kommt Wittgenstein dort zu sprechen, wo er zeigen will, „daß die Grenzen der Sprache (der Sprache,

---

[16] Somit schließt der Kontext von Wittgensteins Apostrophierung der Logik als »transzendental« nach Ansicht der hier vertretenen Interpretation die vom Wortlaut der Texte her durchaus mögliche Deutung von Ch. *Bezzel, Wittgenstein*, 94, aus, die argumentiert: „Für Wittgenstein ist die Ethik »transzendental« wie die Logik, weil sie [sc. die Ethik] eine »Bedingung der Welt« (1:172) [sc. TB 24.7.16] ist." Zudem ist dieser Deutung entgegenzuhalten, daß Wittgenstein die „Ethik" auch expressis verbis „transcendent" (TB 30.7.16) nennt. Siehe dazu S. *Thiele, Die Verwicklungen im Denken Wittgensteins*, 60 f.

[17] Wie Josef *Simon* in dem Kapitel *Der Begriff des Transzendentalen bei Kant und Wittgenstein* seines Buches *Philosophie und linguistische Theorie*, Berlin / New York 1971, 5, mit Blick auf Stenius' Deutung betonte.

die allein ich verstehe)" die Grenzen »meiner« Welt bedeuteten.[18] Diese Grenzerfahrung ergibt sich im Rahmen des *Tractatus* genau dort, wo der Sprecher im Lichte *seiner* Sprache etwas *als* »einfache Gegenstände« behandelt. Wo *ich* beispielsweise jenen »Fleck« in meinem Gesichtsfeld, von dem der *Tractatus* spricht, *faktisch* als phänomenal »einfach« ansehe, hat es ja gar keinen Sinn, mir »andemonstrieren« zu wollen, daß die Welt im Lichte einer anderen Sprache (z.B. derjenigen der Physik) gänzlich anders verfaßt sei. »Meine« sprachliche Auffassung bildet hier eben die Grenze »meiner« Welt. Und insoweit ist „der Solipsismus" – *wohlverstanden*[19] – „eine Wahrheit", die auch der *Trac-*

---

[18] Es ist in der Forschung üblich, Wittgensteins Rede von einer »Sprache, die allein ich verstehe«, mit Erik *Stenius, Wittgenstein's Tractatus,* in dem Sinne zu deuten, daß er nicht eine Sprache meine, die ich *als einziger* verstehe, sondern daß er sagen wolle, daß meine *wirkliche* Sprache *meine einzige,* und insofern die die Grenzen meiner Welt bestimmende sei. So schrieb Stenius: „I take the word *allein* ... as referring to the relative pronoun *die,* and think the passage could be translated as follows: »That the world ist *my* world, shows itself in the fact that the limits of *Language* (which is the only language I understand) mean the limits of *my* world.«" (221) Dieser – durchaus plausiblen – Deutung gegenüber läßt sich freilich geltend machen, daß Wittgenstein sehr wohl auch eine *allein* dem Sprecher verständliche Sprache gemeint haben kann. Diese liegt nämlich konsequent auf der Argumentationslinie des *Tractatus.* Wie schon Bertrand Russell gesehen hatte, müßte nämlich eine „logische perfekte Sprache ..., wenn sie konstruiert werden würde, ... in bezug auf ihren Wortschatz weitgehend die Privatsprache eines Sprechers sein", sofern sich die in ihr »einfachen Zeichen«, wie Russell sagt, auf »Gegenstände« der unmittelbaren »Bekanntschaft«, oder wie Wittgenstein sagt, auf das phänomenal *als* einfach Behandelte des subjektiven Erfahrungsraumes eines Sprechers beziehen (B. *Russell, Philosophie des logischen Atomismus,* 197; vgl. dazu die erhellenden Ausführungen von Ian *Hacking, Die Bedeutung der Sprache für die Philosophie,* Königstein/Ts. 1984, 74). So gesehen wird dann auch verständlich, weshalb er – zur Überraschung mancher Interpreten – innerhalb des sogenannten »Privatsprachenarguments« der *Philosophischen Untersuchungen* soviel Mühe auf die Widerlegung der bloßen Möglichkeit einer privaten Sprache verwendet. Sein Argument wäre dann nämlich im Zusammenhang seiner späteren *Selbstkritik* zu lesen.

[19] Zum sogenannten Solipsismus des *Tractatus* vgl. vor allem P.M.S. *Hacker, Einsicht und Täuschung,* 87 ff, sowie M.B.*Hintikka* / J.*Hintikka, Untersuchungen zu Wittgenstein,* 96 ff. Gegen Hackers Tendenz, dem frühen Wittgenstein einen »Solipsismus« als philosophische Position zu unterstellen, hat sich vor allem Ernst Michael *Lange, Wittgenstein und Schopenhauer,* 81, gewandt. Bei „der Entscheidung der Frage, inwieweit der Solipsismus eine Wahrheit" sei, in Tlp 5.62 gehe es Wittgenstein *wohlverstanden* nämlich gar nicht darum, eine eigene, positive These zu formulieren, sondern „in erster Linie um die Kritik i.S. der Einschränkung der Geltung eines Denksolipsismus" (80), wie er ihn – das zeigen die Tagebücher (vgl. TB 2.8.16) unzweideutig – zunächst bei Schopenhauer kennenlernte. „Ausweislich der Erläuterungen ..., die Satz

tatus teilt. „Was der Solipsismus ... *meint,*" ist nach Wittgenstein nämlich „ganz richtig" (Tlp 5.62), falls er zum Ausdruck bringen möchte, daß „Ich" innerhalb des (phänomenalen) Horizonts *meiner* Perspektive „meine Welt ... (Der Mikrokosmos)" (Tlp 5.63) *bin*. Freilich hat er nach Wittgenstein insofern Unrecht, als sich gerade *diese* Verankerung aller Wirklichkeit im »Ich« nicht sinnvoll in die Worte einer philosophischen These fassen läßt; und zwar aus Gründen, die die Verwendung des Wortes »Ich« in einer solchen These betreffen. Denn es „gibt" nach Wittgensteins Auffassung *in* der Welt keinen *Gegenstand* »Ich« im Sinne des „denkende[n], vorstellende[n], Subjekt[s]" der metaphysischen Tradition, auf welches sich die solipsistische These vermittels des Namens »Ich« beziehen könnte. In einem „Buch ... »Die Welt, wie ich sie vorfand«", wäre also wohl „über meinen Leib" und dessen Eigenschaften etc., d.h. über *Gegenstände* meiner Erfahrung zu berichten, aber gerade nicht jenes im Gedanken von der Jemeinigkeit der Welt vom Solipsismus gemeinte Subjekt zu beschreiben. „Von ihm allein könnte in diesem Buch *nicht* die Rede sein." (Tlp 5.631) Denn als letzte Instanz aller Bezugnahme auf die Welt ist es „nicht ein Teil der Welt", sondern deren „Grenze" (Tlp 5.641). Es bleibt ja auch noch allen Versuchen sprachlicher Bezugnahme auf es selbst vorausgesetzt und ist insofern „*kein* Gegenstand" (TB 7.8.16/Herv. S.M.). „Jedem Gegenstand stehe ich objektiv gegenüber. Dem Ich" jedoch „nicht" (TB 11.8.16). Diese Letztverankerung aller Bezugnahme auf die Welt will der Solipsismus nach Wittgensteins Darstellung freilich noch aus-

---

5.63 [= »Ich bin meine Welt. (Der Mikrokosmos.)« durch Satz 6.631 = »Das denkende, vorstellende, Subjekt gibt es nicht.« / S.M.] erfährt, ist der primäre Sinn der Identifizierung von Ich und Welt" nach Lange „nicht Bekundung eines Solipsismus, sondern Leugnung der von ihm benötigten Einzigkeit eines Subjekts eben durch die Identifizierung von Ich und Welt." (84) Denn „das metaphysische Subjekt", von dem nach Wittgenstein tatsächlich „in der Philosophie nicht-psychologisch" als „vom Ich die Rede sein kann" (Tlp 5.641) ist, wie Lange richtig hervorhebt, „nicht einzig (›solus‹) und auch kein Selbst (›ipse‹)", sondern in dem Sinne, in dem Wittgenstein es in den Sätzen 5.632 und 5.641 als „Grenze ... der Welt" bezeichnet, eher eine *Funktion* der letztinstanzlichen Festlegung des Bezuges von Namen. Lange nennt es einen „beliebig oft immer dann instantiierte[n] Zustand, wenn der Sinn von Sätzen gedacht wird" (87). Obgleich Lange mit seiner These, daß im *Tractatus* von einem erkenntnistheoretischen Solipsismus Schopenhauerscher Provenienz nicht die Rede sein könne, also zweifellos Recht hat, werden wir der terminologischen Einfachheit halber hier und an anderen Stellen dieser Studie aber doch von Wittgensteins »solipsistischem Standpunkt« sprechen, wenn seine Auffassung von der durch die Grenzen der Sprache bedingten Jemeinigkeit der Welt gemeint ist.

sprechen, obgleich sie auf Grund der Nicht-Objektivierbarkeit desjenigen „Ich", von dem auch nach Wittgenstein „in der Philosophie nicht-psychologisch ... die Rede sein kann" (Tlp 5.641), nur *gezeigt* werden kann. Die Möglichkeit, in der Philosophie nicht-psychologisch vom »Ich« zu reden, beschränkt sich nun aber in Gänze auf die *Konstatierung* der Grenzfunktion des prinzipiell nicht objektivierbaren »Ich«. Das heißt, an jenes »Ich« lassen sich *keinerlei* Begründungsfunktionen heften, die die klassische Transzendentalphilosophie mit ihm verbunden hat. Insofern erscheint Stenius' Parallele ohne systematisches Fundament.

Aus dem Scheitern des Versuchs, das Theorieprogramm des *Tractatus* als ein transzendentalphilosophisches zu interpretieren, nun darauf zu schließen, daß es sich in diesem Werk um einen explizit ontologischen – wie man dann gerne sagt: gar »naiv ontologischen« – Ansatz handeln müsse, wäre freilich verfehlt. *Alles*, was Wittgenstein im *Tractatus* über die »ontologische Verfassung« von »Gegenständen« sagt, ja selbst die These, daß die logische Form auf die Form der Gegenstände zurückgeführt werden müsse, ergibt sich als theoretisches Implikat im Zuge der Auflösung logiktheoretischer und sprachphilosophischer Probleme. Freilich ist kaum zu bestreiten, daß gerade Wittgensteins *Tractatus*-These von der Abkünftigkeit der logischen Form von der Form der Gegenstände auch *so* verstanden kaum aufhellbare Dunkelheiten in sich birgt. Soviel ist deutlich: Gegenstände als die »Bedeutungen« der im *Tractatus* »Namen« genannten elementaren Zeichen einer Sprache bilden die „Substanz" (Tlp 2.201) jeder vom Sprecher dieser Sprache darstellbaren Welt, weil alle möglichen Sachverhaltskonfigurationen in potentiellen Weltverläufen sich den in den Gegenständen angelegten Konfigurationsmöglichkeiten verdanken müssen. So bestimmen sie eine „feste Form" (Tlp 2.2023), nämlich die *logische Form* aller denkbaren Gegenstandsordnungen; eine „Form", die jede „von der wirklichen noch so verschieden gedachte Welt ... mit der wirklichen gemein haben muß." (Tlp 2.022) Die Logik, wie wir sie kennen, nämlich als Inbegriff der Regeln von Zeichentransformationsprozessen, *zeigt* durch die in ihr möglichen Zeichenkonfigurationen diejenigen Strukturen, die zwischen beliebigen Gegenständen prinzipiell möglich sind, und insofern studiert sie die von den Gegenständen selbst bestimmte logische Form. Dunkel bleibt freilich, wie die Theorie des *Tractatus* für die Notwendigkeit und Allgemeingültigkeit logischer Beziehungen aufkommen kann, die Wittgenstein ihnen in

Übereinstimmung mit traditionellen Logik-Auffassungen wie selbstverständlich zuschreibt.

Denn es ist gar nicht abzusehen, wie die durch „Analyse" oder auf andere Weise erlangte Kenntnis jener letztlich nur in deiktischer Bezugnahme zeigbaren, sprecherrelational als »einfach« behandelten »Gegenstände« die Allgemeingültigkeit der Logik verbürgen kann. Wenn, wie Wittgenstein sagt, „in der Logik nichts zufällig" ist, würde es seine Auffassung unserer Sprachlogik tatsächlich im Kern treffen, wären nicht *alle* Konfigurationsmöglichkeiten von Gegenständen zu Sachverhalten im Gegenstand selbst „präjudiziert" (Tlp 2.012). Dann wäre es ja denkbar, irgendwann auf weitere, noch unbekannte Konfigurationsmöglichkeiten – und das hieße, auf neue, unvorhergesehene logische Strukturen – zu treffen. „Jede solche Möglichkeit" des Eintritts in Konfigurationen muß darum ein für alle Mal durch die „Natur des Gegenstandes" bestimmt sein, damit die Logik in allgemeingültiger Weise von allen möglichen Gegenständen und Gegenstandskonfigurationen handeln kann. Ganz gleichgültig nun aber, ob man die *Tractatus*-Gegenstände mit den im vorigen Kapitel angeführten drei Haupttendenzen ihrer gegenwärtigen Interpretation »ontologisch-realistisch«, »phänomenalistisch« oder »semantisch-sprachrelativ« auffaßt, ungeklärt bleibt, wie *irgendeine* Kenntnis des Gegenstands zur Kenntnis „sämtliche[r] Möglichkeiten seines Vorkommens in Sachverhalten" (Tlp 2.0123) führen soll. Ja, es ist gar nicht klar, *welche Art* von Kenntnis Wittgenstein überhaupt im Blick hat. Selbst wenn seine einschränkende Bemerkung zutreffen sollte, um „einen Gegenstand zu kennen", müßten wir „zwar nicht seine externen – aber ... alle seine internen Eigenschaften kennen" (Tlp 2.01231), wird nicht durchsichtiger, welche Kenntnisart eine logische Analyse eigentlich aufdekken soll. Da Wittgenstein apriorisches Wissen ausschließt und eine im gewöhnlichen Sinne empirisch-kontingente Kenntnis durch »aposteriorische Zuwendung zu den Phänomenen« um der Allgemeingültigkeit der Logik willen eigentlich nicht gemeint sein kann, bleibt ungeklärt, *was* wir eigentlich wissen müssen, wenn wir den Gegenstand bzw. seine »Form« kennen. Dies sah bereits Moritz Schlick, wenn er Wittgenstein fragte, ob „nicht doch eine Art empirischer Erkenntnis" gemeint sei. Und Wittgenstein antwortete nicht eben erhellend: „Ja und Nein. Es kommt darauf an, was man unter empirisch versteht." (WWK 77) Und so bleibt die *Tractatus*-These 2.0123 „Wenn ich den Gegenstand kenne, so kenne ich auch sämtliche Möglichkeiten seines

Vorkommens in Sachverhalten", eine – vorsichtig gesagt – mindestens noch erläuterungsbedürftige Behauptung.

Wittgenstein hat für die in dieser Frage notwendigen Klärungen niemals gesorgt. Vielmehr hat er schon in den Gesprächen mit Waismann seine „im Tractat" verwendeten Begriffe der „logische[n] Analyse" und der „hinweisende[n] Erklärung" als »unklar« (WWK 209 f.) kritisiert. In den *Philosophischen Untersuchungen* hat er sich später bekanntlich sowohl von der Vorstellung verabschiedet, daß eine hinweisende Erklärung überhaupt eine eindeutige Beziehung zu »Gegenständen« herzustellen vermöge, als auch von der Idee, logische Analyse könne, gleich einer »chemischen«, irgendetwas an der Verfassung von »Gegenständen« aufdecken. Ja, die ihn lange bedrängende Frage nach der Einfachheit oder Zusammengesetztheit von »Gegenständen« erschien ihm nun als solche obsolet. Denn sie ist, wie er jetzt sieht, grundsätzlich nur als *„grammatische"* im Blick auf ein bestimmtes Sprachspiel, z.B. in der Form: „»Was *nennt* man hier die ›einfachen Bestandteile‹?«", sinnvoll stellbar. *„Außerhalb* eines bestimmten Spiels zu fragen »Ist dieser Gegenstand zusammengesetzt?«" ist sinnlos (PU § 47). *Diese* spätere Auffassung kommt freilich nicht einer Aufhellung, sondern einer Durchschlagung des gordischen Knotens der frühen Probleme gleich.

6. »Sub specie aeternitatis« Die Ethik, der Sinn des Lebens und die Weltsicht in Kunst und Philosophie

6.1 Ein »schwacher« Begriff von Ethik

In den vorangegangenen Kapiteln haben wir die Theorie des *Tractatus* im Lichte eines systematischen Problems zu rekonstruieren versucht, welches der junge Wittgenstein – vermutlich im Anschluß an seine Frege-Lektüre – um 1914 aufwarf: das Problem, was die Zeichen beliebiger notationaler Systeme befähige, auf etwas ihnen Externes zu verweisen. Und wir haben gesehen, daß man die intrikaten »ontologischen« Fragen, die diese Theorie nach sich zieht, als Folgeprobleme verstehen kann, die Wittgensteins Problemlösungsversuch aufwirft. Freilich wird man nicht behaupten können, die philosophischen Ziele, die er im *Tractatus* verfolgte, seien mit dieser – oder irgendeiner anderen *theoretischen* – Problemdimension interpretativ erschöpft. Denn sie macht jene so seltsame Bemerkung Wittgensteins gegenüber Ludwig von Ficker, die wir im ersten Kapitel zitierten, noch keineswegs verständlich. Diesem schrieb er nämlich, daß »der Sinn seines Buches« als solcher ein »Ethischer« sei. Deshalb muß es nun – nicht zuletzt um der historischen Angemessenheit dieser Untersuchung im Ganzen willen – darum gehen, mindestens die Konturen dessen nachzuzeichnen, was Wittgenstein noch 1929 „meine Ethik" (VB 454) nannte.

Man begegnete dieser »Ethik« – dies sei vorab betont – zweifellos mit überhöhten Begründungserwartungen, wollte man sie an jenen Theoriekonzepten bemessen, die die Tradition in moral- und rechtsphilosophischer Hinsicht entwickelte. Der junge Wittgenstein hat diese Konzepte wohl kaum gekannt. Hätte man ihn auf ein diesbezügliches Defizit an historischer Vermittlung hingewiesen, hätte ihn dies, wie man vermuten darf, kaum beeindruckt. Denn ethische Fragen beschäftigten ihn – anders als seine theoretischen – nicht innerhalb eines »akademischen« Begründungskontextes, sondern als konkrete, existenzielle Fragen der rechten Führung *seines eigenen* Lebens. Vor allem in den Jahren des ersten Weltkrieges faßte er sie in der Grundfrage zusammen, wie es möglich sei, *so* zu leben, um »in jedem Augenblick zu bestehen. Im Guten und Schönen zu leben, bis das Leben von selbst aufhört«. Und natürlich versuchte er legitimerweise, im Lichte der theoretischen Prämissen seines *Tractatus* geeignete Antworten zu finden.

Vor diesem Hintergrund wird es nicht überraschen, daß man im Blick auf Wittgenstein bestenfalls in einem »schwachen« Sinne von einer (philosophischen) »Ethik« sprechen kann. Tatsächlich ist der Begriff von »Ethik«, den er zugrunde legt, weitgehend ein alltagssprachlicher, über den er sich nur einmal in einem Vortrag mit höchst allgemeinen Formulierungen geäußert hat. Dort erläuterte er in losem Anschluß an Moores *Principia Ethica* Ethik als „die allgemeine Frage nach dem, was gut sei" (VE 77). Als alternative Paraphrasen dieser Begriffserklärung bot er seinen Hörern die Formulierungen an: „die Ethik fragt nach dem, was wertvoll sei – oder: nach dem, worauf es eigentlich ankommt", bzw. „die Ethik fragt nach dem Sinn des Lebens – oder nach dem, was das Leben lebenswert macht oder nach der rechten Lebensweise". Wie im *Tractatus* und den *Philosophischen Tagebüchern,* in denen er seine bekannte These von der Einheit von Ethik und Ästhetik zuerst formuliert (vgl. Tlp 6.421 sowie TB 24.7.16), will er auch im sogenannten *Vortrag über Ethik* den Begriff »Ethik« „in einem etwas erweiterten Sinn gebrauchen, ... der auch den ... wichtigsten Teil einschließt von dem, was man gemeinhin »Ästhetik« nennt." (VE 77) Wie weit und vage man den Begriff von Ethik aber auch immer fassen mag: Typisch für die Ethik schon in einem ganz alltäglichen Sinne, meinte Wittgenstein, sei eine deontisch-normative Verwendung des Prädikats »gut« in ihren Gebote der Lebensführung und Werturteile artikulierenden Sätzen, die er von einer „alltäglichen oder relativen" (VE 78) Verwendung dieses Prädikats in Sätzen der Art: „»Dieser Mann ist ein guter Läufer«" (VE 79) zu unterscheiden versuchte. Während »gut« „im relativen Sinne ... nichts anderes" bedeute, „als daß ein gewisser, vorbestimmter Standard erreicht" werde, so daß ein Satz, der »gut« im alltäglichen Sinne verwende, als eine auf relativen Maßstäben basierende Tatsachenaussage analysiert werden könne, z.B., daß ein Läufer „eine bestimmte Anzahl von Meilen in einer bestimmten Anzahl von Minuten" laufe, suche man in einer „ethischen oder absoluten" Verwendung von »gut« „ein absolutes Werturteil" (VE 78 f) auszudrücken. Es basiere nicht auf relativen, veränderbaren sowie kultur- oder gesellschaftsspezifisch bedingten Maßstabssetzungen, sondern weise – wie man gewöhnlich meint – als kategorisches Gebot einen interpersonal verpflichtenden Handlungsweg, „den *jedermann*, der ihn sähe, *mit logischer Notwendigkeit* gehen – oder sich sonst schämen müßte, ihn nicht zu gehen." (VE 81)

Bekanntlich hat Wittgenstein in Absetzung von jeder Form von normativ basierter Ethik stets nachdrücklich die für manchen immer noch provokante Auffassung vertreten, daß ein ethisch-absoluter Gebrauch des Wortes »gut« in normativen Sätzen unsinnig sei. Tatsächlich ergibt sich diese Auffassung im Lichte der theoretischen Prämissen des *Tractatus* stringent. Denn sofern die *Sinnhaftigkeit* von Sätzen, wie wir gesehen haben, nur unter der Bedingung ausweisbar ist, daß ein Satz als ein – wahres oder falsches – Bild einer Konfiguration »natürlicher«, d.h. weltimmanenter Gegenstände in Sachverhalten interpretiert werden kann, kann prinzipiell kein Satz in der Lage sein, „das *absolute Gute*" (VE 81) als einen sachverhaltsübergreifenden Maßstab der Bewertung *aller* möglichen auszudrücken. Jenes in ethischen Sätzen stets gemeinte »absolute Gute« nämlich ist selbst *kein* Gegenstand und auch *kein* Sachverhalt in einer Welt, in der es nur kontingente Sachlagen gibt, und darum bleibt das Prädikat »gut« im ethisch-absoluten Sinne, weil es eines Referenzobjekts entbehrt, nach der Bedeutungstheorie des *Tractatus* wesentlich *bedeutungslos*. Das »absolute Gute« transzendiert – anders gesagt – die allgemeine Sinnbedingung von Sätzen und muß darum als solches *unaussprechlich* (vgl. Tlp 6.421 sowie TB 30.7.16) bleiben, selbst dann, wenn sich eine Person in seinem Lichte als zu bestimmten Bewertungen und Handlungen verpflichtet denkt. „Alle Sätze", die in sinnvoller Weise Sachverhalte beschreiben, sind insofern zufolge der Theorie des *Tractatus*, der mit dieser Bemerkung die abschließenden Erwägungen zu Ethik und Lebenssinn in diesem Werk eröffnet, wesentlich „gleichwertig" (Tlp 6.4), d.h., sie „können nichts Höheres ausdrücken" (Tlp 6.42). Zur Zeit des *Vortrags über Ethik* hat Wittgenstein diese ethikkritische Einsicht in die Sätze gefaßt: „Nichts, was man tut läßt sich endgültig verteidigen. Sondern nur in Bezug auf etwas anderes Festgesetztes. D.h., es läßt sich kein Grund angeben, warum man *so* handeln soll (oder hat handeln sollen), als der sagt, daß dadurch dieser Sachverhalt hervorgerufen werde, den man wieder als Ziel *hinnehmen* muß." (VB 472) Über eine solche Relativität aller Wert- und Zwecksetzung ist im Lichte der *Tractatus*-Semantik *sinnvoll* nicht hinauszugelangen.

„Das Gute", um das es ethischer Reflexion in einem absoluten Sinne geht, „liegt" so besehen nach der Ansicht Wittgensteins „außerhalb des Tatsachenraums" (VB 454), d.h. „außerhalb der Welt" (Tlp 6.41). Dieser sinnkritischen Zurückweisung ethischer-absoluter Sätze durch den Hinweis auf die Referenzlosigkeit des in ihnen verwendeten Prädikats »gut« läßt sich in Wittgensteinscher Perspektive nicht mit der Auffassung begegnen, gewisse Tatsachen gestatteten es, interpersonale ethische Normen *aus* ihnen abzuleiten. „Kein Sachverhalt hat" nach Wittgenstein „an sich die zwingende Macht eines absoluten Richters." (VE 81) Bloß *als* Tatsache in der Welt aufgefaßt, steht ein „Mord", so sehr er in einer bestimmten Perspektive auch als verwerflich erscheinen mag, „genau auf der gleichen Ebene ... wie jedes andere Geschehen – z.B. das Fallen eines Steins." (VE 80) Nichts an der objektiven Verfassung des Sachverhalts, den wir als »Mord« bezeichnen, rechtfertigt die Bewertung, daß er in einem absoluten Sinne zu verwerfen sei. Deshalb wollte Wittgenstein in seinem *Vortrag über Ethik* zeigen, „daß, obwohl an jedem relativen Werturteil nachgewiesen werden kann, daß es eine Feststellung von Tatsachen ist, keine Feststellung von Tatsachen jemals ein absolutes Werturteil sein oder auch nur implizieren kann." (VE 79)

Wittgensteins These von der Unaussprechlichkeit der Ethik, die er im *Tractatus* in die Formulierung kleidet, daß es „keine *Sätze* der Ethik geben" (Tlp 6.42/Herv. S.M.) könne, wäre freilich mißverstanden, wollte man in ihr eine Herabwürdigung der ethischen Bestrebungen des Menschen sehen. Zwar ist die Ethik nichts anderes als der aussichtslose Versuch, das Unsagbare in Sätze zu fassen, und insofern das fortgesetzte Bemühen, „gegen die Grenzen der Sprache anzurennen". Doch gilt sie ihm zugleich als „ein Dokument einer Tendenz im Menschen" (VE 86), die er respektiert. Denn die Selbstverständigung des Menschen *innerhalb* der Grenzen des Sagbaren läßt ein »metaphysisches Bedürfnis«, wie Wittgenstein es nennt: einen „Trieb zum Mystischen" (TB 25.5.15) zurück. „Wir fühlen, daß selbst, wenn alle *möglichen* wissenschaftlichen Fragen beantwortet sind, unsere Lebensprobleme noch gar nicht berührt sind." (Tlp 6.52) Das gleiche gilt für die Auflösung philosophischer Fragen. Selbst wenn der *Tractatus*, wie das *Vorwort* beansprucht, sie „im Wesentlichen endgültig gelöst" hätte, würde dessen „Wert" nach Wittgensteins Selbsteinschätzung doch nicht zuletzt darin bestehen, daß er zeigt, „wie wenig damit getan ist, daß diese Probleme gelöst sind."

So kann man in Wittgensteins Frühphilosophie eine exoterische und eine esoterische Lösung der ethischen »Rätsel«, die sich mit den

Fragen nach dem Sinn des Lebens und nach der rechten Lebensführung verbinden, unterscheiden. Die exoterische Lösung besagt: *„Das Rätsel* gibt es nicht." Denn zu „einer Antwort" auf die Fragen nach Lebenssinn und rechter Lebensführung, „die man nicht aussprechen kann", weil Sätzes »nichts Höheres« zu artikulieren vermögen, kann man natürlich „auch die Frage nicht aussprechen." (Tlp 6.5) Der Sinn einer Frage ist durch den logisch-semantischen Raum möglicher Aussagen bestimmt, die man als ihre Antwort gelten lassen würde. Eine Frage, auf die eine Antwort *prinzipiell* undenkbar ist, ist deshalb als solche unsinnig,[1] weil sich ein logisch-semantischer Raum akzeptabler Antworten überhaupt nur dort eröffnen *kann*, „wo etwas *gesagt* werden *kann*." (Tlp 6.51) Das ist aber in der Ethik nicht der Fall, da kein Tatsachen beschreibender Satz ihrem Anspruch, das »absolute Gute« zu artikulieren, genügt. Innerhalb der durch die Sinnkriterien für Sätze beschriebenen Grenzen, wie sie der *Tractatus* in seinem ersten Teil eruiert, muß man darum sagen, strenggenommen bleibe hinsichtlich des Lebenssinnproblems gar „keine Frage mehr; und eben dies ist die Antwort" (Tlp 6.52) innerhalb der Grenzen des sinnvoll Aussagbaren.

Freilich hält Wittgenstein in seiner Frühphilosophie durchaus auch eine esoterische Antwort bereit, die im *Tractatus* allerdings nur angedeutet wird. Sie gibt sich mit der Zurückweisung der Fragen nach dem Lebenssinn nicht zufrieden und sieht, daß die „Tatsachen", die sich in Sätzen sinnvoll beschreiben lassen, doch „nur zur Aufgabe, nicht zur Lösung" (Tlp 6.4321) der *gar nicht* sinnkritisch behandelbaren Probleme des Lebens gehören. Daß Fragen nach dem Lebenssinn und absoluten Geboten der Lebensführung *in sprachlogischer Perspektive* unsinnig sind, bedeutet für Wittgenstein nämlich keineswegs, daß die Phänomene, auf die sie abzielen, im Leben der Menschen nicht be-

---

1 Wittgensteins hier nur in bezug auf ethische Fragen angedeutete These von der Unsinnigkeit prinzipiell unbeantwortbarer Fragen hat Dieter *Birnbacher, Wittgenstein und die „Grundfrage der Metaphysik"*, in: W. Vossenkuhl (Hrsg.), Von Wittgenstein lernen, Berlin 1992, in überzeugender Weise im Hinblick auf die »Grundfrage der Metaphysik«, weshalb überhaupt »etwas« und nicht vielmehr »nichts« sei, erläutert. Birnbacher zeigt, daß Wittgenstein Sinnlosigkeitsverdikt über bestimmte metaphysische Fragen keine semantische Sinnlosigkeit (d.h. Unverständlichkeit) ihrer Formulierung (vgl. 123 f) und auch nicht ihre epistemische, sondern ihre *„logische* Unbeantwortbarkeit" (135) meint. Auf solche Fragen ist nach Wittgenstein eine Antwort „schlechthin *undenkbar*" (128).

deutsam wären.[2] Denn es gibt nach Wittgenstein unartikulierbare Erfahrungen, die immer wieder in die Versuchung führen, „Ausdrücke von der Art wie das »absolut Gute«, »absoluter Wert« usw. zu gebrauchen" (VE 81) und sich damit doch – gleichsam wider besseres Wissen – an den Grenzen der Sprache zu verrennen. Oder wie es im *Tractatus* heißt: es „*gibt* allerdings Unaussprechliches." (Tlp 6.522/Herv. S.M.) Als solche Erfahrungen, die selbst gemacht zu haben er den Hörern seines *Ethik-Vortrages* berichtete, führte er exemplarisch das Staunen an, „*daß die Welt existiert*", sowie das Gefühl, „*absolut* geborgen zu sein", in „Sicherheit" zu sein, „was auch immer geschehen mag". In *Sätzen* artikuliert, stellt ihr Ausdruck „ein Mißbrauchen der Sprache" (VE 82) dar, kann man doch sinnvoll eigentlich nur über etwas staunen, das auch *anders* sein kann. So besehen ist es „Unsinn, zu sagen »Ich staune, daß die Welt existiert«, weil ich mir ja nicht vorstellen kann, daß sie nicht existierte." Analog verhält es sich mit dem – vielleicht aus einem tiefen »Gottvertrauen« heraus artikulierten – Satz »Ich bin in absoluter Sicherheit«. „In Sicherheit geborgen sein heißt vor allem, daß es physisch unmöglich ist, daß mir *gewisse* Dinge geschehen; und es ist daher Unsinn, zu sagen, ich sei in Sicherheit, *was auch immer* geschehen mag. Das ist ebenso ein Mißbrauch des Wortes »Sicherheit« wie das andere Beispiel ein Mißbrauch des Wortes »existieren« oder des Wortes »staunen« war." (VE 83) Ganz gleich-

[2] Gewiß hat Wittgensteins Theorie von der Unsinnigkeit von Sätzen, die absolute Wertprädikate zuschreiben, „disastrous consequences for the character or even the continued existence of ordinary ... moral discourse", insofern dieser absolute Geltung für moralische Zuschreibungen beansprucht – was mancher Interpret bedauern mag. Ich vermag aber nicht zu sehen, wie Hennig *Jensen, Is Wittgenstein's Ethical Theory a Kind of Error Theory?*, in: Rudolf Haller / Johannes Brandl (Hrsg.), Wittgenstein. Eine Neubewertung / Towards a Re-Evaluation, Wien 1990, Bd. 1, aus diesem Grund in Übereinstimmung mit „many commentators" (287/weitere Literaturangaben 289) Wittgenstein-kritisch einwandte, inwiefern dessen ethische Position „fails to present a correct amount of moral dicourse of ordinary persons" (281) oder sogar „fails to address the issues of ordinary morality." (287) Wenn Wittgenstein „moral judgements" in ihrem Alltagsgebrauch im *Vortrag über Ethik*, wie Jensen richtig sieht, als durch „prescriptivity, authority, necessity, impersonality, objectivity, and motivational force" (286) gekennzeichnet sieht, charakterisiert er sie völlig zutreffend, wobei die Frage, ob gewöhnliche Sprecher ihre Urteile als Zuschreibung »objektiver moralischer Eigenschaften" (vgl. 286) verstehen oder nicht, als eher zweitrangig erscheint. Auf dasjenige, was der gewöhnliche moralische Diskurs ausdrücken möchte, geht Wittgenstein überaus ausführlich ein, wenn er die Gründe verfolgt, die einen Menschen auch *gegen* die Einsicht in ihre Unsinnigkeit immer wieder dazu verleiten, Sätze mit absoluten Wertprädikaten zu gebrauchen.

gültig aber, ob man Wittgensteins Erläuterung der semantischen Kriterien für die Ausdrücke »staunen«, »existieren« und »Sicherheit« teilt oder nicht; der *Vortrag über Ethik* macht ganz klar, worauf er mit der Diskussion solcher Erfahrungen hinaus will: Obgleich sie unaussprechlich sind, weil ihre Artikulation in Sätzen unsinnig ist, sind sie im Leben dessen, dem sie widerfahren, doch nicht ohne subjektive Relevanz. Denn sie drücken im unsinnigen Staunen über die Existenz der Welt oder im Gefühl absoluter Geborgenheit sein Verständnis für die über alle Tatsachenfragen hinausgehenden Fragen nach Lebens- und Weltensinn aus. Trotz ihrer Unausdrückbarkeit ist darum begreiflich, weshalb man immer wieder versucht, sie in Sprache zu fassen.

Für den frühesten Wittgenstein der *Philosophischen Tagebücher* verband sich mit dem Verständnis der Frage nach dem Sinn des Lebens ein eigentümlicher, kaum des Näheren explizierter Gottesbegriff, auf welchen die endgültige Fassung des *Tractatus* nur noch mit der Bemerkung „Gott offenbart sich nicht *in* der Welt" (Tlp 6.432) anspielt. „An einen Gott glauben", notierte er dort, „heißt, die Frage nach dem Sinn des Lebens verstehen. An einen Gott glauben heißt sehen, daß es mit den Tatsachen der Welt noch nicht abgetan ist." Dieser Gott offenbart sich freilich nicht als eine beschreibbare Tatsache in der Welt, sondern wird von Wittgenstein als Synonym für die unaussprechliche Sinnhaftigkeit der Welt *im Ganzen*, von der „wir abhängig sind", in die ethischen Überlegungen eingeführt. „Gott wäre in diesem Sinne einfach das Schicksal oder, was dasselbe ist: die – von unserem Willen unabhängige – Welt." (TB 8.7.16) Ihre Unabhängigkeit erfahren wir, wie Wittgenstein dachte, an der Kontingenz der Erfüllung unseres Wollens und Wünschens. Selbst dann nämlich, „wenn alles, was wir wünschen, geschähe, so wäre dies doch nur, sozusagen, eine Gnade des Schicksals", weil „kein *logischer* Zusammenhang zwischen Willen und Welt" (Tlp 6.374/ vgl. TB 5.7.16) angenommen werden kann. Genauer: Wir erfahren sie *vor allem* im Unglück des Scheiterns unseres Wünschens und Wollens, denn gerade dann haben wir ja häufig „das Gefühl, daß wir von einem fremden Willen abhängig sind." (TB 8.7.16) Und so dachte Wittgenstein eine Zeitlang, den unaussprechlichen „Sinn" einer nicht mit Notwendigkeit durch Handlungskausalität manipulierbaren Welt „Gott nennen" (TB 11.6.16)[3] zu können.

---

[3] Eine eingehendere Interpretation von Wittgensteins Gottesbegriff zur Zeit der Nie-

Im *Tractatus* hat Wittgenstein den im Staunen – nicht über das „*wie*", sondern – über das „*daß*" der „Welt" sich *zeigenden*, unaussprechlichen Sinn der Welt im ganzen „das Mystische" (Tlp 6.44/vgl. Tlp 6.522) genannt. Dessen Erfahrung ist für ihn eine solche, die in einer „Anschauung der Welt sub specie aeterni", in einem Blick auf sie „als – begrenztes – Ganzes" (Tlp 6.45), ihren Sinn auf einmal freizugeben scheint; einen Sinn, der in und durch Sätze, die immer nur Tatsachen *in* der Welt darstellen können, niemals zu gewinnen ist. Man braucht also gar nicht auf Theorien mystischer Erfahrung im Denken der philosophischen Tradition oder auf eine potentielle Anregung dieser *Tractatus*-These durch Russells Aufsatz *Mysticism and Logic* zu rekurrieren[4], um zu verdeutlichen, was Wittgenstein mit dem sich unsagbar zeigenden Mystischen meint. Denn das »Mystische« ist nur ein anderer Name für das aller diskursiven Explizierbarkeit Entzogene, das sich in der subjektiven Lebenserfahrung einer Person gleichwohl als bedeutsam *zeigt*, weil es eine Perspektive auf den Sinn der Welt zu eröffnen scheint.

Auch in der esoterischen Dimension seiner Frühphilosophie, in der Wittgenstein also sehr wohl Verständnis für ethische Fragen aufbringt, ja Erfahrungstypen kennt, die insbesondere dazu verleiten, ein

---

derschrift der *Tagebücher* ist im Kontext der vorliegenden Studie nicht möglich. Freilich zeigen die zitierten Textstellen doch soviel: Obgleich Wittgenstein in den *Geheimen Tagebüchern* einmal notierte, „das Christentum" sei „der einzige *sichere* Weg zum Glück" (GT 8.12.14), hat sein Gottesbegriff ebensowenig Ähnlichkeit mit »orthodoxen« christlichen Vorstellungen wie mit dem Gott der »negativen Theologie«, den Wilhelm *Baum, Nachwort zur Edition* der *Geheimen Tagebücher 1914-1916*, 180, in Wittgensteins frühem Denken findet. Zwar „war und blieb" philosophische Arbeit „für Wittgenstein", wie Walter *Schweidler, Wittgensteins Philosophiebegriff*, Freiburg / München 1983, bemerkt, „ein Teilaspekt der Wendung zum glücklichen, christlichen Leben, eingebettet in den Kampf gegen all die verfehlten Formen der Einstellung zur Welt" (172). Aber sein eigentümliches »Christentum« war wohl fern von dem orthodox-missionarischen Christentum, auf welches Schweidler Wittgensteins Vorstellung vom »glücklichen Leben« hinauslaufen sieht, wenn er schreibt: „Die Botschaft, die das glückliche Leben beinhaltet, drängt von sich aus auf Weiterverbreitung. ... Sie wird ergriffen durch *Bekehrung*, bringt *Erlösung* und wirkt von sich aus hin auf *Mission*. Die Person, von der sie ausgeht, stiftet nicht mehr Philosophie, sondern *Religion*, sie gewährt die *Frohe Botschaft* des Christentums." (169 f) Hier spricht sich wohl eher theologisches Wunschdenken aus, das einen bedeutenden Philosophen zu seinem Gewährsmann einvernehmen will.

[4] So Brian *McGuinness* in seinem Aufsatz *Die Mystik des Tractatus*, in: J.Schulte (Hrsg.), Texte zum Tractatus, 165 ff, der ein im ganzen zutreffendes Bild von Wittgensteins Begriff von Ethik und mystischer Erfahrung gibt.

normatives ethisches Vokabular zu verwenden, bleibt es für ihn freilich klar, daß Ethik *innerhalb* der Sinnhaftigkeitsgrenzen von Sätzen nichts mit „der Aufstellung eines ethischen Gesetzes von der Form »du sollst…«" (Tlp 6.422/vgl. TB 30.7.16) zu tun haben kann. Im Durchdenken seiner frühen Frage: »Wie muß ich also leben, um in jedem Augenblick zu bestehen?« kann er deshalb natürlich nicht zu einem Kanon konkreter Handlungsanweisungen und auch nicht zur Formulierung kategorisch gebotener Maximen der Willensbestimmung gelangen. Doch hat er den *Begriff* eines gelungenen Lebens sowie die Konturen seiner Möglichkeitsbedingungen im allgemeinen zu formulieren versucht. „Immer wieder" kam er dabei „darauf zurück, daß einfach das glückliche Leben gut, und das unglückliche schlecht" sei. Es braucht kaum noch erwähnt zu werden, daß sich „das objektive Merkmal des glücklichen, harmonischen Lebens" natürlich nicht angeben läßt, da es sich bei ihm nicht um eine besondere Tatsache in der Welt, sondern um ein Verhältnis zu *allen* möglichen Tatsachen handeln muß und insofern nichts ist, „das sich *beschreiben* ließe" (TB 30.7.16). Vielmehr scheint man „nicht mehr sagen zu können als: Lebe glücklich!" (TB 29.7.16), wenn »glücklich sein« „*heißt*", sich in „Übereinstimmung" mit einer Welt zu befinden, über die das subjektive Wollen der einzelnen Person wesentlich nichts in einem kausalen Sinne vermag. Sofern man den unaussprechlichen Sinn der Welt wie Wittgenstein »Gott« nennen will, kann man auch sagen, das glückliche Leben vollziehe sich gerade „in Übereinstimmung mit jenem fremden Willen, von dem ich" angesichts der Kontingenz aller auf Glück abzielenden Handlungen unaufhebbar „abhängig erscheine. Das heißt: »Ich tue den Willen Gottes«" (TB 8.7.16) in einem solchen Leben, dessen Vollzug als glückliches gelingt.

6.2 Die Welt »richtig sehen«

Noch 1929 sah Wittgenstein in dem Satz „Wenn etwas gut ist, so ist es auch göttlich" im beschriebenen esoterischen Sinne seine „Ethik zusammengefaßt". Das »Gute«, von dem in Sätzen zu reden sie nicht imstande ist, weil nur „das übernatürliche … das Übernatürliche ausdrücken" (VB 454) kann, ist *nichts anderes* als das, was in einem als glücklich erlebten Leben mit dem Gott genannten Sinn der Welt in Einklang steht. Freilich: „Wie kann der Mensch überhaupt glücklich sein, da er doch", wie Wittgenstein während jener Jahre der schwer auf ihm lastenden Sorgen des ersten Weltkrieges dachte, „die Not dieser Welt nicht abwehren kann?" (TB 13.8.16) In der Frühphilosophie unterschied er in dieser Hinsicht zwei verschiedene, jedoch miteinander verbundene Lebensführungsstrategien.

Die erste betrifft die praktische Dimension der rechten Lebensführung und begründet jenes »asketische Ideal«, welches sein späteres Leben prägte. Wenn es nämlich stimmt, daß keinerlei Handlung die Kontingenz der Realisierung der ihr zugrundeliegenden Absichten überwinden, also auch keine die Welt im Sinne eines glücklich gelingenden Lebens beherrschen kann, dann „kann ich mich" nur so „unabhängig von der Welt machen – und sie also doch in gewissem Sinne beherrschen – indem ich auf einen Einfluß auf die Geschehnisse verzichte." (TB 5.7.16) Eine solche ethische »List der Vernunft« umgeht die im Handeln nur als solchem gelegene Unglücksmöglichkeit, indem sie, wie Brian McGuinness herausgestellt hat, das je eigene Wünschen und Wollen mit den unabänderbaren Tatsachen der Welt in Übereinstimmung bringt[5] und im eigentlichen Sinne „*nicht* will", sondern die Geschehnisse des Lebens hinnimmt. Es wäre so besehen „in gewissem Sinne das Nichtwünschen das einzig Gute" (TB 29.7.16), weil ihm alle „Annehmlichkeiten der Welt", die ihm dennoch widerfahren, nur als „so viele Gnaden des Schicksals" gelten. Deshalb dachte Wittgenstein, nur dasjenige Leben könne „glücklich" sein, „welches auf die Annehmlichkeiten der Welt verzichten kann." (TB 13.8.16)

Es ist jedoch die Frage, wie der einzelne angesichts eines von „Furcht und Hoffnung" (TB 14.7.16) geprägten Lebens, wie es nicht zuletzt die *Geheimen Tagebücher* als Wittgensteins eigenes zeigen, eine solche Einstellung zur Welt gewinnen kann. Auf diese Frage versucht die zweite Lebensführungsstrategie, auf die Wittgenstein im *Tractatus* mit all seinen heterogenen Theorieelementen zusteuert, eine Antwort zu geben. Auf den ersten Blick mutet sie ganz und gar unscheinbar an: Ihrzufolge kommt es darauf an, »die Welt richtig zu sehen« (vgl. Tlp 6.54), um »glücklich« zu leben. Die »richtige Sicht« der Welt, die Wittgenstein auch eine Perspektive *sub specie aeternitatis* nennt und die – wie Barry Smith zutreffend schrieb – „jeder Einflußnahme auf die Geschehnisse entsagen und einen unabhängigen Standpunkt einnehmen" kann, „von dem aus wir die Welt *als Ganzes* erfas-

---

[5] Vgl. Brian *McGuinness, Die Mystik des Tractatus*, 179.

sen"[6], erschließt sich im »Leben der Erkenntnis«. „Das Leben der Erkenntnis ist das Leben, welches glücklich ist, der Not der Welt zum Trotz." (TB 13.8.16) Es vollzieht sich in Kunst und Philosophie, die das Denken in eine solche Perspektive zu stellen vermögen.

„Ist sehen eine Tätigkeit?" schreibt Wittgenstein am 29.7.1916 in sein philosophisches Tagebuch, wohl weil er sich mit der Frage beschäftigt, ob man sich intentional in eine veränderte Weltsicht versetzen kann. „Die Welt des Glücklichen", soviel fließt von dieser Überlegung auch noch in den *Tractatus* ein, „ist eine andere als die des Unglücklichen", der sie unter der trüben Schattierung durch sein Fürchten und Hoffen sieht. Sie ist als Ganze *„eine glückliche Welt"* (TB 29.7.16/vgl. Tlp 6.43), weil der Glückliche aus seiner Perspektive heraus keinen Grund hat, die Tatsachen seiner Welt anders zu wünschen. Er lebt nach Wittgensteins Vorstellung gewissermaßen „nicht in der Zeit", sondern in einer unzeitlichen, auch „Ewigkeit" genannten Gegenwart, da sich für ihn gar kein *Zeitraum* als Möglichkeitsraum des Anders-Sein-Sollens der Tatsachen eröffnet (TB 6.7. und 8.7.16 sowie Tlp 6.4311). *Dies* ist dem Unglücklichen nicht möglich, weil er, befangen in Furcht und Hoffnung, die Welt und das eigene Leben nicht als hinzunehmende Gegebenheit *sehen* kann. Eine solche Sicht kann nach Wittgenstein freilich die Kunst verschaffen, indem sie auch das profane, alltägliche „Leben als ein Kunstwerk Gottes", also in *„der* Perspektive", in der es der Unglückliche gerade „nicht" zu betrachten vermag (VB 456), *sehen* läßt. Während die „gewöhnliche Betrachtungsweise" bedingt durch ihre subjektive Perspektive *in* der Welt „die Gegenstände gleichsam aus ihrer Mitte" heraus ansieht und insofern gar nicht die Übersicht gewinnen kann, die notwendig ist, um die Tatsachen der Welt als solche hinnehmen zu können, scheint die Kunst nämlich eine „Betrachtung sub specie aeternitatis", gewissermaßen „von außerhalb" (TB 7.10.16) zu gewähren.

Das „Wesen der künstlerischen Betrachtungsweise" wollte Wittgenstein deshalb darin erblicken, „daß sie die Welt mit glücklichen Augen betrachtet" (TB 20.10.16) und auch den Betrachter ihrer Werke *so* zu sehen lehrt. Denn in der Perspektive, die das Werk ihm zeigt, erscheint das einzelne in die Ordnung der Welt im Ganzen gestellt und von dieser Stellung her gesehen als hinnehmbar gerechtfertigt. Im Bild der Kunst scheint der einzelne Gegenstand „die ganze Welt

---

[6] Barry *Smith, Wittgenstein und das ethische Gesetz,* 208

als Hintergrund" zu haben, d.h. die Ordnung der Welt *mit* jedem dargestellen Gegenstand zugleich mitzurepräsentieren. „Das Ding" *durch* das Zeigen der Kunst „sub specie aeternitatis gesehen ist das Ding mit dem ganzen logischen Raum gesehen" (TB 7.10.16), den wir als Möglichkeitsraum aller potentiellen Beziehungen eines Gegenstandes in der Welt aus unseren begrenzten Perspektiven heraus normalerweise gar nicht *überblicken* können.[7] Gegenstände oder Geschehnisse des Lebens, die „ohne die Kunst ... ein Stück Natur" darstellen wie jedes andere, werden nach Wittgenstein durch die Arbeit des Künstlers in einen solchen, gleichsam Übersicht gewährenden Zusammenhang gestellt, der dem Betrachter vor Augen führt, daß sein Unglück allein einer falschen, nämlich die eigene Binnenperspektive des Wollens und Wünschens verabsolutierenden Haltung zur Welt entspringt. „Das Kunstwerk", das ist die Eigentümlichkeit seines Zeigens, „zwingt uns" demgegenüber „– sozusagen – zu der richtigen Perspektive" (VB 456), indem es uns einen Standpunkt außerhalb der Welt zu verschaffen scheint[8], welcher den Voreingenommenheiten der je eigenen Binnenperspektiven nicht unterliegt. „Das Kunstwerk ist der Gegenstand sub specie aeternitatis gesehen; und das gute Leben ist die Welt sub specie aeternitatis gesehen. Dies ist der Zusammenhang zwischen Kunst und Ethik" (TB 7.10.16), den der *Tractatus* nur mit dem isoliert genommen vollkommen kryptischen Satz „Ethik und Ästhetik sind eins" (Tlp 6.421) andeutet. Das »gute Leben« ist das glückliche, welches die Welt in der richtigen Sichtweise wunschlos hinzunehmen weiß, einer Sichtweise, die ihm die Kunst verschaffen kann.

---

[7] Zwar stimmt es, wie Rudolf F. *Kaspar, Wittgensteins Ästhetik*. Eine Studie, Wien / Zürich 1992, interpretiert, daß die Kunst uns nach Wittgensteins früher Ästhetik-Auffassung „aus dem gewöhnlichen Zusammenhang des Kontingenten", genauer: aus unserer beschränkten Sicht auf die Tatsachen der Welt »herausreißt« und „uns auf diese Weise die richtige Sicht der Welt lehrt". Daß „sie die Gegenstände" nach Wittgenstein „»mit der ganzen Welt als Hintergrund« sieht", bedeutet aber gerade *nicht*, daß sie „sie gewissermaßen aus der Welt herausnimmt" (52). Im Gegenteil; es ist die Pointe von Wittgensteins Auffassung, daß die Kunst den Gegenstand *in* der Welt zeigt, und zwar *so*, als könnten wir den gesamten »logischen Raum« seiner möglichen Beziehungen innerhalb der Welt *überblicken*. Solcher Überblick fehlt unserer gewöhnlichen Betrachtungsweise.

[8] Diesen Punkt der frühen Wittgensteinschen »Ästhetik« hat besonders Rudolf *Haller, Das Kunstwerk als Gegenstand sub specie aeternitatis*, in: R.H., Facta und Ficta. Studien zu ästhetischen Grundfragen, Stuttgart 1986, 115, herausgearbeitet.

Man könnte diesen Gedanken auch so ausdrücken, daß man sagte: „Der Zusammenhang zwischen Ethik und Ästhetik" bestehe „nach dem *Tractatus* darin, daß das Kunstwerk der *gerechtfertigte*", also nicht mehr aus »weltmittiger« Perspektive heraus gesehene und deshalb *nicht mehr* anders sein sollende „Gegenstand ist, der dem Universum der kontingenten Tatsachen entkommt und mit *Bedeutung* versehen ist."[9] In dessen Lichte kann sich die Welt des Unglücklichen somit in eine glückliche Welt verwandeln. Sofern das Kunstwerk, wie man traditionellerweise sagt, als der Ort des Schönen zu betrachten ist, ist für Wittgenstein auch etwas „an der Auffassung, ... das Schöne" sei „der Zweck der Kunst." Denn „das Schöne ist eben das, was glücklich macht." (TB 21.10.16) Es zeigt eine Welt, die dem »solipsistischen« Standpunkt des frühen Wittgenstein zufolge stets je meine ist, völlig *neu*, und zwar so, daß es die drängenden Probleme des Lebens als bloß weltlichen Binnenperspektiven verdankte Orientierungsprobleme zum „Verschwinden" (Tlp 6.521) bringt. Im Zuge der ästhetischen Erfahrung ihrer Schönheit läßt die Kunst insofern »das Mystische«, d.h. das aus der gewöhnlichen, »weltmittigen« Betrachtungsweise heraus für gewöhnlich gar nicht Erfahrbare und begrifflich nicht Explizierbare des faktischen »*Daß*« einer von sich aus »guten« Welt sehen.[10] *Was* die Kunst dabei in jedem einzelnen ihrer Werke zeigt, muß natürlich unaussprechlich bleiben, denn es ist keine Tatsache der Welt, sondern *eine Art, sie zu sehen.* Dieses Zeigen leistet sie eher durch die *Organisationsform* der verwendeten Darstellungselemente als durch diese – im Grunde beliebigen – Elemente selbst. In einem Gedicht, z.B. in Ludwig Uhlands *Graf Eberhards Weißdorn,* das Wittgenstein in dieser Hinsicht offenbar für gelungen hielt, wäre dies die *Form* des Sagens, welche im eigentlichen Sinne *zeigt,* und nicht so sehr der sogenannte »Inhalt«, der sich auch in einer Paraphrase unter Verwendung einer anderen Darstellungsform ausdrücken ließe. Das »Unaussprechliche«,

---

9 So Jacques *Bouveresse, Poesie und Prosa,* Wittgenstein über Wissenschaft, Ethik und Ästhetik, Düsseldorf / Bonn 1994, 140.

10 Dieser von Wittgenstein freilich nicht näher ausgeführte Zusammenhang von ästhetischer Erfahrung der Schönheit und jenem im *Tractatus* »orakelhaft« berufenen »Mystischen« wurde andeutungsweise bereits von Günter *Wohlfart, Grammatik und Ästhetik.* Zum Verhältnis von Sprache und ästhetischer Erfahrung bei Wittgenstein, in: Deutsche Vierteljahresschrift für Literaturwissenschaft und Geistesgeschichte 57 (1983), 406 ff., sowie ihm folgend von Gabriele *Goslich, Das »Mystische« bei Wittgenstein,* in: Philosophisches Jahrbuch 98 (1991), 38, betont.

das die Darstellungsform der Kunst sehen läßt, ist unabhängig von ihren Werken gar nicht greifbar. Aber es ist, wie Wittgenstein am 9. April 1917 an Paul Engelmann schrieb, tatsächlich „so: Wenn man sich nicht bemüht das Unaussprechliche auszusprechen, so geht *nichts* verloren. Sondern das Unaussprechliche ist, – unaussprechlich – in dem Ausgesprochenen *enthalten*!" (BW 78) Auch seinen *Tractatus*, dessen ästhetische, literarische[11] Qualitäten unverkennbar sind, hat Wittgenstein in diesem Sinne vielleicht als ein Kunstwerk gesehen, wenn er die Sphäre des Ethischen begrenzt sehen wollte durch all jenes, was er in ihm *nicht* sagte. Denn, so notierte er rückblickend im Jahre 1931, das „Unaussprechbare (das, was mir geheimnisvoll erscheint und ich nicht auszusprechen vermag) gibt vielleicht den Hintergrund, auf dem das, was ich aussprechen konnte, Bedeutung bekommt." (VB 472)

Wie bereits angedeutet, hat Wittgenstein aber nicht nur in „der Arbeit des Künstlers", sondern auch in der Gedankenarbeit des Philosophen einen Weg gesehen, „die Welt sub specie aeterni einzufangen. Es ist ... der Weg des Gedankens, der gleichsam über die Welt hinfliege und sie so läßt, wie sie ist – sie von oben vom Fluge betrachtend." (VB 456) Diese zumeist unbeachtete Dimension von Wittgensteins frühem Philosophiebegriff macht verständlich, weshalb er seiner philosophischen Arbeit *als solcher* eine ethische Dimension zuschreiben konnte. Denn sie wirft ein verändertes Licht auf die berühmten Schlußpassagen des *Tractatus*, in denen Wittgenstein darlegt, wie er verstanden werden will angesichts der Tatsache, daß seine Argumentationsmethode des Theoretisierens über das Wesen des Satzes der einzig »richtigen Methode der Philosophie« selbst nicht genügt. „Die richtige Methode der Philosophie wäre eigentlich die: Nichts zu sagen, als was sich sagen läßt, also Sätze der Naturwissenschaft – also etwas, was mit Philosophie nichts zu tun hat –, und dann immer, wenn ein anderer etwas Metaphysisches sagen wollte, ihm nachzuweisen, daß er gewissen Zeichen in seinen Sätzen keine Bedeutung gegeben hat. Diese Methode wäre für den anderen unbefriedigend – er hätte nicht das

---

[11] Die Relevanz der literarischen, von ihm als »aphoristisch« im Sinne von Karl Kraus (vgl. 360) bezeichneten Form der philosophischen Darstellung für das Ziel des *Tractatus* im ganzen hat zu Recht Gottfried *Gabriel, Logik als Literatur?* Zur Bedeutung des Literarischen bei Wittgenstein, in: Merkur 32 (1978) mit dem Satz hervorgehoben: „Wenn man die sprachliche Form für bloßes Beiwerk, für eine bloße Stileigentümlichkeit des Autors hält, dann verstellt man sich das richtige Verständnis." (358)

Gefühl, daß wir ihn Philosophie lehrten – aber *sie* wäre die einzig streng richtige." (Tlp 6.53) Die Sätze des *Tractatus*, bei deren Leser sich wohl in der Regel noch das Gefühl einstellen wird, es mit Philosophie zu tun zu haben, verwenden sie nicht. Sie „erläutern" Wittgensteins mit dem *Tractatus* verfolgte Intentionen vielmehr „dadurch, daß sie der, welcher" ihn „versteht, am Ende als unsinnig erkennt, wenn er durch sie – auf ihnen – über sie hinausgestiegen ist. ... Er muß diese Sätze überwinden, dann sieht er die Welt richtig." (Tlp 6.54) Diese Aussage bedeutet nicht nur, wie Karl Popper meinte, daß die Theoreme des *Tractatus* als *Sätze* in selbstreferentieller Perspektive den in diesem Werk eruierten Sinnhaftigkeitskriterien eingestandenermaßen *nicht* genügen[12], so daß nunmehr das Problem des sinnlogischen Status der *Tractatus*-Sätze selbst offenbliebe. Vielmehr erklärt sie auch, *wodurch* die Sätze des *Tractatus* für diejenigen, welche ihn, Wittgenstein, in seinen eigentlich mit diesem Werk verfolgten Intentionen *verstehen*, doch etwas *erläutern*, obgleich sie die einzig richtige Methode der Philosophie selbst nicht befolgen: nämlich *durch* die im Zuge des Gedankenganges *am Ende* zu gewinnende Erkenntnis ihrer Unsinnigkeit.

Wie soll aber ein unsinniger Satz überhaupt etwas erläutern; ja, was kann es heißen, Wittgenstein vermittels der Einsicht in die Unsinnigkeit der *Tractatus*-Sätze überhaupt erst zu verstehen? Wenn »Sinn« dasjenige ist, »was ein Satz darstellt« und »einen Satz verstehen« bedeutet, zu wissen, was der Fall ist, wenn er *wahr* ist, dann gibt es bei unsinnigen Sätzen letztlich *nichts* zu verstehen, weil sie keine mögliche Sachlage präsentieren. Das gilt für die Sätze des *Tractatus* ebenso wie für Sätze der Art »Alles Göttliche ist rechteckig«, so daß man – anders als manche Interpreten geltend gemacht haben – keinen Grund hat, einen »erhellenden Unsinn« (wie die *Tractatus*-Sätze) von einem »konfusen Unsinn« (wie im angeführten Beispielsatz) zu unterscheiden: eine Unterscheidung, die der *Tractatus* gar nicht kennt, keineswegs zu erläutern vernachlässigt und auch nicht »at least by implication« unterstellt.[13] Demgegenüber bemerkte Cora Diamond zu

---

[12] Vgl. Karl R. *Popper, Die beiden Grundprobleme der Erkenntnistheorie*, aufgrund von Manuskripten aus den Jahren 1930-1933 hrsg. von T.E.Hansen, Tübingen 1979, 294.

[13] Vgl. für eine Unterscheidung von »Unsinnsklassen« im angeführten Sinne z.B. G.E.M. *Anscombe, An Introduction to Wittgenstein's Tractatus*, 162. Auch Karl *Popper, The Nature of philosophical problems and their roots in science*, in: K.P., Conjectures

Recht: „What Wittgenstein means by calling his propositions nonsense is not that they do not fit into some offical category of his of intelligible propositions but that there is at most the illusion of understandig them."[14] Diese Illusion, die an den strengen Sinnkriterien des *Tractatus* gemessen natürlich auch die vorliegende Interpretation ebenso wie jede andere durchherrscht, entsteht, weil man bei Sätzen wie »Die Welt ist alles, was der Fall ist« etwas assoziieren, sich in begriffliche Beziehungen wie diejenigen zwischen den Begriffen des *Tractatus* hineinfinden und schließlich ganze Bücher mit Sätzen über diese Beziehungen füllen kann. Aber dies macht solche Sätze noch nicht in dem Sinne »sinnvoll«, daß sich über ihre Wahr- oder Falschheit eine Entscheidung treffen ließe. Wenn man die Sätze des *Tractatus* darum im strengen Sinne gar nicht verstehen kann, kann man aber dennoch verstehen, was ihr Autor mit ihrer Hilfe *zeigen* will.[15] Denn gerade die Erkenntnis *ihrer* Unsinnigkeit – als der Wegwurf der Leiter nach dem Hinaufstieg nach Wittgensteins berühmtem Bild (vgl. Tlp 6.54) – *erläutert*, daß er im *Tractatus* keineswegs zu neuen, dogmatisch zu verteidigenden Theoremen, sondern durch die sinnkritische Überwindung nicht nur der tradierten Sätze der Philosophie, sondern schließlich auch noch seiner eigenen, unbestreitbar *philosophischen* Sätze zu einer Veränderung der Perspektive dessen, der *ihn* versteht, zu gelangen sucht. Denn die *im philosophischen Gedankengang selbst vollzogene Überwindungsbewegung* der *Tractatus*-Sätze soll zu einer »richtigen Sicht« der Welt[16] verhelfen, welche *gar nicht* mehr theoretisiert, sondern die die Grenzen der Sprache angesichts des Unaussprechli-

---

and Refutations, London 1963, schrieb zugunsten einer solchen Unterscheidung: „Since Wittgenstein described his own *Tractatus* als meaningless ... he distinguished, at least by implication, between revealing or important and worthless or unimportant nonsense." (68) In neuerer Zeit hat sich wieder Arto *Siitonen, Tractatus, Schön und Gut,* in: Grazer Philosophische Studien 21 (1984) 65-87, für eine solche Unterscheidung stark gemacht.

[14] Cora *Diamond, Ethics, Imagination and the Method of Wittgenstein's Tractatus,* in: Richard Heinrich / Helmuth Vetter (Hrsg.), Bilder der Philosophie, Wien / München 1991, 57

[15] Vgl. dazu Cora *Diamond, Ethics, Imagination and the Method of Wittgenstein's Tractatus,* 57 und 64 f.

[16] Auf dieses Ziel der Argumentation des *Tractatus* im ganzen haben G.*Gabriel, Logik als Literatur?,* 357, C.-A. *Scheier, Wittgensteins Kristall,* 24 u.ö, sowie Cora *Diamond, Ethics, Imagination and the Method of Wittgenstein's Tractatus,* 86, hingewiesen.

chen hinnimmt und nicht länger versucht, gegen sie und die vom je eigenen Willen unabhängigen Tatsachen anzurennen. Dies ist das »ethische Ziel« des *Tractatus*. Für denjenigen, der es am Ende des Gedankenweges des *Tractatus* versteht, sind „die philosophischen Probleme", wie Wittgenstein meint, wirklich „im Wesentlichen endgültig gelöst" (Tlp, Vorwort), freilich nicht, weil man über einzelne *Tractatus*-Thesen nicht mehr philosophisch diskutieren könnte, sondern weil man über unsinnige Sätze gar nicht zu diskutieren braucht. So führt die paradoxe, d.h. die *gegen* die Doxa der vielen philosophischen Thesen (einschließlich der *Tractatus*-Thesen) gerichtete Selbstaufhebungsbewegung des *Tractatus* zu der – um Wittgensteins eigenes Bild zu gebrauchen – »die Welt im Fluge von oben betrachtenden Perspektive sub specie aeternitatis«, die alles, Sprache und Welt, läßt, wie es ist. Sie drückt sich im *Tractatus* in dem Satz aus: „Wovon man nicht sprechen kann, darüber muß man schweigen." (Tlp 7) Sofern man diese Einsicht nicht als These *über* Welt und Sprache – denn als solche ist sie »unsinnig« –, sondern als Ausdruck einer durch den Gedankengang modifizierten *Haltung* zur Welt nimmt, kann man den *Tractatus* tatsächlich selbst als eine „ethische Tat"[17] bezeichnen.

---

[17] So A. *Janik* / St. *Toulmin, Wittgensteins Wien*, 227 ff., und G. *Gabriel, Logik als Literatur?*, 360.

7. Einige Motive von Wittgensteins Selbstkritik

7.1 Der »Elementarsatz« im Satzsystem

Der Versuch, nichts zu sagen, als was sich sagen läßt, hat Wittgenstein – das ist bekannt – nach der Veröffentlichung des *Tractatus* in Wilhelm Ostwalds *Annalen der Naturphilosophie* (1921) sowie in einer von Russell lancierten englisch-/deutschsprachigen Ausgabe (1922) zu einer mehrjährigen Abkehr von der Philosophie geführt. Als er sich Ende der zwanziger Jahre im Gespräch mit Mitgliedern des »Wiener Kreises«, insbesondere mit Friedrich Waismann, ihren Problemen neuerlich zuzuwenden beginnt, kommt es langsam, aber zusehends deutlicher zu einer Erosion der theoretischen Grundlagen seiner Frühphilosophie.[1] Sie riß, wie wir etwas später sehen werden, auch sein Verständnis einer in ethischer Hinsicht »richtigen«, weil »Friede in Gedanken« stiftenden Sicht der Welt mit sich. Wie in der Forschung immer wieder herausgestellt wurde, war es – um mit der Erosion der theoretischen Grundlagen zu beginnen – nicht zuletzt die Unhaltbar-

---

[1] Die Art und Weise, auf die sich Wittgensteins Selbstkritik vollzieht, hat neuerdings Wolfgang *Kienzler, Wittgensteins Wende zu seiner Spätphilosophie 1930-1932.* Eine historische und systematische Darstellung, Frankfurt/Main 1997, untersucht. Nach Kienzler kommt Wittgenstein im Jahre 1929 zunächst als Erklärer, noch nicht als Kritiker seiner *Tractatus*-Philosophie aus Wien nach Cambridge zurück. Die ersten Manuskriptbände philosophischer Bemerkungen, die er jetzt schreibt, stehen entsprechend noch ganz im Banne der Gedankenwelt des Frühwerks. In drei Arbeitsphasen von „Juli bzw. November 1931 bis Anfang Juni 1932" (87), die Kienzler zusammenfassend als die „Wiederaufnahme" (83) kennzeichnet und aus dem Nachlaß herauspräpariert, nimmt Wittgenstein, wie Kienzler zeigt, seine Bemerkungen von 1929/30 meist wörtlich wieder auf und schreibt sie mit nur geringen, aber entscheidenden Veränderungen in neue Manuskriptbücher hinein. Dies geschieht nun freilich nicht, um die älteren Bemerkungen gedanklich zu präzisieren und auszuarbeiten, sondern um das grundsätzlich Verfehlte seines damaligen, noch den *Tractatus*-Ideen verpflichteten Denkens mit aller Deutlichkeit herauszustellen. So erscheint die Phase der »Wiederaufnahme« in Kienzlers Interpretation gewissermaßen als eine selbstkritische, in seinem Gesamtwerk singulär dastehende „Inventur, die Wittgenstein nach seiner methodischen Wende unternimmt, um seine früheren Bemerkungen auf Sinn und Unsinn, Brauchbares und Unbrauchbares zu prüfen." (ebd.) Dabei sei die Wende, die sich in Wittgensteins Denken nun vollzieht, vor allem eine *methodische*. Denn zu ihr veranlassen Wittgenstein keine neuen sachlichen Einsichten, sondern eine neue Betrachtungsweise philosophischer Probleme überhaupt, sieht er doch nun, daß diese sich gar nicht in Form von Theorien lösen, vielmehr bestenfalls beseitigen lassen.

keit der These von der logischen Unabhängigkeit der Elementarsätze voneinander, welche besagt, daß sich aus „einem Elementarsatz ... kein anderer folgern" (Tlp 5.134) läßt, die Wittgenstein zu einer Revision grundlegender *Tractatus*-Theoreme zwang.[2] Mit der These von der logischen Unabhängigkeit der Elementarsätze meinte Wittgenstein, daß aus einem Elementarsatz, der das „Bestehen irgendeiner Sachlage" beschreibt, nicht „auf das Bestehen einer, von ihr gänzlich verschiedenen Sachlage geschlossen werden" (Tlp 5.135) könne, die durch einen anderen Elementarsatz ausgedrückt wird. Es sollte also nach der Auffassung des *Tractatus* der *isolierte*, in seiner vollständig analysierten Form direkt bildliche Satz „wie ein Maßstab an die Wirklichkeit angelegt" (Tlp 2.1512) werden können, um dadurch eine Entscheidung über seine Wahr- oder Falschheit ohne Rücksicht auf die Wahrheit anderer Sätze herbeizuführen. Denn man kann, schrieb Wittgenstein noch in den *Philosophischen Bemerkungen*, „ein Bild nicht mit der Wirklichkeit vergleichen, wenn man es nicht als Maßstab an sie anlegen kann." Auf Grund der die Bildlichkeit von Zeichentatsachen konstituierenden Strukturkongruenz mit den jeweils abgebildeten Tatsachen muß man den bildlichen „Satz" im Zuge eines Wirklichkeitsvergleichs also gewissermaßen „auf die Wirklichkeit auflegen können. Die angeschaute Wirklichkeit tritt" dann „an Stelle des Bildes." (PB § 43) Weil Wittgenstein in seiner Frühphilosophie die Möglichkeit von Elementarsätzen als Resultat einer logischen Analyse freilich nur postulierte, ohne für Beispiele aufzukommen, übersah er nach eigener selbstkritischer Einschätzung, daß alle potentiellen Kandidaten für Elementarsätze, die von »einfachen« Gegenständen des phänomenalen Erfahrungsraumes reden, das Postulat von der logischen Unabhängigkeit solcher Sätze unterlaufen.

Erwägt man nämlich mögliche Elementarsätze über Eigenschaften des phänomenalen Erfahrungsraumes wie z.B. „»dieser Ort ist jetzt rot« (oder »dieser Kreis ist jetzt rot«, etc.)" (PG 210), dann scheint ein solcher Satz ja mindestens zu implizieren, daß dieser Ort jetzt *nicht* grün, *nicht* blau oder *nicht* gelb ist – was Satz 5.135 des *Tractatus* ausdrücklich ausschloß. Analog verhält es sich mit Aussagen, die Gegenständen Gradationen zuschreiben und die Wittgenstein ebenfalls für elementar im Sinne von »nicht weiter analysierbar« hielt (vgl. BlF 25). Sofern man weiß, daß etwas eine Temperatur von 20 Grad hat,

---

[2] Vgl. in diesem Sinne exemplarisch P.M.S. *Hacker, Einsicht und Täuschung*, 123 ff.

scheint man doch offenkundig folgern zu können, daß es *nicht* 30 Grad oder einen beliebigen anderen Grad innerhalb des jeweilig verwendeten Einteilungsschemas aufweist. Dies beachtete Wittgenstein im *Tractatus* nach eigenem Bekunden nicht zureichend, da er die *Möglichkeit* der Übereinstimmung oder Nicht-Übereinstimmung eines *isolierten* Satzes mit der Wirklichkeit schlicht voraussetzte, obgleich ihn schon dort seine „Bemerkung, daß ein farbiger Körper in einem Farbenraum" liegt, ja daß ein jeder Gegenstand einen Ort im »logischen Raum« einnimmt, „direkt dahin hätte bringen können" (PB § 83) einzusehen, daß im Ausgang von solchen Elementarsätzen sehr wohl auf das Bestehen oder Nicht-Bestehen anderer Sachverhalte geschlossen werden könne. Darum schreibt Wittgenstein nun: „Aus »a ist jetzt rot« *folgt* ... »a ist jetzt nicht grün« und die Elementarsätze in diesem Sinn sind also nicht von einander unabhängig, wie die Elementarsätze in meinem seinerzeit beschriebenen Kalkül, von dem ich annahm, der ganze Gebrauch der Sätze müsse sich auf ihn zurückführen lassen" (PG 211 / Herv. S.M.). Denn die in den Sätzen verwendeten Prädikate beschreiben Koordinaten innerhalb eines Einteilungs*systems*, auf dessen alternative Prädikationsmöglichkeiten die Zuschreibung *einer* bestimmten Eigenschaft immer zugleich verweist. Wittgensteins neue „Erkenntnis", die er insbesondere in den Schriften der dreißiger Jahre ausarbeitet, besteht deshalb darin, daß wir es bei der Verwendung von Sätzen „mit Maßstäben" im Sinne von gegliederten Einteilungssystemen „und nicht quasi mit isolierten Teilstrichen" *innerhalb* eines Maßstabssystems „zu tun haben." (PB § 84) Statt „»Der Satz ist wie ein Maßstab an die Wirklichkeit angelegt«" möchte er darum nun „lieber sagen: Ein *Satzsystem* ist wie ein Maßstab an die Wirklichkeit angelegt." (WWK 63 f / vgl. PB § 82) Es wird hinsichtlich seiner Einteilungsmöglichkeiten von der logischen Form der Phänomene nicht erzwungen, sondern in einem noch näher zu bestimmenden Sinn interpretativ auf die Wirklichkeit aufgelegt. So verliert der „Begriff des »Elementarsatzes«" für Wittgenstein „jetzt überhaupt seine frühere Bedeutung." (PB § 83)

7.2 »Verifikation« als satzsemantisches Prinzip

Die Unhaltbarkeit der These von der logischen Unabhängigkeit der Elementarsätze, die er nun gewahrt, ist freilich nur *ein* Stein im Mosaik der von Wittgenstein in der Frühzeit verdrängten Probleme der Bild-Theorie des Satzes. Als solche reicht sie nicht hin zu erklären, was seine gewissermaßen »kopernikanische Wendung« von der Auffassung, daß der Satz die Struktur der Wirklichkeit in seiner Struktur absorbiere, zu der gegenläufigen von der »Autonomie der Grammatik« veranlaßte, derzufolge ein Satzsystem ein Einteilungsschema auf die Wirklichkeit auflegt. Tatsächlich betreffen die Gedankenmotive, die für diesen fundamentalen Sinneswandel ausschlaggebend waren, das Elementarsatzproblem nur am Rande. Sie betreffen vielmehr das Herzstück der Wittgensteinschen Frühphilosophie: die mit der These von der „»Bildhaftigkeit«" von Sätzen verbundene Idee der „Übereinstimmung zwischen Gedanken und Wirklichkeit" (PG 212). Wittgenstein erkennt nun nämlich, daß sich – anders als er selbst noch in den *Bemerkungen über logische Form* geglaubt hat – keinerlei Satzsystem einschließlich der in ihm gültigen grammatischen Regeln zulässiger Zeichentransformationen durch seine Übereinstimmung mit der Form der dargestellten Wirklichkeit »rechtfertigen« läßt. Von einer solchen Vorstellung rückt er ab, als er Probleme einer Satz/Wirklichkeitsbeziehung erstmals ernsthaft diskutiert: im Zuge seiner Überlegungen zum »Verifikationsprinzips« der sogenannten »logischen Positivisten« des »Wiener Kreises«, welches ihm durch seine Gespräche mit Friedrich Waismann und Moritz Schlick bekannt war.

Wie seine ersten Interpreten glaubten, hatte er im *Tractatus* selbst einen »Verifikationismus« vertreten, wenn er mit der Möglichkeit einer Gegenüberstellung von Satz und Wirklichkeit rechnete und entsprechend davon ausging, daß ein »Vergleich« des Satzes mit der Wirklichkeit über dessen Wahr- oder Falschheit entscheiden werde.[3] Dort hatte er ja angenommen, einen Satz zu verstehen heiße, „wissen was

---

[3] So faßten jedenfalls die sog. »logischen Positivisten« die Lehre des *Tractatus* auf. Zur nicht völlig exakt eruierbareren Stellung, die Wittgenstein im *Tractatus* zum Verifikationismus einnimmt, siehe etwa das Kapitel *Der Tractatus und der logische Positivismus* in dem Buch von Justus *Hartnack, Wittgenstein und die moderne Philosophie,* Stuttgart 1962, 44 ff., sowie K. *Wuchterl, Struktur und Sprachspiel bei Wittgenstein,* 92 ff.

der Fall ist, wenn er wahr ist." (Tlp 4.024) Man erfaßt seinen Sinn, dachte er, indem man aus der bildlichen Struktur des Satzes ersieht, welche Tatsache ihn durch strukturelle Übereinstimmung verifizieren würde. Darum *mußte* offenbar auch eine Verifikation des Satzes in irgendeinem Sinne möglich sein, sollte doch die „Wirklichkeit" durch ihn „auf ja oder nein fixiert", d.h. „vollständig beschrieben" (Tlp 4.023) werden. Die sich natürlich sofort einstellende Frage, *auf welche Weise* eine Entscheidung darüber herbeizuführen ist, ob ein Satz tatsächlich mit der Wirklichkeit übereinstimmt oder nicht, hatte er dort freilich undiskutiert gelassen; vermutlich, weil er sie als ein für die logisch-semantischen Interessen des *Tractatus* irrelevantes Problem der Erkenntnistheorie betrachtet hat. In den Gesprächen mit Waismann greift er sie auf, allerdings so, daß nun die bloße, im *Tractatus* thetisch propagierte *Idee* eines verifikativen »Vergleichs« von Sätzen mit der Wirklichkeit als sinnlos durchschaut wird. „Und gegen die Möglichkeit" einer „Rechtfertigung" der „Regeln der Grammatik" einer Sprache, „die nach dem Modell der Rechtfertigung eines Satzes durch den Hinweis auf seine Verifikation gebaut ist, richtet sich" von nun an sein „Wort, daß die Regeln der Grammatik" *in keiner Weise* zu »rechtfertigen«, sondern „willkürlich sind." (Z § 331)

Diese Behauptung mag auf den ersten Blick überraschen, scheint Wittgenstein doch gerade in diesen Gesprächen für einen »Verifikationismus« einzutreten, der den Sinn eines Satzes an die Möglichkeit seiner Übereinstimmung mit der Wirklichkeit bindet.[4] „Der Sinn des Satzes ist die Methode seiner Verifikation" (WWK 79), äußert Wittgenstein gegenüber Waismann, und gerade hier plädiert er sogar für eine Auffassung von der *vollständigen* Verifizierbarkeit von Sätzen. Wenn „ich den Sinn des Satzes nie vollständig verifizieren kann", sagt er zu Waismann, „dann kann ich mit dem Satz auch nichts gemeint haben. Dann heißt der Satz auch gar nichts" (WWK 47), weil man gar nicht genau wüßte, von welchen Tatsachen man sagen würde, daß sie

---

[4] So schreibt z.B. Peter *Hacker, Einsicht und Täuschung*, „aus Waismanns Gesprächsaufzeichnungen, Moores Vorlesungsnotizen und Wittgensteins *Philosophischen Bemerkungen*" gehe unzweideutig hervor, „daß Wittgenstein zwischen 1929 und 1932 einen extremen Verifikationismus annahm." (147) Wittgensteins von D.A.T. *Gasking* / A.C. *Jackson, Wittgenstein as a Teacher*, in: K.T. Fann (Hrsg.), Ludwig Wittgenstein: The Man and his Philosophy, New York 1967, 54, überlieferte Leugnung, *„jemals"* – also auch *nicht* im *Tractatus* – „das Verifikationsprinzip vertreten" zu haben, nennt Hacker deshalb „unaufrichtig." (146 / Herv. S.M)

den Satz durch Übereinstimmung bewahrheiten. Allerdings kann man zeigen, daß Wittgensteins »Verifikationismus«, gerade *weil* er die Unmöglichkeit eines epistemologischen Verifikationismus reflektiert, auf ein ausschließlich *satzsemantisches Prinzip* hinausläuft. Es behauptet im Grunde nichts anderes als das, was Wittgenstein in der *Philosophischen Grammatik* in die Worte fassen wird: „Was man als Begründung einer Behauptung" respektive als Verifikation eines Satzes „auffaßt, das konstituiert den Sinn der Behauptung." (PG § 40) Entscheidend ist nämlich, daß Wittgenstein auch zu der Zeit, da er einen an den »logischen Positivismus« des Wiener Kreises gemahnenden epistemologischen Verifikationismus zu vertreten *scheint,* stets zweierlei sieht:

Erstens gibt es für gewöhnlich nicht nur *eine* Methode, um Sätze zu verifizieren. Selbst wenn man ein Beispiel aus dem Spektrum der eben berührten Elementarsatzkandidaten nimmt, z.B. einen Satz wie „»Dies ist gelb«", so kann man ihn offenkundig „auf ganz verschiedene Weise verifizieren", wobei die jeweils verwendete Verifikationsmethode einerseits den zur Überprüfung zu beschreitenden Weg beschreibt und andererseits die Kriterien dafür festlegt, unter welchen Bedingungen von Übereinstimmung oder Nicht-Übereinstimmung des Satzes mit den Tatsachen gesprochen werden soll. „Je nach der Methode, die ich als Verifikation zulasse, hat der Satz einen ganz verschiedenen Sinn. Wenn ich z.B. eine chemische Reaktion als Mittel der Verifikation zulasse, hat es einen Sinn zu sagen: »Dies sieht *grau* aus, aber in Wirklichkeit ist es *gelb.*«" Daß der Satz »Dies ist *grau*« im zitierten Beispiel als *nicht* mit der Wirklichkeit übereinstimmend betrachtet wird, hat seinen Grund darin, daß das Bezugssystem der Chemie festlegt, was *gegen* den Augenschein als Wirklichkeit gelten und anhand welcher Indizien – z.B. experimentell erzeugter chemischer Reaktionen – kriterial über die Übereinstimmung von Satz und Wirklichkeit entschieden werden soll. „Lasse ich aber als Verifikation das gelten, was ich sehe, so hat es keinen Sinn mehr zu sagen: »Dies sieht gelb aus, ist aber nicht gelb.« Jetzt kann ich nicht mehr nach einem *Anzeichen* dafür suchen, daß dies gelb ist, sondern dies ist die Tatsache selbst; ich bin bis zu dem letzten Punkt vorgedrungen, über den man nicht mehr weiter vordringen kann" (WWK 97), weil es eben innerhalb des subjektiven Erfahrungsraumes gar keine andere Verifikationsmethode als den unmittelbaren Augenschein gibt. So legt eine jede Verifikationsmethode auf die ihr je eigentümliche Weise fest, unter welchen Bedingungen ein Satz als »vollständig verifiziert« gelten soll. Sie ist also „*nicht* das Mittel, um die Wahrheit eines Satzes festzustellen," wie ein epistemologischer Verifikationismus behauptet, „sondern der Sinn selbst." (WWK 227 / Herv. S.M.) Seinen „Sinn ... verstehen" *heißt*, „wissen, wie die Entscheidung herbeizuführen ist, ob er wahr oder falsch ist" (PB § 43), und darüber verständigt uns die Kenntnis der jeweils anzuwendenden Verifikationsmethode. Sie ist ausschließlich von satzsinnkonstitutiver, anders ausgedrückt: satzsemantischer, nicht jedoch von epistemologischer Relevanz, weil sich die Vorstellung, einen beliebigen Satz überhaupt jemals mit den sogenannten »nackten« Tatsachen konfrontieren zu können, sehr rasch als *eine bloße Fiktion* erweist, auf die zu verfallen der *Tractatus* durch seinen Verzicht auf eine ausdrückliche Problematisierung der Idee des Satz/Wirklichkeitsvergleichs allerdings nicht ausdrücklich ausschloß.

Auch dies – und dies ist das *Zweite*, für seinen philosophischen Konzeptionswandel in den dreißiger Jahren wohl noch Entscheidendere – sieht Wittgenstein in seinen Gesprächen mit Waismann, in denen sich bei ihm mehr und mehr die Überzeugung festigt, daß keinerlei Verifikation, gleichgültig nach welcher Methode, zu einer unvermittelten Konfrontation von Sätzen und Tatsachen gelangt. Denn was weiß man tatsächlich, wenn man um die Tatsachen weiß, die einen Satz bewahrheiten würden? Was man die »objektive Tatsache« nennt, ist ja selbst nur *innerhalb* einer Beschreibung im Rahmen einer bestimmten Sprache präsent. Darum kann auch jede denkbare „Verifikation eines Satzes ... wieder nur durch eine Beschreibung gegeben" (WWK 186) sein. Im verifikativen Satz/Wirklichkeitsvergleich kann deshalb „ein Satz nur mit einem Satz verglichen werden", so daß es eigentlich gar „kein Konfrontieren der Aussage mit der Wirklichkeit" (WWK 209) gibt. „Der Tatbestand" bei jedem Vergleich „ist also der: Wir haben zwei Sätze. Der zweite Satz beschreibt die Verifikation des ersten Satzes." Innerhalb des Paradigmas der Physik beispielsweise gilt der als Tatsachenbeschreibung aufgefaßte Satz »Das Licht hat die Wellenlänge xyz« als Verifikation des Satzes »Dies ist gelb«. „Was tue ich also", wenn ich die Verifikation eines Satzes z.B. in korrespondenztheoretischer Form durch die Aussage »Der Satz ›Dies ist gelb‹ ist wahr genau dann, wenn das Licht die Wellenlänge xyz hat« darstelle? Da die Verifikation ja auch nur durch einen Satz gegeben sein kann, sage ich eigentlich: »Der Satz ›Dies ist gelb‹ ist wahr genau dann, wenn der Satz ›Das Licht hat die Wellenlänge xyz‹ eine Tatsache beschreibt«, d.h., ich führe die Sinn- und Wahrheitsbedingungen des Satzes »Dies ist gelb« auf diejenigen des Satzes »Das Licht hat die Wellenlänge xyz« zurück, und zwar so, daß ich damit zugleich behaupte, daß »Das Licht hat die Wellenlänge xyz« als die *Bedeutung* von »Dies ist gelb« bzw. »Dies ist gelb« als die *Übersetzung* oder *Paraphrase* von »Das Licht hat die Wellenlänge xyz« gelten soll. „Ich stelle einfach als Regel der Grammatik auf," daß der zu verifizierende Satz aus dem verifikativen Satz „folgen soll." (WWK 186) Denn ich sage durch die Angabe dessen, was ich als Verifikation zu akzeptieren bereit bin: *So* will ich den Satz im Hinblick auf einen anderen Satz, der innerhalb einer Sprache *als* basale Tatsachenbeschreibung behandelt wird, *gebrauchen; so* will ich über die Tatsachen reden.

Die Angabe der Verifikation eines Satzes führt so besehen nicht aus der Sprache heraus, sondern stellt Sätze von unterschiedlichem sprachlogischem Status in ein Bedingungs- bzw. Begründungsverhältnis zueinander. Unter dem Gewand einer korrespondenztheoretisch formulierten Aussage über Wahrheitsbedingungen verbirgt sie eine »Regel der Grammatik«, welche besagt, daß man von einer bestimmten Redeweise über die Tatsachen (als von der *Wahrheit*) nicht abzugehen bereit ist. Offen bleibt innerhalb irgendeiner Sprache aber natürlich stets, ob die paradigmatainternen, basal verifizierenden Sätze selbst wahr sind. Sie bilden, wie Wittgenstein 1931 notiert, die „Grenze der Sprache", über die hinaus man gar nicht zu einer unvermittelten Wirklichkeit gelangt. Diese Grenze *zeigt* sich „in der Unmöglichkeit, die Tatsache zu beschreiben, die einem Satz entspricht ..., ohne eben den Satz zu wiederholen." (VB 463) Denn der Satz »Das Licht hat die Wellenlänge xyz« ist wahr genau dann, wenn »das Licht die Wellenlänge xyz hat«.

In nuce ist in diesem Gedankengang bereits die für das Spätwerk konstitutive These von der Autonomie der Grammatik entwickelt, insofern er impliziert, daß mit der Sprache gar nicht aus der Sprache hinaus zu gelangen ist. Wittgenstein hielt ihn auch noch in den *Philosophischen Untersuchungen* aufrecht, wenn er dort schrieb: „Die Frage nach der Art und Möglichkeit der Verifikation eines Satzes ist nur eine besondere Form der Frage »Wie meinst du das?« Die Antwort ist ein Beitrag zur Grammatik." (PU § 353)[5] Obgleich sie nach der Wirk-

---

[5] Hans-Ulrich *Hoche, Einführung in das sprachanalytische Philosophieren,* Darmstadt 1990, glaubt auf Grund dieser Stelle der *Philosophischen Untersuchungen* „fest-

lichkeit selbst zu fragen vermeint, fragt die Frage nach der Verifikation deshalb in besonderer, als solcher vielleicht zunächst gar nicht durchschauter Form *bloß* nach dem Sinn eines Satzes, *weil* sie prinzipiell nichts anderes als einen anderen Satz zur Antwort erhalten *kann*, der freilich als basal verifikativer Satz *innerhalb* einer Sprache nicht selbst wiederum der verifikatorischen Überprüfung ausgesetzt, sondern – gleichsam als Grenzstein der Sprache – als »letzte« Tatsachenbeschreibung *behandelt* wird. Eine solche Antwort ist stets ein Beitrag zur Grammatik in dem weiten Sinn, den Wittgenstein seit den dreißiger Jahren mit diesem Wort verbindet, demzufolge die Grammatik die Regelmäßigkeiten des Gebrauchs von Ausdrücken in der Sprache beschreibt. Denn sie formuliert in Form der Angabe von Wahrheitsbedingungen eine Regel, nach der man den fraglichen Satz im Verhältnis zu *anderen* Sätzen zu gebrauchen gedenkt. Eine unverhüllte Wirklichkeit kommt bei jeder denkbaren Verifikation gar nicht vor.

Wenn es freilich stimmt, daß wir bei allen Versuchen der Verifikation immer nur zu weiteren Sätzen gelangen, verliert es natürlich auch seinen Sinn, die „Regeln der Grammatik" einer Sprache „dadurch rechtfertigen" zu wollen, „daß man zeigt, ihre Anwendung führe zu einer Übereinstimmung der Darstellung mit der Wirklichkeit." Wir sahen, daß Wittgenstein im *Tractatus* ein solches Rechtfertigungsprojekt tatsächlich verfolgte, als er meinte, die Anwendung der richtigen grammatischen Regeln auf normalsprachliche Zeichengebilde werde deren direkte Bildlichkeit als Strukturübereinstimmung von Satzzeichen und Sachverhalt *zeigen*. Denn was je gezeigt wird, kann nichts anderes als ein besonderes Verhältnis zwischen Sätzen von verschiedenem logischen Status sein. Auch das Projekt einer Rechtferti-

---

halten [zu] dürfen, daß auch der späte Wittgenstein ... das Verifikationsprinzip nicht einfach über Bord" geworfen habe, sondern bloß „aus der ungerechtfertigten Verabsolutierung" habe „herausholen wollen, in welche dieses Prinzip aufgrund der früheren einseitigen Fixierung der Philosophen und Logiker auf die tatsachenbehauptende Sprachverwendung geraten war." (66 f.) Denn es wurde ihm, wie PU § 353 bekunde, „zu einem Spezialfall seines Sprachspiel- oder Gebrauchsprinzips" (65). Demgegenüber lesen wir diesen Paragraphen so, daß Wittgenstein sagen will, *was* jede Rede von Verifikationsbedingungen eigentlich sei, nämlich nichts anderes als ein grammatischer Satz unter der »besonderen Form« einer Rede über die Wirklichkeit verkleidet. Philosophen, die über Verifikationsbedingungen von Sätzen sprechen, wären so besehen nichts anderes als jene »Metaphysiker« des von Wittgenstein immer wieder bekämpften Typs, nämlich Philosophen, die »sachliche mit begrifflichen Untersuchungen« verwechseln (vgl. BPP I, § 949 sowie Z § 458).

gung der Grammatik eines logisch deutlichen Symbolismus durch die via logische Analyse aufzudeckende Form der »phänomenal-einfachen Gegenstände« selbst, wie wir es in den *Bemerkungen über logische Form* anvisiert fanden, muß nun natürlich obsolet erscheinen. „Denn diese Rechtfertigung müßte das Dargestellte selbst beschreiben" (PG 186), d.h. Sätze bilden, die deren Form charakterisieren. „Jede solche Beschreibung setzt" aber dann „schon die Regeln der Grammatik voraus" (PB § 7), in zirkulärer Weise also dasjenige, was doch allererst legitimiert werden soll. Wenn Wittgenstein die Regeln der Grammatik einer Sprache auf Grund dieser Einsicht nun »willkürlich« nennt, heißt dies selbstverständlich *nicht*, daß sie *beliebig* seien. Es heißt vielmehr, daß sie „keiner Wirklichkeit Rechenschaft schuldig" (PG 184) sind, wie der *Tractatus* wollte, der die Formen der Sätze zuletzt von der Form der Gegenstände abhängig sah. Sie sind „in demselben Sinne willkürlich, wie die Wahl einer Maßeinheit" (PG 185), die ein Einteilungssystem an die zu messende Sache heranträgt und keineswegs von ihr abliest.

7.3 Das »Projektionsstrahlen«-Surrogat

Der Gebrauch einer Sprache ist also, wie Wittgenstein nun deutlich vor Augen steht, „in einem gewissen Sinne autonom" (Z § 320), in demjenigen nämlich, daß man „mit der Sprache" prinzipiell „nicht aus der Sprache" herauskommt, weil „jede Art des Verständlichmachens einer Sprache schon eine Sprache voraussetzt." (PB § 6) Was konnte ihn zur Zeit des *Tractatus* dann aber dazu bewegen, so etwas wie eine unverbrüchliche Beziehung zwischen Sätzen und außersprachlichen Tatsachen auch nur *vorauszusetzen*? Ihre Erklärung findet diese frühe Wittgensteinsche Überzeugung gewiß nicht nur darin, daß er das Problem der eine Übereinstimmung oder Nicht-Übereinstimmung von Sätzen mit der Wirklichkeit konstatierenden Verifikation in der Frühzeit nicht hinreichend durchdachte. Vielmehr erlag er, wie er später selbst meinte, gewissen Suggestionen seiner Bildtheorie. „Bildhaftigkeit" im allgemeinen hatte er als „eine Übereinstimmung der Form" (PG 212) von Bild und Abgebildetem verstanden, bei der es nicht darauf ankommt, ob die Elemente des Bildes und die repräsentierten Wirklichkeitselemente irgendeine Gemeinsamkeit aufweisen, sondern nur darauf, daß das jeweils verwendete Abbildungssystem auf Grund logischer Formidentität mit der Wirklichkeit unter den Gesichtspunkten diakritischer Mannigfaltigkeit und potentieller Differenzierbarkeit all diejenigen Unterscheidungen zu markieren erlaubt, die an einem Sachverhalt dargestellt werden sollen. So konnte es zwar sein, daß die bildhafte Übereinstimmung von Darstellung und Wirklichkeit auf einen ersten Blick gar nicht zu erkennen ist, z.B. dann, wenn phonetische oder schriftliche Zeichenkomplexe Konfigurationen physischer Gegenstände abbilden. Aber wenn man die richtige Projektionsmethode kennt, dachte Wittgenstein, sei *eindeutig* klar, wie Bild- und Wirklichkeitselemente einander zugeordnet sind. Er hatte „die Projektionsmethode" also implizit „mit Projektionsstrahlen" (PG 213) verglichen, die von den Bild- zu den Wirklichkeitselementen reichen. Der suggestiven »Logik« dieses Bildes erlegen, stellte er sich darum vor, „die Verschiedenheit zwischen Satz und Wirklichkeit werde durch die Projektionsstrahlen ausgeglichen" (PG 214), so daß „das Bild *mitsamt* den Projektionsstrahlen nun nicht noch verschiedene Anwendungsarten zuläßt", sondern gewissermaßen „ätherisch" die ihm korrespondierende Wirklichkeit – wie er im *Tractatus* geschrieben hatte – „›auf ja und nein‹" (PG 213) bestimmt. Das heißt, es sollte „nur noch Übereinstimmung und Nichtübereinstimmung" (PG 214) von Bild und Wirklichkeit geben.

Die Metapher von den Projektionsstrahlen, die die Verwendung einer bestimmten Projektionsmethode vom Bild in Richtung auf die Wirklichkeit aussendet, erzeugte in Wittgensteins Gedankenwelt somit den Schein, daß es *stets* eine interne (übereinstimmende oder nichtübereinstimmende) Beziehung zwischen Zeichenkomplexen und der Wirklichkeit geben müsse. Inzwischen ist ihm jedoch deutlich geworden, daß die „Aussage, zwischen einem Satz und der Wirklichkeit bestehe Übereinstimmung, ... nichts" besagt, „weil wir nicht wissen, was unter Übereinstimmung zu verstehen ist." (V I, 286) Wenn nämlich „die Projektionsmethode eine Brücke ist", sieht Wittgenstein nun, „dann ist sie eine, die nicht geschlagen ist, so lange die Anwendung nicht gemacht ist." (PG 213) Denn stets sind bei einem Bild *verschiedene* Anwendungsarten möglich, d.h. verschiedene Weisen, Projektionsstrahlen vom Bild zur Wirklichkeit zu ziehen, ohne daß das Bild selbst eine *bestimmte* erzwingt. „Die Intention" auf Wirklichkeit, die einen signifikativen Gegenstandskomplex von einem nicht-signifikativen unterscheidet, liegt demnach „*nie* im Bild selbst, denn, wie immer das Bild geschaffen ist, *immer* kann es auf verschiedene Weise gemeint sein." (PB § 24 / Herv. S.M.) Darüber täuscht das »Projektionsstrahlen«-Surrogat hinweg, weil es an eine »ätherische«, aller *wirklichen* Verwendung eines Bildes vorausliegende Beziehung zwischen Bild- und Wirklichkeitselementen denken läßt. Freilich besteht die Beziehung zwischen Bildern und der Wirklichkeit „*manchmal* in einer gewissen Übereinstimmung", etwa dann, wenn man an orthogonale mathematische Projektionen oder auch an Porträtphotographien denkt, „manchmal aber nicht in einer Übereinstimmung, sondern nur darin, daß wir die Zeichen", z.B. diejenigen der Satzzeichenkomplexe einer normalen Sprache, in der Praxis unseres Lebens einfach „so und so anzuwenden gelernt haben" (PG 213), ohne daß zwischen Wirklichkeitskomplex und Satzzeichenkomplex *irgendeine* Übereinstimmung bestehen müßte. Dies hatte sich Wittgenstein nach eigenem Bekunden nicht hinreichend deutlich gemacht, als er unter den projektionstheoretischen Maßgaben der *Tractatus*-Theorie *alle*, durchaus unterschiedlich signifizierenden Arten von Zeichenkomplexen unterschiedslos als solche Bilder deutete, die »bis zur Wirklichkeit reichen« (vgl. Tlp 2.1511).

Man hat Anlaß zu vermuten, daß Wittgenstein die mit dieser Einsicht verbundene Selbstbefreiung von den Surrogaten der Projektionsstrahlenmetaphorik überaus wichtig war. Denn unter den Notizzetteln, die er ein Leben lang bewahrte, weil er sie „als besonders brauchbar betrachtete und die er in der Absicht aufhob, sie an passender Stelle in abgeschlossene Arbeiten einzuweben"[6], findet sich die Bemerkung: „»Verbindung des Bildes mit dem Abgebildeten« könnte man die Projektionsstrahlen nennen; aber auch die Technik des Projizierens." (Z § 291) Die jeweilige Technik des Projizierens, die wir im Rahmen einer Kultur erlernt haben und die bei *jedem* Bild immer auch auf alternative Weise denkbar wäre, legt fest, wie Sätze Wirklichkeit intendieren.

---

[6] G.E.M. *Anscombe* / G.H. *von Wright*, *Vorwort* zu *Zettel*, in: ÜG 262

8. Sprachmaßstäbe
Zur Interpretativität von Satzsystemen

8.1 Über Darstellungssysteme

Als sich Wittgenstein von dem mit seinem frühen Projektionsbegriff verbundenen »Projektionsstrahlen«-Surrogat befreit hatte und zu der Auffassung von der Autonomie der Sprache durchgedrungen war, hielt er gleichwohl zunächst daran fest, daß Sätze *primär* dazu dienten, Wirklichkeit zu intendieren – was er einige Jahre später, da die Wendung zur Spätphilosophie definitiv vollzogen ist, nachdrücklich bestreiten wird. „Wenn man das Element der Intention aus der Sprache entfernt", schrieb er in den *Philosophischen Bemerkungen* freilich noch, „so bricht damit ihre ganze Funktion zusammen" (PB § 20). Die Intentionalität der Sprache wird aber im Zuge der Werkentwicklung der dreißiger Jahre nicht mehr durch die Bildlichkeit des Satzzeichens erklärt, sondern immer nachdrücklicher dadurch, daß wir vor dem Hintergrund einer bestimmten »Technik des Projizierens« Sätze (als Glieder innerhalb eines *Satzsystems* bzw. eines besonderen Darstellungssystems) als einen „Sprachmaßstab" (PB § 35) interpretativ auf die Welt anwenden, dessen interne Prädikationsmöglichkeiten bestimmen, was in unterschiedlichen Weisen der Bezugnahme je *als* sprachlich intendierte Realität erscheint.[1]

Wie Peter Hacker zu Recht bemerkt hat, nimmt Wittgenstein mit diesem Gedanken ein Motiv auf, das sich bereits in den, wenn man so sagen darf, »wissenschaftstheoretischen« Passagen des *Tractatus* findet.[2] Dort hatte Wittgenstein wissenschaftliche Theorien wie die „Newtonsche Mechanik" als Darstellungssysteme beschrieben, indem er sie gleichnishaft mit „Netzen" verglich, die eine „Form der Weltbeschreibung" (Tlp 6.341) definieren. Keineswegs, meinte Wittgenstein, seien die sogenannten allgemeinen Naturgesetze, mit denen eine bestimmte Theorie operiert, wie z.B. das „Kausalitätsgesetz" (Tlp 6.32), die

[1] Für einen ersten Aufriß der Überlegungen dieses Kapitels vgl. Stefan *Majetschak, Intention und Interpretation*. Anmerkungen zu Wittgensteins Interpretationsbegriff, in: Peter Baumanns (Hrsg.), Realität und Begriff. Festschrift für Jakob Barion zum 95. Geburtstag, Würzburg 1993, 344-361.

[2] Vgl. Peter *Hacker, Einsicht und Täuschung*, 199 f.

Prinzipien „von der Kontinuität in der Natur, vom kleinsten Aufwande in der Natur etc. etc." (Tlp 6.34), als „Erklärungen der Naturerscheinungen" anzusehen – dies sei die „Täuschung", welche nach Wittgenstein der „ganzen modernen" wissenschaftlichen „Weltanschauung" (Tlp 6.371) zugrunde liegt –; vielmehr seien sie als „Einsichten a priori über die mögliche Formgebung der Sätze der Wissenschaft" (Tlp 6.34) zu verstehen. Sie werden nämlich im Zuge der wissenschaftlichen Theoriebildung gar nicht der Verifikation oder Falsifikation ausgesetzt, sondern bilden „die Bausteine zum Bau des wissenschaftlichen Gebäudes", durch welches wir „die Weltbeschreibung" jeweils „auf eine einheitliche Form" (Tlp 6.341) bringen. Insofern bestimmen sie ein Darstellungssystem, welches unter Verwendung einer anderen Axiomatik natürlich auch eine ganz andere Netzstruktur aufweisen könnte. Man könnte auch sagen, sie bestimmen eine Form der Abbildung, d.h., sie „handeln vom Netz, nicht von dem, was das Netz beschreibt." (Tlp 6.35)

Ähnlichen wissenschaftstheoretischen Gedanken hat Wittgenstein auch in den Gesprächen mit Waismann und den *Philosophischen Bemerkungen* Ausdruck verliehen, wenn er nachdrücklich hervorhob, ein „Naturgesetz" lasse „sich nicht verifizieren und nicht falsifizieren." Vielmehr sei es „wahrscheinlich" im Sinne von „einfach, bequem" (WWK 100), weil es eine Vielzahl von beobachtbaren Einzelphänomenen auf eine einheitliche Darstellungsform zu bringen gestatte. Die gleiche darstellungsformatorische Funktion schreibt Wittgenstein nun auch denjenigen Sätzen zu, die man als wissenschaftliche Hypothesen bezeichnet. Eine Hypothese ist Wittgensteins Auffassung zufolge kein „Satz ..., dessen Wahrheit nur weniger sicher feststeht" (WWK 210), weil man sich seiner Verifikation immer nur nähern könne, „ohne sie je zu erreichen", wie eine gängige Auffassung will. „Das ist Unsinn und einer, in den man oft verfällt. Sondern eine Hypothese hat zur Realität eben eine andere formelle Relation als die der Verifikation." (PB 285). Sie ist ein völlig „anderes grammatisches Gebilde" (WWK 210) als ein tatsachendeskriptiver Satz, insofern sie als „ein Gesetz zur Bildung von Aussagen" (WWK 99 / vgl. PB 285) „eine sehr große Anzahl von Erfahrungen verschiedener Art miteinander in Beziehung" (WWK 160 f.) zu setzen erlaubt. „Auf einem Ruinenfeld werden Bruchstücke von Säulen, Kapitälchen, Giebeln ausgegraben, und man sagt: Das war ein Tempel. Man ergänzt die Bruchstücke, füllt in Gedanken die Lücken aus, zieht die Linien nach. Das ist ein Gleichnis der

Hypothese." (WWK 210) Die Hypothese, daß etwas ein Tempel gewesen sei, folgt, wie das Beispiel illustriert, offenkundig „aus keinem singulären Satz und aus keiner Menge singulärer Sätze" (WWK 211), sondern stellt im Gegenteil das einfachste zur Verfügung stehende Schema dar, mittels dessen man eine Vielzahl von Einzelbeobachtungen (oder in Wittgensteins Beispiel: Einzelfunden) allererst zur Einheit arrangieren kann. Denn erst im Lichte der Beispielhypothese ist jedes Bruchstück selbst *als* »Säule«, *als* »Kapitälchen« oder *als* »Giebel« zu bezeichnen. Eine Hypothese im Rahmen der wissenschaftlichen Theoriebildung zu akzeptieren heißt deshalb, für eine Darstellungsform zu optieren, von der zwar abgewichen werden *kann*, wenn „eine andere Hypothese das Erfahrungsmaterial einfacher darstellt" (PB 283), von der aber keineswegs abgewichen zu werden braucht. Habe ich nämlich einmal „die Entscheidung getroffen", von ihr nicht abweichen zu wollen, „so habe ich" eben *dadurch* „eine Darstellungsweise festgelegt", welche „keine denkbare Erfahrung ... widerlegen kann, wenn es auch äußerst unbequem sein mag" (PB 288), an der Hypothese festzuhalten.

Zur Zeit des *Tractatus* hat Wittgenstein freilich noch geglaubt, daß wissenschaftliche Theorien, wenn sie durch „den ganzen logischen Apparat" der Darstellungsformen hindurch „von den Gegenständen der Welt" (Tlp 6.3431) reden, mit der Wirklichkeit doch mindestens die logische Form teilen, welche ihre Intentionalität garantiert. Unterschiedliche Darstellungssysteme (z.B. der Physik) drücken diese auf ihre jeweils spezifische Weise *in sich* aus, weshalb es nach Wittgensteins damaliger Meinung zwar „nichts über die Welt" aussagen sollte, „daß sie sich durch die Newtonsche Mechanik beschreiben läßt; wohl aber, ... daß sie sich durch die eine Mechanik einfacher" – im Sinne von »bequemer« – „beschreiben läßt, als durch die andere." (Tlp 6.342) Dies sollte, wie seine Formulierung zeigt, durchaus etwas über die Form der »Welt« selbst aussagen, schien ihm dies doch zu bekunden, daß die Form des die Welt je einfacher beschreibenden »Netzes« eine der Wirklichkeitsform adäquatere Mannigfaltigkeit von Einteilungen sowie eine angemessenere Differenziertheit der Darstellungselemente besitzt. Wenn er in den dreißiger Jahren die wissenschaftstheoretischen Gedankenmotive des *Tractatus* neuerlich aufnimmt und über Naturgesetze und Hypothesen als Darstellungsformen spricht, dann hat er von *dieser* Vorstellung allerdings bereits Abschied genommen. Befreit von den projektionstheoretischen Voreingenommenheiten der frühen Jahre sieht er keinerlei Darstellungssystem mehr der Form der »Welt« verpflichtet. Gerade dann, meint er nun, wenn man einen „Satz" wie der *Tractatus* „als Bild des beschriebenen Sachverhalts auffaßt und sagt, der Satz zeige eben, wie sich die Dinge verhalten, wenn er wahr ist, er zeige also die Möglichkeit des behaupteten Sachverhalts", müsse man einsehen, daß es „ganz von unserer Grammatik" abhängt, „was möglich genannt wird und was nicht, nämlich eben was sie zuläßt. ... »Möglich« heißt hier soviel wie ...: darstellbar in einem bestimmten Satzsystem" (PG 127 f), welches durch seine interne Grammatik, d.h. durch die in ihm möglichen Einteilungsweisen und sinnvollen Satzbildungsschritte vorgibt, was als Struktur des beschriebenen Sachverhalts gedacht werden kann. Und wenn man ein solches Bild verifizieren will, kann dies, wie wir im vorigen Kapitel gesehen haben, auch wieder nur durch einen weiteren Satz geschehen, der dieselbe Grammatik verwendet. Über *deren* Form kommt man also gar nicht hinaus und insofern auch nicht an eine als autonom gedachte Form der »Welt« heran, so daß Wittgenstein seine frühe projektionstheoretisch konzipierte These von der Übereinstimmung von Satz und Wirklichkeit jetzt dezidiert als »Metaphysik« erscheint. „Wie alles Metaphysische" ist eine solche *vorausgesetzte* „Harmonie zwischen Gedanken und Wirklichkeit" nämlich letztlich „in der Grammatik der Sprache aufzufinden" (PG 162 / vgl. Z § 55), die sie uns suggeriert, weil wir sie gleichermaßen zur Artikulation von Gedanken *über* die Wirklichkeit wie zur verifizierenden oder falsifizierenden Beschreibung dieser Wirklichkeit selbst verwenden.

In der Konsequenz dieser Einsicht liegt es nicht fern, mit Wittgenstein nicht nur die axiomatischen Basisannahmen der Wissenschaften oder bestimmte als Hypothesen fungierende Sätze innerhalb ihrer, sondern *alle* wirklichkeitsintentionalen Sätze unterschiedliche Darstellungssysteme (samt der ihnen je eigenen Grammatik) an die Wirklichkeit herantragen zu sehen. Wie er sich an Sätzen wie »Dies ist rot« als möglichen Elementarsatzkandidaten deutlich machte, geschieht dies beispielsweise in jeder Farbaussage, die als solche zugleich auf das gesamte Einteilungssystem unserer Farbbegriffe verweist. Insofern kann man die einzelnen „Farben mit den Punkten einer Skala vergleichen" (PB § 40), welche durch unser System der Farbbegriffe gebildet wird. „Wir haben ein System der Farben wie ein System der Zahlen" (BPP II, § 426) oder der Maße, wobei er sich gerade für das System der Farbbegriffe sein Leben lang besonders interessierte. Auf

Grund der engen Bindung unseres Gebrauchs von Farbbegriffen an den subjektiven Augenschein farbiger Phänomene scheint es nämlich oft, als schreibe die Logik jener Phänomene eine bestimmte Ordnung unserer Farbbegriffe vor, und nicht umgekehrt, wie die These von der Autonomie der Grammatik behauptet. Denn daß es z.B. ein bläuliches Gelb nicht gibt, scheint doch in der Natur der Farben selbst zu liegen. Schon in den *Philosophischen Bemerkungen* ist Wittgenstein jedoch der Auffassung: *Unser* Einteilungssystem der Farben, beispielweise das „Farbenoktaeder", welches bestimmte Beziehungen der Farben zueinander vorstellt, „ist Grammatik", nicht Farbenphänomenologie oder gar -ontologie, „denn es" – nicht die Wirklichkeit – „sagt, daß wir von einem rötlichen Blau[,] aber nicht von einem rötlichen Grün reden können, etc." (PB § 39) Wie er in immer neuen Untersuchungen der Logik unserer Farbbegriffe herauszuarbeiten sucht[3], artikulieren deshalb Aussagen, die behaupten, daß es „ein bläuliches Gelb, ein rötliches Grün" (BüF I, § 9) nicht »gibt«, keine Einsicht in die phänomenale Verfassung der Farben, sondern Eigentümlichkeiten unserer Art und Weise, über Farben zu sprechen. Sie formulieren eine *grammatische Regel*, welche vor dem Hintergrund unseres Systems der Farbbegriffe bestimmte Beziehungen zwischen dessen Elementen als unsinnig aus der Sprache ausschließt. Statt Erfahrungssätze oder gar »Wesenseinsichten« in einen Phänomenbereich – und damit sachhaltige Aussagen – zu sein, sind sie vielmehr nichts anderes als Beschreibungen möglicher oder unmöglicher *begrifflicher* Schritte im semantischen Raum des Systems unserer Farbbegriffe. In anderen Einteilungs- oder Darstellungssystemen als unserem System der Farbbegriffe verhält sich dies nicht anders, wenn ein Satz wie »Es gibt kein regelmäßiges Zweieck«, der dem Satz »Es gibt kein bläuliches Gelb« nach Wittgenstein dem logischen Status nach »ähnlich« ist (vgl. BPP II, § 421), unter dem Gewand einer Sacheinsicht im Grunde bloß eine Regel der Sprache – hier der Sprache der Geometrie – formuliert. Am Beispiel der Logik unserer Farbbegriffe, bei der es »intuitiv« vielleicht am wenigsten plausibel erscheint, daß sie nicht von der ungreifbaren »Logik

---

[3] Diese Untersuchungen, über viele Jahre hinweg betrieben, verdienten gewiß eine eingehendere Erörterung, als sie an dieser Stelle unserer Argumentation geleistet werden könnte oder im Rahmen unserer Argumentationsziele geleistet werden müßte. Für Ansätze zu einer solchen Erörterung vgl. Wilhelm *Vossenkuhl, Wittgenstein über Farben und die Grenzen des Denkbaren*, in: W.V. (Hrsg.), Von Wittgenstein lernen, Berlin 1992, 79 ff.

der Phänomene« erzwungen wird, wurde Wittgenstein deshalb ein Gedanke vollends klar, den er gegenüber Friedrich Waismann verallgemeinernd folgendermaßen formulierte: „Jeder Satz", also nicht nur eine Farbaussage, „liegt in einem Satzsystem, das wie ein Maßstab an die Wirklichkeit angelegt wird." (WWK 76) Mit jeder isolierten Aussage wird, wie es Wittgenstein an derselben Stelle nennt, zugleich der ganze »logische Raum« dieses Maßstabes entfaltet. Insofern bestimmt dessen Einteilungspotential auch, was sich in unterschiedlichen intentionalen Bezugnahmen auf die Wirklichkeit »denken«, »erwarten«, »wünschen« oder »hoffen« läßt, sofern sich solche Intentionen sprachlich vollziehen.

8.2 Intentionalität und Interpretation

Gedanken, Erwartungen, Wünsche oder Hoffnungen versteht man für gewöhnlich als unterschiedliche Weisen der intentionalen Bezugnahme einer Person auf die Wirklichkeit. Man ist versucht, sie als eigentümliche, »mentale« Handlungen zu deuten, die das mit jedem Satz geschehende maßstäbliche Anlegen eines Satzsystems an die Wirklichkeit im Gebrauch einer Sprache jeweils wirklich vollziehen. Gerade dann, wenn keinerlei »ätherisch« fixierte Strukturkongruenz zwischen Satzzeichen und Realität die Intentionalität eines Satzes als dessen »objektive Bildlichkeit« verbürgt, liegt ja eine solche mentalistische Versuchung nicht fern. Denn man möchte nun sagen: „»Freilich intendiert das Bild" – gemeint ist das Satzbild im Sinne des faktischen Satzzeichens – „nicht" an sich selbst durch seine Struktur einen möglichen Sachverhalt in der Welt, „sondern *wir* müssen mit ihm intendieren«" (PG § 100 / Herv. S.M.). „»Nur das intendierte Bild", meint man, „reicht als Maßstab an die Wirklichkeit heran. Von außen betrachtet steht es ... tot und isoliert da.«" (PG § 98) Denn „isoliert" als phonetische oder schriftliche Zeichenfolge betrachtet, weist das Satzbild ja gar „nicht aus sich heraus auf eine Realität außer ihm". An sich läßt sich jedes „Bild, was immer es sei, ... verschieden deuten" (PG § 100). Wir müssen, scheint es, mit jedem Satzzeichen Wirklichkeit allererst *intendieren* und dadurch seine Intentionalität gewissermaßen von uns aus stiften, indem wir in allem Verständnis oder Gebrauch eines Satzzeichens den Bezug seiner Elemente interpretativ festlegen. „Mit »Intention«" – als mentaler Akt der Stiftung satzhaften Realitätsbezugs – ist dann dabei das gemeint, „was das Zeichen im Gedanken verwendet. Die Intention scheint zu interpretieren, die endgültige Interpretation zu geben" (PG § 98), *wie* die vielfältig deutbaren Satzzeichengebilde jeweils auf die Welt zu beziehen seien. Freilich vermittelt diese naheliegende Auffassung nach Wittgenstein ein philosophisch irreführendes Bild davon, wie sich das intentionale Anlegen von Sprachmaßstäben an die Wirklichkeit tatsächlich vollzieht. Wie wir sehen werden (in Abschnitt 8.3), ist es irreführend zu behaupten, der Wirklichkeitsbezug von Sätzen werde durch einen subjektiven Akt der Interpretation seitens eines Sprechers gestiftet. Und doch kann man auch nach Wittgenstein in bestimmtem Sinne vom interpretativen Charakter des Anlegens von Sprachmaßstäben an die Wirklichkeit reden.

Nach Wittgenstein wird die Vorstellung, daß alle satzförmige Wirklichkeitsbezugnahme durch subjektive, geistige Akte (der Interpretation) gestiftet sei, nicht zuletzt durch die Oberflächengrammatik von Sätzen genährt, mittels derer wir sogenannte »intentionale Einstellungen« zur Welt ausdrücken. Solche Sätze, z.B. »Ich erwarte, daß das Ereignis p eintreffen wird« oder »Ich denke (hoffe, wünsche etc.), daß q der Fall ist (sein wird)«, sehen oberflächengrammatisch so aus, als bestünden sie aus einem subjektsreferentiellen Teil (»ich denke,...«, »ich erwarte, ...«; etc.), welcher auf die geistige Tätigkeit eines »Ich« referiert, und einem sachverhaltsreferentiellen (»..., daß das Ereignis p eintreffen wird« etc.), der sich auf den von jener »Geistestätigkeit« intendierten Sachverhalt bezieht. Eine solche Auffassung läßt sich jedoch von der oberflächlichen Erscheinungsform dieser Sätze täuschen. Sie übersieht unter dem Diktat einer allzu einfachen Vorstellung vom ausschließlichen Funktionieren der Sprache nach dem Muster »Wort – Gegenstand«, daß der im vermeintlich »subjektsreferentiellen« Satzteil angesprochene Gedanke oder die dort artikulierte Erwartung *gar nichts anderes ist* als das, was der »sachverhaltsreferentielle« Satzteil zum Ausdruck bringt. Die Vorstellung, daß die oberflächengrammatisch als »subjektsreferentiell« bezeichneten Satzteile auf eine subjektive, geistige Tätigkeit Bezug nehmen, ist Fiktion. Der Gedanke *ist*, was gedacht wird, und „wenn wir in Zeichen denken," – jenen, die der »sachverhaltsreferentielle« Teil des Satzzeichens zusammenstellt – „so erwarten und wünschen wir auch in Zeichen." (PB § 30)

Entscheidend an einer Intention ist für Wittgenstein so besehen der Satz, der sie ausdrückt. Einen „Gedanken" nennt er deshalb „erst den *artikulierten* Vorgang; man könnte also sagen, ›erst das, was einen artikulierten Ausdruck hat‹", nicht schon irgendeine »geistige Tätigkeit«, die bei intentionalen Bezugnahmen auf die Wirklichkeit stattfinden mag oder auch nicht. „Die Erwartung, der Gedanke, der Wunsch, etc., daß p eintreffen wird," notierte er an derselben Stelle, „nenne ich erst dann so, wenn diese Vorgänge die Multiplizität haben, die sich in p ausdrückt, erst dann also, wenn sie *artikuliert* sind." (PB § 32) Wittgensteins bevorzugtes Beispiel für diese Auffassung ist seit den *Philosophischen Bemerkungen* die Erwartung. Deren intentionaler Ausgriff auf die Wirklichkeit besteht nicht in einem Denken, sondern in einem bestimmten, darstellungssysteminaugurativen *Gebrauch* ihres artikulierten Satzausdrucks im Blick auf die Wirklichkeit. Dieser „bereitet sozusagen einen Maßstab" von bestimmter Einteilungsmultiplizität „vor, womit das eintretende Ereignis gemessen wird, und zwar so, daß es *unbedingt* damit gemessen werden kann, ob es nun mit dem erwarteten Teilstrich zusammenfällt oder nicht." (PB § 33 / Herv. S.M.) Ein einfacher sprachlicher Erwartungsausdruck wie »Ich erwarte, daß es regnen wird« legt z.B. durch den Ausdruck »..., daß es regnen wird« einen solchen Maßstab an, dessen Einteilung die Beschreibung der Realität, die diese Erwartung erfüllt oder nicht erfüllt, auf die Alternativen »Es regnet« und »Es regnet nicht« verpflichtet. Die Wirklichkeit wird im Lichte dieser Alternativen also „durch die Erwartung auf ja und nein bestimmt, ... wenn nicht der Ausdruck der Erwartung unbestimmt ist, insofern er z.B. eine Disjunktion verschiedener Möglichkeiten (beispielsweise »Ich erwarte, daß es regnen oder nicht regnen wird«) enthält" (PG § 112 / vgl. PU § 465). Ein bestimmter Erwartungsausdruck sagt jedoch – um in Wittgensteins Bild zu bleiben –, *welcher* »Teilstrich« des Maßstabes erwartet wird. Er „antizipiert" insofern „das Ereignis" (PB § 34), als er ausspricht, welche der maßstäblich eingeführten Beschreibungsmöglichkeiten man als Beschreibung der Erfüllung der Erwartung zu akzeptieren bereit ist. Man kann darum sagen, daß sich „Erwartung und Erfüllung" in „der Sprache berühren" (PG § 92 / PU § 445). Denn der Ausdruck der Erwartung schreibt der Beschreibung ihrer Erfüllung eine bestimmte Grammatik vor.

Ebenso wie die Erwartung trägt auch jeder artikulierte Gedanke ein Satzsystem maßstäblich an die Wirklichkeit heran. Eine kurze Zeitlang erwog Wittgenstein, solche artikulierten Vorgänge eine „Interpretation von Zeichen" (PB § 32) zu nennen. Was er mit dieser Bemerkung meint, ist nicht unmittelbar einsichtig. Ihr Kontext zeigt zunächst, daß er an dieser Stelle anscheinend nicht meint, daß in solchen Vorgängen Zeichen den Gegenstand der Interpretation bildeten, wie seine Formulierung auf den ersten Blick nahelegen könnte, sondern vielmehr, daß es sich bei ihnen um eine Interpretation der Wirklichkeit *durch* Zeichen handele. Interpretativ sind die artikulierten Vorgänge der Intention nämlich im *Akt der Benennung* von »etwas« *als* »etwas«; ein Akt, der eine Beziehung von Sprache und Wirklichkeit *herstellt* und *dadurch* für ein Darstellungssystem optiert. Dieser ist interpretativ, weil er einen „Angriffspunkt für ein Kalkül" (WWK 168), d.h. einen Ansatzpunkt für bestimmte, aber wesentlich nicht uneingeschränkte Prädikationsmöglichkeiten schafft, und somit durch die jeweilige Benennungsentscheidung das vorher unbestimmte »etwas« der Bezugnahme allererst *als* Bestimmtheit in ein Gefüge möglicher Prädikationen hineinstellt. Er legt so besehen im eigentlichen Sinne jeweils einen Sprachmaßstab an.

Anhand eines von Wittgenstein mehrfach verwendeten Beispiels wird dies sofort deutlicher. Nehmen wir an, jemand artikuliert einen Gedanken über die Absicht einer bestimmten Vorrichtung und sagt „›das ist der Bremshebel, er funktioniert aber nicht‹", wenn jene „Vorrichtung", die „als Bremse wirken *soll,* tatsächlich ... aus irgendwelchen Ursachen den Gang der Maschine beschleunigt" und insofern „die Absicht, der die Vorrichtung dienen soll, aus ihr allein nicht zu ersehen" (PB § 31 / vgl. PG § 95) ist. Obgleich in diesem Falle offenkundig auch der Satz »das ist der Beschleunigungshebel, er funktioniert prächtig« als eine alternative Beschreibung der Absicht dieser Vorrichtung akzeptabel, wenn nicht gar näherliegend wäre, legt die Entscheidung für den Satz »das ist der Bremshebel« ein bestimmtes System möglicher Folgesätze fest, die unter der Bedingung der Interpretation jener Vorrichtung *als* »Bremshebel« sinnvoll gebildet werden können. Eine die Maschine beschleunigende Vorrichtung einen »Bremshebel« zu nennen, verpflichtet beispielsweise darauf, zugleich das Nicht-Funktionieren jener Vorrichtung zu konstatieren. Die Entscheidung für den Satz »das ist der Beschleunigungshebel« würfe ein anders organisiertes Spektrum von Folgesätzen auf. Das heißt: „Man prädiziert von der Sache, was in der Darstellungsweise liegt" (PU § 104), die man durch eine interpretative Benennungsentscheidung als ein System möglicher Schritte in der Sprache an sie herangetragen hat.

Bei diesem interpretativen Akt der Benennung eines unbestimmten »etwas«, den Wittgenstein mehrfach durch das Bild der »Anheftung eines Namenstäfelchens«[4] charakterisiert, handelt es sich keineswegs um einen »geistigen Akt«, „einen Laut (oder ein anderes Zeichen) in seltsamer und ziemlich mysteriöser Weise etwas zuzuordnen", und so ein für allemal eine unverbrüchliche, gewissermaßen „magische Beziehung zwischen dem Namen und dem Ding" (EPB 264) herzustellen, die eine Referenz des Namenszeichens auch dann verbürgt, wenn man z.B. in Abwesenheit des benannten Gegenstandes über ihn spricht. *Dieser* Auffassung von der Benennung gegenüber, sie sei ein „merkwürdiger seelischer Akt, quasi eine Taufe eines Gegenstandes", einer Auffassung also, die das Benennen von Gegenständen geradezu als einen gleichsam „okkulten Vorgang" (PU § 38) faßt, hielt Wittgenstein es für nützlich, den interpretativen Akt der Benennung durch das *Bild* von der »Anheftung eines Namenstäfelchens« verständlich zu machen. Denn es hebt die allen Benennungsentscheidungen innewohnende Arbitrarität und vor allem potentielle Reversibilität deutlicher hervor als das »magische Bild« von der Taufe und ist darum – wie Wittgenstein wenigstens hoffte – weniger irreführend[5].

---

[4] Vgl. WWK 169, PG § 56 sowie PU §§ 15 und 26.

[5] Wie jedes philosophisch zur Verdeutlichung eines Gedankens eingesetzte Bild kann natürlich auch das Bild von der »Anheftung eines Namenstäfelchens« in die Irre führen, wenn man es so versteht, als würden *vorgegebene*, an sich selbst bestimmte Gegenstände mit Schildern behängt. Gemeint ist natürlich, daß wir die »Gegenstände« überhaupt nur in der jeweiligen Bennung »haben«. Tatsächlich ist Wittgensteins philosophisches Gleichnis wohl weniger erhellend, als er selbst gehofft hat. Denn manche Interpreten nehmen überraschenderweise an, daß er das Bild vom Benennen als »Anheftung eines Namenstäfelchens« *zurückweise* und kritisieren wolle. Vgl. in diesem Sinne beispielsweise Susanne *Fromm, Wittgensteins Erkenntnisspiele contra Kants Erkenntnislehre*, Freiburg / München 1979, 100-102. Daß das Gegenteil der Fall ist, wird vielleicht in den *Philosophischen Untersuchungen* nicht vollkommen deutlich ausgesprochen, in denen Wittgenstein nur andeutet, es werde sich „oft nützlich erweisen, wenn wir uns beim Philosophieren sagen: Etwas benennen, das ist etwas Ähnliches, wie einem Ding ein Namenstäfelchen anheften." (PU § 15). Von aller wünschenswerten Deutlichkeit ist – neben den Gesprächen mit Waismann – in dieser Hinsicht freilich die *Philosophische Grammatik*, in der es heißt: „Einem Gegenstand einen Namen geben ist wesentlich von gleicher Art wie ihm ein Namenstäfelchen umhängen. Es ist der Ausdruck einer unrichtigen Auffassung, wenn man sagt: die Verbindung zwischen Namen und Gegenstand sei eine psychologische." (PG § 56) An dieser Stelle ist die Entgegensetzung der Bilder vom »geistigen Akt der Taufe« und von der »Anheftung eines Namenstäfelchens« unverkennbar. Von anderen Interpreten wurde dies natürlich gesehen: Vgl. etwa Karl *Brose, Möglichkeiten und Grenzen des Sprachspiels.* Zur Systematik in Wittgensteins „Philosophischen Untersuchungen", in: Ratio 27.2 (1985), der schreibt: »Benennung« *„heißt* nach dem späten Wittgenstein: dem Gegenstand ein »Namenstäfelchen anheften«" (107 / Herv. S.M.).

Es zeigt, daß es sich bei prädikations*vorbereitenden* (vgl. PU § 26) Benennungen, sofern sie im Zeichen einen »Angriffspunkt für ein Kalkül« schaffen, um *Entscheidungen* seitens der Sprecher (oder genauer: einer Sprachgemeinschaft) handelt, welche Gegenstände *als* (semantische) Bestimmtheit in ein Darstellungssystem integrieren. Sie stellen nach Wittgenstein *als solche* die Verbindung zwischen Sprache und Wirklichkeit her, auf denen dann alle (weiteren) Prädikationen aufruhen.

Für welche Benennung man sich letztlich entscheidet, in unserem Beispiel: ob man von einem »Bremshebel« oder einem »Beschleunigungshebel« spricht, ist abhängig von den Kontexten, in denen sie jeweils geschieht, aber auch von institutionalisierten Interpretationsgewohnheiten einer Sprachgemeinschaft, die man mit dem Erwerb der Sprache einfach übernommen hat. Jenseits solcher nicht beliebigen, sondern kontextuell-kulturspezifisch gebundenen Interpretationen durch ein (Namens-) Zeichen, die vor dem Hintergrund eines ganzen kulturell eingespielten *Systems* von Bezugnahmen durch Zeichen auf die Wirklichkeit geschehen, ist das Benannte »alles Mögliche, oder nichts«, jedenfalls keine Bestimmtheit, über die etwas ausgesagt werden könnte. Signifikanterweise benutzt Wittgenstein zur Erläuterung dieses Gedankens in den *Philosophischen Untersuchungen* wiederum dasselbe Beispiel: „»Indem ich die Stange mit dem Hebel verbinde, setze ich die Bremse instand.« Ja, gegeben den ganzen übrigen Mechanismus. Nur mit diesem ist er der Bremshebel; und losgelöst von seiner Unterstützung ist er nicht einmal Hebel, sondern kann alles Mögliche sein, oder nichts." (PU § 6) *Wie* wir die Beziehung von Namen und Gegenstand in unserer Sprachgemeinschaft *für gewöhnlich* herstellen, erfahren wir deshalb weder durch Nachdenken noch durch Analyse normalsprachlicher Sätze, sondern allein durch das Erlernen der Sprache als Erlernung einer Interpretations*praxis*. Denn die „Verbindung zwischen »Sprache und Wirklichkeit«", zwischen Name und Gegenstand, die der *Tractatus* noch als eine wenigstens in der individuellen Perspektive eines Sprechers »ätherisch« fixierte voraussetzte, wird „durch die Worterklärungen ..., welche zur Sprachlehre gehören," erst festgelegt, „so daß die Sprache in sich geschlossen, autonom, bleibt." (PG § 55) »Das ist der Bremshebel« heftet einer Sache, die auch ganz anders aufgefaßt werden könnte, so besehen ein (Namens-) Zeichen an und *exemplifiziert* an einem Fall (»*Das* ist ...«), unter welchen Umständen wir das Wort gebrauchen.

Eine Benennung von »etwas« als »etwas« durch einen Satz wie »das ist der Bremshebel« *zeigt* also gar nicht aus der Sprache heraus, um die Grammatik des Namens der Logik der gezeigten Phänomene zu unterstellen, sondern führt umgekehrt einen Gegenstand durch ein Zeichen in die Sprache ein. Obwohl Wittgenstein das Benennen in diesem Sinne „eine Vorbereitung zum Gebrauch eines Wortes" (PU § 26) nennt, versteht es sich, daß der Akt der Benennung *jenseits* der Sprachlehre natürlich nicht als ein isolierter, eigenständiger Vorgang vorgestellt werden darf, der dem artikulierten Satzausdruck einer intentionalen Bezugnahme auf die Wirklichkeit (z.B. zeitlich) vorauf-läge. Man sagt natürlich in der Praxis der Sprache nicht »*das* nenne ich einen Bremshebel, und *deshalb* erwarte ich, daß die Bremse greifen wird«, sondern man erwartet, *daß* »die Bremse greift«. Denn die interpretative Benennungsentscheidung ist durch den bloßen *Gebrauch* des Wortes »Bremse« im artikulierten Ausdruck der Erwartung, daß »sie« greifen werde, immer schon gefallen. Wenn Wittgenstein das Benennen darum eine darstellungssysteminaugurative »Vorbereitung« nennt, will er sagen, „Benennen und Beschreiben", d.h. etwas *über* die benannte Sache sagen, stünden *logisch* „nicht auf *einer* Ebene: Das Benennen ist eine Vorbereitung zur Beschreibung. Das Benennen ist noch gar kein Zug im Sprachspiel, – so wenig, wie das Aufstellen einer Schachfigur ein Zug im Schachspiel. Man kann sagen: Mit dem Benennen eines Dings ist noch *nichts* getan." (PU § 49) Als Interpretation legt es vielmehr den Maßstab an, *innerhalb* dessen Einteilungsmannigfaltigkeit allererst etwas Bestimmtes, Wahres oder Falsches gesagt werden kann. Denn obgleich uns dies zumeist nicht auffällt, weil wir in der Interpretationspraxis unserer je eigenen Sprache fest verwurzelt sind, könnte man natürlich immer auch anders interpretieren, andere maßstäbliche Einteilungsweisen auf die Wirklichkeit auflegen – mit anderen Wahrheits- und Falschheitskonsequenzen im Gefolge.

Insofern ist der interpretative Akt der Benennung noch nicht wahrheitsdifferent. Wahrheitsdifferent ist erst der prädikative Satz, d.h. eine auf den interpretativen Benennungsentscheidungen und den mit ihnen eröffneten Prädikationsmöglichkeiten aufruhende Beschreibung. Denn Kriterien von Richtigkeit und Falschheit liegen nicht schon auf der Ebene der Benennung, sondern erst innerhalb einer interpretativ eingeführten Darstellungsweise fest. Bei dem interpretativen Akt der Benennung handelt es sich also sozusagen um eine *prä*rationale Entscheidung *für* ein Darstellungssystem, wenn rationale Entscheidungen solche sein sollten, die durch Begründungsketten geschehen. „Ein *Grund* läßt sich" nach Wittgenstein nur „*innerhalb*" eines Darstellungssystems „angeben. Die Kette der Gründe kommt zu einem Ende und zwar an der Grenze" (PG § 55) des je eingeführten Darstellungssystems; z.B., wenn die Frage auftritt, ob man dasjenige, was eine Maschine *zumeist* beschleunigt, immer noch einen »Bremshebel«, wenn auch einen nicht funktionierenden, nennen soll. Eine solche Frage fragt nach der Angemessenheit des Darstellungssystems *als solchem* und zieht damit die Zweckmäßigkeit der darstellungssysteminaugurativen Interpretation im ganzen in Zweifel. Würde die Einteilung des Maßstabes, die eine Benennung als Spektrum der Darstellungsmöglichkeiten entfaltet, niemals greifen, z.B. wenn die als »Bremshebel« bezeichnete Vorrichtung der Maschine niemals funktionierte, stünde man nämlich vor der Entscheidung, entweder komplizierte, durch das Darstellungssystem verursachte Konsequenzen in Kauf zu nehmen oder die mit einer Benennungsentscheidung verbundene Interpretation selbst in Frage zu stellen. Im ersten Falle hätte dies z.B. die Konsequenz, um jeden Preis von einer »sehr seltsamen« Bremse zu reden. Im zweiten Falle ließe sich die Zweckmäßigkeit der Interpretation als solche bezweifeln. Das geschähe aber aus Gründen der Darstellungsökonomie, nicht weil die Wirklichkeit selbst eine bestimmte Beschreibung erzwingt.

8.3 Kritik des Interpretationsbegriffs

Freilich, schon in demselben Paragraphen der *Philosophischen Bemerkungen,* der die artikulierten Vorgänge der Intention als eine Interpretation von Zeichen einführt, erhebt Wittgenstein selbst den Einwand, „daß der Ausdruck »Interpretation von Symbolen« irreführend" sein könnte. Und „statt dessen" will er lieber „»der Gebrauch von Symbolen«" (PB § 32) sagen. Eine Interpretation, dies scheint für Wittgenstein in dem Wort anzuklingen, ist immer „*diese* Interpretation im Gegensatz zu einer anderen", welche „anders lautet" (PG § 9). Das heißt, der Ausdruck „»Interpretation« klingt so", als handle es sich bei der Benennung von »etwas« um einen Akt des *erstens* beliebigen und *zweitens* äußerlichen Zuordnens von Zeichen und Sache, mit dem die Interpretativität des Benennens, wie sich schon andeutete, gar nichts zu tun hat. So fürchtet er, durch die Rede von einer »Interpretation von Zeichen« entstünde der Eindruck, man würde im Zuge einer Benennungsentscheidung „nun dem Wort ›rot‹ die Farbe Rot" oder dem Wort »Bremshebel« den »wirklichen« Bremshebel „zuordnen", d.h. eine darstellungsextern *perfekte* Wirklichkeit durch dieses *oder* jenes Zeichen *als* etwas klassifizieren. In dieser Weise verstanden scheint man dann wieder fragen zu können: „Wo knüpft das Zeichen an die Welt an?" oder auch „Was ist der Zusammenhang zwischen Zeichen und Welt?" (PB § 32); Fragen, die sich mit der Preisgabe der Projektionsstrahlenmetaphorik sowie der Einsicht in die Zeichengebrauchs*praxis* als dem eigentlichen Brückenschlag zur Wirklichkeit *als solche* bereits als obsolet erwiesen haben. Wir befinden uns ja immer schon in einem eingespielten Darstellungssystem, so daß sowohl die Vorstellung von der Beliebigkeit der Interpretation als auch die Voraussetzung einer darstellungsunvermittelten Wirklichkeit fiktiv ist. Die angemessene Antwort auf die Frage nach der Anknüpfungsweise des Zeichens an die Welt, etwa in Form der Fragen: »Woher weißt Du, daß man jene Farbe wirklich ›rot‹ nennt?« oder »Woher weißt Du, daß man jene Vorrichtung wirklich als ›Bremshebel‹ bezeichnet?« wäre deshalb nach Wittgenstein: „»Ich habe Deutsch gelernt.«" (PU § 381 / vgl. dazu Kapitel 12.4.) Wir haben eine Praxis der Verbindung von Sprache und Wirklichkeit gelernt, die uns in der Regel gar keinen Spielraum für andere Interpretationen läßt.

Der Ausdruck »Interpretation von Zeichen« erscheint Wittgenstein aber noch aus einem weiteren Grund als terminologisch ungeeignet. Was ihn in seinen Augen insbesondere irreführend erscheinen läßt, ist sein Anklang an eine subjektive, als geistig verstandene „Arbeit des Deutens" (PG § 9), die im intentionalen Gebrauch eines Satzes vermeintlich vollzogen werde. Wir erinnern uns: Gerade dann, wenn kein untergründiges Abbildungsverhältnis zwischen einem Satzzeichen und der Wirklichkeit vorausgesetzt werden kann, ist man rasch geneigt, die Herstellung der Beziehung von Zeichen und Wirklichkeit einem interpretierenden Denken zuzuschreiben. „Deuten" respektive »Interpretieren« meint in diesem Sinne dann „ein Denken, ein Handeln" (PU 340), eine subjektive Leistung des menschlichen Geistes also, welche den vielfach ausdeutbaren Zeichen „die endgültige Interpretation zu geben" (PG § 98 / vgl. Z § 231) scheint, wenn wir Sätze verwenden oder verstehen. „Es geschieht natürlich, daß ich Zeichen *deute*, Zeichen eine Deutung gebe", z.B. dann, wenn ich die gänzlich fremde Sprache eines unbekannten Landes vor dem Hintergrund der gemeinsamen menschlichen Handlungsweise zu erschließen (vgl. PU § 206) oder mir eine ungewöhnliche Ausdrucksweise eines anderen Sprechers der eigenen Sprache begreiflich zu machen versuche, „aber doch nicht immer, wenn ich ein Zeichen verstehe" oder verwende. In der je eigenen, vertrauten Sprache geht beispielsweise, wenn „man mich fragt »wie viel Uhr ist es?« ..., in mir keine Arbeit des Deutens vor" (PG § 47). Ich fasse diese Zeichensequenz in der Regel vielmehr *unmittelbar*, indem ich mich auf ihre Stellung (z.B. als Frage) im System der Sprache und auf mögliche Folgesätze (z.B. akzeptable Antworten) verstehe.

Irgendwann muß ein (Satz-) Zeichen stets *unmittelbar* verstanden oder verwendet werden. Die Rede von Wirklichkeitsbezug stiftenden »Akten« der Interpretation kann diese nicht weiter begründbare Unmittelbarkeit nicht fundieren. „Eine Interpretation ist" ja immer etwas, das selbst wieder in weiteren „Zeichen gegeben wird" (PG § 9). „»Deuten«" respektive Interpretieren sollte man deshalb „nur nennen: einen Ausdruck ... durch einen anderen ersetzen." (PU § 201) „Wenn immer wir ein Symbol so oder so deuten, ist die Deutung" also „ein neues Symbol, das dem alten hinzugefügt wird" (BB 60). Zu sagen: „»jeder Satz bedarf noch einer Interpretation«", hieße für Wittgenstein deshalb: „Kein Satz kann ohne einen Zusatz verstanden werden." (PG § 9 / vgl. Z § 229) Denn eine jede Interpretation ist stets nur ein Zu-Satz als zu einem Satz *Dazu-Gesagtes*, eine Weiterbewegung „im System der Sprache" (PG § 104), keineswegs ein Schritt in ein sprachloses Reich der Wirklichkeit *hinaus*. Die subjektive Arbeit der Deutung kommt dabei bestenfalls an „ein psychologisches" Ende als ein subjektives Nicht-Weiter-Können, niemals jedoch an ein „logisches Ende" (PG § 98) »der Sache nach«. Wenn jemand ein Satzzeichen wirklich versteht oder gebraucht, dann muß dies also zuletzt *unmittelbar*, in einem „Sprung vom Zeichen zum Bezeichneten" (PB § 26) *ohne* Interpretation geschehen.

Wittgenstein dachte, daß sich die dargelegten »Anklänge« an ein äußerliches und willkürliches Klassifizieren von »etwas« als »etwas« sowie an eine subjektive »Arbeit des Deutens« vermeiden ließen, wenn er statt von »Interpretation von Zeichen« von einem »Gebrauch von Symbolen« reden würde. So zeigt sich, daß man in bezug auf Wittgensteins Theorie der Sprachmaßstäbe sehr wohl von deren *Interpretativität im Zeichengebrauch* sprechen kann, nicht aber von einem Zeichengebrauch *als* (subjektiver Akt der) Interpretation. Zeichengebrauch *ist* interpretativ durch die Benennung von »etwas« im artikulierten Satzausdruck, insofern diese ein Element in das System der Sprache integriert und damit die sprachliche Orientierung in der Wirklichkeit in ein Feld prädikativer Optionen stellt, die zugleich begrenzen, was sich von Vorgängen und Ereignissen in der Welt erwarten, erhoffen oder denken läßt. Zeichengebrauch ist aber *keine* Interpretation im Sinne eines (bewußten oder unbewußten) subjektiven Deutens. Vielmehr *zeigt* sich die Deutung im Gebrauch der Darstellungssysteme, mit denen wir immer schon im Rahmen der sozialen Praxis unseres Lebenskontextes vertraut und in die wir gewissermaßen verwoben sind.

So gesehen wird deutlich: „Nicht das findet statt," daß sich irgend ein Satzzeichen, auf dessen Intentionalität wir uns verlassen, „nicht mehr deuten läßt, sondern: ich deute nicht. Ich deute nicht, weil ich mich in dem gegenwärtigen Bild natürlich fühle. Wenn ich deute, so schreite ich auf meinem Gedankenweg von Stufe zu Stufe." (PG § 99 / vgl. Z § 234) Letzteres geschieht im wirklichen Gebrauch von Symbolen tatsächlich nicht. Auf den Gedanken, daß jedes Symbol auch „so und so gedeutet werden *könnte*," daß man in unbegrenzter Weise weitere Interpretationen in anderen Zeichen an es anschließen könnte, kommt man, wie Wittgenstein sieht, eigentlich nur, wenn man das Zeichengebilde von der *Wirklichkeit* seines intentionalen Gebrauchs isoliert und gewissermaßen „»von außen«" betrachtet: „ist es eine Stufe meines Gedankenweges, so ist es mir ein natürlicher Aufenthalt und es beschäftigt (und beunruhigt) mich seine weitere Deutbarkeit nicht." (PG § 99 / vgl. Z § 235) Denn daß wir einen Satz der natürlichen Sprache *als* hinreichend ausgedeutet ansehen, verdankt sich der Stellung, die dieser Satz in der Sprache einnimmt. Das heißt, „die Interpretation" begleitet unsere in Sätzen ausgedrückten Vorstellungen von der Wirklichkeit „nicht, sondern der *Weg*, auf dem die Vorstellung liegt, gibt ihr die Interpretation." (PG § 99)

Jeder Satz nämlich ist gleichsam ein „Glied in einem System von Konsequenzen", anders gesagt: Er steht an einer bestimmten Stelle in einem *System* von Sätzen, dessen Grammatik die Wege bestimmt, die unsere Vorstellungen einschlagen können. Die Stellung des einzelnen Satzes innerhalb dieses Systems *gibt* ihm die Interpretation durch die Beziehungen, in denen er zu anderen Sätzen steht. Deshalb ist es nicht eine subjektive Tätigkeit des Interpretierens, sondern letzten Endes „das *System* der Sprache" selbst, „welches den Satz zum Gedanken macht und ihn *uns* zum Gedanken macht". Innerhalb dieses Systems bringen Sätze einander in die *Position der Realitätsbeschreibung*. Unter der Bedingung, daß beispielsweise der Satz »dies ist der Bremshebel« als basale Tatsachenbeschreibung aufgefaßt wird, kann ein anderer Satz, etwa: »Die Bremse hat *für dieses Mal* nicht funktioniert«, als realitätsgesättigt gelten. Natürlich ist das System der Sprache als Ganzes „nicht anwesend" (PG § 104), wenn wir den einzelnen Satz in solcher Weise verstehen. Die „Versuchung zu denken, daß irgendwie der ganze Kalkül" möglicher Schritte in der Sprache beim Gebrauch eines Satzes „gleichzeitig" im Denken des Satzsinnes „gegenwärtig" (BB 71) sein müßte, wäre für Wittgenstein bereits »Metaphysik« (vgl. Kapitel 9.3 und 13).

In der innersprachlichen Position der Realitätsbeschreibung befindet sich ein Satz insbesondere dann, wenn man von ihm aus – als dem jeweils *zur Zeit* letzten Schritt in der Sprache – bereit ist, „zur Realität überzugehen", z.B., wenn man sich in Handlungen auf die Angemessenheit seiner Wirklichkeitsdarstellung verläßt. Daß man stets auf einen Satz stößt, bei dem dies – nach endlich vielen Schritten innerhalb des Sprachsystems – *ohne* weitere Interpretation der Fall ist, ist der Grund dafür, daß man „diesen Übergang als etwas potentiell in ihm enthaltenes empfindet" (PG § 105) und er nicht als eine austauschbare, arbiträre Zeichenfolge, sondern als intentionales, realitätsgesättigtes Gebilde erscheint. Seine Darstellungsweise *ist* die (jeweilige) Realität. Sie ist es damit gerade nicht, weil sich der Satz als solcher nicht mehr deuten ließe, sondern weil mir seine weitere Ausdeutbarkeit an einem bestimmten Punkt des Weges durch die Sprache, zu bestimmten Zeiten und in bestimmten Kontexten, gar nicht in den Sinn kommt. Der Gedanke, daß jedes Satzzeichen stets auch anders gedeutet werden *könnte*«, ergibt sich nicht innerhalb eines faktischen Sprachgebrauchs, sondern nur im Rahmen einer »obliquen«, den wirklichen Gebrauch von Sätzen in der Lebenspraxis ausblendenden Reflexion *auf* die Sprache.

9. Die Destruktion des frühen Satz- und Sprachbegriffs

9.1 »Primäre« und »sekundäre« Sprache

Obgleich Wittgenstein in seinen Cambridger Vorlesungen und all seinen Aufzeichnungen „sehr allgemeine Fragen über die Sprache" behandelte, sagte er, wie G.E. Moore berichtet, „mehr als einmal, daß er diese Fragen nicht etwa deshalb erörtere, weil er der Meinung sei, daß die Sprache den Gegenstand der Philosophie ausmache. ... Er erörterte die Sprache nur deshalb, weil er meinte, daß besondere philosophische Irrtümer oder »Denkverwirrungen« auf falschen Analogien beruhen, die uns unsere tatsächliche Verwendung von Ausdrücken nahelegt; und er betonte, daß er nur diejenigen Punkte über die Sprache zu erörtern für notwendig halte, die, wie er meinte, zu jenen besonderen Irrtümern oder »Verwirrungen« führen."[1] Diese von Moore überlieferte Begrenzung seines Interesses an der Sprache macht verständlich, weshalb Wittgenstein im selbstkritischen Rückblick der späteren Jahre nicht nur bestimmte Theoriemotive, sondern fundamentale Grundzüge seines frühen Sprachbegriffs als problematisch ansehen konnte. Denn sie erschienen ihm nun als Produkte einer im angesprochenen Sinne eingeschränkten Reflexion auf die Sprache, die er im Lichte logisch-semiotischer Fragestellungen und metaphysikkritischer Interessen vornahm.

Der *Tractatus* hatte das Satzzeichen als eine gegliederte Verbindung von Zeichen bzw. – im Falle des Elementarsatzes – von Namen bestimmt und „die Sprache" in verallgemeinerndem Sinne als die „Gesamtheit der Sätze" (Tlp 4.001). »Gesamtheit der Sätze« hieß dabei natürlich: »Gesamtheit der *sinnvollen* Sätze«, also derer, die einen möglichen Sachverhalt darstellen. „Den Satz" faßte Wittgenstein „– wie Frege und Russell – als Funktion der in ihm enthaltenen Ausdrücke auf." (Tlp 3.318) Weil *sinnvolle* Sätze nach der Lehre des *Tractatus* gar nichts anderes tun können, als mögliche oder faktische

---

[1] George Edward *Moore, Wittgenstein's Lectures in 1930-33* (1954/55), 257; deutsch zitiert nach H.-U. Hoche, Einführung in das sprachanalytische Philosophieren, 57 f. Anm.

Wirklichkeit in der Weise zu beschreiben, daß die Zeichenordnung des Satzes eine (mögliche oder wirkliche) Ordnung der bezeichneten Phänomene in sich ausdrückt, hatte er „das Wesen des Satzes“ (als das „Wesen aller Beschreibung“) durch die „allgemeine Satzform“ (Tlp 5.4711): „Es verhält sich so und so“ (Tlp 4.5) zu charakterisieren versucht. Diese Formulierung der allgemeine Satzform ist im Grunde nichts anderes als die Übersetzung der von Frege herstammenden Funktionsauffassung des Satzes in normale Sprache, wie sich zeigt, wenn man sich an Freges Analyse der Funktion/Argument-Struktur des Satzes erinnert.

Frege hatte bekanntlich geglaubt, daß die grammatische Subjekt-Prädikat-Struktur von Sätzen der natürlichen Sprache eliminiert und – analog mathematischen „Gleichungen“[2] – durch die seiner Ansicht nach gedankenformadäquate Rede von „Argument“ und „Function“[3] ersetzt werden müsse. Eine Funktion ist nach Frege ein „Gesetz der Zuordnung“[4], welches durch eine „Eigentümlichkeit“ ausgezeichnet ist, die er „Ergänzungsbedürftigkeit“ oder auch „Ungesättigtheit“[5] nennt. Letztere besteht darin, daß ein Funktionsausdruck zur Erlangung eines finiten Werts der Einsetzung eines Arguments bedarf. Man kann diese Eigentümlichkeit von Funktionen „durch leere Klammern sichtbar machen“, indem man einen mathematischen Funktionsausdruck z.B. als „» sin( ) « oder » $( )^2 + 3\ ( )$ «“[6] niederschreibt. Denn dadurch wird offenkundig, daß die Einsetzung eines Zahlwertes als Argument an der jeweiligen Klammerstelle die Funktion in der Weise »sättigt«, daß sie einen spezifischen Wert annimmt. Analog zu einer mathematischen Funktion soll nach Frege auch ein jeder Satzausdruck der Sprache in logischer Hinsicht von der Form » F( ) « sein, d.h. an seiner Prädikatsstelle » ( ) « als strukturell »ungesättigt« gelten und nach der Einsetzung eines »Namens« als Argument verlangen. Der zusammengesetzte Satzausdruck »Caesar eroberte Gallien« besteht nach Freges Analyse dann beispielsweise aus dem ungesättigten, funktionalen Begriffsausdruck »eroberte Gallien« und dem Gegenstandsausdruck »Caesar«, durch dessen Einsetzung als Argument er einen

---

2 G. *Frege, Funktion und Begriff*, 29
3 G. *Frege, Begriffsschrift*, XIII
4 G. *Frege, Was ist eine Funktion?*, 87
5 G. *Frege, Was ist eine Funktion?*, 88 f.
6 G. *Frege, Was ist eine Funktion?*, 88

Wahrheitswert annimmt und zu einer in sich geschlossenen Bedeutungseinheit wird.

Wenn auch der junge Wittgenstein »wie Frege und Russell« den Satz logisch auf diese Weise auffaßt, dann muß sich dieser, wie er dachte, nach Elimination aller Zeichen, die für logische und syntaktische Darstellungsregeln stehen, auf die eine »variable« (vgl. Tlp 4.53) Grundform » F( ) ( ) « [normalsprachlich gelesen: F = »Es verhält sich« / ( ) = »so«] zurückführen lassen, die nach Einsetzung von Namen als Werten an den ungesättigten Argumentstellen das für den »Sachverhalt« konstitutive Sich-zueinander-Verhalten von »Gegenständen« sehen läßt. *Wie* sich Sachen im Sachverhalt zueinander verhalten, sollte freilich nur der Elementarsatz direkt bildlich zeigen. Seine Ordnung von Namen, meinte Wittgenstein, würde die *Logik der Phänomene*, d.h. jener sprachrelativ als »einfach« behandelten »Gegenstände« in sich ausdrücken. In der Umgangssprache sah er sie demgegenüber hinter grammatischen Darstellungskonventionen verhüllt.

Der Versuch, eine von normalsprachengrammatischen Darstellungskonventionen freie (Symbol-) Sprache zu konstruieren, welche die Wirklichkeitsform adäquat zeigt, verpflichtete Wittgenstein deshalb auf eine eigentümliche, von ihm selbst so genannte Variante der „Phänomenologie", deren Konturen er weitgehend im Dunkeln gelassen hat. Sie hätte die in der Form der phänomenalen Gegenstände selbst angelegten „Möglichkeiten" ihrer Konfiguration zu Sachverhalten herauszustellen. Wie auch immer er sich eine solche »Phänomenologie« als ein konkretes Forschungsprogramm, das der in den *Bemerkungen über logische Form* projektiert, vorgestellt haben mochte: Klar ist, daß sie ihrem Begriff nach auf der argumentativen Linie des *Tractatus* liegt.[7] Eine solche „Phänomenologie" wäre nämlich gewis-

---

[7] Man hat also keinen Grund, das von Wittgenstein in den *Philosophischen Bemerkungen* mit dem Ausdruck »Phänomenologie« betitelte Analyseprojekt als ein „Zwischenspiel" seines Denkens – und damit als eine eigenständige Position zwischen Früh- und Spätwerk – zu bezeichnen (so Martin *Lang, Wittgensteins Philosophische Grammatik*. Entstehung und Perspektiven der Strategie eines radikalen Aufklärers, Phil. Diss. [masch.] Köln 1971, 131). Zuzugeben ist freilich, daß Wittgensteins Phänomenologie-Verständnis angesichts seiner wenigen Bemerkungen in vieler Hinsicht »rätselhaft« bleibt, wenn es man es mit der ihm mindestens in Umrissen bekannten (vgl. WWK 67 f.: »Anti-Husserl«) philosophischen Schule Husserls vergleicht. Zu dieser Frage, die wir hier nicht weiter verfolgen können, ist immer noch einschlägig: Herbert *Spiegelberg, The Puzzle of Wittgenstein's Phenomenology*, in: American Philosophical Quarterly 5 (1968).

sermaßen die Aufweisung einer in der »Natur der Gegenstände« selbst angelegten „Grammatik der Beschreibung" der Tatsachen. Sie hätte zu einer „phänomenologische[n] oder »primäre[n]« Sprache" zu führen (PB § 1), welche – anders als unsere gewöhnliche und ihr gegenüber von Wittgenstein als »sekundär« taxierte Sprache – die Logik der Phänomene unverhüllt zeigt. Noch bevor Wittgenstein im Zuge der Ausarbeitung seines sogenannten »Privatsprachenarguments« freilich daran geht, seine frühe Vorstellung von einer wenigstens im Horizont eines Sprechers zeigbaren und fixierbaren Verbindung von Wort und phänomenalem Gegenstand als unhaltbare Fiktion zu überführen, werden ihm Ende der zwanziger, Anfang der dreißiger Jahre Unplausibilitäten der Unterscheidung zwischen einer wirklichkeitsformadäquaten »phänomenologischen« Sprache und der »natürlichen« Umgangssprache deutlich. Wenn es nämlich stimmt – und dies erwiesen seine Überlegungen zum Verifikationsproblem –, daß mit der Sprache gar nicht aus der Sprache heraus zu gelangen ist, weil jede Art von Beschreibung (sei es von »objektiven« Gegenständen, sei es »subjektiven« Phänomenen) bereits eine Sprache voraussetzt, dann verliert die Unterscheidung von »primärer«, gleichsam »phänomenbasierter« Sprache und »sekundärer« (Alltags-) Sprache ihren Sinn. Auch die Phänomene können ja nur *in* einer sprachlichen Beschreibung gegeben sein, die eine Grammatik schon voraussetzt und keineswegs von ihnen abliest. Man kann darum nicht sagen, daß die ins Auge gefaßte phänomenbasierte Sprache der Form der Wirklichkeit näher oder angemessener sei als irgendeine andere. Denn der Nachweis ihrer Primordialität gegenüber der zunächst als sekundär taxierten natürlichen Sprache würde einen darstellungsunvermittelten Blick auf die »nackten« Phänomene als tertium comparationis ihrer Angemessenheit oder Unangemessenheit erfordern. Das Projekt der Konstruktion einer logisch exakten, weil in ihrer Grammatik ausschließlich der durch logische Analyse aufzudeckenden Form der phänomenalen Gegenstände verpflichteten »Idealsprache« erweist sich somit als eine Illusion. Darum kann man die Unterscheidung zwischen einer »primären« phänomenologischen Sprache und einer ihr gegenüber »sekundären« Sprache auch gänzlich preisgeben.

Es ist klar, daß Wittgenstein in dem Moment, da er sich von der Richtigkeit der skizzierten Überlegung überzeugte, den – wie man es aus späterer Sicht dann nannte – Übergang von der sogenannten »ideal language philosophy« zur »ordinary language philosophy« vollziehen mußte, der die natürliche Sprache des Alltags als die einzige gilt, von der wir philosophisch reden können. „Die phänomenologische oder »primäre« Sprache“, die er in der Frühzeit als Resultat einer umfassenden Sprachanalyse anvisierte, schwebt ihm deshalb „nicht“ länger „als Ziel vor“ (PB § 1)[8]. Nachdrücklich spricht Wittgenstein diesen Übergang wohl erstmals gegenüber Friedrich Waismann aus, zu dem er sagt: „Ich habe früher geglaubt, daß es die Umgangssprache gibt, in der wir alle für gewöhnlich sprechen und eine primäre Sprache, die das ausdrückt, was wir wirklich wissen, also die Phänomene.“ Nun aber nimmt er an, „daß wir im Wesen nur eine Sprache haben und das ist die gewöhnliche Sprache. Wir brauchen nicht erst eine neue Sprache zu erfinden oder eine Symbolik zu konstruieren, sondern die Umgangssprache *ist* bereits *die* Sprache, vorausgesetzt, daß wir sie von den Unklarheiten, die in ihr stecken, befreien.“ (WWK 45) Das soll nun aber nicht mehr auf die Weise geschehen, daß man Sätze der gewöhnlichen Sprache auf Elementarsätze zurückführt, sondern dadurch, daß man sich im Bewußtsein der Primordialität der natürlichen Sprache *Übersicht* über ihre wirkliche Verwendung verschafft.

---

8 An der zitierten Stelle der *Philosophischen Bemerkungen* spricht Wittgenstein genauer von einer »phänomenologischen oder primären Sprache«, *„wie ich sie nannte“*, und es fragt sich natürlich, *wo* er die zu konstruierende ideale Sprache des *Tractatus* in solcher Weise terminologisch bezeichnete. Soweit Wittgensteins Nachlaß zum Zeitpunkt der Niederschrift dieser Untersuchung publiziert war, ließ sich in den Texten aus dem Umfeld des *Tractatus* keine Stelle finden, die diese Terminologie verwendet. Wir haben jedoch im Zuge der Analyse von Wittgensteins frühem Gegenstandsbegriff gesehen, daß diese Kennzeichnung Wittgensteins frühe Vorstellung von einer logisch adäquaten Sprache der Sache nach trifft. Selbst wenn es sich bei der Unterscheidung von »primärer, phänomenologischer Sprache« und »sekundärer, physikalischer Sprache« des Alltags also um eine rückblickende Selbstinterpretation Wittgensteins ohne Fundament in den Texten handeln sollte, böte sie darum ein fruchtbares Interpretament zur Charakterisierung seines frühen Sprachbegriffs. Vgl. dazu auch das Kapitel *Die primäre Sprache des Tractatus ist phänomenologisch* bei J. und M.B. *Hintikka, Untersuchungen zu Wittgenstein,* 90 ff. Es sollte noch angemerkt werden, daß Wittgenstein den mit der Rückweisung dieser Unterscheidung verbundenen Übergang zu einer »Philosophie der normalen Sprache« natürlich nicht in Form eines radikalen Bruches vollzieht, wie es der zitierte § 1 der *Philosophischen Bemerkungen* nahelegen könnte, sondern vielmehr in Form einer passagenweise durchaus noch unsicheren Auseinandersetzung mit dieser Unterscheidung. Vgl. dazu die Bemerkung von Brian *McGuinness* in WWK 45, Anmerkung.

9.2 Die neue Perspektive auf den Satz

Ineins mit der Einsicht in die Primordialität der natürlichen Sprache gewahrte Wittgenstein den latenten Reduktionismus, der in jeglichem Versuch beschlossen liegt, *die* Sprache oder *den* Satz in irgendeinem Sinne auf den Begriff zu bringen. „Das Grundübel der Russellschen Logik", notierte er rückblickend, „sowie auch der meinen in der L.Ph. Abh. ist, daß, was ein Satz ist, mit ein paar gemeinplätzigen Beispielen illustriert, und dann als allgemein verstanden vorausgesetzt wird." (BPP I, § 38) Denn nur in der eingeschränkten Perspektive logisch-semiotischer Begründungsinteressen, sieht er nun, mag man sich einbilden, daß das Wesen des Satzes als solches klar und etwa durch eine Formulierung wie »Es verhält sich so und so« auch seiner Form nach allgemein zu fassen sei. Denn was heißt es, »Es verhält sich so und so« drücke „die allgemeine Form des Satzes" aus? „Es ist vor allem *selbst* ein Satz, ein deutscher Satz, denn er hat Subjekt und Prädikat. ... Er wird als Satz*schema* verwendet", wenn man alle sinnvollen Sätze – wie im *Tractatus* – nach seinem Muster zu interpretieren versucht. Weit entfernt, die *allgemeine* Form von Sätzen zu artikulieren, formuliert er als ein *besonderer* Satz der deutschen Sprache nichts anderes als ein Muster, auf welches man die Vielfalt von Satzarten der gewöhnlichen Sprache zu reduzieren geneigt ist. Natürlich ist auch er nicht über seine Konformität mit der ontologischen »Grundstruktur« aller Wirklichkeit zu legitimieren. „Zu sagen, dieser Satz stimme mit der Wirklichkeit überein (oder nicht überein)," *weil* er das ontologisch basale Sich-zueinander-Verhalten von Sachen im »Sachverhalt« ausspreche (oder nicht), und *insofern* ließen sich alle Sätze auf ihn als auf ihre allgemeine Form zurückführen, wäre aus den dargelegten Gründen „offenbarer Unsinn" (PU § 134). Dennoch zieht uns ein solcher Satz ebenso wie viele andere philosophische Sätze, die das Wesen der Sprache oder das Wesen der Welt zu formulieren scheinen, immer wieder in seinen Bann. Das ist wohl Wittgenstein selbst so ergangen: „*Logisch-Philosophische Abhandlung* 4.5: »Die allgemeine Form des Satzes ist: Es verhält sich so und so«. – Das ist ein Satz von jener Art, die man sich unzählige Male wiederholt. Man glaubt, wieder und wieder der Natur nachzufahren, und fährt nur der Form entlang, durch die wir sie betrachten." (PU § 114)

Gibt man sich nicht länger der Illusion hin, durch den Satz »Es verhält sich so und so« das Wesen des Satzes im allgemeinen ergründet zu haben, ist also gar nicht mehr ohne weiteres klar, anhand welcher Kriterien wir etwas *als* einen Satz bestimmen. Zweifellos steht Wittgenstein gerade mit *dieser* Einsicht vor dem Scherbenhaufen seines frühen Systems im *Tractatus*, den er bekanntlich eine Zeitlang auch »Der Satz« zu nennen erwog. In einer Cambrigder Vorlesung des Frühjahrstrimesters 1931 findet er sich darum neuerlich vor die Frage gestellt, „was ein Satz denn eigentlich sei". Immer noch ist er davon überzeugt, von „Sätzen (Satzzeichen)" als den „Einheiten unserer Weltbeschreibung" ausgehen zu müssen. Wenn auch noch nicht in der besagten Vorlesung, so scheinen ihm die möglichen Antworten auf diese Frage in den Folgejahren längst nicht mehr so klar: „Was ist ein Satz? Das Satzzeichen zwischen zwei Punkten? Der Ausdruck eines Gedankens? Die Beschreibung einer Tatsache? Eine Aussage über das, was der Fall ist? Eine Aussage, die wahr oder falsch sein kann?" (V I, 64) All diese Antworten haben, je nach der Perspektive der Frage, auf die sie antworten, ihr begrenztes Recht. Denn allgemeine und objektive Kriterien für Satzhaftigkeit kann es, wie Wittgenstein von nun an immer deutlicher sieht, gar nicht geben.

Jeder Versuch, anhand von objektiven Merkmalen anzugeben, *was* ein Satz sei, läßt sich nämlich rasch als eine Verabsolutierung bestimmter Kriterien erweisen, welche »Satzhaftigkeit überhaupt« an dem Muster der *je eigenen* Sprache bemißt. Das ist insbesondere bei „linguistischen Klassifikationen" der Fall, die Wittgenstein deshalb in *philosophischer* Hinsicht für „sehr irreführend" (V I, 25) hält. „Man hat behauptet, Subjekt und Prädikat, Wortarten, irgendwelche Relationen seien die Bestandteile der Sätze" (V I, 24), und damit gemeint, was diese Merkmale nicht aufweise, sei objektiv als Satz nicht zu betrachten. Bei solchen positiven Bestimmungsversuchen wird jedoch häufig übersehen, daß *jegliche* Klassifikation von Satzmerkmalen *als solche* „vom Zweck der Einteilung" abhängt, „– und von unserer Neigung" (PU § 17), einen bestimmten Zug eines Zeichengebildes als wesentlich – weil dem Sprachgefühl *unserer* Sprache »natürlich« – zu empfinden. Das Problem liegt selbstverständlich nicht anders, wenn statt des allgemeinen Satzbegriffs der „Begriff »Wort« in der Linguistik" im Lichte sprachwissenschaftlicher Einteilungsgesichtspunkte (etymologischer, phonetischer oder sonstiger Art) definiert wird. Hier werden gewiß andere Kriterien eine Rolle spielen als diejenigen, welche wir in einem »profanen« Sinne verwenden, wenn wir uns z.B. alltäglich fragen: „Sind »Bank« (»die Banken«) und »Bank« (»die Bänke«) das gleiche Wort?" (BPP I, § 92). Doch werden es auch in diesem Falle keine gesichtspunktunabhängigen, gleichsam von der Sprache selbst vorgegebenen Begriffsmerkmale sein. Man kann sich dies am Beispiel der »Baustellen-Sprache« der *Philosophischen Untersuchungen* verdeutlichen. Diese Sprache, könnte man sich vorstellen, „soll der Verständigung eines Bauenden A mit einem Gehilfen B dienen. A führt einen Bau auf aus Bausteinen; es sind Würfel, Säulen, Platten und Balken vorhanden. B hat ihm die Bausteine zuzureichen, und zwar nach der Reihe, wie A sie braucht. Zu dem Zweck bedienen sie sich einer Sprache, bestehend aus den Wörtern: »Würfel«, »Säule«, »Platte«, »Balken«. A ruft sie aus; – B bringt den Stein, den er gelernt hat, auf diesen Ruf zu bringen." In einem Gedankenexperiment kann man das Verständigungssystem der beiden als eine „vollständige primitive Sprache" (PU § 2) auffassen.

Wie verhält es sich nun: „Ist der Ruf »Platte!« im Beispiel (2) ein Satz oder ein Wort?" (PU § 19) Gemessen am Muster der elaborierten deutschen Sprache, die wir gewöhnlich sprechen, ist man natürlich *geneigt,* »Platte!« als ein Wort anzusehen, vielleicht aber auch als einen elliptischen Satz, der bestimmte konstitutive Bestandteile ausläßt, die eine »korrekte« Satzfügung aufweisen muß. Wenn man den Ausdruck »Platte!« der Baustellen-Sprache so betrachtet, übersieht man jedoch, daß unsere Kriterien zur Bestimmung von »Satzhaftigkeit«, etwa, daß jede korrekte Fügung eine Subjekt-Prädikat-Struktur aufweisen müsse, zum *Zweck* der Beschreibung *unserer* Sprache entwickelt worden sind. „»Elliptisch« ist der Satz" der Baustellen-Sprache also „nicht, weil er etwas ausläßt, was *wir* meinen, wenn wir ihn aussprechen," und was *sie* entsprechend zu ihrer degenerierten Satzkonstruktion »hinzudenken« müßten, „sondern weil er gekürzt ist – im Vergleich mit einem bestimmten Vorbild *unserer* Grammatik" (PU § 20 / Herv. S.M.). Gerade dann, wenn wir ihre Sprache in einem pejorativen Sinne als »primitiv«[9] bezeichnen, verabsolutieren wir unsere Weisen der Satzbildung zum Maßstab von Satzhaftigkeit schlechthin. In der Sprache der Bauleute kann man den Ausdruck »Platte!« darum sehr wohl als einen Satz bezeichnen. Ja, „warum sollte ich nicht, umgekehrt," den Ausdruck »Bring mir eine Platte!«, den wir gemessen

---

[9] Hier schon sei freilich darauf hingewiesen, daß Wittgenstein, wenn er von »primitiven« Sprachen oder Sprachspielen redet, damit zumeist *keine* pejorative Bewertung verbindet.

am Vorbild unserer Grammatik erst als satzhaft auffassen würden, vor dem Hintergrund der *ihren* „eine *Verlängerung* des Satzes »Platte!« nennen?" (PU § 19) Denn es läßt sich keine Grammatik als wirklichkeits- oder gedankenformadäquat rechtfertigen.

Daß ein Ausdruck wie »Platte!« in Wittgensteins Beispiel je nach sprachlichem Hintergrund sowohl Wort als auch Satz sein kann, zeigt, daß die Auffassung, Satzhaftigkeit definiere sich durch objektivierbare, beispielsweise linguistische Kriterien, „nicht richtig" (V I, 24) ist. Was „in *einer* Sprache die Funktion von Wörtern ist, kann in einer anderen etwa von der *Ordnung* der Wörter geleistet werden. – Eine Pause in einem Satz der einen Sprache kann die Funktion eines Wortes im Satz einer andern Sprache haben." (EPB 123) Noch deutlicher wird dies, wenn man Sprachen betrachtet, deren materiale Zeichengestalt mit dem Erscheinungsbild unserer natürlichen Sprache kaum eine Ähnlichkeit hat. „Manche Sätze könnte ich z.B. in einer Reihe von Klopftönen ausdrücken. So läßt sich der Weg von A nach B" in der nachstehenden Abbildung

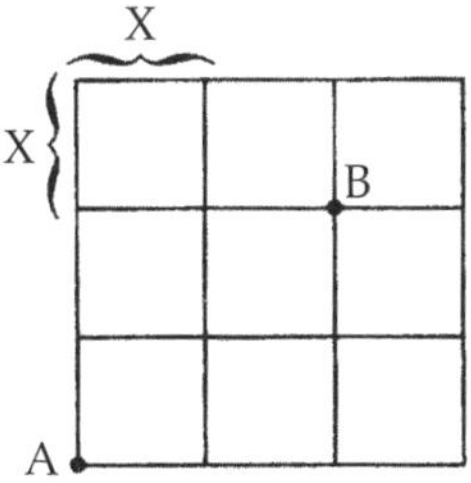

„durch Klopfen beschreiben, wenn ausgemacht ist, daß einmal Klopfen einen Zug von x nach rechts und zweimal Klopfen einen Zug von x nach oben anzeigt." In diesem Klopfcode wäre jede Sequenz von Klopfen und Pause, die einen Schritt auf dem Weg von A nach B beschreibt, gewiß zu Recht als ein *Satz* zu bezeichnen. Man sieht: „Substantive und andere Wortarten", *bestimmte* Satzfügungsgesetze und Satzschemata sind also „nur in *unserer* Sprache wesentlich." (V I, 24 f) Kein Merkmal bestimmt einen kriterial faßbaren Begriff vom Satz in einem sprachenübergreifenden Sinn.

Wittgenstein meinte, solche Überlegungen könnten „uns die ungeheure Mannigfaltigkeit der Mittel unserer Sprache ahnen lassen;" und er fand es „interessant, mit dem, was sich uns hier zeigt, zu vergleichen, was Logiker vom Bau aller Sätze gesagt haben", wobei er das, was er „in der *Logisch-Philosophischen Abhandlung* geschrieben habe" (EPB 124), ausdrücklich einschloß. Wie jede logische Satztheorie wollte ja auch der *Tractatus* den möglichen Bau von (sinnvollen) Sätzen um der Logik willen auf eine bestimmte Form verpflichten. Am Beispiel der Vielfalt sprachlicher Darstellungsmittel wurde Wittgenstein freilich klar, daß dasjenige, was wir einen Satz nennen, im Grunde von allen bestimmten (sei es logischen, sei es linguistischen) Formen unabhängig ist. *Was* ein Satz ist, ist vielmehr nicht ablösbar von dem, was wir *als* einen Satz gebrauchen. „Man könnte hier sagen – obgleich dies leicht zu allerlei philosophischem Aberglauben führt", wenn man sich nicht zureichend klarlegt, weshalb dies so ist – ein Zeichen einer beliebigen Sprache „könne einmal Wort und einmal Satz sein. Ob es aber »Wort oder Satz ist«, hängt von der Situation ab, in der es ausgesprochen oder geschrieben wird" (PU § 49), d.h. von dem jeweiligen Verwendungskontext. Denn der Satz *ist* (nicht in einer objektivistisch-ontologischen, sondern gewissermaßen in einer *funktionalen* Betrachtung), wie Wittgenstein jetzt sieht, nichts anderes als die elementare Einheit des Sinnes in der Sprache *als* die Einheit eines jeweiligen Schrittes in ihr, in welchem (kontextuell gebunden) ein Sprachakt[10] zum Schluß kommt. „»Sätze«", schrieb Wittgenstein in diesem Sinne, „*nenne ich* die Glieder der Sprachen" (PG § 122 / Herv. S.M.).

Eine ähnliche, vielleicht zur weiteren Klärung dieser Wittgensteinschen Ansicht hilfreiche Auffassung hatte, unter ganz anderen sprachphilosophischen Voraussetzungen, bereits Wilhelm von Humboldt vertreten, der schrieb, „der Mensch" verbinde „gewiss immer mit jedem, als Sprache ausgestossenen Laute innerlich einen vollständigen Sinn, also einen geschlossenen Satz," und stelle „nicht bloss, seiner Absicht nach, ein vereinzeltes Wort hin, wenn auch seine Aussage nach unserer Ansicht nur ein solches enthält."[11] Die Vollständigkeit des Sinnausdrucks in der Absicht des Sprechers *definiert*, wie Humboldt meint, gewissermaßen die abgeschlossene Einheit dessen, was man

---

10 Wir reden bewußt vom »Sprachakt«, nicht vom »Sprechakt«, um irreführende – nämlich im Searle'schen Sinne »sprechakttheoretische« – Kontextualisierungen des angeführten Satzbegriffes zu vermeiden.

11 Wilhelm *von Humboldt, Ueber die Verschiedenheit des menschlichen Sprachbaus und ihren Einfluss auf die geistige Entwicklung des Menschengeschlechts* (1830-1835), hrsg. von der preußischen Akademie der Wissenschaften durch Albert Leitzmann, Berlin 1903-1936, Bd. VII, 148

einen »Satz« nennen kann, auch wenn sich die lautliche Gestalt seiner Äußerung aus anderer Sicht wie ein einzelnes Wort ausnehmen mag. Ein Beispiel dafür gab uns der Ausdruck »Platte!« der Baustellen-Sprache, der – obgleich er keine interne Differenzierung von wortartigen Bestandteilen aufweist – als Satz dieser »primitiven« Sprache gelten kann, nur *weil* eine abgeschlossene Sinneinheit in ihm zum Ausdruck kommt. Anders als Humboldt würde Wittgenstein die Satzhaftigkeit des Ausdrucks allerdings nicht an die Ausdrucks*absicht* des Sprechers binden, sondern nur daran, *daß* ein vollständig bestimmter Schritt im Verständigungssystem der Bauleute in ihm zum Abschluß kommt.

Auf die Frage „Was ist ein Satz?" läßt sich also gar keine definitive Antwort geben, jedenfalls nicht durch *„einen* allgemeinen Begriff vom Satz". Was ein Satz ist, kann man vielmehr nur „durch Beispiele erklären" (PG § 69), die angeben, was man in unserer oder einer anderen Sprache einen Satz zu nennen geneigt ist. In *unserer* Sprache ist, wie Wittgenstein mehrfach bemerkt, *„ein* Merkmal unseres Satzbegriffes" zweifellos „der *Satzklang*" (PU § 134). Wir müssen es deshalb beachten, wenn wir in einem nicht logisch-reduktionistischen Sinne nach „der allgemeinen Satzform fragen". Freilich handelt es sich dabei um ein Merkmal, welches manchmal täuscht, da „die gewöhnliche Sprache", wie sie uns vertraut ist, „zwar einen bestimmten Satzrhythmus, Satzklang hat, ... wir aber nicht alles, was ›wie ein Satz klingt‹", auch „»Satz« nennen." (PG § 78) Denn auch völlig unsinnige Sätze haben gelegentlich den Klang und den vertrauten Rhythmus von Sätzen, wofür „Nonsenseverse von Lewis Caroll" als Beispiel dienen können:

'Twas brilling and the slithy toves
Did gyre and gimble in the wave.

Diese Sätze klingen gewiß wie Sätze der normalen (in diesem Falle: englischen) Sprache, ja sie lassen sich zudem „in Subjekt und Prädikat sowie in die verschiedenen Wortarten zerlegen, sind aber dennoch Unsinn." (V I, 25) Dies erweist nicht nur die relative Unzuverlässigkeit des Satzklanges als Merkmal für Satzhaftigkeit, sondern zeigt nach Wittgensteins Ansicht noch einmal aus anderer Perspektive die Grenzen linguistischer Fixierungen von Satzkriterien auf.

Daß die zitierten Verse von Lewis Caroll »Unsinn« sind, darf nun aber auch wieder nicht objektivistisch mißverstanden werden. Auf materiale oder strukturelle Eigenschaften eines Satzzeichengebildes kann es ja nicht ankommen. Sie seien »Unsinn« heißt, sie haben in der englischen Sprache keinen Gebrauch; wir kennen keine Verwendung und keinen Kontext, in dem wir sie als »wahr« oder »falsch« bezeichnen würden. Denn einen „Satz" – das ist ein wichtiges Merkmal, das Wittgenstein ebenfalls immer wieder hervorhebt – „nennen wir das, worauf wir *in unserer Sprache* den Kalkül der Wahrheitsfunktionen anwenden." Ein Zeichengebilde, bei dem dies wie bei Lewis Carolls Versen unmöglich ist, werden wir in der Regel nicht als Satz der Sprache bezeichnen. Es ist kein möglicher Schritt in ihr. Natürlich ist die Anwendbarkeit der Wahr/Falsch-Unterscheidung als *ein* Kriterium (unter anderen) für Satzhaftigkeit nicht so zu verstehen, „als hätten wir einen Begriff von wahr und falsch, mit dessen Hilfe wir nun bestimmen können, was ein Satz ist und was keiner", d.h., als hätten wir mit der Frage nach der Anwendbarkeit des Kalküls der Wahrheitsfunktionen gewissermaßen eine Prüfinstanz, die eine Entscheidung herbeizuführen erlaubte, ob ein Zeichengebilde *als* Satz gelten könne oder nicht. Vielmehr ist gemeint, „daß wir »wahr« oder »falsch« nur von dem prädizieren, was wir einen Satz nennen." (PU § 136) Etwas *als* einen Satz zu verstehen, es als möglichen Schritt in der Sprache gebrauchen zu können und zu wissen, unter welchen Umständen man das Zeichengebilde als »wahr« oder als »falsch« bezeichnen würde, ist ein und dasselbe.

Der Satzklang sowie die Anwendbarkeit des Kalküls der Wahrheitsfunktionen sind zwei wichtige, aber *keinesfalls alle* Kriterien für das, was wir in unserer Sprache gewöhnlich einen Satz nennen werden. Denn der Begriff des Satzes „hat die Verschwommenheit des normalen Gebrauchs der Begriffswörter", der „unserer Sprache" (PG § 76) typischerweise zu eigen ist. Das heißt, die Zeichenvorkommnisse, die wir Sätze nennen werden, bilden gar keine festumgrenzte »Gegenstandsklasse«, sondern viel eher eine »Familie« von in manchen Hinsichten ähnlichen, in anderen aber auch sehr unterschiedlichen Gebilden. Wenn wir sie in ihrer Mannigfaltigkeit zu überschauen versuchen, sehen wir „ein kompliziertes Netz von Ähnlichkeiten, die einander übergreifen und kreuzen" (PU § 66 / vgl. EPB 127), vielfältige Analogien, aber nicht notwendig eine identische Eigenschaft, wie z.B. der Vergleich des Satzes »Platte!« der Baustellen-Sprache oder eines Satzes des »Klopfcodes« mit einem der unsrigen zeigt. Wie „durch ein Tau" sind all diese Sätze „miteinander verbunden; und dieses Tau verbindet sie nicht dadurch, daß irgendeine Faser in ihm von einem Ende zum andern läuft, sondern dadurch, daß eine Unzahl von Fasern einander übergreifen." (EPB 128) Wittgenstein bezeichnet die Art der Beziehungen in einem solchen Ähnlichkeitsnetz bekanntlich als „»Familienähnlichkeiten«", um damit anzudeuten, daß es hier wie zwischen den Mitgliedern einer Familie zahlreiche Übereinstimmungen, etwa in „Wuchs, Gesichtszüge[n], Augenfarbe, Gang, Temperament, etc. etc." (PU § 67), geben mag, nicht aber *ein* Merkmal, das alle Familienmitglieder miteinander teilten.[12] Ebensowenig läßt sich bei Sätzen *ein* gemeinsames Merkmal finden, das als Kandidat für die Bestimmung eines allgemeinen Satzbegriffs in Frage käme. Gefragt, was „das *Gemeinsame*" aller Sätze sei, könnte man darum nur antworten: „ich weiß es nicht ohne weiteres anzugeben, – aber du siehst ja viele Analogien." (PG § 73)

9.3 Sprache als »Sammelname«

Bloß weil wir für viele ähnliche Phänomene ein und dasselbe Wort verwenden, bezeichnet das „Wort »Satz«" also „noch keinen scharf begrenzten Begriff." (PG § 69) Vor dem Hintergrund dieser Einsicht ist klar, daß Wittgensteins Bestimmung der »Sprache als Gesamtheit der Sätze« im *Tractatus* in ihrem zweiten Teil hinsichtlich des Satzbegriffs nicht nur undeutlich, sondern im Grunde nichtssagend gewesen war. Seit er sich nach Preisgabe der Idee der Möglichkeit einer symbolisch exakten, der Logik der Phänomene verpflichteten »Idealsprache« davon überzeugt hatte, daß wir, wie er zu Waismann sagte, »im Wesen nur eine« und zwar »die gewöhnliche Sprache« haben, sah

[12] Wittgensteins Begriff der »Familienähnlichkeit« wird in fast allen Einführungen in sein Werk ausführlich dargestellt und ist im gegenwärtigen philosophischen Diskurs zudem gar in das Vokabular von Philosophen eingeflossen, deren Gedankenwelt darüber hinaus wenig mit Wittgensteins Denken gemein hat. Auf eine eingehendere Analyse dieses Begriffs sowie der durch ihn implizierten Analogiebeziehungen können wir im Rahmen dieser Studie darum verzichten. Für eine solche Analyse, aber auch für einen Aufriß der mit dem Begriff der »Familienähnlichkeit« möglicherweise verbundenen Schwierigkeiten vgl. Rudolf *Teuwsen, Familienähnlichkeit und Analogie*. Zur Semantik genereller Termini bei Wittgenstein und Thomas von Aquin, Freiburg / München 1988. Vgl. dazu auch Peter *Kunzmann, Dimensionen von Analogie*. Wittgensteins Neuentdeckung eines klassischen Prinzips, Düsseldorf / Bonn 1998.

er freilich auch, daß es um den ersten Teil der zitierten *Tractatus*-Definition nicht besser bestellt ist. Und das ist auch nicht überraschend, denn wie „bin ich denn zum Begriff »Satz«, oder zum Begriff »Sprache« gekommen? Doch nur durch die Sprachen, die ich gelernt habe." (PG § 71/vgl. Z § 325) Auch »Sprache« selbst ist ja wie »Satz« zunächst ein Wort, welches man auf ganz unterschiedliche Weisen anzuwenden gelernt hat. Dies fällt auch auf, wenn man „an die Vielgestaltigkeit dessen, was wir »Sprache« nennen", denkt, z.B. „Wortsprache, Bildersprache, Gebärdensprache, Tonsprache" (PG § 129), und nicht im Lichte besonderer Interessen glaubt, alles, was »Sprache« genannt werden könne, *müsse* auf irgendeinen Begriff ihrer Funktion oder ihres Wesens zu bringen sein. „Die Sprache hat eben eine vielfache Wurzel; sie hat Wurzeln, nicht *eine* Wurzel" (BPP I, § 891 / vgl. Z § 656) etwa nur in der Funktion des Gedankenausdrucks oder der Beschreibung von Wirklichkeit. Sie „ist für uns nicht als Einrichtung definiert, die einen bestimmten Zweck erfüllt. Sondern »Sprache« ... ist ein Sammelname", unter dem Wittgenstein nun eine Vielfalt *besonderer* Sprachen, „die deutsche Sprache, die englische Sprache, u.s.w., und noch verschiedene Zeichensysteme, die mit diesen Sprachen eine größere oder geringere Verwandtschaft haben" (PG § 137 / vgl. Z § 322), versteht. „»Sprache«", meint er jetzt, „das sind doch die Sprachen. Auch solche die ich nach der Analogie bestehender erfinde." (PG § 122 / vgl. PU § 494)

„Wir erkennen", so nimmt Wittgenstein diese Einsicht in den *Philosophischen Untersuchungen* auf, „daß, was wir »Satz«, »Sprache« nennen, nicht die formelle Einheit ist, die ich mir [im *Tractatus* / S.M.] vorstellte, sondern die Familie mehr oder weniger miteinander verwandter Gebilde." (PU § 108) In der *Philosophischen Grammatik* glaubte Wittgenstein, ihre Familienähnlichkeit wenigstens noch durch die Bemerkung charakterisieren zu können, daß die „Sprachen Systeme *sind*."[13] Auch wenn er mit ihr das *Sein* der Sprachen zu betonen scheint, wollte er freilich keineswegs auf eine neuerliche Ontologisierung ihres Wesens in einem bestimmten Begriff hinaus. Daß die Sprachen Systeme *sind*, sollte nämlich heißen: „*Wir* wollen eben auf das System der Sprache achten". Es sollte heißen: „So betrachte ich die Sprache" (PG § 122) im Unterschied zu den allzu einfachen Theorien über ihr Funktionieren, die die philosophische Tradition überlie-

[13] Wortfolge des Zitats umgestellt.

ferte, und im Unterschied auch zu dem allzu einseitigen Sprachbegriff, den er selbst im *Tractatus* vertrat.

Sprachen nach ihrer Analogie als Systeme zu betrachten bedeutet nach Wittgenstein, sie als gegliederte Verweisgeflechte von internen Unterscheidungen zu sehen, die durch Wortzeichen und aus ihnen zusammengesetzten Satzzeichen markiert werden und die ihre semantische Qualität aus der Differenz zu anderen Zeichen des jeweiligen Sprachsystems beziehen. »Etwas« von beliebiger phonetischer, graphischer oder sonstiger materialer Gestalt ist nach Wittgensteins Auffassung ein »Zeichen« nämlich *nicht* primär dadurch, daß es »*für* etwas anderes« (einen Gegenstand oder einen geistigen Gehalt *als* seine »Bedeutung«) steht, wie es die »klassische« Zeichendefinition *„aliquid stat pro aliquo"* als primär konstitutiv für das „Vorhandensein einer Zeichenrelation"[14] erachtete, sondern dadurch, daß es *als* Glied einer solchermaßen systemisch verstandenen Sprache betrachtet werden kann. Auch seine „äußere Form" oder sonstige objektivierbare Eigenschaften sind „nebensächlich", wie wir im Vergleich der Zeichen des Klopfcodes, der Baustellen-Sprache und der unsrigen sahen, „wesentlich aber [ist] das System, worin" es „verwendet wird. Das System von Gegensätzen – sozusagen – von denen das Zeichen sich unterscheidet" (PG 433). Durch seinen Ort *im* System, durch seine Stellung zu anderen, von ihm unterschiedenen Zeichen wird der semantische Wert eines jeden bestimmt. Diesen versuchen wir zu umreißen, wenn wir die sogenannte »Bedeutung« eines Zeichens vermittels weiterer Zeichen durch *Abgrenzung* von anderen Zeichen erläutern. Auch ein „Satz" ist in diesem Sinne „ein Zeichen in einem System von Zeichen. Er ist *eine* Zeichenverbindung unter anderen möglichen und im Gegensatz zu anderen möglichen", er kann aber auch im Grenzfall, wie das Beispiel »Platte!« der Baustellen-Sprache zeigte, nur aus einem einzigen Wort bestehen. Denn er ist ein Glied der Sprache als die Einheit eines vollständigen Schrittes in ihr. „Gleichsam *eine* Zeigerstellung im Gegensatz zu anderen möglichen." (PG § 84)

„Das Zeichen (der Satz) erhält" dasjenige, was wir „seine Bedeutung" nennen, so besehen „von dem System der Zeichen, von der

---

[14] Siehe Winfried *Nöth, Handbuch der Semiotik,* Stuttgart 1985, 87, sowie für einen Überblick über tradierte philosophische Zeichenauffassungen Rudolf *Haller, Das »Zeichen« und die »Zeichenlehre« in der Philosophie der Neuzeit,* in: Archiv für Begriffsgeschichte 4 (1959), 113-157.

Sprache, zu dem es gehört. Kurz: Einen Satz verstehen, heißt, eine Sprache verstehen." (BB 21) „Ein System", notierte Wittgenstein einmal, „ist sozusagen eine Welt." (PG § 152) Durch seine internen Unterscheidungen und die Grammatik der möglichen Satzschritte in ihm gibt es vor, was als Welt gedacht und angesprochen werden kann. Obgleich er seine systemische Betrachtung der Sprachen wohl niemals preisgab, ja in späten Notizen gar noch betonte, geradezu darauf hinaus zu wollen, „daß die Beschreibung eines Wortgebrauchs die Beschreibung eines Systems, oder von Systemen" sei, hat er sie nach der *Philosophischen Grammatik* jedoch nicht weiter ausgearbeitet. Denn die pointierte theoretische Aussage, jedes (Satz-) Zeichen beziehe seinen Sinn aus dem systemischen Gegensatz zu anderen (Satz-) Zeichen, birgt die Gefahr des Mißverständnisses in sich zu denken, das gesamte System der Sprache müsse in irgendeiner dunklen Weise beim Gebrauch jedes einzelnen Zeichens präsent sein – was Wittgenstein, wie sich schon am Schluß des vorigen Kapitels abzeichnete, selbstverständlich *nicht* meint. Worin nämlich „besteht es, einen Satz im Gegensatz zu anderen Sätzen zu gebrauchen? Schweben einem dabei etwa Sätze vor? Und *alle*? Und *während* man den Satz sagt, oder vor-, oder nachher? – *Nein*!" (PU § 20) Weder ist das System der Sprache im Sprechen in irgendeinem Sinne präsent noch können wir es als ganzes auch nur annähernd überschauen. Was „ein System ist, dafür" hat Wittgenstein gar „keine Definition" (LSPP § 294), und zwar weder dafür, was die systemische Einheit *einer* (natürlichen) Sprache sei, noch dafür, worin der systemische Charakter verschiedener Sprachen präzise bestehe. Und er kann sie wohl auch nicht einmal haben wollen. Denn jede Definition in diesen beiden Hinsichten würde die Familienähnlichkeiten aller Erscheinungen, die wir Sprache nennen, doch wieder nur unter einen bestimmten Sprach*begriff* zwingen.

10. Der Mythos des »Bedeutens«

10.1 Die Frage nach dem Ursprung des Bedeutungsbegriffs

Daß Wittgenstein keinen systemischen Begriff der Sprache ausarbeitete, dürfte freilich auch mit der bereits erwähnten, von Moore überlieferten Tatsache zu tun haben, daß eine vollständige Philosophie *der* Sprache zu entwickeln, sein eigentliches Anliegen nicht war. Weil es für ihn primär galt, »philosophische Irrtümer oder Denkverwirrungen« aufzulösen, die sich seiner Ansicht nach aus einem Mißverständnis des Funktionierens der Sprache ergaben, richtete er seine Aufmerksamkeit weit stärker als auf den Sprachbegriff auf den tradierten Bedeutungsbegriff, von dem er fundamentale Irrtümer insbesondere in der Theorie des menschlichen Geistes abhängig sah.[1] „Der Begriff der Bedeutung, wie ich ihn in meine philosophischen Erörterungen übernommen habe," notierte Wittgenstein, „stammt aus einer primitiven Philosophie der Sprache her" (PG § 19), die er im ersten Paragraphen der *Philosophischen Untersuchungen* durch die folgenden beiden Thesen charakterisiert sah: „Die Wörter der Sprache benennen Gegenstände – Sätze sind Verbindungen von solchen Benennungen." Als Wittgenstein diese Worte niederschrieb, hat er den *Tractatus*, in welchem er selbst davon ausging, daß der „Gegenstand" als die „Bedeutung" eines Namens im Satz aufzufassen sei (Tlp 3.203), zweifellos ebenfalls einer solchen Sprachphilosophie verpflichtet gesehen, die er nun nicht nur nicht mehr teilt, sondern auch in ihrer Herkunft durchschaut. Ein von ihm mehrfach diskutiertes Beispiel für eine solche Sprachphilosophie hat er in den *Confessiones* (I,8) des Augustinus erblickt (vgl. PG § 19 / PU § 1 / EPB 117).[2]

---

[1] Für einen ersten Aufriß der folgenden Überlegungen vgl. Stefan *Majetschak, Der Begriff der »Bedeutung« in Wittgensteins Spätphilosophie*, in: Th. S. Hoffmann / St. Majetschak, Denken der Individualität. Festschrift für Josef Simon zum 65. Geburtstag, Berlin / New York 1995, 367-379.

[2] Es versteht sich, daß das »primitive« Sprachbild, daß Wittgenstein der angegebenen Augustinus-Stelle entnimmt, den Vollsinn des augustinischen Nachdenkens über die Sprache bestenfalls karikiert. An einer angemessenen Augustinus-Interpretation ist Wittgenstein aber natürlich gar nicht gelegen. Wenn im folgenden von der »augustinischen« Sprach- bzw. Bedeutungstheorie gesprochen wird, so geschieht dies immer im vereinfachenden Wittgensteinschen Sinn. Für eine weniger eingeschränkte Deu-

Augustinus beschreibt an dieser Stelle eine Situation des menschlichen Spracherwerbs. Er selbst habe, »gesteht« Augustinus, die Sprache als Kind dadurch gelernt, daß er Erwachsene Laute aussprechen und sich dabei zugleich durch Gebärden auf Dinge beziehen sah. „Nannten die Erwachsenen irgendeinen Gegenstand und wandten sie sich dabei ihm zu," so lautet die betreffende *Confessiones*-Stelle in der von Wittgenstein angeführten Übersetzung, „so nahm ich dies wahr und ich begriff, daß der Gegenstand durch die Laute, die sie aussprachen, bezeichnet wurde, da sie auf *ihn* hinweisen wollten." Dies nämlich sei „aus ihren Gebärden, der natürlichen Sprache aller Völker," zu entnehmen gewesen. Und so brachte er, als sich sein „Mund an diese Zeichen gewöhnt hatte, durch sie" seine „Wünsche zum Ausdruck." In dieser augustinischen Beschreibung des Lernens einer Sprache sah Wittgenstein bekanntlich ein bestimmtes „Bild von der Sprache" impliziert, in welchem er die philosophischen „Wurzeln" der von ihm bekämpften sprachphilosophischen „Idee: Jedes Wort hat eine Bedeutung. Diese Bedeutung ist dem Wort zugeordnet. Sie ist der Gegenstand, für welchen das Wort steht" entdecken zu können glaubte. (PU § 1)

Daß Wittgenstein überall dort, wo er die augustinische Beschreibung diskutiert, darauf hinweist, „Augustinus stelle die Sache zu einfach dar" (PG § 19), hat die Interpreten in ihrer überwiegenden Mehrzahl zu der Annahme geführt, er wolle die augustinische oder andere inadäquate Bedeutungstheorien durch eine solche ersetzen, die der natürlichen Sprache angemessener sei. So schrieb z.B. Ernst Konrad Specht in einer bis heute einflußreichen Arbeit, die am Anfang der Erforschung von Wittgensteins Spätwerk steht: „In den *Philosophischen Untersuchungen* setzt sich Wittgenstein mit verschiedenen Bedeutungstheorien auseinander, ...; er wendet sich dabei gegen drei Auslegungen des Bedeutungsphänomens, und zwar dagegen, daß a) die Bedeutung mit dem bezeichneten Gegenstand, daß b) die Bedeutung mit einem psychischen Gebilde und daß sie c) mit einer idealen Entität identisch sei. Im Laufe der Auseinandersetzung mit diesen Theorien entwickelt er seine eigene Auffassung von der Bedeutung."[3]

---

tung der augustinischen Sprachtheorie vgl. exemplarisch Tilman *Borsche, Macht und Ohnmacht der Wörter*. Bemerkungen zu Augustinus »De magistro«, in: Kodikas / Code / Ars Semeiotica 8 (1985), 231-252.

[3] Ernst Konrad *Specht, Die sprachphilosophischen und ontologischen Grundlagen im Spätwerk Ludwig Wittgensteins*, Köln 1963, 87

Man hat sie in § 43 dieses Werkes finden wollen, wo es heißt: „Die Bedeutung eines Wortes ist sein Gebrauch in der Sprache." So findet sich kaum eine Interpretation der Wittgensteinschen Spätphilosophie, die nicht an irgendeiner Stelle von dessen »Gebrauchstheorie der Bedeutung« spricht.[4]

Ob man Wittgenstein dann aus sprachanalytischer Sicht z.B. das Verdienst zuschreibt, einen neuen, nicht ontologisch basierten Gebrauchsbegriff der »Bedeutung« entwickelt zu haben, ob man ihm aus ganz anderer Perspektive zugute hält, im Zuge einer Kritik an dem „apragmatischen Schema verba – res", das seit Augustinus das sprachphilosophische Denken dominiere, eine „pragmatisch-hermeneutische Wende"[5] vollzogen zu haben oder ob man ihm schließlich *irgendein* anderes Verdienst in bedeutungstheoretischer Hinsicht zuschreibt: In *all* diesen Interpretationen wird in der Regel übersehen, daß Wittgenstein die Frage „»Was ist Bedeutung?«", die er in diesem Paragraphen zu beantworten scheint, selbst zu jenen „großen Quellen philosophischer Verwirrung" rechnet, die „uns einen geistigen Krampf" (BB 15) verursachen und die darum von ihm „zurückgewiesen"[6], aber natürlich *nicht* mithilfe einer eigenen Theorie beantwortet werden: und zwar deshalb nicht, weil es, wie im folgenden gezeigt werden soll, »Bedeutung« in irgendeinem sprachphilosophisch relevanten Sinne, in dem sie mehr wäre, als eine (prinzipielles oder temporäres) Nicht-Verstehen behebende Erklärung von sprachlichen Zeichen durch andere Zeichen, *gar nicht gibt*. So *kann* es für ihn nicht mehr darum gehen, inadäquate Bedeutungstheorien durch eine »bessere« zu ersetzen. Seine »eigene Auffassung von der Bedeutung«, mit Specht zu reden, besteht vielmehr darin, daß *alle* Bedeutungstheorie als irreführend zu-

---

4 Eine Ausnahme bildet die Arbeit von Jörg *Zimmermann, Wittgensteins sprachphilosophische Hermeneutik*, Frankfurt/Main 1975, deren Interpretation des »Bedeutungsbegriffs« beim späten Wittgenstein sich mit der hier vorgetragenen Deutung im Ergebnis in einigen Punkten deckt. Vgl. besonders 112-114.

5 Vgl. Dietrich *Böhler, Wittgenstein und Augustinus*. Transzendentalpragmatische Kritik der Bezeichnungstheorie der Sprache und methodischer Solipsismus, in: A. Eschbach / J. Trabant (Hrsg.), History of Semiotics, Amsterdam 1983, 360 und 364, als Beispiel für einen nicht der »sprachanalytischen« Richtung des Sprachdenkens, sondern der sog. »Transzendentalpragmatik« zuzurechnenden Interpreten.

6 Auf diesen Punkt hingewiesen zu haben, ist das Verdienst der Arbeit von Christoph *Demmerling, Sprache und Verdinglichung*. Wittgenstein, Adorno und das Projekt einer kritischen Theorie, Frankfurt/Main 1994, 49, der dann bei Wittgenstein freilich doch noch eine „Konstitutions*theorie* der Bedeutung" (50/Herv. S.M) finden will.

rückzuweisen sei.[7] Denn „der *allgemeine Begriff* der Bedeutung der Worte“ *als solcher* ist es nach Wittgenstein, der „das Funktionieren der Sprache mit einem Dunst umgibt, der das klare Sehen unmöglich macht.“ (PU § 5/Herv. S.M.) „Jener philosophische Begriff der Bedeutung“ *als solcher* „ist in einer primitiven Vorstellung von der Art und Weise, wie die Sprache funktioniert, zu Hause.“ (PU § 2) *Seinen* Ursprung, nicht nur den einer bestimmten, primitiven Bedeutungstheorie, können wir nach Wittgenstein bei Augustinus erkennen. „Wie Augustinus das Lernen der Sprache beschreibt“, sagt Wittgenstein in diesem Sinne im Grunde völlig unzweideutig, „das kann uns zeigen, von welcher Auffassung der Sprache *der Begriff von der Bedeutung der Wörter* sich herleitet.“ (PG § 20/Herv. S.M.) Sofern die augustinische Darstellung exemplifiziert, in welcher Vorstellung von der Sprache er verwurzelt ist, kann man an ihr darum auch den Ursprung dessen ersehen, was Wittgenstein einmal den „Mythos des »Bedeutens«“ (PU 233) nannte. Dessen Abstammung aus einer (allzu) »primitiven Philosophie der Sprache« bewußt, *kann* es also prinzipiell nicht mehr darum gehen, eine weitere *philosophische Theorie* der Bedeutung zu konzipieren, sondern nur noch darum, den Ursprung dieses Begriffs sowie der mit ihm verbundenen »Mythologeme« aus einer bestimmten Perspektive auf die Sprache zu durchschauen und seinen Gebrauch, welchen wir ebenso wie den der Wörter »Satz« und »Sprache« einfach mit *unserer* Sprache gelernt haben, so zu beschreiben, daß die Beschreibung seiner wirklichen Verwendung dem Rechnung trägt, was wir üblicherweise meinen, wenn wir – häufig allzu leicht irreführend – von »Bedeutung« reden.

---

[7] In *philosophischer Hinsicht* unvorbelasteten Lesern, die nicht von vornherein glauben, in den *Philosophischen Untersuchungen* eine »Bedeutungstheorie« finden zu müssen, ist dieser Punkt gelegentlich aufgefallen. „Irritierend“, schrieb beispielsweise Heinz *Brunner, Vom Nutzen des Scheiterns.* Eine literaturwissenschaftliche Interpretation von L. Wittgensteins Philosophischen Untersuchungen, Bern / Frankfurt/Main / New York 1985, müsse der zitierte § 5 eigentlich für denjenigen sein, „der Aufschluß über den Begriff der Bedeutung erhalten möchte“, werde in ihm doch gerade jenes gesehen, was das »klare Sehen« unmöglich mache, keineswegs das, was Gegenstand eines klaren Sehens sein (oder werden) solle. Der „Text“ der *Philosophischen Untersuchungen* – man sollte dieses *philologische Faktum* würdigen – löse „das Versprechen“ einer Lichtung des »bedeutungstheoretischen« Dunstes dann auch „lexikalisch sogleich ... [ein], indem er den Ausdruck »Begriff der Bedeutung« in den restlichen 350 Seiten kein einziges Mal mehr braucht“ (41).

10.2 Wort und Bedeutung

Worte und *ihre* Bedeutung – daß zwischen beiden eine intrinsische Beziehung bestehe, davon sind wir in der Regel freilich derart überzeugt, daß es bereits schwerfällt, Wittgensteins *Frage* nach der »Wurzel« dieser Auffassung überhaupt in ihrer ganzen Tragweite zu verstehen. „Man sagt: Das Wesentliche am Wort ist seine *Bedeutung*" (PG § 22), dasjenige, *wofür* das sprachliche Zeichen in einer repräsentationalen Beziehung steht. Wie auch immer man die Beziehung zwischen Wort und Bedeutung traditionell konzipieren mochte: *daß* diese Beziehung als *die* sprachliche Fundamentalrelation anzusehen sei, daran hatten die wichtigsten philosophischen Autoren der Neuzeit keinen Zweifel.[8] Natürlich wußte man lange vor Wittgenstein, daß die Bedeutung eines Ausdrucks nicht immer exakt zu bestimmen, also nicht immer auf einen zeigbaren Gegenstand oder einen kognitiven Gehalt als auf die »Bedeutung« zu verweisen sei. Und Autoren, die dies wußten – so mindestens Lambert, Hamann und Kant –, hatten immer schon darauf aufmerksam gemacht, daß „Worte ihre Bedeutung" gerade im Falle natürlicher Sprachen primär „durch den Redegebrauch" erhalten.[9] Dies hinderte sie aber nicht daran, am Konzept der Bedeutung als einer objektiven, von den Worten unterscheidbaren Bezugsgröße von sprachlichen Zeichen festzuhalten, wie nicht zuletzt Kants Beispiel zeigt, der „Bedeutung" ihrem Begriff nach als „Beziehung aufs Objekt"[10] bestimmte.

Insbesondere Frege, dessen Schriften in ihrer Relevanz als Motiv- und Problemquellen für Wittgenstein kaum zu überschätzen sind,

---

[8] Für eine Darstellung der Entwicklung des neuzeitlichen Sprach- und Bedeutungsbegriffs vgl. Stefan *Majetschak, Sprache* (III. Neuzeit), in: Historisches Wörterbuch der Philosophie, hrsg. von K. Gründer, Bd. 9, Basel 1996, Sp. 1468-1495.

[9] So Immanuel *Kant* in der vorkritischen Schrift *Untersuchung über die Deutlichkeit der Grundsätze der natürlichen Theologie und Moral*, Akademie-Ausgabe, Bd. II, 284. Kant übernimmt diese These wohl von *Lambert*, der bemerkte, daß „die letzten Gründe, die man in den Sprachlehren geben kann, ... sich ... schlechthin auf den *Gebrauch* zu *reden*" bezögen (J. H. *Lambert, Neues Organon oder Gedanken über die Erforschung und Bezeichnung des Wahren und dessen Unterscheidung von Irrtum und Schein*, Bd. 2 (1764), § 329. Und Hamann betonte später, daß über die natürliche Sprache nur unter dem „Creditiv" von „*Ueberlieferung* und *Usum*" zu reden sei (J. G. *Hamann, Metakritik über den Purismum der Vernunft*, in: Sämtliche Werke, hrsg. von J. Nadler, Wien 1949, Bd. III, 284).

[10] Immanuel *Kant, Kritik der reinen Vernunft*, A 241 / B 300

hatte darauf Wert gelegt, unter dem Namen der »Bedeutung« die Existenz eines anhand der Struktur eines sprachlichen Ausdrucks *erfaßbaren,* zwar stets zeichenbasierten, seiner logischen Gültigkeit nach davon aber unabhängigen Gehalts, der in differenten Ausdrucksgestalten auf identische Weise vorkommen kann, als den Bezugspunkt aller sprachlichen Äußerung einsichtig zu machen. Zwar verbindet sich, wie Frege natürlich weiß, mit einem sprachlichen Ausdruck häufig auch eine »subjektive Vorstellung« als ein individuelles „inneres Bild"[11]. Darauf kommt es aber für seine »Bedeutung« nicht an. Die »Bedeutung« sprachlicher Ausdrücke ist für Frege vielmehr stets etwas Öffentliches und Überpersönliches; sie stellt für ihn einen „objektiven Inhalt" dar, „der fähig ist, gemeinsames Eigentum von vielen zu sein"[12], und der insofern gerade nicht – wie eine »subjektive Vorstellung« – nur „Teil oder Modus der Einzelseele"[13] ist. Allein im Kontext eines Satzes zu erfassen ist »Bedeutung« nach Frege so der intendierte »Gegenstand« einer jeden sprachlichen Bezugnahme als dasjenige, was bei der Ersetzung *sinndifferenter*[14] Ausdrücke in Sätzen im Falle der Wahrung ihres Wahrheitswertes *gleichbleibt.*

Bei der Verwendung von Sprache geht es *stets* um den Ausdruck von »Bedeutung«, *für* die ihre Wort- und Satzzeichen stehen. So dachte eine lange philosophische Tradition bis Frege, deren Wirkungsmacht ungebrochen ist. Wie stark sie tatsächlich bis heute ist, zeigt sich nicht zuletzt daran, daß sich die meisten Interpreten nicht einmal vorstellen konnten, in Wittgensteins später Philosophie *nicht* so etwas wie eine »Bedeutungstheorie« vor sich zu haben, die Freges »Bedeutungsplatonismus«, Augustins Theorie der Bedeutung als Gegenstandsbezugnahme oder eine andere inadäquate Bedeutungstheorie durch eine »Gebrauchstheorie der Bedeutung« ersetzt. Diese wäre als solche freilich – das sollte der kurze Hinweis auf Lambert, Hamann und Kant andeu-

---

[11] G. *Frege, Über Sinn und Bedeutung,* 43

[12] G. *Frege, Über Sinn und Bedeutung,* 46 Anm.

[13] G. *Frege, Über Sinn und Bedeutung,* 44

[14] »Sinn« nennt Frege die standortabhängige „Art des Gegebenseins" (*Über Sinn und Bedeutung, 41*) eines in Sätzen manifesten semantischen Gehalts. Sein berühmtestes Beispiel sind die Ausdrücke »Abendstern« und »Morgenstern«, die je nach der standortbedingten Art und Weise, wie sie das Gemeinte erfassen, zwar einen unterschiedlichen Sinn haben, die aber doch ein und dasselbe (in diesem Falle ein und denselben Planeten als den identisch gemeinten »Gegenstand« der Bezugnahme) bezeichnen (vgl. *Funktion und Begriff,* 26 f.).

ten – nicht sehr originell, war sie doch, worauf Eike von Savigny hinwies, schon „vor dem Erscheinen der PU längst" »populär«.[15] Freilich geht es Wittgenstein seit Mitte der dreißiger Jahre, als er sich dem Begriff der Bedeutung immer intensiver zuzuwenden beginnt, auch gar nicht darum. Vielmehr tritt er nun an, den sprachlogischen Ursprung des philosophisch, wie er dachte, so irreführenden Bedeutungsbegriffs als solchen aufzuzeigen. Daß dieser aus einer bestimmten, einseitigen Sprachbetrachtung resultiere, genau *dies*, glaubte Wittgenstein, werde gerade an dem von ihm so oft gebrauchten augustinischen Beispiel deutlich. Hier erweise sich nämlich, daß „»Bedeutung« ... von »deuten«" (PG § 19) kommt, und zwar im Doppelsinn des Wortes von »interpretieren« und »zeigen«. Denn signifikanterweise entwickelt sich die Vorstellung, jedes Wort habe eine Bedeutung, *für* die es steht, bei Augustinus gerade im exemplarischen Ausgang von einer Situation, in der das Kind die Sprache der Erwachsenen noch *nicht* beherrscht und in der es deshalb darum geht, anhand bestimmter Umstände (Augustinus nennt: Gebärden, Mienen- und Augenspiel, Bewegung der Glieder etc. / PU § 1) die Funktion der Laute der Erwachsenen zu *erdeuten*, indem man diese ihren hinweisenden Erklärungen durch *zeigende* Gebärden entnimmt. „»Bedeutung« ist ein primitiver Begriff. Es gehört zu ihm die Form: »Das Wort bedeutet *das*«; d.i., die Erklärung einer Bedeutung durch ein Zeigen." (LSPP § 332) Er ist, dies meinte Wittgenstein der augustinischen Darstellung entnehmen zu können, der Betrachtung einer speziellen Situation der Sprachverwendung entsprungen, in welcher Worte durch ein *Zeigen erklärt* werden, und intrinsisch mit einer solchen Situation verknüpft.

Schon im ersten Paragraphen der *Philosophischen Untersuchungen* versucht Wittgenstein deshalb zu zeigen, daß im Blick auf *andere* Situationen der Sprachverwendung, in denen es um eine Erklärung von Worten nicht geht, von der »Bedeutung« „gar nicht die Rede" (PU § 1) sein wird. Denn die „Bedeutung der Worte, was hinter ihnen steht" – dieser Wittgensteinschen Beschreibung wird man wohl zustimmen müssen –, „bekümmert mich im normalen sprachlichen Verkehr nicht. Sie fließen dahin und es werden Übergänge gemacht von Worten zu Handlungen und von Handlungen zu Worten." (BPP II, § 603) Nach der »Bedeutung«, heißt dies, wird im ungestörten Gelin-

[15] Eike von *Savigny, Wittgensteins „Philosophische Untersuchungen"*. Ein Kommentar für Leser, Frankfurt/Main 1988, Bd. 1, 85

gen von Verständigungsbeziehungen gar nicht gefragt, so daß der Gedanke an sie nicht einmal aufkommt. Legt man *solche* Situationen der Sprachverwendung einer philosophischen Betrachtung zugrunde, besteht keine Notwendigkeit, einen Begriff der »Bedeutung« einzuführen. „Das Auftreten von Mißverständnissen, die Störung der Verständigung," erst „ist der konkrete Anlaß, nach der Bedeutung zu fragen"[16], wobei die Frage nach der Bedeutung dann *an die Stelle* des normalen Übergangs von den Worten zu (weiteren sprachlichen oder leiblichen) Handlungen tritt. Sie fragt im Interesse der Wiederherstellung störungsfreier Kommunikation beispielsweise in der Form „»Was hast Du mit diesen Worten gemeint?«", in welcher Richtung von ihnen aus zu weiteren (Sprach-) Handlungen überzugehen sei. Das heißt, sie fragt nach einer *Erklärung*, deren Gehalt man dann *nachträglich* als »*die*« Bedeutung konzeptualisiert. Und sie „wird durch einen Satz beantwortet, der den unverstandenen Satz ersetzt" (PG § 3), oder in einfachen Fällen durch eine zeigende Gebärde. Wenn Worte als sprachliche Zeichen demnach das sind, was wir in störungsfreien Verständigungsbeziehungen *unmittelbar* verstehen, und zwar *ohne* Interpretation (vgl. Kapitel 10.3) und *ohne* uns um mögliche »Bedeutungen« zu »bekümmern«, dann kann man sagen, daß der *Begriff* ihrer »Bedeutung« (in *sprachlogischer*, nicht historischer Hinsicht) als die Idee einer prinzipielles oder temporäres Nicht-Verstehen behebenden Erklärung von Wortverwendungsweisen entspringt.[17]

Am Beispiel der augustinischen Beschreibung des menschlichen Spracherwerbs läßt sich *dies* erkennen, weil auch in ihrem Falle die Idee, jedes Wort habe eine ihm zugeordnete »Bedeutung«, der Situation des durch Erklärungen zu behebenden Nicht-Verstehens abgelesen ist; einer sehr speziellen Situation zumal, in welcher man, weil in ihr das Nicht-Verstehen durch ein gestisches Zeigen auf Gegenstände behoben wird, die »Bedeutung« zudem als den gezeigten Gegenstand zu deuten geneigt ist. Das wird insbesondere deutlich, wenn man mit Wittgenstein eine Seltsamkeit bemerkt, die in der augustinischen Beschreibung des kindlichen Spracherwerbs steckt. Diesen stellt Augustinus nämlich so dar, daß seine Darstellung wohl eher die Sprachan-

---

[16] So J. *Zimmermann, Wittgensteins sprachphilosophische Hermeneutik*, 113, der zu Recht betont, daß sprachliche »Bedeutung« nach Wittgenstein gar nicht losgelöst von solchen Fragen behandelt werden *kann*.

[17] Vgl. Josef *Simon, Philosophie des Zeichens*, Berlin / New York 1989, insb. 39.

eignungssituation eines ethnolinguistischen Forschers in der interkulturellen Begegnung mit gänzlich fremden Sprachen als die des Kindes trifft. Denn „Augustinus", so könnte man sagen, „beschreibe das Lernen der menschlichen Sprache so, als käme das Kind in ein fremdes Land und verstehe die Sprache des Landes nicht; das heißt: so als habe es bereits eine Sprache, nur nicht diese." (PU § 32) Wenn man z.B. „als Forscher" in ein fremdes Land „mit einer ... gänzlich fremden Sprache" kommt, von der man *gar nichts* versteht, bleibt tatsächlich nichts anderes übrig, als unter Zugrundelegung der „gemeinsame[n] menschlichen Handlungsweise" als „Bezugssystem" zu „deuten" (PU § 206), was die Bewohner jenes Landes mit ihren Lautäußerungen jeweils bezwecken. Wenn ihre Sprache dem Forscher völlig fremd ist, können sie ihm keine sprachlichen Erklärungen geben, so daß er nur ihre Gebärden und Verhaltensweisen interpretieren oder – sofern es ihm überhaupt gelingt, sich mit *diesem* Anliegen verständlich zu machen – sich durch deiktisches Zeigen auf »etwas« die Funktion ihrer Laute erklären lassen kann. *Sofern* solches Zeigen tatsächlich Verständnis erzeugt, sagt man dann *retrospektiv*, der Laut *bedeute* das gezeigte »Etwas«. Denn der Ethnolinguist wird die Erklärungen in der Regel protokollieren, indem er die Gegenstandsnamen für die gezeigten Dinge aus *seiner* Sprache niederschreibt. So entsteht ein Wörterbuch, von dem man sagt, es enthalte die »Bedeutungen« der Wörter der fremden Sprache.

Genau auf diese Weise stellt sich Augustinus den kindlichen Erwerb aller Bestandteile einer natürlichen Sprache vor, wobei er wohl annimmt, das „hinweisende Lehren der Wörter" schlage „eine assoziative Verbindung zwischen dem Wort und dem Ding", die im Gedächtnis »protokolliert« wird, so „daß dem Kind das Bild des Dings" als die »Bedeutung« „vor die Seele tritt, wenn es das Wort hört." (PU § 6) Dabei übersieht Augustinus nach Wittgenstein jedoch, daß man immer schon eine Sprache wenigstens partiell beherrschen muß, wenn die sogenannte »Bedeutung« von Wörtern durch hinweisendes Zeigen gelehrt werden soll. Diese hinsichtlich des kindlichen Spracherwerbs kontrafaktische Voraussetzung, das Kind »habe bereits eine Sprache, nur nicht diese«, welche hinweisend gelehrt werden soll, verwendet Augustins Beschreibung nach Wittgenstein implizit. Insofern trifft sie zwar die Situation des Ethnolinguisten, ist aber als Erklärung ursprünglichen kindlichen Spracherwerbs unzureichend. Denn jegliche hinweisende Erklärung durch Zeigen auf etwas kann „in *jedem*

Fall so und anders gedeutet werden", d.h., sie funktioniert nur dann, wenn klar ist, *was* erklärt werden soll. Versucht man beispielsweise die „Zahl Zwei" dadurch hinweisend zu definieren, daß „man auf zwei Nüsse zeigt", so ist prinzipiell nicht auszuschließen, daß derjenige, dem eine solche Erklärung gegeben wird, annimmt, man wolle „*diese* Gruppe von Nüssen »zwei«" nennen. Umgekehrt könnte es natürlich auch sein, daß jemand, dem man tatsächlich einen Namen für eine individuelle Gruppe beibringen will, die dazu verwendete hinweisende Erklärung „als Zahlnamen" (PU § 28) mißverstünde.[18] Eine „hinweisende Definition" setzt deshalb voraus, daß bereits klar ist, „welche Rolle das" solchermaßen erklärte „Wort in der Sprache überhaupt spielen soll" (PU § 30), d.h., daß man die Sprache mindestens „schon in gewissem Umfange beherrscht"[19] und deshalb erahnen kann, welche Art von Wort, ein Eigenname oder ein Zahlwort, überhaupt erklärt werden soll. *Weil* dies beim Ethnolinguisten anders als beim noch sprachlosen Kind der Fall ist, hat er die Möglichkeit zu erraten oder zu erdeuten, *was* durch eine Zeigegeste deutlich gemacht werden soll. Wie schon P.F. Strawson in seiner Rezension der *Philosophischen Untersuchungen* herausstellte, gibt Augustinus nach Wittgensteins Ansicht deshalb ein unzutreffendes Bild vom kindlichen Spracherwerb, das „derives essentially from the instruction-setting of someone who has already mastered in part the technique of using the language".[20]

Allerdings ist Wittgenstein natürlich nicht primär daran gelegen, irreführende Theorien kindlichen Spracherwerbs zu kritisieren. Wichtiger ist die Einsicht, daß nach Wittgensteins Meinung gerade durch Augustins Orientierung an einem speziellen, aber von ihm wohl als paradigmatisch erachteten Fall, in welchem eine hinweisende Erklärung das Nicht-Verstehen unter gewissen Umständen beheben kann, die Vorstellung entsteht, *jedes* Wort habe eine »Bedeutung« als »etwas«, das man protokollieren, im Gedächtnis behalten, vielfach ge-

---

[18] Da W.V.O. Quine mit den Wittgensteinschen vergleichbare Argumente für seine Theorie der »indeterminacy of translation« fruchtbar und überaus bekannt gemacht hat, können wir uns an dieser Stelle eine eingehendere Diskussion der prinzipiellen Mißverständlichkeit aller hinweisenden Definitionen ersparen, zumal sie in unserem Kontext nur am Rande bedeutsam ist. Vgl. Willard Van Orman *Quine, Word and Object*, Cambridge/Mass. 1960, Kap. 2.

[19] E.K. *Specht, Die sprachphilosophischen und ontologischen Grundlagen im Spätwerk Ludwig Wittgensteins*, 67

[20] Peter Frederick *Strawson, Philosophical Investigations. By Ludwig Wittgenstein*, in: Mind 63 (1954), 72

genständlich zeigen und jedenfalls vom jeweils zur Erklärung anstehenden Wort unterscheiden kann – auch dann, wenn keinerlei Erklärungsbedarf besteht. Häufig „funktioniert" eine Worterklärung durch Zeigegesten ja tatsächlich „gut", eben „unter gewissen Umständen und bei gewissen Wörtern" (LSPP § 332), z.B. vielfach bei „Hauptwörter[n] ... wie »Tisch«, »Stuhl«, »Brot«", an die jemand, wie Wittgenstein vermutet, wohl zuvörderst denkt, der „das Lernen der Sprache so beschreibt" (PU § 1) wie Augustinus. Doch ist diese »Philosophie der Sprache«, in der der Bedeutungsbegriff entspringt, insofern »primitiv« (vgl. PG § 19), als sie einen sehr speziellen Fall der Behebung des Nicht-Verstehens in unangemessener Weise verallgemeinert und suggeriert, es gehe in allen Verwendungen von Sprache *nur* darum, auf etwas – als auf die »Bedeutung« – Bezug zu nehmen. „Sowie man den Begriff [der Bedeutung / S.M.] auf andere Wörter ausdehnt, entstehen aber Schwierigkeiten." (LSPP § 332) Die Behauptung, jedes Wort *habe* eine angebbare »Bedeutung«, birgt nämlich die Gefahr in sich, auch bei solchen Wörtern nach (möglichst gar zeigbaren) Korrelaten der Bezugnahme zu suchen, wo dies, anders als bei den Substantiven »Tisch«, »Stuhl«, »Brot«, gar nicht sinnvoll ist. Wörter „wie »nicht«, »aber«, »vielleicht«, »heute«", an die Augustinus nach Wittgenstein bei seiner Beschreibung des Lernens der Sprache wohl nur „entfernt" (EPB 117) denkt, könnten dafür Beispiele sein. So kommt dann die generalisierende Deutung *aller* sprachlichen Erscheinungen im Lichte des Schemas »Wort → Bedeutung« für zahlreiche philosophische Fiktionen auf: „Wo unsere Sprache uns einen Körper vermuten läßt, und kein Körper ist, dort, möchten wir" dann vielleicht „sagen, sei ein *Geist*" (PU § 35), einfach weil wir der Versuchung erliegen, zu allen Ausdrücken der Sprache einen wenigstens *dinganalogen* »Gegenstand« der Bezugnahme hinzuzufingieren.

Freilich brauchen wir die labyrinthischen Surrogate des Bedeutens, deren Entflechtung Wittgenstein bekanntlich insbesondere am Beispiel der Logik psychologischer und mathematischer Begriffe im größten Teil seines Spätwerkes zu unternehmen trachtet, hier noch nicht weiter zu verfolgen (vgl. dazu Kapitel 13). Wichtiger ist an dieser Stelle die Einsicht, daß wir bloß auf Grund einer letztlich unbegründeten Verallgemeinerung des einer sehr speziellen Sprachsituation abgelesenen Schemas »Wort → Bedeutung« immer wieder dazu neigen, „im Verstehen" der sogenannten »Bedeutung« „das Eigentliche", in den „Zeichen" der Sprache „das Nebensächliche" (PG § 2) sehen – selbst dann, wenn nach der »Bedeutung« gar nicht wirklich gefragt wird. Wir unterliegen einem beständigen Drang, »hinter« die Zeichen der Sprache zur »Bedeutung« durchzudringen, insbesondere dann, wenn wir einen Satz nicht einfach *recte* im Gespräch verwenden, sondern uns im Zuge einer obliquen philosophischen Reflexion fragen, was wohl die *Bedeutung* eines bestimmten sprachlichen Ausdrucks sein mag. Im alltäglichen Gebrauch – und das heißt für Wittgenstein: im Normalfall – *hat* er keine, solange wir nicht nach ihr fragen. „Wenn ich jemandem" in einer gewöhnlichen Gesprächssituation „einen Befehl gebe, so ist es mir ganz genug, ihm Zeichen zu geben. Und ich würde, einen Befehl erhaltend, nicht sagen: »das sind ja nur Worte, ich muß hinter die Worte dringen«. Und wenn ich jemand etwas gefragt hätte und er gibt mir Antwort, bin ich zufrieden – das war es gerade, was ich erwartete – und wende nicht ein: »das ist ja eine bloße Antwort«." (PG § 2 / vgl. PU § 503) Wollte man darauf entgegnen: „»wie soll ich" aber dann „wissen, was er meint, ich sehe ja nur seine Zeichen?«", so wäre nach Wittgenstein darauf zu replizieren: „»wie soll er wissen, was *er* meint; er hat ja auch nur seine Zeichen«. (PG § 2 / vgl. PU § 504)

Die Einsicht, daß sprachliche Zeichen gar keine von ihnen unterschiedene »Bedeutung« haben, *solange* nicht nach ihr gefragt wird, und daß wir mit der allgemeinen philosophischen These, jedes Wort *habe* eine Bedeutung, eher Verwirrung stiften als zur Klärung beizutragen, ist schwer. Denn sie besagt, daß der „Sinn eines Satzes", nach dessen Bedeutung wir unter Umständen fragen, nicht objektiv (vor-)gegeben ist, sondern schlicht „das, was auf die Frage nach der Erklärung des Sinnes" dann jeweils „zur Antwort kommt." (PG § 84) Durch die erklärende Antwort „übersetzen wir ihn in eine unmißverständlichere Sprache [weniger mißverständliche Sprache]"[21], die wir als seine »Bedeutung« *ansehen*, sofern sie bestehende Fraglichkeit behebt. Wer demgegenüber behaupten wollte, daß sprachliche Zeichen doch eine darüber hinausgehende Bedeutung *an sich* hätten, der müßte nach Wittgenstein angeben können, was er „für das unterscheidende Merkmal zwischen *einem Zeichen* und *der Bedeutung*" (BB 61) hält. Was immer er hier jedoch nennen wollte, „es wäre", meint Wittgenstein, „für uns nur ein anderes Zeichen." (BB 21) „Auch eine Vorstellung"

---

[21] Aus dem Nachlaßmanuskript 108; zitiert nach M.B. und J. *Hintikka, Untersuchungen zu Wittgenstein*, 38.

im »Geist« des Sprechers, die manche Sprachtheorien als die Bedeutung eines Ausdrucks anführen, „ist nicht mehr als so ein Zeichen" (LSPP § 818), nämlich etwas, auf das wir aus explikativen Gründen nur dann verweisen, wenn wir gefragt werden, auf was wir uns mit bestimmten, vielleicht aktuell miß- oder unverständlichen Ausdrükken jeweils gerade beziehen. Denn ob wir im Normalfall ungestörter Kommunikation *diese*, immer *dieselbe* oder überhaupt *irgendeine* Vorstellung mit unseren Worten verbinden, ist – wie wir noch näher sehen werden – gleichgültig.

„Über sich selbst führt uns kein Zeichen hinaus, und auch kein Argument." (PG § 71) Es kann uns bestenfalls zu anderen Zeichen führen. Daran, „daß das Zeichen wirklich nicht mehr", will heißen: *nichts anderes* „bedeuten kann, als es ist", nämlich ein *anderes Zeichen*, daran „denken" wir nach Wittgenstein freilich „viel zu wenig" (PB § 144)[22], wenn wir philosophisch über die Beziehung von »Zeichen« und »Bedeutung« reflektieren. Doch ein angebbares Merkmal für die Unterscheidung von Zeichen und Bedeutung gibt es eben nicht, und darum hat es auch keinen Sinn zu behaupten, sprachliche Zeichen *hätten* »Bedeutung« auch dann, wenn ein Ausdruck gar nicht in Frage steht.

10.3 Bedeutung und Erklärung

„Gesprochenes" – dies ist im Grunde eine »alte« sprachphilosophische »Erkenntnis«[23], die sich Wittgenstein freilich erst jetzt völlig deutlich macht – läßt sich „nur durch die Sprache erklären, drum kann man die Sprache selbst, in diesem Sinn, nicht erklären" (PG § 2), weder

---

[22] Diese Bemerkung trifft Wittgenstein im engeren Zusammenhang von Überlegungen zur Funktion mathematischer Zeichen. Die Vielzahl seiner ähnlich lautenden Formulierungen in allgemeineren sprach- und zeichenphilosophischen Zusammenhängen rechtfertigt es aber unseres Erachtens, dieses Zitat hier in einem erweiterten Argumentationskontext anzuführen.

[23] Diesen Ausdruck verwendet Wittgenstein in der *Philosophischen Grammatik* selbst, wenn er es eine „alte Erkenntnis" nennt, „daß wir die Sprache nur von außen beschreiben können", d.h., daß „wir also nicht erwarten dürfen, durch eine Beschreibung der Sprache in andere Tiefen zu dringen, als die Sprache selbst offenbart: Denn die Sprache beschreiben wir mittels der Sprache." (283 f.) Der Kontext dieses Zitats läßt allerdings nicht erkennen, was bzw. wen Wittgenstein hier im Blick hat.

durch sprachlichen oder deiktischen Rekurs auf vermeintlich darstellungsunvermittelte »Tatsachen« noch auf wie immer geartete »Bedeutungen«, die an sich selbst *nicht* wieder Zeichen wären. Natürlich reden wir, alltäglich und philosophisch, weiterhin von »der Bedeutung« von Worten und Sätzen. Freilich tun wir gut daran, auf eine allgemeine Theorie der »Bedeutung« zu verzichten und mit Wittgenstein eine »entmythisierte« Erläuterung dieses Wortes zu geben, die weniger in philosophische Probleme zu führen geeignet ist als traditionelle Bedeutungstheorien. Gerade von ihrem sprachlogischen Ursprung aus einer das Nicht-Verstehen beseitigenden Worterklärung her gesehen kann man nämlich, wie Wittgenstein seit der *Philosophischen Grammatik* mehrfach betont, in den meisten Fällen einfach sagen, die »Bedeutung« eines unverstandenen Zeichens *sei* stets dasjenige, was in einer akzeptablen Erklärung der Bedeutung *jeweils* zum Ausdruck kommt. Und in diesem Sinne gebraucht Wittgenstein das Wort »Bedeutung« auch selbst, wenn er in Einzelanalysen von der »Bedeutung« bestimmer Begriffe spricht.

In diesem Sinne notiert Wittgenstein erstmals in § 23 der *Philosophischen Grammatik* den Satz „Die Bedeutung eines Wortes ist das, was die Erklärung der Bedeutung erklärt" als *Erklärung* des *Wortes* »Bedeutung«. Bereits hier will er diese für sein gesamtes Spätwerk zweifellos grundlegende Erläuterung des Bedeutungsbegriffs keineswegs als eine Option für irgendeine *bestimmte* Bedeutungstheorie verstanden wissen, sondern mit ihrer Hilfe dessen Erklärung offenlassen für das, was man in einer Sprache wirklich als Erklärung der »Bedeutung« auffaßt und gelten läßt. „Unsern Satz, »die Bedeutung sei, was die Erklärung der Bedeutung erklärt«, können wir" nach Wittgenstein nämlich *„so* ausdeuten: kümmern wir uns nur um das, was die Erklärung der Bedeutung heißt, und um die Bedeutung sonst in keinem Sinne." (PG § 32) »Seinen Satz« nimmt Wittgenstein in den *Philosophischen Untersuchungen* in Form eines Selbstzitats neuerlich auf, wobei er betont, daß man über die Bedeutungserklärung gar die »Bedeutung von Bedeutung« bestimmen könne: „»Die Bedeutung des Wortes ist das, was die Erklärung der Bedeutung erklärt.« D.h.: willst du den Gebrauch des Worts »Bedeutung« verstehen, so sieh nach, was man »Erklärung der Bedeutung« nennt." (PU § 560)

Was nennt man aber gewöhnlich eine »Erklärung der Bedeutung«? „Man kann die Sprache aus verschiedenen Gesichtspunkten betrachten. Und sie spiegeln sich in dem jeweiligen Begriff der »Bedeutung«" (LSPP § 816). Für eine Sprachbetrachtung augustinischer Provenienz steht zweifellos der Gesichtspunkt im Vordergrund, daß Sprache primär dazu diene, physische Dinge zu benennen, wobei sie – ausschließlich orientiert am Beispiel einer ethnolinguistisch vorgestellten Spracherwerbssituation – davon ausgeht, daß »unter gewissen Umständen« ja tatsächlich Verständnis erzeugende Gesten des »Zeigens-auf-etwas« als Bedeutungserklärungen fungieren können. Unter *diesem* Gesichtspunkt entsteht die Vorstellung, daß man Gegenstände »die Bedeutungen« von Worten nennen könne. Dieser Gesichtspunkt ist als solcher nicht falsch oder inadäquat, sondern schlicht viel zu eng (vgl. PU § 3) und führt darum zu Schwierigkeiten, wenn man ihn auf die ganze Vielfalt sprachlicher Phänomene ausdehnt. Denn es ist nach Wittgenstein „wichtig, festzustellen, daß das Wort »Bedeutung«" unter weniger eingeschränkten Gesichtspunkten als den augustinischen betrachtet geradezu „sprachwidrig gebraucht wird, wenn man damit das Ding bezeichnet, das dem Wort »entspricht«. Dies heißt, die Bedeutung eines Namens verwechseln mit dem *Träger* des Namens." (PU § 40) Wir können ja die Bedeutung eines Namens gewöhnlich auch dann erklären, wenn es einen gegenständlichen Träger des Namens gar nicht gibt – wenn auch nicht durch Zeigegesten. Namen von fiktiven oder nicht mehr existenten Gegenständen machen dies sofort klar. Wittgensteins eigener Vorschlag geht deshalb bekanntlich dahin, unter einem weiteren Gesichtspunkt »Bedeutung« als den Gebrauch eines Wortes in der Sprache zu verstehen. Denn der Wortgebrauch ist es, den wir mit ganz verschiedenartigen Bedeutungserklärungen explizieren.

Dies gilt auch für Bedeutungserklärungen durch hinweisende Zeigegesten, was eine Sprachbetrachtung unter »augustinischen« Gesichtspunkten freilich nicht sieht. Als besondere Formen der „Worterklärung" im Zuge der „Sprachlehre" schlagen sie eine vermeintliche „Verbindung zwischen »Sprache und Wirklichkeit«" nämlich *nur* insofern, als sie etwa durch die gestisch unterstützte Ausdruckweise »*Dies* nennt man rot« ein Beispiel für eine Situation des korrekten Gebrauchs des Wortes »rot« geben und *dadurch* ein Muster für weitere Verwendungen desselben Wortes *in* die Sprache einführen. Man könnte deshalb sagen, hinweisende Definitionen seien keine Verbindungsglieder zwischen Zeichenträgern und »Bedeutungen«, sondern selbst wortgebrauchsexemplifikatorische Schritte *innerhalb* der Sprache. Auch durch diese Form der Bedeutungserklärung bleibt deshalb „die Sprache in sich geschlossen, autonom" (PG § 55). Sie erklärt durch Zeigen auf ein exemplarisch Vorgezeigtes „den Gebrauch" – und nur in diesem Sinne die sogenannte „Bedeutung – des Wortes" (PU § 30).

In § 23 der *Philosophischen Grammatik* läßt sich nun auch in aufschlußreicher Weise ersehen, wie die Erläuterung des Wortes »Bedeutung« als »Gebrauch in der Sprache« aus Wittgensteins gewissermaßen *antibedeutungstheoretischem* Grundsatz hervorgeht. Wenn er dort schrieb, „unter »Bedeutung« verstünden wir das, was die Erklärung der Bedeutung erklärt", hatte er natürlich nicht an einen „Erfahrungssatz" oder an eine „Kausalerklärung" gedacht. Wenn man ein Wort erklärt, beschreibt man ja nicht Erfahrungstatsachen und man nennt auch keine Ursachen, die Wort- und Satzverwendungen möglicherweise bedingen. Vielmehr formuliert „die Erklärung der Bedeutung ... eine Regel, ein Übereinkommen." (PG § 32) *Was* wir erklären, wenn wir »die Bedeutung« eines Wortes einsichtig zu machen suchen, ist insofern der in der Wirklichkeit des Sprechens von Personen manifeste, durch Regelmäßigkeiten gekennzeichnete *Brauch* seiner Verwendung, in dem eine Sprachgemeinschaft für gewöhnlich mit nur geringen Abweichungen übereinkommt. Diese Regelmäßigkeit eines Wortverwendungsbrauches ist es, die wir durch ganz verschiedene explikative Mittel zu erfassen, zu erklären und unter dem Namen der »Bedeutung« zu fixieren versuchen. Gelegentlich wird dies, nochmals gesagt, tatsächlich durch eine »unter gewissen Umständen« als Erklärung »gut funktionierende« Zeigegeste geschehen. Beispielsweise „die *Bedeutung* eines Namens erklärt man manchmal dadurch, daß man auf seinen *Träger* zeigt." (PU § 43) Häufig wird man aber auch Beispiele oder Synonyme anführen, bzw. das je in Frage stehende Wort in Sätzen von anderen abgrenzen. „Wann immer man nach der Bedeutung fragt" und auf welche Weise die Antwort also auch immer geschehen mag: „zuletzt rekurriert man doch auf einen bestimmten Gebrauch"[24]; eine Einsicht, die Wittgenstein in der *Philosophischen Grammatik* mit den Worten „Die Erklärung der Bedeutung erklärt den Gebrauch des Wortes" notiert.[25] *Auf Grund* dieser Einsicht schreibt er

---

[24] J. *Zimmermann, Wittgensteins sprachphilosophische Hermeneutik,* 112

[25] Es ist also ein Mißverständnis, wenn man (wie Hans *Lenk, Zu Wittgensteins Theorie der Sprachspiele*) meint, Wittgenstein habe mit seiner Erklärung des Wortes »Bedeutung« als »Gebrauch in der Sprache« die *alltags- bzw. umgangssprachliche* Verwendung dieses Wortes beschreiben wollen, und ihm dann vorhält, obwohl er „besser zu wissen" glaube, „was Bedeutung ist, als der Umgangssprachgebrauch", „nicht ge-

im nächsten Satz erstmals die sie paraphrasierende Formulierung nieder: „Der Gebrauch des Wortes in der Sprache ist seine Bedeutung." (PG § 23)

Wenn Wittgenstein als die »Bedeutung« eines Wortes dessen »Gebrauch« in der Sprache zu betrachten empfiehlt, denkt er an »Gebrauch«, wie Ernst Konrad Specht hervorhob, wohl in dem doppelten Sinn, daß Bedeutungserklärungen (erstens) den *Gebrauch* als den üblichen Brauch der Wortverwendung im Sinne einer gesellschaftlichen Gepflogenheit beschreiben, wie sie sich (zweitens) im *Gebrauch* der Sprecher (als der Wirklichkeit ihrer kommunikativen Verwendung) niederschlägt.[26] Dieser doppelschichtige »Gebrauch« bestimmt dasjenige, was Wittgenstein – er fügt einmal ausdrücklich hinzu: „wie ich das Wort gebrauche" – »die Grammatik« einer Sprache nennt. Sie ist eine „Beschreibung der tatsächlichen Handhabung der Sprache" (Phil 408) in einer bestimmten Gesellschaft, d.h. sie schreibt in seinem Sinne nicht in Form von Satz- oder Wortbildungsregeln normativ vor, „wie die Sprache gebaut sein muß", sondern „beschreibt nur, aber erklärt in keiner Weise" den gesellschaftlich eingespielten „Gebrauch der Zeichen" (PU § 496). Statt zu sagen »Der Gebrauch des Wortes in der Sprache ist seine Bedeutung«, kann man deshalb auch „erklären: der Ort eines Wortes in der Grammatik ist seine Bedeutung" (PG § 23).[27] Diesen sucht man in den vielfältigen Formen von Bedeutungs-

---

nügend den umgangssprachlichen Gebrauch des Ausdrucks »Bedeutung«" beachtet zu haben. Denn natürlich gibt es „Beweisbeispiele dafür, daß die Ausdrücke »Bedeutung« und »korrekter Gebrauch« in der Umgangssprache nicht austauschbar sind." (473) Doch will Wittgenstein selbstverständlich nicht sagen, die Umgangssprache *selbst* expliziere das Wort »Bedeutung« als »Gebrauch in der Sprache«, sondern vielmehr, die »Bedeutung« eines Wortes sei das, *was* die Sprecher in ihrer Umgangssprache jeweils im Zuge einer Gebrauchserklärung anführen.

[26] Vgl. E.K. *Specht, Die sprachphilosophischen und ontologischen Grundlagen im Spätwerk Ludwig Wittgensteins*, 111 f.

[27] In § 664 der *Philosophischen Untersuchungen* führt Wittgenstein auch noch die Unterscheidung einer „»Oberflächengrammatik« von einer »Tiefengrammatik«" ein. Unter der Oberflächengrammatik eines sprachlichen Ausdrucks versteht er dessen äußerlich wahrnehmbare „Verwendung im *Satzbau*", gewissermaßen das, was „man mit dem Ohr" oder dem Auge „erfassen kann" (ebd.). Was Wittgenstein demgegenüber mit »Tiefengrammatik« meint, hat mit der »Tiefengrammatik« der (Chomskyschen) Linguistik nichts zu tun, sondern bezieht sich auf die Rolle, die das Wort wirklich in unserer Sprache spielt (vgl. dazu William W. *Bartley III, Wittgenstein, ein Leben*, München 1983, 149). Diese Unterscheidung ist in zahlreichen Zusammenhängen nützlich, denn »oberflächengrammatisch« sehen sich die Verwendungen vieler Worte, z.B. die

erklärungen mit unterschiedlichen Mitteln jeweils einsichtig zu machen. Manchmal ist die Grammatik einer Sprache schriftlich niedergelegt, so daß man zum Zwecke der Erklärung einige weithin akzeptierte Synonyme oder Verwendungsbeispiele für fragliche Worte in einem Wörterbuch nachsehen kann; freilich nicht immer, denn sie wird wohl „erst aufgezeichnet ..., wenn die Sprache schon *lange* von Menschen gesprochen worden ist" (PG § 26). Sie wird dann im »lebendigen« Brauch des Sprachgebrauchs tradiert.

Wie wenig Wittgenstein geneigt ist, mit seiner skizzierten Erläuterung von »Bedeutung« als »Gebrauch in der Sprache« so etwas wie eine mit alternativen Theorieansätzen konkurrierende *Bedeutungstheorie* zu verbinden, zeigt nochmals eine Betrachtung jenes berühmten Paragraphen 43 der *Philosophischen Untersuchungen*. „Daß die Literatur sich in ihrem Bemühen, die" – wie gesagt – „vor dem Erscheinen der PU längst populäre Gebrauchstheorie der Bedeutung nun auch im Text zu finden," bemerkte Eike von Savigny zu Recht, „ausgerechnet auf diese dafür völlig ungeeignete Stelle gestürzt hat, ist wohl nur dadurch zu erklären, daß" der in ihr thesenartig formulierte Satz »Die Bedeutung eines Wortes ist sein Gebrauch in der Sprache«, „aus dem Zusammenhang gerissen, als ihre explizite Formulierung dienen kann."[28] Tatsächlich macht nämlich auch § 43 recht unmißverständlich klar, daß Wittgenstein diesen Satz nicht als philosophische These, sondern als *grammatische Bemerkung* über die Verwendung des Wortes »Bedeutung« meint. Denn er sagt ausdrücklich, „für eine *große* Klasse von Fällen der Benützung des Wortes »Bedeutung« – wenn auch nicht für *alle* Fälle seiner Benützung –" könne man „dieses Wort so erklären". Fälle, in denen dies nicht zweckmäßig ist, liegen auf der Hand. Wenn man beispielsweise von der »Bedeutung eines Ereignis-

---

der Begriffe »schreiben« und »denken« in den Sätzen »Ich schreibe« und »Ich denke« sehr ähnlich, was »tiefengrammatische« Gebrauchsdifferenzen verdeckt. Von dieser Unterscheidung her gesehen müßte man also genauer sagen: »der Ort eines Wortes in der ›Tiefengrammatik‹ ist seine Bedeutung«.

[28] Eike von *Savigny*, *Wittgensteins „Philosophische Untersuchungen"*, Bd. 1, 85. Für Literaturhinweise auf die einflußreichsten bedeutungstheoretischen Interpretationen von PU § 43 vgl. Savigny, 85 f. Wir brauchen sie im einzelnen nicht zu diskutieren, weil sie – sofern sie die Abhängigkeit der Erläuterung von »Bedeutung« als »Gebrauch in der Sprache« von der grundlegenderen Bemerkung, »Bedeutung« sei das, »was die Erklärung der Bedeutung erklärt«, *nicht* bemerken – in der Sicht der hier vorgelegten Deutung schon von ihrem Interpretationsansatz her Wittgensteins Problemdiagnose verfehlen.

ses für unser Leben«[29] spricht, ist das Wort »Bedeutung« natürlich nicht als »Gebrauch in der Sprache« zu erklären. In der großen Klasse der Fälle, in denen wir im sprachphilosophischen Sinne das Wort »Bedeutung« benutzen, wird es aber am wenigsten irreführend sein, sich »Bedeutung« stets als »Gebrauch in der Sprache« zu erklären, weil das, was wir mit unseren vielfältigen Bedeutungserklärungen zu fassen suchen, dadurch in seiner Familienähnlichkeit am besten charakterisiert scheint.

Kritisch gegen die hier vorgetragene Deutung wird man freilich einwenden: Aber hat Wittgenstein nicht doch eine eigene Bedeutungs*theorie*? Schließlich notiert er noch in den späten Notizen, die unter dem Titel *Über Gewißheit* veröffentlicht worden sind, durchaus theoretisch klingende Begriffsbestimmungen. „Eine Bedeutung eines Wortes", heißt es dort, „ist eine Art seiner Verwendung. Denn sie ist das, was wir erlernen, wenn das Wort zuerst in unserer Sprache einverleibt wird." (ÜG § 61) „Die Bedeutung eines Wortes", empfiehlt er einige Bemerkungen weiter, „vergleiche mit der »Funktion« eines Beamten. Und »verschiedene Bedeutungen« mit »verschiedenen Funktionen«." (ÜG § 64) Dies klinge doch sehr wohl nach positiven Bestimmungen dessen, was »Bedeutung« *ist*. Es ist natürlich unbestreitbar, daß der Begriff der »Bedeutung« in Wittgensteins Denken nicht nur eine kritische Verortung hinsichtlich seines Ursprungs aus einer »primitiven Philosophie der Sprache« erfährt, sondern auch im dargelegten Doppelsinne von »Gebrauch in der Sprache« in seine eigenen Überlegungen übernommen wird. Aber auch in solchen Verwendungen bezieht sich das, was Wittgenstein mit dem Wort »Bedeutung« anspricht, „auf eine *allgemeine* Erklärung" (LSPP § 348), die in manchen Fällen von einem Wort zu geben sehr zweckmäßig sein kann. Dieser reflektierte „Begriff der »Bedeutung«" soll dabei „in die Beschreibung der Wortverwendung", die man z.B. zum Zwecke der Behebung philosophischer Mißverständnisse betreiben kann, „einen neuen Gesichtspunkt einführen." (LSPP § 327) Wie jeglicher Gesichtspunkt der Sprachbetrachtung, ist er natürlich nicht von den ganz und gar heterogenen Erscheinungsformen der Sprache erzwungen. Vielmehr soll er „dazu dienen, das, was man die kapriziösen Bildungen der Sprache nennen könnte, von den wesentlichen, in der Natur ihres

---

[29] Dieses Beispiel ist PG § 32 entnommen, wo Wittgenstein freilich einen anderen Gedanken an ihm demonstriert.

Zweckes gelegenen zu unterscheiden." (LSPP § 326) Und »kapriziös« ist nach Wittgenstein vor allem der Sprachgebrauch der Philosophen, wenn sie in philosophischen Sprachspielen Wortverwendungsweisen einführen, die mit denen des täglichen Lebens, denen alle Worte entstammen, nichts zu tun haben. *Diesen gegenüber* will er deshalb den Gebrauch eines Wortes in der Sprache als dessen Bedeutung geltend machen. „Angegebene »Bedeutungen«" bleiben aber auch in diesem Fall stets „»Surrogate«, gebildet aus der Not"[30], innerhalb der begrifflichen Probleme der Philosophie Klarheit und Orientierung zu finden. Sie sind unter besonderen Gesichtspunkten unternommene Versuche, akzeptable Antworten auf die Frage nach bestimmten philosophischen Begriffen zu sein.

Bevor wir diesen Aspekt der Wittgensteinschen Überlegungen in Kapitel 14 eingehender diskutieren können, ist aber noch ein Bedenken gegen die *Erklärung* von »Bedeutung« als »Gebrauch in der Sprache« näher zu erörtern, das Wittgenstein selbst bereits in der *Philosophischen Grammatik* angesprochen hat. „Man könnte" nämlich „fragen: *Verstehe* ich denn das Wort, mit der Beschreibung seiner Anwendung, verstehe ich denn seinen Zweck? Habe ich mich nicht um etwas Wichtiges betrogen?" Denn den in der Beschreibung einer Wortanwendung, die ja auch in der Sprache geschieht, dargelegten Gebrauch zu kennen, heißt noch nicht unbedingt, auch dessen Bewandtnis im Leben der Sprecher zu verstehen. „Könnte ich nicht diesen Gebrauch kennen und ihm dennoch verständnislos folgen? (Wie in gewissem Sinne dem Singen der Vögel.)" Was man im Zuge der Beschreibung eines Wortgebrauchs als »Bedeutung« beschreibt, sagt ja noch nichts darüber aus, „warum sie so handeln", warum sie *so* und nicht anders mit Zeichen operieren, d.h., es erklärt nicht, „wie die *Sprache* in ihr Leben eingreift." Darum stellt sich die Frage, ob die Erklärung von »Bedeutung« als »Gebrauch in der Sprache« dem zweifellos für das Verständnis einer Sprache wichtigen Aspekt, sich auf die Rolle des Zeichengebrauchs im Leben der Sprecher zu verstehen, nicht allzu äußerlich bleibt. Wittgenstein kleidet sie in die Formulierung: „Ist denn die Bedeutung wirklich nur Gebrauch des Worts? Ist sie nicht die Art, wie dieser Gebrauch in das Leben eingreift?" (PG § 29)

---

[30] So Josef *Simon, Zeichenphilosophie und Transzendentalphilosophie,* in: J. Simon (Hrsg.), Zeichen und Interpretation, Frankfurt/Main 1994, 94, mit Bezug auf PU § 560.

11. »Im Anfang war die Tat« Sprachspiel und Lebensform

11.1 Kalkül und Spiel

Es versteht sich, daß Wittgenstein die Frage, mit welcher das vorige Kapitel schloß, sogleich bejaht. Denn ist der „Gebrauch" eines Wortes „nicht Teil unseres Lebens?!" Die meisten und vielleicht sogar die wichtigsten seiner Vollzüge lassen sich ohne Beachtung der Praxis des menschlichen Sprechens gar nicht angemessen begreifen. Insofern greift „die Sprache" natürlich stets „in mein Leben ein. Und was »Sprache« heißt ist ein Wesen bestehend aus heterogenen Teilen und die Art und Weise wie sie eingreift unendlich mannigfach." (PG § 29) Um Wittgensteins Bedeutungserklärung als Gebrauch eines Wortes in der Sprache in ihrem Vollsinn zu verstehen, ist es darum notwendig, die von ihm in den Blick gefaßte wechselseitige Durchdringung von Sprache und Leben genauer zu betrachten.

Der Begriff, in dem Wittgenstein das Bestehen der Sprache aus heterogenen Teilen sowie deren mannigfachen Eingriff in unser Leben denkt, ist bekanntlich der Begriff des »Sprachspiels«. Im Zuge seines Konzeptionswandels in den frühen dreißiger Jahren läßt sich beobachten, wie er nach ersten zaghaften Erwähnungen spätestens seit den Diktaten des sogenannten *Blauen Buchs* (vgl. BB 37) immer nachdrücklicher die Erbschaft des Kalkül-Begriffs antritt.[1] Trotz gelegentlicher Verwendung des Ausdrucks »Sprachspiel« in der *Philosophischen Grammatik* (vgl. z.B. PG § 26) sagt er dort noch primär, daß die „Sprache" als „ein Kalkül" (PG § 140) bzw. eine Mannigfaltigkeit verschiedener Kalküle (als Systemen des Operierens mit Zeichen) zu betrachten sei. Denn er dachte noch, „zwischen der Art der Verwendung unserer Worte in der Sprache und einem Kalkül" bestehe „nicht etwa eine bloße Analogie, sondern ich kann tatsächlich den Begriff des Kalküls so fassen, daß die Anwendung der Worte darunter fällt." (WWK 168) Diese Vorstellung erschien ihm nunmehr zwar nicht falsch, doch rückte er von diesem Begriff wohl deshalb mehr und mehr

---

[1] Darauf haben bereits J. und M.B. *Hintikka, Untersuchungen zu Wittgenstein,* 33 sowie J. *Schulte, Wittgenstein,* 139 f., hingewiesen.

ab, weil dieser auf Grund seiner mathematisch-logischen Herkunft allzu sehr an einen Gebrauch von Sprache als eines *ausschließlich* regelgeleiteten Vorgangs denken läßt.[2] Der Vergleich unseres Sprachgebrauchs mit einem Spiel schien ihm diese Vorstellung zu vermeiden, denn er erlaubte es, „das Phänomen der Sprache" als zwar auf „Regelmäßigkeit, auf Übereinstimmung im Handeln" (BGM 342) der Sprecher beruhende, aber nicht in jeder Hinsicht von expliziten Regeln begrenzte Tätigkeit des Sprechens zu beschreiben; etwa analog dem „Tennis", wo es „ja auch keine Regel dafür z.B." gibt, „wie hoch man ... den Ball werfen darf, oder wie stark, aber Tennis ... doch ein Spiel" ist und „auch Regeln" (PU § 68) hat. Zudem dachte er, „die Analogie der Sprache mit dem Spiel" könne in der Weise aufschlußreich sein, daß uns die Mannigfaltigkeit von Spielen ein Gleichnis für die ganze Heterogenität von Phänomenen sein könnte, die unter dem Namen »*die* Sprache« versammelt werden; gerade auch durch „den Fall, wo wir spielen und – »make up the rules as we go along«" (PU § 83). Vor allem aber nahm er wohl an, daß der praktische Handlungscharakter des Sprechens, den er als wesentlich für das Verständnis von Sprache ansah, durch den Spiel-Begriff weit besser akzentuiert werde als durch den Kalkül-Begriff, mit dem er die These, daß die Sprache „durch die *Sprachhandlungen* charakterisiert" (PG § 140) sei, zwar auch schon verbunden, aber wohl noch nicht deutlich werden sah. Dieser Aspekt kommt durch die Spiel-Analogie viel klarer heraus, weil man bei Spielen in den meisten Fällen sogleich an eine von Regelmäßigkeiten durchsetzte, auf Übereinstimmung der Spieler basierende Tätigkeit des Ausführens von Spielzügen denkt.

Wie jeder Vergleich hat natürlich auch der Vergleich von Sprache und Spiel seine Grenzen, wie Wittgenstein bereits 1931 in den Gesprächen mit Friedrich Waismann weiß, in denen unter der noch völligen Dominanz des Kalkül-Begriffs auf eine wichtige hingewiesen wird. Einen bedeutsamen Unterschied zwischen Sprache und Spiel will er im Gespräch mit Waismann darin sehen, daß das „Spiel ... dort" aufhöre, „wo der Ernst beginnt, und der Ernst ist die Anwendung." Anders als von den Schritten eines Spiels sind wir nämlich gezwun-

---

[2] Zum Zusammenhang von Kalkül-Begriff und (Sprach-) Spiel-Begriff siehe auch die Arbeit von Hans *Billing, Wittgensteins Sprachspielkonzeption*, Bonn 1980, 73 ff., die in diesem Problemzusammenhang wichtige Textstellen zusammenträgt, interpretativ freilich unbefriedigend bleibt.

gen, von den Schritten in der Sprache zur Realität überzugehen und uns in Handlungen auf unsere im System der Sprache jeweils in der Position der Realitätsbeschreibung befindlichen Sätze zu verlassen. Der Ernst der Anwendung wird virulent, „wenn wir die Resultate des Kalküls für das tägliche Leben brauchen. Ich wende z.B. die Rechnung 8 x 7 = 56 tausende Male im täglichen Leben an, und deshalb ist es uns Ernst." (WWK 170) Wir tun dies beispielsweise, wenn wir „die Dimensionen eines Dampfkessels" (vgl. WWK 171) berechnen oder ähnliches. Der Übergang zur Realität in der Handlung, etwa durch „das Bauen des Kessels", gehört hier wesentlich zum Kalkül dazu, so daß man geradezu sagen kann: Eine solche Handlung ist selbst *„wieder ein Schritt in diesem Kalkül* und und nicht etwa etwas ganz anderes." (WWK 172) Diese für unser Operieren mit der Sprache charakteristische, ihm gewissermaßen intrinsische Realitätsdimension, durch welche sie tief in das Leben der Menschen eingreift, bleibt durch die Spielanalogie vielleicht ein wenig unterbelichtet, insofern sie manchen an ein bloßes, konsequenzenloses Spielen mit Worten denken lassen mag.

Immerhin hielt Wittgenstein die Analogien zwischen Sprache und Spiel jedoch für signifikant genug, um unter dem Namen des »Sprachspiels« seinen für die gesamte Sprachbetrachtung der Spätphilosophie maßgeblichen Grundbegriff zu prägen. Das Wort „»Sprache«", so wie wir es gewöhnlich verwenden, bezieht sich nach Wittgenstein „auf eine Technik, auf eine Gepflogenheit" (BGM 346) des Zeichengebrauchs, und sofern der Sprachspiel-Begriff die terminologische Nachfolge des Kalkül-Begriffs zu ihrer näheren Charakterisierung antritt, kann man gewiß sagen, daß »Sprachspiele« zunächst einfach spezifische Techniken oder Gepflogenheiten des Gebrauchs von Worten sind, in deren irreduzible Mannigfaltigkeit sich das, was wir »*die* Sprache« nennen, segmentiert.[3] „Ein Sprachspiel" ist „etwas ..., was in wieder-

---

[3] Im Unterschied zur hier vorgelegten Deutung hat Josep-Maria *Terricabras, Ludwig Wittgenstein.* Kommentar und Interpretation, Freiburg / München 1978, geltend gemacht, Wittgenstein deute „nirgendwo in seinem Werk an, daß die Sprache *aus* Sprachspielen besteht. Von einer ganz einfachen Sprache" wie der Baustellen-Sprache aus PU § 2 könne man zwar „sagen, daß sie *das* Sprachspiel ist, wenn sie nur auf *eine* bestimmte Weise verwendet werden kann. Dies bedeutet aber nicht, daß eine kompliziertere Sprache »in Sprachspiele« zerfällt, als ob sie dann aus der *Summe* der Sprachspiele zusammengestellt werden könnte. Wittgenstein hat nicht versucht, die Sprache zu »parzellieren«, sondern ganz im Gegenteil wollte er zeigen, daß es solche feste, ein für allemal gegebenen Einheiten in der Sprache nicht gibt. ... Mit »Sprachspielen« wollte er die Verwendungsweisen der Sprache" – nämlich „das »Sprachspielen«", wel-

holten Spielhandlungen in der Zeit besteht" (ÜG § 519), d.h. eine durch kontinuierlich wiederholte Anwendung derselben Zeichen oder Zeichenfolgen in der Zeit gekennzeichnete Regelmäßigkeit des Sprachgebrauchs. „Das Wort »Sprach*spiel*« soll" dabei „hervorheben, daß das Sprechen der Sprache ein Teil ist einer Tätigkeit, oder einer Lebensform" (PU § 23)[4], was der mathematische Kalkül-Begriff, wie gesagt, nicht hinreichend deutlich macht. Wie ein Spiel nämlich im Normalfall im zeitkontinuierlichen Vollzug von (mehr oder weniger) regelmäßigen Spielzügen oder -handlungen besteht, und *welche* Spiele je gespielt werden, von den in Gruppen oder Gesellschaften herrschenden Bräuchen und Gepflogenheiten abhängig ist, so ist das Sprechen einer Sprache für Wittgenstein wesentlich der Vollzug von »Sprachhandlungen«, die ihren Sinn aus ihrer Funktion in der Gemeinschaft

---

ches „das Sprechen der Sprache" ist – „betonen, nicht aber einfach konkrete Schemata »typifizieren«. (461 f) Zweifellos hat Terricabras mit der Auffassung recht, daß es ein Ganzes *der* Sprache – die »Summe« der Sprachspiele – nach Wittgenstein nicht als eine merkmals- bwz. wesensdefinitorisch faßbare, gleichsam ontologische Einheit gibt, und auch mit der, daß Sprachspiele keine »ein für allemal gegebenen«, unveränderlichen Einheiten der Sprache sind. Seine Ansicht jedoch, daß Wittgenstein nicht bereit gewesen wäre, Sprachspiele zu typisieren und von *den* (mannigfaltigen) Sprachspielen (innerhalb) *einer* Sprache zu reden, erscheint jedoch problematisch. Neben manchem sachlich-systematischen Argument, welches man dieser Deutung entgegenhalten könnte, widerspricht ihr schon philologisch, daß Wittgenstein dort, wo er eine exemplarische Liste für die „Mannigfaltigkeit der Sprachspiele" anführt, selbst von ihnen als „die Mannigfaltigkeit der Werkzeuge *der* Sprache" (PU § 23 / Herv. S.M.) spricht.

4 Es ist in der Literatur üblich, mit Ernst Konrad Specht drei verschiedene Bedeutungsnuancierungen in Wittgensteins Verwendung des Ausdrucks »Sprachspiel« zu unterscheiden. Wie Specht mit Blick auf die in diesem Zusammenhang einschlägigen Paragraphen 5, 7 und 23 der *Philosophischen Untersuchungen* hervorhebt, versteht Wittgenstein unter »Sprachspiel«: „a) Gewisse primitive und vereinfachte Sprachformen, wie sie etwa das Kind beim Sprechenlernen verwendet oder wie man sie künstlich entwerfen kann. b) Die gewöhnliche Umgangssprache zusammen mit allen Tätigkeiten und Verrichtungen, die unlösbar zu ihr gehören. (Gewöhnlich in der Wendung: »das Sprachspiel«) c) Bestimmte, einzelne Teilsysteme der Sprache, ausgegliederte Funktionseinheiten oder Verwendungszusammenhänge der Sprache." (E.K. *Specht, Die sprachphilosophischen und ontologischen Grundlagen im Spätwerk Ludwig Wittgensteins,* 41 f.) Für ähnliche Typologisierungsversuche vgl. J. *Zimmermann, Wittgensteins sprachphilosophische Hermeneutik,* 126, sowie K. *Wuchterl, Struktur und Sprachspiel bei Wittgenstein,* 122. Wir hoffen im folgenden deutlich machen zu können, daß diese verschiedenen Bedeutungsnuancierungen nichts anderes als unterschiedliche Beleuchtungen von Wittgensteins diesbezüglichem »Grundgedanken« sind, demzufolge »Sprachspiele« zeitkonstante Regelmäßigkeiten des Zeichengebrauchs in ihrer intrinsischen Verbindung mit Lebensformen der Sprachverwender sind.

der sie Gebrauchenden beziehen. Mit ihnen verfolgt man, darin anderen Formen der Handlung durchaus vergleichbar, ebenso wie z.B. mit der Anwendung handwerklicher Techniken eine Vielfalt ganz unterschiedlicher Zwecke durch die Verwendung einer (je nach Technik stärker oder geringer) regelhaften und wiederholbaren Verfahrensweise. Als solche Sprachhandlungen aufgefaßt ist das Sprechen einer Sprache eine Tätigkeit des Menschen im praktischen Umgang mit der Welt und mit anderen Menschen neben anderen Verrichtungen, die man im Leben vollzieht, oder – was vielleicht das häufigste ist – gar mit ihnen verwoben, so daß es als Teil solcher Tätigkeiten gelten muß. Es ist Teil einer bestimmten „Form des Lebens" (EPB 202) und nur aus ihr heraus zu verstehen. Wittgenstein will deshalb nicht nur die ja durchaus angemessen als kalkülartig charakterisierbaren Gebrauchsweisen von Worten, sondern „auch das Ganze: der Sprache und der Tätigkeiten, mit denen sie verwoben ist, das »Sprachspiel« nennen." (PU § 7)

11.2 Die Kontroverse um den Begriff der »Lebensform«

Inwiefern der Gebrauch von Worten, wie der Begriff des Sprachspiels hervorheben soll, nach Wittgensteins Auffassung von Tätigkeiten innerhalb bestimmter Formen des Lebens, mit denen er verwoben ist, gar nicht abgelöst werden kann, wird deutlicher, wenn man einige der Sprachspiele, die er in § 23 der *Philosophischen Untersuchungen* auflistet – z.B. „Bitten, Danken, Fluchen, Grüßen, Beten" – näher betrachtet, so wie er es seinem Leser an dieser Stelle zu tun empfiehlt. Die manchenorts gepflegte Praxis des Grüßens mit Hilfe des Ausdrucks »Grüß Gott« beispielweise ist offenkundig ohne Beachtung seiner Funktion im Leben der ihn verwendenden Menschen völlig unverständlich. Sie auf dem Wege über eine lebensform- und kontext*isolierte* Bedeutungserklärung der Worte »grüßen« und »Gott« explizieren zu wollen, führt ersichtlich zu absurden Konsequenzen. Wenn man nicht versteht, in welcher Weise dieser Ausdruck in das Leben der ihn verwendenden Menschen eingreift, versteht man seine »Bedeutung« nicht. Eine Bedeutungserklärung erklärt darum, wie sich auch hier nochmals zeigt, nicht eine objektive, dem Ausdruck zugeordnete »Bedeutung«, sondern eine Gepflogenheit und Technik des Zeichengebrauchs. Wo eine solche Praxis des Grüßens herrscht, wird auch gewöhnlich gar nicht an eine handlungskontextisolierte »Bedeutung« der Worte gedacht, sondern man geht über »von Worten zu Handlungen«, mit denen die Worte verwoben sind, man zieht den Hut oder hebt winkend die Hand, oder »von Handlungen zu Worten«, wenn man z.B. das Winken einer Hand durch Grußworte erwidert. Beides jedenfalls geschieht, »ohne daß man sich um Bedeutungen bekümmerte«, die es jenseits eines solchen Gebrauchs der Zeichen in einer Form des Lebens nicht gibt. Bei anderen Sprachspielen, z.B. dem „Herstellen eines Gegenstands nach einer Beschreibung (Zeichnung)" oder dem „Darstellen der Ergebnisse eines Experiments durch Tabellen und Diagramme" (PU § 23) ist dies nicht anders; wohl aber sind die Weisen verschieden, auf die wir von ihnen aus zur Realität und zu Handlungen übergehen. Sich „eine Sprache vorstellen heißt" *deshalb*, „sich eine Lebensform vorstellen." (PU § 19) Man stellt sich dann vor, welche Rolle ein Wort- oder Satzgebrauch im Zusammenhang der Lebenspraktiken einer Gemeinschaft von Menschen spielt.

An die Herkunft und den Sinn des Begriffs der »Lebensform« haben sich in der Forschung eine Reihe von begriffsgeschichtlichen und sachlichen Kontroversen angeschlossen – Kontroversen, die wohl keiner definitiven Entscheidung zugeführt werden können, weil diesem in den *Philosophischen Untersuchungen* nur fünf Mal gebrauchten Begriff „etwas Verschwommenes"[5] anhaftet. Diese Verschwommenheit, welche diejenige, die Wittgenstein all unseren Begriffswörtern zuspricht, weit übersteigt, macht den Begriff der »Lebensform« durchaus konträren Interpretationen zugänglich. Die begriffsgeschichtlichen Kontroversen betreffen zunächst die Quellen, die Wittgenstein zur Verwendung des Ausdrucks »Lebensform[en]« inspiriert haben. Obgleich „der Begriff »Lebensformen« ... eine klar erkennbare Geläufigkeit in der Wiener Kultur" zu Beginn des Jahrhunderts hatte, meinten Allan Janik und Stephen Toulmin, Wittgenstein müsse das Wort aus dem Titel *Lebensformen* eines Buches von Eduard Spranger übernommen haben, das im Jahre 1914 erschienen ist, wobei sie freilich sahen, daß eine systematische Nähe zu Sprangers Wortgebrauch bei Wittgenstein nicht zu erkennen ist.[6] Für diese These, der sich manche Interpreten angeschlossen haben[7], sind sie mehrfach gescholten worden,

---

5 So zu Recht die Bemerkung von R.F. *Beerling, Sprachspiele und Weltbilder*, 165.

6 A. *Janik* / St. *Toulmin, Wittgensteins Wien*, 308 f.

7 Vgl. exemplarisch Reinier F. *Beerling, Sprachspiele und Weltbilder*, 161.

unter anderem von Rudolf Haller, der auf eine *Lebensformen* betitelte Aufsatzsammlung des Jahres 1911 von W. *Fred* hingewiesen hat, die sachlich eine größere Nähe zu Wittgensteins Wortgebrauch aufweise.[8] Aber auch in diesem Falle bleiben die systematischen Konvergenzen blaß. Da allen Diskutanten über die Herkunftsfrage des Wortes »Lebensform« darüber hinaus bewußt ist, daß man letzten Endes schon auf „Goethe und Schleiermacher" als mögliche Quellen hinweisen kann[9], wird die begriffsgeschichtliche Herkunftsfrage wohl nicht definitiv zu entscheiden sein.[10]

Die sachlich-systematischen Kontroversen um den Lebensform-Begriff hat insbesondere Newton Garver inspiriert, der, ausgehend von der Beobachtung, daß Wittgenstein das Wort »Lebensform[en]« in den *Philosophischen Untersuchungen* vier Mal im *Singular* verwendet, geltend gemacht hat, Wittgenstein denke bei dessen Verwendung gar nicht an eine Pluralität möglicher soziokultureller Lebensformen von Menschen, *relativ* zu welchen man ihre unterschiedlichen Sprachspiele zu sehen habe. Vielmehr wolle er die Abhängigkeit der Sprache von *der* (einen) menschlichen Lebensform im Sinne der „gemeinsame[n] menschliche[n] Handlungsweise", die Wittgenstein in § 206 anspricht, akzentuieren – im Unterschied etwa zur tierischen Lebensform.[11] Denn sagt Wittgenstein nicht ausdrücklich: „Wenn ein Löwe sprechen könnte, wir könnten ihn nicht verstehen"[12] (PU 358), weil wir uns in die Bedeutung seiner Handlungsweisen in *seiner* Form des Lebens nicht hineinversetzen könnten? Dieser Deutung ist Rudolf Haller zu Recht mit dem Hinweis entgegengetreten, man könne „nicht leugnen, daß

[8] Rudolf *Haller, Lebensform oder Lebensformen?* Eine Bemerkung zu N.Garvers »Die Lebensform in Wittgensteins *Philosophischen Untersuchungen*«, in: Grazer Philosophische Studien 21 (1984), 60 f.

[9] A. *Janik* / St. *Toulmin, Wittgensteins* Wien, 308

[10] In Erwägung ziehen sollte man vielleicht auch, daß es sich bei Wittgensteins Rede von Lebensformen einfach um eine Nominalisierung des von ihm schon früher gebrauchten Ausdrucks »Formen des Lebens« handelt, die für einen Sprecher der deutschen Sprache ja durchaus naheliegt.

[11] Newton *Garver, Die Lebensform in Wittgensteins Philosophischen Untersuchungen,* in: Grazer Philosophische Studien 21 (1984). Vgl. auch J.-M. *Terricabras, Ludwig Wittgenstein,* 458, der ebenfalls geneigt ist, das von Wittgenstein mit dem Ausdruck »Lebensform« Gemeinte mit der »gemeinsamen menschlichen Handlungsweise« aus PU § 206 zu identifizieren.

[12] Für eine – wie wir meinen: angemessene – Deutung dieser aenigmatischen Bemerkung vgl. C. Grant *Luckhardt, Das Sprechen des Löwen,* in: E.v. Savigny / O.R. Scholz (Hrsg.), Wittgenstein über die Seele, Frankfurt / Main 1995.

Wittgenstein selbst den Ausdruck »Lebensform« in anderen Zusammenhängen und in anderen Schriften nicht nur deutlich im Plural gebraucht, sondern auch in einem anthropologisch-soziokulturellen Sinne."[13] Im Gegenteil; wenn man eine Stelle wie § 19 der *Philosophischen Untersuchungen* betrachtet, könnte man auf die Idee kommen, „jedes Sprachspiel" könne „als eine Lebensform gedeutet werden ... Danach gäbe es soviele Lebensformen wie mögliche Sprachspiele, nämlich: unzählige." Heißt es dort denn nicht, man könne „sich leicht eine Sprache vorstellen, die nur aus Befehlen und Meldungen in der Schlacht besteht. – Oder eine Sprache, die nur aus Fragen besteht und einem Ausdruck der Bejahung und Verneinung. Und unzählige Andere"? Wenn Wittgenstein *hier* betont, sich eine Sprache vorstellen *heiße*, sich eine Lebensform vorstellen, scheint man geradezu mit einer je sprachspielkorrelativen, überabzählbaren Mannigfaltigkeit von Lebensformen rechnen zu müssen.

Freilich: Die überaus spärliche Textlage macht eine definitive Entscheidung zwischen der unifizierenden und der pluralisierenden Auslegung des Lebensformbegriffs unmöglich. Vielleicht sollte man aus Wittgensteins zurückhaltendem Wortgebrauch – mit Max Black – zunächst einfach schließen, daß „[the] notion of »Lebensform« is not really important for Wittgenstein."[14] Vielmehr dürfte sich die ihm zugeschriebene Wichtigkeit den philosophischen Interessen der Interpreten verdanken, die in ihm einen Anknüpfungspunkt des Wittgensteinschen Denkens an andere philosophische Strömungen zu Beginn dieses Jahrhunderts sehen.[15] Denn Wittgenstein ist natürlich kein *Theoretiker* von Lebensformen[16], die ihn als solche nur wenig interessie-

---

[13] R. *Haller, Lebensform oder Lebensformen?*, 57

[14] Vgl. Max *Black, Lebensform and Sprachspiel in Wittgenstein's Later Philosophy*, in: Wittgenstein und sein Einfluß auf die gegenwärtige Philosophie, hrsg. von E.Leinfellner u.a., Wien 1978, 325-331.

[15] Neben Spranger und den anmerkungsweise erwähnten Lebensformen-Theoretikern aus Wittgensteins Wiener Kontext führt man in diesem Zusammenhang gelegentlich Edmund *Husserls* Lebenswelt-Theorie an, die er in seinem späten Werk *Die Krisis der europäischen Wissenschaften und die transzendentale Phänomenologie* entworfen hat (so etwa R.F. *Beerling, Sprachspiele und Weltbilder*, 164). Die eher zufällige terminologische Konvergenz zwischen Wittgenstein und anderen zeitgenössischen Autoren scheint freilich geeignet, den Stellenwert des Lebensform-Begriffs bei Wittgenstein überzubewerten bzw. interpretativ zu überfrachten.

[16] Schon deshalb nicht, weil man, wie wir später (Kap. 19) noch sehen werden, das, was Wittgenstein stets mit dem Ausdruck »Leben« in von ihm terminologisch verwen-

ren, sondern er will mit Hilfe dieses Begriffs schlicht auf ein nur um den Preis von Verkürzungen ausblendbares Fundament allen Sprachgebrauchs aufmerksam machen. Ohne den Begriff »Lebensform« theoretisch zu überfrachten, scheint es deshalb in den meisten Kontexten seiner Wittgensteinschen Verwendung am zweckmäßigsten, ihn – mit Joachim Schulte – als „die Gesamtheit der Praktiken einer Sprachgemeinschaft"[17] zu charakterisieren, mit der all ihre Sprachspiele verwoben sind und die im Blick auf das Funktionieren der Sprache zu mißachten, ein unzutreffendes Bild von ihr ergibt.

11.3 Begriff, Funktion und Status »primitiver Sprachspiele«

Denn „interessant" – *interessanter* als die Betrachtung von Lebensformen als solchen – fand es Wittgenstein, sich die ganze Mannigfaltigkeit von Sprachspielen, die wir in unserem Leben vollziehen, vor Augen zu führen und „mit dem zu vergleichen, was Logiker über den Bau der Sprache gesagt haben", wobei er sich als den „Verfasser der *Logisch-Philosophischen Abhandlung*" ausdrücklich einschließt. Wollte er sinnvollen Sprachgebrauch dort nämlich auf bildliche Darstellung bzw. Abbildung der Wirklichkeit verpflichten, kann, wie er nun meinte, eine Betrachtung unseres praktischen Sprachgebrauchs im Leben dagegen zeigen, daß es *„unzählige* ... Arten" (PU § 23) des Operierens mit Sprache, d.h. unabzählbar viele Sprachspiele gibt. Nicht nur dient die Sprache nicht allein dazu, Wirklichkeit in Bildern zu beschreiben, man kann die Mannigfaltigkeit ihrer Sprachspiele auf gar keinen bestimmten Zweck reduzieren, gerade *weil* wir mit ihnen unabsehbar viele Zwecke verfolgen. So läßt sich weder im allgemeinen, von Formen des Lebens abstrahierenden Sinne sagen, welchen Zwekken die Sprache zu dienen habe, noch, welche Sprachspiele im (vermeintlichen) Wesen der Sprache beschlossen lägen.

In einer komplexen Sprache wie der unsrigen gibt es eben unabsehbar viele. „Und diese Mannigfaltigkeit ist nichts Festes, ein für al-

---

deten Komposita wie »Lebensform« oder »Lebensmuster« meint, begrifflich gar nicht erfassen *kann*. Daß sich entsprechend auch der Begriff der »Lebensform« „dadurch auszeichnet, nicht begrifflich faßbar zu sein", betonte Martin *Scherb, Künstliche und natürliche Sprache*. Bemerkungen zur Semantik bei Tarski und Wittgenstein, Hildesheim 1992, 55.

[17] J.*Schulte, Wittgenstein*, 146

lemal Gegebenes; sondern neue Typen der Sprache, neue Sprachspiele, wie wir sagen können, entstehen und andre veralten und werden vergessen." (PU § 23) Auch „ändert sich" ein und dasselbe „Sprachspiel" manchmal „mit der Zeit" (ÜG § 256), d.h., neue, veränderte Gepflogenheit beginnen, es zu bestimmen, wie gerade die Entwicklung des Sprachspiels des Grüßens im deutschen Sprachraum zeigt. *Welche* Sprachspiele es gibt, *wozu* sie dienen und *wie* sie funktionieren, läßt sich deshalb nur einer *faktischen* Betrachtung der Sprachpraxis einer Gesellschaft entnehmen. Darum schien es Wittgenstein jetzt, man könne die Sprache ebenso fruchtbar wie durch die Spiel-Analogie mit dem Bilde „eine[r] alte[n] Stadt" beschreiben. Denn so wie diese aus einem „Gewinkel von Gäßchen und Plätzen, alten und neuen Häusern" besteht, durchmischen sich auch in der Sprache ältere und neuere, basalere und marginalere Sprachspiele, manche sind logisch-regelhaft, so wie eine alte Stadt „von einer Menge neuer Vororte mit geraden und regelmäßigen Straßen und mit einförmigen Häusern" (PU § 18) umgeben sein mag, manche verschwinden wieder aus der Sprache, wie Häuser, ja ganze Straßenzüge, die keinen Zweck mehr erfüllen, unter Umständen aus einer Stadt verschwinden. Darum kann man ihren Zustand – wie den einer Stadt – zuletzt nur kartographieren.

Wittgenstein dachte, es würfe Licht in die komplizierten Verhältnisse unserer Sprache, würde man philosophisch vor allem einfache, in bestimmtem Sinne »primitive« Sprachspiele betrachten. Gerade dann nämlich könne sich der »Dunst« verflüchtigen, den beispielsweise die Deutung aller vielfältigen und heterogenen Sprachspiele unter dem Einfluß des »allgemeinen Begriffs der Bedeutung« erzeugt. Solche »primitiven Sprachspiele« kann man etwa in den Spielen finden, vermittels derer Kinder ihre Muttersprache lernen. Und an den Stellen seines Werkes, an denen er den Sprachspiel-Begriff jeweils einführt, sieht es auf den ersten Blick sogar so aus, als wolle er ausschließlich solche einfachen Formen der Sprachverwendung als »Sprachspiele« bezeichnen. So betonen die Diktate des *Blauen Buchs*, in welchen Wittgenstein erstmals die Aufmerksamkeit seiner Hörer explizit auf dasjenige zu lenken gedenkt, „was ich Sprachspiele nennen werde" (BB 36 f), sie seien „einfachere Verfahren zum Gebrauch von Zeichen als jene, nach denen wir Zeichen in unserer äußerst komplizierten Alltagssprache gebrauchen. Sprachspiele sind die Sprachformen, mit denen ein Kind anfängt, Gebrauch von Wörtern zu machen. Das Studium von Sprachspielen ist das Studium primitiver Sprachformen oder primitiver Sprachen." (BB 37) In seiner parallelen Einführung des Sprachspiel-Begriffs in den *Philosophischen Untersuchungen* schlägt er, um ein Beispiel zu geben, vor, den „ganze[n] Vorgang des Gebrauchs von Worten" der bereits berührten »Baustellen-Sprache« als „eines jener Spiele" zu sehen, „mittels welcher Kinder ihre Muttersprache erlernen. Ich will diese Spiele »*Sprachspiele*« nennen, und von einer primitiven Sprache manchmal als einem Sprachspiel reden." (PU § 7) Freilich will Wittgenstein damit nicht sagen, daß er ausschließlich die kindlich-primitiven Weisen des Sprachgebrauchs als »Sprachspiele« zu bezeichnen beabsichtige, sondern umgekehrt, daß die einfachen kindlichen Weisen des Sprachgebrauchs als *Beispiele* für »primitive Sprachspiele« gelten können. „Kinder lernen" nämlich „ihre Muttersprache mittels solcher Spiele", solcher im Vergleich mit unserer elaborierten Sprache überaus einfachen „Systeme der Verständigung" (EPB 121), für welche die Baustellen-Sprache ein Beispiel gibt. Weil es Wittgenstein um kindliche Sprachformen als solche gar nicht geht, kann er einfache Sprachspiele darum vielfach auch fingieren, ja nicht nur von Sprachspielen aus dem Kontext unserer recht komplizierten Lebensform, sondern auch von den primitiven Sprachspielen erfundener Gesellschaften und Volksstämme reden.

Denn das Studium einfacherer Formen der Sprachverwendung als der unsrigen erscheint ihm aufschlußreich, insofern sie „als *Vergleichsobjekte*" dienen können, „die durch Ähnlichkeit und Unähnlichkeit ein Licht in die Verhältnisse unserer Sprache werfen sollen." (PU § 130) Sie tun dies, weil man Sprachspiele wie die Baustellen-Sprache „nicht als Fragmente eines Ganzen »*der* Sprache«, sondern als in sich geschlossene Systeme der Verständigung, als einfache, primitive Sprachen" betrachten kann. Das Ganze unserer komplizierten Alltagssprache ist natürlich in eine Vielfalt von unterschiedlichen, sich durchkreuzenden und überschneidenen Sprachspielen fragmentiert, und darum geschieht es leicht, daß man bei ihrer Untersuchung die Übersicht über ihr wirkliches Funktionieren verliert. Demgegenüber gestattet es die Betrachtung primitiver Sprachspiele als vollständiger, einfacher Sprachen, die entscheidenden Züge des Operierens mit der Sprache überhaupt, beispielsweise dessen Rückbindung an eine Form des Lebens oder dessen Handlungscharakter, deutlicher zu sehen. „Um *diese* Betrachtungsart [einfacher Sprachspiele als vollständiger Systeme der Verständigung / S.M] im Auge zu behalten, ist es" nach Wittgenstein „oft nützlich, sich das Bild weiter auszumalen, und sich einen primitiven Volksstamm vorzustellen, dessen gesamte Sprache in diesem Sprachspiel besteht" (EPB 121 / Herv. S.M.), und nicht nur an kindlichen Sprachgebrauch als Beispiele zu denken.

Es ist freilich klar, daß das Wittgensteinsche Vorhaben, aus der Betrachtung primitiver Sprachspiele in komparativer Perspektive Aufschlüsse über unsere Sprache zu gewinnen, sogleich mit mindestens zwei Fragekomplexen konfrontiert werden kann. Der erste lautet: Inwiefern lassen sich denn primitive Sprachspiele wie die Baustellen-Sprache *tatsächlich* als vollständige Sprachen verstehen? Würde man angesichts einer kommunikativen Situation, die ausschließlich darauf beruht, daß der eine Teil Wörter ruft und der andere nach ihnen handelt, wirklich unter allen Umständen von der Verwendung einer Sprache reden? Suggeriert man sich nicht nur, die Baustellen-Sprache könne als »vollständige, primitive Sprache« gelten, weil die beiden Bauenden eben *deutsche* Wörter benutzen und dieses Sprachspiel „dadurch stillschweigend schon den ganzen Hintergrund der deutschen Sprache" (EPB 148) voraussetzt? Wären also Wittgensteins exemplarisch herangezogenen primitiven Sprachspiele isoliert betrachtet gar nicht als vollständige Sprachen zu bezeichnen, so daß ein Vergleich ihres Funktionierens mit dem der unsrigen gar keinen Aufschluß erbringen kann? Ein zweiter Fragekomplex betrifft folgendes Problem: *Weshalb* soll uns eigentlich gerade die Betrachtung *primitiver* Sprachspiele Aufschluß über unsere Sprache geben, die doch, wie Wittgenstein ja sieht, eine komplexe und komplizierte ist? Ja, was soll die Kennzeichnung mancher Sprachspiele als »primitiv« überhaupt besagen? Was ist das Kriterium für die Primitivität eines Sprachspiels?

Beiden Fragekomplexen hat Wittgenstein sich gestellt, wenn auch nicht in den *Philosophischen Untersuchungen*, sondern in Texten ihres Umfeldes. Dem ersten hat er selbst die Formulierung gegeben: „*Unter welchen Umständen* würde man die Laute des Bauenden, etc. wirklich eine Sprache nennen? Unter *allen*? Gewiß nicht! – War es nun falsch," wie es in § 2 der *Philosophischen Untersuchungen*, auf den Wittgenstein hier explizit Bezug nimmt, geschah, „ein Sprachrudiment zu isolieren und es Sprache zu nennen? Soll man etwa sagen, daß dies Rudiment nur in der Umgebung des Ganzen, was wir unsere Sprache zu nennen gewohnt sind, ein Sprachspiel ist??" (BPP II, § 203) Wie vor allem eine Überlegung aus seiner deutschsprachigen Umarbeitung des *Brown Book* zeigt, will Wittgenstein dies tatsächlich nicht sagen. Natürlich hat er im Falle der Baustellen-Sprache aus § 2 der *Philosophischen Untersuchungen* wirklich ein Rudiment, oder wie er an anderer Stelle sagte: ein Fragment unserer komplexen Sprache isoliert und seinem Leser nahegelegt, dies als vollständige, primitive Sprache zu betrachten. Aber dies war nicht falsch, sondern nur eine abbreviative, vielleicht allzu verkürzende Darstellungsform. Sie impliziert keineswegs, daß dieses Sprachspiel nur vor dem vorausgesetzten Hintergrund des Ganzen der deutschen Sprache gesehen werden könne. Hier ebenso wie bei vielen anderen Sprachspielen, die er exemplarisch verwendet und die allesamt diesen Eindruck erwecken, muß man sagen, er habe eben „nur eine sehr skizzenhafte Beschreibung der Praxis unserer fingierten Sprache gegeben ..., und in manchen Fällen nur Andeutungen: daß sich aber diese Beschreibungen leicht weiter ausführen ließen." In einer solchen extensiveren Darstellung, in der die Bauenden beispielsweise nicht mehr deutsche Wörter riefen, sondern mit uns völlig fremden Zeichen operierten, würde der Eindruck dann nicht mehr entstehen, ihr Sprachspiel setze bereits „die gewöhnlichen Bedeutungen der deutschen Wörter" (EPB 148) – und also die gesamte deutsche Sprache – als Hintergrund voraus. So wäre es dann möglich, ihren Zeichengebrauch nicht als Rudiment des Deutschen, sondern als ihre vollständige Sprache zu sehen. Man stünde ihm nicht in der Postition dessen gegenüber, der einen seltsam restringierten Gebrauch der *deutschen* Wörter »Würfel«, »Säule«, »Platte« und »Balken« betrachtet, sondern gewissermaßen in der Position des Ethnolinguisten, für den es orientiert am Gebrauch dieser Zeichen im Leben eines fremden Stammes gilt, deren »Bedeutung« zu erklären. Man hätte dann nämlich ihren fremdartigen Zeichengebrauch zunächst ins Deutsche zu übersetzen, und so würde man sehen, daß, „ob ein Wort eines Stammes richtig durch ein Wort der deutschen Sprache wiedergegeben wurde", von „der Rolle" abhängig ist, die jenes Wort im gesamten Leben des Stammes spielt. An einer extensiveren Darstellung einer vollständigen primitiven Sprache würde man darum ersehen können, worauf Wittgenstein anhand der Sprachspiel-Methode immer wieder hinauswill: Daß es in keiner, gleichgültig wie immer primitiven oder komplexen Sprache so etwas wie eine »objektive« Bedeutung von sprachlichen Zeichen, nicht einmal exakte Kriterien für uns vertraute sprachliche Funktionen gibt, sondern daß, was „eine Beschreibung als solche, einen Befehl als solchen, eine Frage u.s.w. kennzeichnet," nichts anderes als „die Rolle" ist, „welche diese Äußerungen in der lebendigen Verwendung der Sprache spielen." (EPB 149)

Gewiß, ein *derart* reduzierter Zeichengebrauch wie derjenige der Baustellen-Sprache oder auch mancher andere von Wittgenstein angeführte Sprachgebrauch fingierter Stämme ist uns, verglichen mit *unserer* Sprache, überaus fremd, so daß ein Bedenken, hier überhaupt von einer Sprache zu reden, auch für Wittgenstein verständlich erscheint. Denn es „ist natürlich wahr, daß das Leben jener Menschen" über ihren bloßen Zeichengebrauch hinaus „dem unsern in vieler Beziehung gleichen muß", wenn man ihn tatsächlich »das Sprechen einer Sprache« nennen soll. Dies würde man nicht unter allen Umständen tun, und es ist fraglos ebenfalls wahr, daß Wittgenstein „über diese Ähnlichkeiten", die mit unserem Leben erkennbar sein müssen, „nichts", oder doch so gut wie nichts, „gesagt" (BPP II, § 205) hat, wenn man einmal von seinem relativ vagen Hinweis auf die »gemeinsame menschliche Handlungsweise« in § 206 der *Philosophischen Untersuchungen* absieht. Aber an Erwägungen über solche Ähnlichkeiten war er offenkundig gar nicht interessiert. „Das Wichtige" beim Nachdenken über einfache Sprachspiele »fremder Stämme« schien ihm vielmehr darin zu liegen, daß man sich „ihre Sprache, wie auch ihr Denken primitiv vorstellen kann; daß es ein »primitives Denken« gibt, welches durch ein primitives *Verhalten* zu beschreiben ist." (BPP II, § 205 / vgl. Z § 99[18]) Das ist »wichtig«, weil aus solchem primitiven Verhalten nach Wittgenstein die basalen Sprachspiele auch unserer Sprache (in sprachlogischer Hinsicht) entspringen. Und insofern kann das Studium primitiver Sprachspiele durchaus auch für das Verständnis der unsrigen interessant sein.

Damit zeichnet sich nun auch eine Antwort auf den oben genannten zweiten Fragekomplex ab, denjenigen, was die Rede von »primitiven« Sprachspielen überhaupt besagen soll und weshalb ihre Betrachtung Aufschluß über unsere Sprache geben kann. Die Betrachtung primitiver Sprachspiele – sei es erfundener, sei es derjenigen des Kindes – kann nach Wittgenstein nämlich zeigen, daß unser Gebrauch von Worten in Sprachspielen nicht nur in marginaler Weise *auch* ein sprachliches Handeln ist, sondern geradezu aus einer *symbolischen Sublimation* elementarer, d.h. wesentlich vorsprachlicher und instinkt-

---

[18] Die Parallelstelle in den *Zetteln* spricht im Wortlaut in einem Punkte abweichend davon, daß „ihre Sprache, wie auch ihr Denken, *rudimentär* sein kann, daß es ein »primitives Denken« gibt, welches durch ein primitives Verhalten zu beschreiben ist." (Herv. umgestellt)

hafter Reaktionen und Verhaltungen (bzw. lebensformintern basaler Handlungspraktiken) *entspringt*. Wenn Wittgenstein „das Wort »primitiv«" zur Kennzeichnung von Sprachspielen benutzt, will er nämlich sagen, daß die in ihnen manifeste „Verhaltungsweise *vorsprachlich* ist: daß ein Sprachspiel *auf ihr* beruht, daß sie das Prototyp einer Denkweise ist und nicht das Ergebnis des Denkens." (Z § 541 / vgl. BPP I, § 916) Denn die Sprache, meint er, „ist nicht aus einem Raisonnement hervorgegangen." (ÜG § 475) „Der Ursprung und die primitive Form des Sprachspiels ist eine Reaktion; erst auf dieser können die komplizierteren Formen wachsen. Die Sprache – will" er „sagen – ist eine Verfeinerung, »im Anfang war die Tat«." (UW 115 / vgl. VB 493) Deutlich sehen kann man dies nach Wittgenstein z.B. an unserem Sprachspiel der Zuschreibung von Schmerzen, wenn man es nicht in seiner elaborierten Form betrachtet, in der es Erwachsene »spielen« und bei der man leicht geneigt ist, es als deskriptive Referenz auf subjektive, »innere« Zustände zu deuten, sondern in der »primitiven« Form, in der es ein Kind erlernt. „Ein Kind hat sich verletzt," es reagiert instinktiv durch ein primitives, vorsprachliches Verhalten: „es schreit; und nun sprechen ihm die Erwachsenen zu und bringen ihm Ausrufe bei": vielleicht zunächst den in der *deutschen*, keineswegs in allen Sprachen gängigen Ausruf »Au!«, „und später Sätze", vielleicht: »Ich habe Schmerzen«. Das heißt: „Sie lehren das Kind ein neues", das naturwüchsige Schreien symbolisch sublimierendes „Schmerzbenehmen." In ihm tritt *an die Stelle* der naturwüchsigen Äußerung die symbolisch sublimierte Äußerung, so daß es im Zuge eines Versuchs der Erklärung der »Bedeutung« des Ausdrucks »Ich habe Schmerzen« natürlich Unsinn ist, dessen Gebrauch nach dem Muster einer »Bezugnahme auf etwas« – sei es auf subjektiv-innere Zustände, sei es auf das ursprüngliche Schreien – zu beschreiben. Denn der „Wortausdruck des Schmerzes" im primitiven kindlichen Sprachspiel *„ersetzt* das Schreien und beschreibt es nicht." (PU § 244 / Herv. S.M.)

Zahlreiche sprachliche Formen lassen sich nach Wittgenstein in diesem Sinne als symbolische »Verfeinerungen« ursprünglicher, gleichsam instinktbasierter Verhaltensweisen verstehen. „Sicher sein, daß der Andere Schmerzen hat, zweifeln, ob er sie hat, u.s.f., sind so viele natürliche instinktive Arten des Verhaltens zu den andern Menschen, und unsere Sprache ist nur ein Hilfsmittel und weiterer Ausbau dieses Verhaltens. Unser Sprachspiel ist ein Ausbau des primitiven Benehmens. (Denn unser *Sprachspiel* ist Benehmen.) (Instinkt.)" (Z §

545) Viele andere primitive Sprachspiele wird man sich als symbolische Habitualisierungen in einer Lebensform basaler Handlungen und Praktiken denken müssen. Denn Wittgenstein „will sagen", es sei „charakteristisch für unsere Sprache, daß sie auf dem Grund fester Lebensformen, regelmäßigen Tuns, emporwächst. Ihre Funktion ist *vor allem* durch die Handlung, deren Begleiterin sie ist, bestimmt." (UW 115) Und man könnte sich beispielsweise vorstellen, daß unsere sprachlichen Spiele des Grüßens solche symbolischen Handlungshabitualisierungen sind.

Joachim Schulte hat die Auffassung vertreten, in „diesem Zusammenhang" zeige „sich eine (unvermeidliche?) Schwäche von Wittgensteins Verwendung des Sprachspielbegriffs." Denn er müsse „(wenigstens implizit) die primitiven, ursprünglichen Sprachspiele von den weniger fundamentalen abgrenzen, ohne daß ihm die Mittel zu einer systematischen Abgrenzung dieser Art zur Gebote stünden." Dafür sei bezeichnend, daß Wittgenstein „an einer Stelle", an der er sich explizit fragt, „ob ein Sprachspiel mehr oder weniger ursprünglich sein könne" – Schulte nennt BPP II, § 278[19] –, nicht „verrät", ob „die Antwort ja oder nein"[20] zu lauten habe. Natürlich ist es richtig, daß man keine *allgemeinen* philosophischen Kriterien dafür hat, welche Sprachspiele in einer Sprache als »primitive« anzusehen sind, und insofern ist es verständlich, daß Wittgenstein die Frage nach der Abgrenzung von »primitiven«, »ursprünglichen« Sprachspielen von gleichsam »sekundären« in bestimmten Einzelfällen offenlassen muß. Aber er meinte doch, wir hätten einen mehr oder minder deutlichen „Begriff davon, welcherlei Lebensformen", und damit verbunden, welcherlei Sprachformen „primitive sind, und welche erst aus solchen entspringen konnten." Denn er wollte in sprachlogischer Perspektive geltend machen, daß, im Bilde gesprochen, „der einfachste Pflug vor dem komplizierten da war." (UW 115) Wir haben diesen Begriff ihrer Primitivität nämlich so, wie wir vielleicht ein Verständnis für die rituellen Handlungsweisen fremder, uns gänzlich unbekannter Kulturen haben, wenn uns diese »tief« oder »finster« erscheinen, ohne daß wir

---

[19] Diese Stelle lautet: „Ich kann mit einer Meldung eine Reihe von Sprachspielen spielen. Eines ist z.B.: nach ihr handeln; ein anderes: durch sie den Meldenden prüfen. Aber ist nicht das erste sozusagen das ursprünglichere Sprachspiel, das, wozu eine Meldung eigentlich da ist?"

[20] Joachim *Schulte, Erlebnis und Ausdruck.* Wittgensteins Philosophie der Psychologie, München 1987, 27 Anm.

sie des näheren kennen, gewissermaßen „aus einer Erfahrung in unserm Innern" (F 43), d.h. aus unserer Vertrautheit mit den überall zu findenden Ähnlichkeiten in den menschlichen Handlungsweisen. Auf Grund solcher Vertrautheit ist es möglich, nicht nur in den einfachen Sprachspielen von Kindern oder authentischer fremder Volksstämme, sondern auch in erfundenen Sprachspielen fingierter Stämme unter Umständen primitive Sprachspiele exemplifiziert zu sehen.

Trotz aller Abgrenzungsschwierigkeiten durfte Wittgenstein darum sehr wohl der Ansicht sein, daß es von sehr vielen Sprachspielen unserer Sprache *sowohl* durch unmittelbare Verflechtung mit Handlungen gekennzeichnete »primitive«, *als auch* auf ihnen basierende »kompliziertere« Formen gibt, wie sein Bild von der Vorgängigkeit des einfachen Pfluges vor dem komplizierteren andeutet. Weil die „Grundform" eines Sprachspiels auf Grund des gedachten logischen Ursprungs von Sprachspielen „eine sein" muß, „in der gehandelt wird" (UW 116), ist die „primitive Form des Sprachspiels" nach Wittgenstein stets die reflexionslose „Sicherheit" eines Zeichengebrauchs, „nicht die Unsicherheit. Denn die Unsicherheit könnte nicht zur Tat führen." (UW 115) Diese primitive Form erlernen wir zunächst im Zuge des kindlichen Spracherwerbs, an dem das von Wittgenstein Gemeinte besonders deutlich wird.[21] Wenn ein Kind beispielsweise ganz unterschiedliche Sprachspiele wie das »Benennen von Gegenständen«, das »Zuschreiben von Schmerzen« oder das »Bestimmen einer Ursache« erlernt, lernt es Wendungen wie »Dies *ist* ein Sessel«, »Er *hat* Schmerzen« oder »Das geschieht aus *dieser* Ursache«, Gebrauchsweisen sprachlicher Ausdrücke also, die eine Unsicherheit im Übergang von sprachlichen Handlungen zu weiteren (leiblichen oder sprachlichen) Handlungen gar nicht kennen, und keineswegs solche der Form »Dies *scheint* ein Sessel zu sein«, »Er *scheint* wirklich Schmerzen zu haben (und verstellt sich nicht nur)« etc. „Die Kinder werden", wie Wittgenstein sagt, innerhalb einer Lebensform im Blick auf die in ihr entscheidende Gesamtheit von Praktiken „dazu erzogen, *diese* Tätigkeiten zu verrichten, *diese* Wörter" mit reflexionsloser Sicherheit „dabei zu gebrauchen, und *so* auf die Worte des Anderen zu reagieren." (PU § 6) Man bringt ihnen nicht den Zweifel oder die Unterscheidung

---

[21] Doch gilt die Einsicht, daß die »Unsicherheit« im Sprachgebrauch nicht zur Tat führen könnte, natürlich auf jedem „Niveau" menschlichen Sprechens – also nicht nur bei Kindern.

von Schein und Wahrheit, sondern zunächst ein sicheres Operieren und Handeln mit Worten bei.

Und solches „Lehren der Sprache" geschieht natürlich nicht durch ein „Erklären, sondern" durch ein gewissermaßen lebensform*initiatorisches* „Abrichten" (PU § 5) des Kindes. Wenn Wittgenstein in diesem Zusammenhang von »Abrichtung« spricht, will er selbstverständlich nicht für eine »brachiale« Form der Pädagogik plädieren, sondern nur darauf aufmerksam machen, daß am Ende aller Unterweisung in der Sprache durch beliebige pädagogische Mittel die letztlich zu *erzwingende* Einfügung des kindlichen Gebrauchs von Worten in einen lebensformintern *üblichen* Brauch stehen wird. Erst auf dessen sicher beherrschter Basis lassen sich kompliziertere Sprachspiele, die handlungshemmendes Raisonnement, Reflexion oder Zweifel »ins Spiel« bringen, überhaupt erlernen. Solche Sprachspiele – wie z.B. »Wahrheit und Schein unterscheiden«, »Wissen« oder »Nicht-Wissen«, »Überprüfen« etc., ob jemand Schmerzen hat, »Heucheln von Schmerzen« und manches mehr –, zu denen Wendungen wie »Dies *scheint* ein Sessel zu sein«, »Er *scheint* wirklich Schmerzen zu haben« etc. gehören, setzen ja voraus, daß derjenige, der z.B. überprüft, ob ein anderer Schmerzen hat oder ob etwas wirklich ein Sessel ist, nicht *zugleich* darin unsicher ist, was man überhaupt »Schmerzen haben« oder »einen Sessel« nennt. Sie sind in gewisser Hinsicht sekundär, insofern sie auf den primären, reflexionslos sicher beherrschten Sprachspielen basieren.[22] Denn wie nur der, für den ein Wort wie »gelb« seine gewöhnliche, primäre Verwendung hat, es auch in sekundärer Weise in Sätzen wie „Der Vokal *e* ist für mich gelb" (PU 347) gebrauchen wird, kann auch nur derjenige, der das primäre Sprachspiel beherrscht, sekundäre, komplizierte Sprachspiele »spielen«.

„Der Instinkt" bzw. das reflexionslose Handeln in primitiven Sprachspielen ist also sprachlogisch gesehen „das Erste, das Raisonne-

---

[22] Innerhalb eines anderen argumentativen Zusammenhangs haben auch M.B. und J. *Hintikka, Untersuchungen zu Wittgenstein*, 346 ff, zwischen »primären« und »sekundären Sprachspielen« unterscheiden wollen. Ihre Differenzierung trifft sich mit der hier getroffenen in einigen Punkten. Vgl. vor allem ihre Thesen (7) und (8) [349], in denen sie zu Recht darauf hinweisen, daß in „primären Sprachspielen ... Kriterien und Regeln keine Rolle" spielen und daß zahlreiche „wichtige Begriffe" wie „Wissen, Glauben, Zweifel, Richtigkeit und Irrtum" nur innerhalb von „sekundären Sprachspielen" einen Ort haben. Der Sache nach ähnlich unterscheidet M. *Kober, Gewißheit als Norm*, 219 f., terminologisch „primitive" und „elaborierte" Sprachspiele.

ment das Zweite." (BPP II, § 689) Und dies zeigt nach Wittgensteins Ansicht, daß das „Wesentliche des Sprachspiels ... eine praktische Methode (eine Art des Handelns)" (UW 116) ist. Wie einfach oder wie kompliziert Sprachspiele auch immer sein mögen: Am Grunde eines Sprachspiels liegt stets das *factum brutum* eines instinktiven Benehmens oder einer lebensformgebundenen Praxis des Handelns.

11.4 Die »Grundlosigkeit« des Sprachspiels

Deshalb ist es unmöglich, die in einer Gesellschaft konstatierbaren Vollzugsformen von Sprachspielen oder die in ihr als fundamental betrachteten Begriffe, die ja „im Sprachspiel zu Hause" sind, auf irgendeine Weise zu begründen, sofern »begründen« hier heißen soll, sie durch Rekurs auf die Verfassung der Tatsachen, der menschlichen Natur, der Vernunft oder auf was auch immer als notwendig und wirklichkeitsformadäquat auszuweisen. „Das Sprachspiel hat" ja „seinen Ursprung" selbst „nicht in der *Überlegung*", welche Begriffe oder welche Sprachformen der Natur oder der Vernunft insbesondere angemessen sein könnten. Umgekehrt muß man vielmehr sagen, daß jegliche reflexive Überlegung, die auf Begründungen für ein Sprachspiel abzielt, selbst stets „ein Teil" (BPP II, § 632) bestimmter, bereits überaus komplizierter Sprachspiele sei. Darum ist nach Wittgenstein immer wieder zu „bedenken, daß das Sprachspiel" als solches „sozusagen etwas Unvorhersehbares ist. ... Es ist nicht begründet. Nicht vernünftig (oder unvernünftig). Es steht da – wie unser Leben." (ÜG § 559) Begründungen durch „Gründe" unterschiedlichen Typs – Erfahrungsgründe, »logische Argumente«, »intuitive Einsichten« etc. –, die unsere Standards von Rationalität bestimmen, gibt es *allesamt* „erst *in* einem Sprachspiel" (BPP II, § 689/Herv. S.M.), welches der Überlegung einen je sprachspielinternen Maßstab für das, was man »akzeptable Gründe« nennen wird, eröffnet. Denn Worte in einem Sprachspiel zu gebrauchen *heißt* sich auf ein sprachspiel*relatives* Spektrum von als »wohlbegründet« oder »unbegründet« geltenden Prädikations- und Handlungsschritten zu verstehen. Im Sprachspiel des »wissenschaftlichen Begründens« wird man offenkundig anderes einen »guten Grund« nennen, als im Sprachspiel des »einen Wunsch Begründens« oder im Sprachspiel des (von Wittgenstein freilich als »kapriziös« erachteten) »philosophischen Begründens«. Die alle Begründungsmaßstäbe allererst eröffnenden Sprachspiele als solche, welche in ihrer ganzen reflexiven Unvorhersehbarkeit in einer Gesellschaft wirklich »gespielt« werden, müssen deshalb – in ihrer unbegründbaren Faktizität derjenigen unseres Lebens sehr gut vergleichbar – jenseits der erst sprachspielintern sinnvollen Unterscheidungen von »vernünftig« oder »unvernünftig« stehen.

Tatsächlich werden alle Versuche, die faktisch in einer Gesellschaft verwendeten Sprachspiele zu rechtfertigen, an irgendeinem Punkte an ein Ende gelangen, an dem, wie Wittgenstein immer wieder betonte, das Zugeständnis ihrer Grundlosigkeit unvermeidlich wird. Denn es ist klar, daß *jede* denkbare Begründung, in der eine Kette begründender Schritte zum Schluß kommt, als solche mit immer neuen, weitergehenden Begründungsansprüchen konfrontiert werden kann, wenn man sich mit der *jeweils* letzten Begründung nicht zufrieden gibt. Natürlich gehört es zur Logik des Begründens und argumentativen Rechtfertigens im allgemeinen, *daß* man sich an irgendeinem Punkte mit einer Begründung *wirklich* zufrieden gibt und nicht wie ein Kind, welches die Logik des Begründens noch nicht durchschaut hat, die Frage »Warum« in schematischer Weise unendlich neu stellt. „Mein *Leben* besteht" nach Wittgenstein geradezu „darin, daß ich mich mit manchem zufriedengebe" (ÜG § 344), und das Spiel des Nachfragens nicht unendlich spiele. So wird sich am Ende jedes Versuchs, unsere primitiven Sprachspiele zu legitimieren, bald der resignative Hinweis auf das *factum brutum* ihres *So*-Seins einstellen.

Man kann sich dies an einfachen Beispielen deutlich machen. Nehmen wir an, jemand suchte unser Sprachspiel der Fremdzuschreibung von Schmerzen zu hinterfragen und gäbe sich mit der Erklärung, Zahnschmerzen z. B. schreibe man einer Person für gewöhnlich aufgrund gewisser Merkmale ihres Verhaltens zu, etwa, wenn sie sich die Backe halte, nicht zufrieden und fragte weiter: „»Woher weißt Du, daß jemand Zahnschmerzen hat, wenn er sich die Backe hält«"? Weil er sich mit anderen nennbaren Verhaltensmerkmalen natürlich ebenfalls nicht zufrieden geben wird, könnte die „Antwort darauf ... lauten: »Ich sage, daß *er* Zahnschmerzen hat, wenn er sich die Backe hält, weil ich mir die Backe halte, wenn ich Zahnschmerzen habe.« Was aber, wenn wir nun weiter fragen: »Und warum nimmst du an, daß diese seine Geste auf Zahnschmerzen zurückzuführen ist, bloß weil deine entsprechende Geste auf deine Zahnschmerzen zurückzuführen ist?« Hier wirst du nun um eine Antwort verlegen sein, und wir müssen einsehen, daß wir am Ende unserer Weisheit angelangt sind, das heißt, wir sind bei den Konventionen angelangt." (BB 47) Wir können nur noch sagen, *so* wird das Spiel bei uns eben *üblicherweise* gespielt. „Habe ich die" sprachspielintern möglichen „Begründungen" an irgendeinem Punkte „erschöpft," schrieb Wittgenstein in einem etwas anders gelagerten, aber doch vergleichbaren Zusammenhang, „so bin ich auf dem harten Felsen angelangt, und mein Spaten biegt sich zurück. Ich bin dann geneigt zu sagen: »So handle ich eben.«" (PU § 217) bzw. »So spreche ich eben«.

Wittgenstein hielt es deshalb geradezu für einen „Fehler", dort noch „nach einer Erklärung zu suchen, wo wir die Tatsachen als »Urphänomene« sehen sollten. D.h., wo wir sagen sollten: *dieses Sprachspiel wird gespielt*" (PU § 654); einen Fehler zumal, in welchen man leicht verfällt, weil es, wie er wohl wußte, schwerfällt, die Einsicht in die Unbegründbarkeit der primitiven Sprachspiele schlechthin zu akzeptieren. „Es kann nicht", möchte man gefühlsmäßig sagen, „immer so weitergehen, daß eine Sache auf der anderen beruht", daß sich entweder unendlich Erklärung an Erklärung anknüpft oder daß alles Begründen im resignativen Hinweis auf Konventionen zum Abschluß kommt. Am Ende müsse es „etwas geben, was auf sich selbst beruht"; etwas, „was von sich aus fest ist." (UW 121) Denn angesichts eines basalen Sprachspiels zugestehen zu müssen: „»Es beruht auf gar nichts«, ... das gibt einem ein Gefühl der Unsicherheit, während die andere Aussage einem ein Gefühl der Sicherheit vermittelt." Doch *alle* Erklärungen und Begründungen, die man aufbieten mag, sind aus den dargelegten Gründen „eine Art Scheingesims, das nichts trägt." (PU § 217) „Das Hinzunehmende, Gegebene", meinte Wittgenstein deshalb, „seien *Lebensformen*" (PU 363), auf die und auf deren Verwobenheit mit unseren Redeformen wir am Ende unserer Weisheit nur noch hinweisen können, weil auf ihnen in ihrem unvordenklichen *So-*Sein unsere primitiven und komplizierteren Zeichengebrauchsgepflogenheiten aufruhen.

12. Die Öffentlichkeit der Sprache

12.1 Begriff und Problem einer »privaten Sprache«

Im Zuge seiner Überlegungen zur Kritik des Bedeutungsbegriffs sowie zur Verwobenheit von Sprachspielen mit Lebensformen wurde Wittgenstein definitiv klar, daß man das Phänomen »Sprache« gar nicht durch theoretische Erörterungen allein – sei es derer des *Tractatus*, sei es welchen sprachphilosophischen Ansatzes auch immer – erfassen kann. „Um das Phänomen Sprache zu beschreiben, *muß* man eine Praxis beschreiben" (BGM 335 / Herv. S.M.), d.h., man muß die in der Zeit wiederholten, regelmäßigen Zeichengebrauchsweisen beschreiben, die Wittgenstein »Sprachspiele« nennt. Eine von der Praxis ihres Gebrauchs her begriffene „Sprache" ist wie „ein Spiel ... eine Institution" (BGM 334) im Leben von Menschen, die es ihnen gestattet, verschiedenste Handlungen und Tätigkeiten zu verrichten: Berichte zu erstatten und Pläne zu machen, Höflichkeiten auszutauschen, Scherze zu treiben, über das Wort »Bedeutung« Bücher zu schreiben und anderes mehr. Ihre Worte sind „öffentliches Eigentum" (VE 121) von vielen Sprechern. Eine »private« Sprache, in der ein einzelner isoliert über ein manchmal »Bedeutungswissen« genanntes Gebrauchswissen von Worten verfügte, ist, wie Wittgenstein in einem üblicherweise als »Privatsprachenargument« apostrophiertem Gedankengang seines Spätwerkes geltend machte, demgegenüber gar nicht denkbar.

Was versteht Wittgenstein, zunächst gefragt, unter einer »Privatsprache«, deren bloße Möglichkeit er in einem kurzen, prägnanten Gedankengang bestreitet, der sein Argument zu einem der meistdiskutierten Motive seines Spätwerkes hat werden lassen? Schon hinsichtlich dieser Frage herrscht in der Forschung keine Einigkeit. Hält man sich an den Text der *Philosophischen Untersuchungen*, läßt sich folgendes zu ihrer Begriffsbestimmung eruieren: Eine private Sprache ist für Wittgenstein nicht dasselbe wie ein privater, d.h. ausschließlich monologischer Gebrauch einer (wenigstens potentiell öffentlichen) Sprache. Denn natürlich könnte man sich sogar den Extremfall von „Menschen denken, die nur monologisch", ihre „Tätigkeiten mit Selbstgesprächen" begleitend, niemals aber dialogisch-kommunikativ mit anderen Personen „sprächen." Diese Gepflogenheit wäre uns gewiß sehr fremd, aber sie wäre als stets privater Gebrauch ihrer Sprache gleichwohl denkbar. „Einem Forscher, der sie beobachtet und ihre Reden belauscht, könnte es" nämlich „gelingen, ihre Sprache in die unsere zu übersetzen" und insofern unter Zugrundelegung der gemeinsamen menschlichen Handlungsweise als hermeneutischem Horizont öffentlich verständlich zu machen. Eine in diesem Sinne stets monologisch gebrauchte Sprache wäre also nur in einem marginalen Sinne »privat«. Eine Privatsprache, wie Wittgenstein sie für undenkbar hält, ist auch nicht eine zum Reden *über* Privates verwendete *öffentliche* Sprache, „in der Einer seine inneren Erlebnisse – seine Gefühle, Stimmungen, etc. – für den eigenen Gebrauch" oder für andere aufschreibt oder ausspricht. Sie ist nicht nur denkbar, sondern auch wirklich, denn Schriftsteller tun dies ja, wenn sie beispielsweise in Form von sogenannten »inneren Monologen« die Erlebniswelt literarischer Charaktere oder ihre eigene gestalten, und zwar unter Verwendung „unserer gewöhnlichen Sprache" (PU § 243), in der dies selbstverständlich möglich ist. Eine private Sprache ist nach Wittgensteins Begriffsbestimmung schließlich auch nicht unbedingt *bloß* so etwas wie ein individuelles, nur von einer Person gebrauchtes Zeichensystem, wie sich daran zeigt, daß er dort, wo entscheidende Argumente gegen die Möglichkeit einer privaten Sprache vorgetragen werden, häufig gar nicht von privaten Codes oder individuell gebrauchten Zeichen spricht (wie er es etwa an manchen Stellen der *Philosophischen Untersuchungen* tut, an denen er der Frage nachgeht, ob jemand das Zeichen »E« als privaten Wortausdruck für eine subjektive Empfindung einführen und gebrauchen könne; vgl. PU § 258, 260 f, 270), sondern auch von vertrauten Ausdrücken der gewöhnlichen Sprache, beispielsweise vom Gebrauch der Worte »Schmerz« oder »rot« (vgl. PU § 311, 380 u.a.). Die private Sprache, deren Möglichkeit Wittgenstein leugnet, ist vielmehr dadurch gekennzeichnet, daß ein „Anderer" sie *per definitionem* „nicht" – oder wenigstens nicht im *selbem* Sinne wie der jeweilige Sprecher – zu „verstehen" vermag, weil sich deren „Wörter" auf etwas „beziehen" sollen, „wovon *nur* der Sprechende wissen kann;" also z.B. „auf seine unmittelbaren, privaten, Empfindungen" (PU § 243 / Herv. S.M.): auf seine je eigenen, uneinholbar subjektiven Vorstellungen oder auf die, wie man sagt, „Privatheit der Sinnesdaten" (AVES 52) im sujektiven Bewußtseinsraum einer Person. Nur der jeweilige Sprecher dieser Sprache, will der von Wittgenstein angegriffene »Privatsprachentheoretiker« sagen, kann *wissen,* was ihre Worte wirklich bedeuten; ein anderer kann dies nicht, weil ihm das mit den Worten jeweils Gemeinte prinzipiell unzugänglich sei.

Betont man im Konzept der von Wittgenstein kritisierten »privaten Sprache« den Aspekt, daß sie per definitionem *nur* ein einzelner sprechen und verstehen kann, ist es, wie Anthony Kenny zu Recht hervorhob, auf den ersten Blick recht schwer zu sehen, gegen wen Wittgenstein mit seinem „Angriff" auf die Möglichkeit einer privaten Sprache argumentiert. Denn es „scheint" tatsächlich „nicht, als hätte es" zur Zeit der Ausarbeitung des Arguments oder auch früher in der Tradition „eine einflußreiche philosophische Schule" gegeben, die die Möglichkeit einer in diesem Sinne privaten Sprache „verteidigt"[1], bzw. dergleichen auch nur eine »Sprache« genannt hätte. Und so muß nicht nur die Tatsache, daß Wittgenstein sich genötigt sieht, die Unmöglichkeit einer solchen Sprache zu erweisen, sondern auch das Interesse, das seinem Argument schon unmittelbar nach dem Erscheinen der *Philosophischen Untersuchungen* zuteil wurde und in seither ununterbrochener Folge in immer neuen Studien noch heute zuteil wird[2], im Grunde überraschen. Weshalb sich Wittgenstein für diesen Nachweis interessierte, begreift man wohl nur, wenn man sieht, inwiefern seinem Argument eine selbstkritische Dimension eignet. Denn im *Tractatus* war er es, der sich von *der* Sprache zuletzt als einer „Sprache, die allein ich verstehe" (Tlp 5.62), zu reden genötigt sah, weil er dort davon ausgegangen war, daß ihre »Namen« genannten einfachen semantischen Elemente sogenannte »einfache Gegenstände« innerhalb des *jeweiligen* phänomenalen (und insofern stets »privaten«) Erfahrungsraumes eines Sprechers, also etwas, »wovon nur der Sprechende wissen kann«, *bedeuten.* Dort war er in die von Russell scharfsichtig bemerkte Konsequenz hineingeraten, daß eine »logisch perfekte Sprache« zuletzt die »Privatsprache eine Sprechers« sei (vgl. Kapitel 5, Anm. 18). Und dort hatte er auch unterstellt, daß die so verstandene »Bedeutung« durch eine private *hinweisende Definition,*

---

[1] A. *Kenny, Wittgenstein,* 28

[2] Vgl. die heute schon »klassisch« zu nennenden Aufsätze von Rush *Rhees* und Alfred J. *Ayer* gleichen Titels: *Can There be a Private Language,* beide in: Proceedings of the Aristotelian Society, Supp. Vol. 28 (1954) als Belege für das Interesse am »Privatsprachenargument« unmittelbar nach Erscheinen der *Philosophischen Untersuchungen* sowie die Diskussionen, die Saul A. *Kripke* mit seinem Buch *Wittgenstein on Rules and Private Language.* An Elementary Exposition, Oxford 1982; dt.: *Wittgenstein über Regeln und Privatsprache,* Frankfurt/Main 1987, ausgelöst hat.

die den »Gegenstand« als das je gemeinte »Dieses« ausweist, sprecherrelational *eindeutig* festgelegt werden kann (vgl. Kapitel 4.3) – was das sog. »Privatsprachenargument« nun nachdrücklich bestreitet.

Obschon die Beachtung dieser selbstkritischen Dimension von Wittgensteins Argument wohl allererst motiviert, was ihn zur Kritik an der an sich kontraintuitiven Vorstellung einer Sprache veranlaßt, die ein anderer nicht verstehen *kann*, legt man dessen eigentlichen philosophischen Gehalt freilich erst wirklich frei, wenn man sieht, daß es Wittgenstein in diesem Argument nicht nur, vielleicht nicht einmal primär um eine Kritik an der Möglichkeit einer *nur* dem jeweiligen Sprecher verständlichen und insofern »privaten« Sprache geht. Es geht ihm vielmehr auch um eine Kritik an einem durchaus weit verbreiteten sprachphilosophischen Paradigma, das der *Tractatus* nur zur letzten Konsequenz getrieben hat: der Vorstellung, daß Worte der Sprache subjektive Gegebenheiten im jeweiligen »Bewußtseinsraum« des Sprechers (Empfindungen, Sinnesdaten oder Vorstellungen) *bedeuten.* Wäre diese Ansicht vom Funktionieren der Sprache richtig, könnte das üblicherweise unter dem Namen eines »Bedeutungswissens« konzeptualisierte Zeichengebrauchswissen[3] eines Sprechers ja stets nur ein privates Wissen sein. Gegen dessen Möglichkeit wendet sich das Argument von der Unmöglichkeit einer privaten Sprache über seine *Tractatus*-kritische Dimension hinaus, so daß man es weniger mißverständlich eigentlich als Argument von der Unmöglichkeit eines privaten Bedeutungswissens bezeichnen sollte.

Man kann das Argument am klarsten exponieren, wenn man es um der Pointiertheit seines Gehalts willen zunächst weder mit dem Problem des Regel-Folgens[4] noch mit Wittgensteins Kritik an unse-

---

[3] Um die Kompliziertheit solcher Ausdruckweise zu mindern, werden wir – obgleich man nach Wittgensteins Ansicht seit Mitte der dreißiger Jahre natürlich an und für sich keinen Grund hat, in irgendeinem objektivistischen Sinne von »Bedeutung« zu reden – gleichwohl abbreviativ von »*der Bedeutung*« sprechen.

[4] In seiner in jüngster Zeit so überaus einflußreichen Interpretation hat sich Saul A. *Kripke, Wittgenstein über Regeln und Privatsprache,* gegen die „verbreitete Auffassung des »Privatsprachenarguments« gewandt, derzufolge es in „§ 243" der *Philosophischen Untersuchungen,* der den Begriff einer privaten Sprache einführt, beginne und „in den unmittelbar anschließenden Abschnitten", die die Unmöglichkeit einer privaten hinweisenden Bedeutungsfestlegung behandeln, „fortgesetzt" (12) werde. Er selbst vertrat demgegenüber die These, daß „das eigentliche »Privatsprachenargument« in den Abschnitten *vor* § 243" (13), nämlich in Wittgensteins Problematisierung des Regel-Folgens, zu finden sei. Lange vor Kripke hatte bereits Dieter *Birnbacher, Die*

ren überkommenen Vorstellungen von der Privatheit von Empfindungen oder seinen Überlegungen zur Logik des Gebrauchs psychologischer Begriffe verquickt[5] – zwei Wittgensteinschen Argumentationssträngen, mit denen es sich freilich in einigen Punkten berührt. Es lautet zu einer These zusammengefaßt: In einer Sprache, in der sich die Worte auf etwas beziehen, das – wie beispielsweise subjektive Gegebenheiten des Bewußtseins – *nur* dem jeweiligen Sprecher bekannt sein kann, *könnte* auch der jeweilige Sprecher nicht um die Bedeutung seiner Worte *wissen*. Denn wenn sich der Begriff des »Wissens«, so wie er „im normalen Sprachverkehr" (ÜG § 260) verwendet wird, „auf eine Möglichkeit des Dartuns der Wahrheit" (ÜG § 243) bezieht und wir von »wissen« entsprechend dort reden, „wo man sich überzeugen" (PU 354) und seine Ansichten rechtfertigen kann, dann muß man nämlich sagen, daß sich durch das, *was* der Sprecher dieser Sprache jeweils »weiß«, kein einziger Wortgebrauch rechtfertigen läßt. Schon gar nicht lassen sich dadurch die zeitliche Konstanz und die Regelmäßigkeit von Wortverwendungen, die typisch für das sind, was man »Sprache« zu nennen pflegt, verständlich machen. „Beim Gebrauch des Wortes »Bedeutung« ist es", wie Wittgenstein wohl zutreffend hervorhebt, ja entscheidend, daß man damit etwas anspricht, was in der zeitlichen Folge wiederholter Wortverwendungen *gleich* bleibt; kurz gesagt: Es ist „wesentlich, daß man *innerhalb eines* Spiels stets dieselbe Bedeutung beibehält." (AVES 64 / Herv. S.M.)[6] Von dem,

---

Logik der Kriterien. Analysen zur Spätphilosophie Wittgensteins, Hamburg 1974, die Auffassung vertreten, wenn „eine private Sprache unmöglich" sei, „dann nur deshalb, weil jedes private Regelsystem unmöglich" (107) sei. „Eine private Sprache" sei „eine Sprache, die nur zum Schein Regeln folgt, in Wahrheit aber regellos" (106) sei. Doch erst seit Kripke sind zahlreiche neuere Interpreten dieser Deutung gefolgt. Obwohl es, wie gesagt, auch nach Ansicht der hier vorgelegten Deutung einige argumentative Überschneidungen der Privatsprachenargumente und der Argumente zum Problem der Regelbefolgung gibt (vgl. BGM 334), soll hier jedoch geltend gemacht werden, daß das Privatsprachenargument unabhängig vom Problem der privaten Bedeutungsfestlegung – also unabhängig von den Argumenten *nach* § 243 – nicht angemessen dargestellt werden kann.

[5] Wie es zahlreiche Interpreten, beispielsweise Anthony Kenny in seinem zitierten Wittgenstein-Buch, tun.

[6] Um naheliegenden Mißverständnissen vorzubeugen, sei darauf hingewiesen, daß Wittgensteins pointierte Formulierung selbstverständlich nicht ausschließen will, daß sich das »Sprachspiel« als solches verändert und somit auch eine Veränderung dessen, was wir die »Bedeutung« eines Wortes nennen, nach sich zieht. „Wenn sich die Sprachspiele ändern", so werden wir im nächsten Kapitel näher sehen, „ändern sich die Be-

der mit seinen Worten willkürlich einmal dieses, einmal jenes bezeichnete, würden wir gar nicht sagen, er kenne die »Bedeutung« eines sprachlichen Ausdrucks. In einer im beschriebenen Sinne »privaten« Sprache hätte aber niemand ein Kriterium für solche Bedeutungskonstanz, d.h., er könnte prinzipiell überhaupt nicht *wissen*, ob seine Worte bei jeder neuen Verwendung immer dasselbe oder stets Verschiedenes bedeuten.[7] Deshalb ist es unsinnig zu sagen, jemand spreche »privat« eine Sprache, bzw. könne ausschließlich selbst wirklich die Bedeutung seiner Worte verstehen.

12.2 Das »Privatsprachenargument«

Wittgenstein entfaltet das Argument an einem Beispiel, bei dem uns die Idee, daß Worte subjektive Vorstellungen oder Erlebnisse bedeuten, insbesondere überzeugend erscheint: am Beispiel der privaten Selbstzuschreibung von Empfindungs- oder Erlebnisprädikaten in Sätzen wie »Ich habe Schmerzen«, »Ich habe jetzt die Empfindung ›E‹«, »Ich sehe etwas Rotes« oder ähnlichen. Er unternimmt dies in Form eines Gedankenexperiments, in welchem er der Frage nachgeht, wie in einem solchen Sprachspiel überhaupt die »Bedeutung« eines Wortes als ein ausschließlich sprechereigenes Wissen festgelegt werden könnte. Und zwar nimmt er den extremen Fall an, jemand wolle vermittels eines privaten Codes „über das Wiederkehren einer bestimmten Empfindung ein Tagebuch führen" und zu diesem Zwecke das private „Zeichen »E«" an jedem Tage, an dem diese Empfindung auftaucht, „in einem Kalender" notieren. Man könnte sich freilich ebenso gut den weniger idiosynkratisch wirkenden Fall vorstellen, jemand wolle jeden Tag festhalten, an dem er eine Rotwahrnehmung,

---

griffe und mit den Begriffen die Bedeutungen der Wörter." (ÜG § 65) An der oben zitierten Stelle ist deshalb gemeint, daß »Bedeutung« als etwas verstanden werden müsse, was *innerhalb* ein und desselben Sprachspiels gleichbleibt.

[7] Daß das sog. »Privatsprachenargument« zusammen mit Wittgensteins Überlegungen zu dem, was es heißt, »einer Regel zu folgen«, als „scepticism about constancy of meaning" gelesen werden kann, ist in der Forschung natürlich bekannt (vgl. die Hinweise bei David *Pears, Wittgenstein's Account of Rule-Following,* in: J. Hintikka (Hrsg.), Wittgenstein in Florida, Dordrecht / Boston / London 1991, 273 und 279). Demgegenüber möchten wir freilich den epistemischen Aspekt, d.h. die Unmöglichkeit des privaten Bedeutungs*wissens,* als entscheidend für Wittgensteins Argument betonen.

ein Gefühl der Traurigkeit oder der Verliebtheit etc., kurz: irgendeinen subjektiven Zustand oder eine »innerliche« Vorstellung bei sich feststellt, und dann das Wort »rot« (oder »traurig« etc.) der natürlichen Sprache niederschreiben. Beide privaten Sprachspiele verstehen sich als Illustration des von vielen Sprachphilosophen für den gewöhnlichen erachteten Falls, in welchem nur der jeweilige Sprecher selbst um seine subjektiven Erlebnisse – als das durch seine Zeichen oder Worte bedeutete – wissen kann. Und auf den ersten Blick erscheint ihre Möglichkeit völlig unproblematisch, denn es sieht so aus, als müsse man einfach nur durch eine private „Definition" (PU § 258), sagen wir: durch „eine private Worterklärung" (PU § 262), „die Bedeutung eines Zeichens" fixieren. Das heißt, man scheint sich nur „die Verbindung des Zeichens mit der Empfindung" bzw. der jeweilig »gemeinten« subjektiven Vorstellung – vielleicht durch ein „Konzentrieren der Aufmerksamkeit" (PU § 258) – einprägen zu müssen, um es immer dann zu gebrauchen, wenn das entsprechende subjektive Erlebnis auftaucht. Dieses Einprägen könnte im Falle eines privaten Zeichens eventuell durch „eine Art hinweisende Definition" geschehen, indem man zu sich sagt: »*Dies* will ich »E« nennen« und sich dadurch zu einer bestimmten Bezeichnungsweise entschließt. Im Falle eines Wortes der natürlichen Sprache wie »rot« oder »traurig« nimmt man für gewöhnlich an, daß man sich die Bedeutung des Wortes zwar nicht ausdrücklich einpräge, aber doch beim Lernen der Sprache eingeprägt *habe*, nämlich als man jene Bedeutung erstmals verstand. So scheint man sich, um das private Sprachspiel »seine subjektiven Erlebnisse notieren« spielen zu können, einfach nur „im Innern *vornehmen*" zu müssen, „das Wort so und so zu gebrauchen" (PU § 262), d.h. *so*, wie man sich die Verbindung von Zeichen und Bedeutung *als Gebrauchsanweisung* für weitere Wortverwendungen irgendwann einmal eingeprägt hat.

Die vordergründige Denkbarkeit der skizzierten Sprachspiele ist nach Wittgenstein freilich eine Illusion. Wie verhält es sich nämlich, wenn jemand das Zeichen für seine subjektive Empfindung oder Vorstellung nun im Anschluß an seine private hinweisende Definition oder seine private Worterklärung ein weiteres Mal gebraucht? Woher weiß er erstens, *was* das Zeichen in *diesem* und jedem neuen Anwendungsfalle bedeutet, und zweitens, ob es *dasselbe* oder etwas *anderes* als im Falle der vorherigen Verwendung bedeutet? Diese für das – um bei der geläufigen Bezeichnung zu bleiben – »Privatsprachenargument« zentralen Fragen umfassen zwei komplementäre Dimensionen, die Wittgenstein »exoterischer« als in den dichten Texten der *Philosophischen Untersuchungen* in den *Aufzeichnungen für Vorlesungen über »privates Erlebnis« und »Sinnesdaten«* der Jahre 1934 - 36 entfaltet hat. *Erstens*: Was könnte „das Kriterium dafür" sein, daß man „das Wort" bei jeder neuen Verwendung „stets mit demselben" »privaten« „Erlebnis", also mit *derselben* Bedeutung „verknüpft?" (AVES 61) *Zweitens*: „In welchem Sinne ist die frühere Äußerung der Wörter »dies ist rot«", durch die man sich vielleicht eine Definition des Wortes »rot« zum privaten Gebrauch geben wollte, „eine Gewähr dafür, daß ich jetzt dieselbe Farbe sehe, wenn ich wieder sage, ich sehe Rot?" (AVES 63) Wenn Wittgenstein im Zusammenhang des »Privatsprachenarguments« nach solchen Kriterien fragt (vgl. PU § 269) und ihre Möglichkeit verneint, fragt er also noch *nicht* nach den semantischen Kriterien der Wortanwendung – dies wird er erst im Anschluß an das als gültig erachtete »Privatsprachenargument« tun –, sondern zunächst nach den *epistemischen* Kriterien dafür, daß wir das scheinbar ein subjektives Erlebnis bedeutende Wort in jedem neuen Anwendungsfall richtig verstehen.[8]

Man kann sich im Zuge der Beantwortung beider Fragen kriterial wohl nur auf die Erinnerung als Entscheidungsinstanz berufen. Denn offenbar hätte der initiale „Vorgang" des Sich-Einprägens der Verbindung von Zeichen und »Bedeutung« auf jeden Fall irgendwie „bewirkt" haben müssen, „daß ich mich in Zukunft *richtig* an die ehemals eingeführte Verbindung erinnere." (PU § 258) Doch was heißt in jedem neuen Falle der Zeichenverwendung, »sich *richtig*« an die Verbindung von Zeichen und Bedeutung »erinnern«? Was wäre nun nämlich das Kriterium, das meine jeweilige Erinnerung, etwas einstmals »so und so« genannt zu haben, als ein »Wissen« um die Bedeutung des Wortes ausweist? Es hilft ja nichts, auf irgendeine Art von (wiederholbarer Re-) Identifikation des bedeutungsstiftenden privaten Erlebnisses zu rekurrieren und zu sagen, man »erkenne« das psychische Erlebnis »wieder« und erinnere sich *deshalb* daran, es *immer* mit diesem oder jenem Zeichen verbunden zu haben. Wenn dies eine Rechtfertigung der »richtigen« Erinnerung (und insofern des adäqua-

---

[8] Diese für das Argument wichtige Unterscheidung wird von den Interpreten für gewöhnlich vernachlässigt, wenn sie es in einem Zusammenhang mit Wittgensteins Erörterung der Gebrauchslogik psychologischer Begriffe diskutieren.

ten Bedeutungsverständnisses) sein soll, müßte man „das private Erlebnis", auf welches man im Zuge der privaten Bedeutungserklärung Bezug nahm, als Muster, „als Paradigma" (AVES 93) einer jeden wiederholten Wortverwendung im privaten Sprachspiel ausweisen können, was aber darum unmöglich ist, weil es im Falle privater psychischer Erlebnisse kein Kriterium für „Musteridentität" (AVES 63) geben kann. Hier könnte man „als Kriterium der Identität" des vermeintlichen Paradigmas ja auch nur das „Gedächtnis gebrauchen" (BPP I, § 393). Dann hätte man aber die offene Frage nach dem Kriterium dafür, sich bei jeder Verwendung *richtig* an die ehemals eingeführte Verbindung des Wortes mit seiner Bedeutung zu erinnern, mit einer solchen Antwort nur auf die nicht minder ungeklärte Frage nach der Richtigkeit der Erinnerung an das Paradigma verschoben. Das heißt, man hätte mit ihrer Hilfe natürlich nicht gerechtfertigt, daß man das Wort tatsächlich stets mit *demselben* privaten Erlebnis verknüpft.

Überdies steht der Möglichkeit, die Erinnerung als ein Kriterium dafür auszuweisen, daß man »das Wort« bei jeder neuen Verwendung »stets mit demselben privaten Erlebnis verknüpft«, noch ein prinzipieller Einwand gegenüber, den zuerst Anthony Kenny deutlich gemacht hat. Er hat, wie ihm Ernst Tugendhat zu Recht zubilligte, das Verständnis der entscheidenden Pointe des Privatsprachenarguments erheblich „gefördert", indem er zeigte, daß Wittgensteins eigentliche „These hier nicht ist, daß wir die Richtigkeit (Wahrheit) von Erinnerungsaussagen" in privater Selbstbezugnahme „nicht nachprüfen können, sondern daß wir die Richtigkeit der" privat eingeführten „*Zuordnung von Zeichen und Bedeutung*, sofern sie auf Erinnerung beruhen soll, nicht nachprüfen können."[9] Kennys wies auf folgendes hin: Im Grunde ist es ganz gleichgültig, ob ich das mit dem Wort gemeinte Subjektive – nennen wir es mit Kenny »*S*« – meines Bewußtseins jeweils richtig *oder* falsch (re-) identifiziere, wenn ich mein Verständnis des Wortes »*S*« durch Erinnerung rechtfertigen will. „Auch wenn ich *fälschlich* etwas für *S*" halten soll, muß ich „die Bedeutung von »*S*« kennen; und das ist nach Wittgenstein in der privaten Sprache nicht möglich." Denn der Versuch, mich der Kenntnis der Bedeutung durch Erinnerung zu versichern, ist offenkundig in sich zirkulär. Dazu müßte ich ja die richtige Erinnerung „benützen"; aber um die

---

[9] Ernst *Tugendhat, Selbstbewußtsein und Selbstbestimmung*. Sprachanalytische Interpretationen, Frankfurt/Main 1979, 107

richtige „Erinnerung von *S* wachzurufen, muß ich bereits wissen, was" das in Frage stehende Wortzeichen »*S*« „bedeutet."[10]

Dies zeigt, daß die Vorstellung grundsätzlich unhaltbar ist, eine zu irgendeinem Zeitpunkt eingeführte private Bedeutungsfestlegung der Form »dies ist rot« oder »dies nenne ich ›E‹« könne eine Gewähr dafür bieten, daß ich mich stets auf dasselbe beziehe, wenn ich zu irgendeinem späteren Zeitpunkt »Jetzt habe ich wieder die Empfindung ›E‹« oder »Ich sehe etwas von der Farbe ›rot‹« in mein Tagebuch schreibe. Denn auszuschließen ist nicht, daß man sich mit zeitlich unterschiedenen Bezugnahmen identischen Wortlauts auf völlig Verschiedenes bezieht. Ja – dies zeigte Kenny –, bei jeder neuen Verwendung der Zeichen »E« und »rot« nicht wissen und ausweisen, was man mit ihnen meint. Insofern kommt man nach Wittgenstein um das Zugeständnis wohl nicht herum: Sofern man das sprachliche Bedeutungswissen privatsprachentheoretisch als ein prinzipiell privates Wissen konzipiert, *hat* man – *dies* ist das eigentliche »Privatsprachenargument« – innerhalb ein und derselben subjektiven Sprecherperspektive tatsächlich *keinerlei* „Kriterium für die Richtigkeit" der jeweiligen Erinnerung an eine einmal eingeführte Verbindung von Zeichen und Bedeutung. „Man möchte hier sagen: richtig ist, was immer mir als richtig erscheinen wird", weil man eben *jetzt* und zu jedem weiteren Zeitpunkt des Wortgebrauchs etwas *für* die richtige Verbindung *hält*, was aber eigentlich nur zeigt, „daß hier von »richtig«" oder »falsch« „gar nicht geredet werden kann." (PU § 258) Gegen den ersten Anschein können private Worterklärungen oder private Definitionen also gar nicht „die Rolle" von Bedeutungsfestlegungen für Sprachspiele spielen. „Kein einziger späterer Gebrauch des Wortes" wird „durch sie „gerechtfertigt; und von unserem privaten Sprachspiel" »subjektive Erlebnisse notieren«, welches anfänglich so völlig unproblematisch erschien, „bleibt daher nichts übrig, als daß ich manchmal ohne bestimmten Grund das Wort »rot« in mein Tagebuch schreibe." (AVES 66)

Es dürfte zum Verständnis der Pointe von Wittgensteins Argument beitragen, wenn man sich klarlegt, daß es – anders als manche Interpreten meinen – nicht „auf Mißtrauen gegenüber dem Gedächtnis"[11] beruht. Wenn man es so auffaßt, nimmt man an, Wittgenstein

---

[10] So A. *Kenny, Wittgenstein*, 224 und 227.

[11] Gegen dieses Mißverständnis hat sich zu Recht bereits A. *Kenny, Wittgenstein*, 224, gewandt.

behaupte, man könne in jedem neuen Verwendungsfalle der Bedeutung eines Wortes darum nicht sicher sein, *weil* man ja durch das bekanntermaßen unzuverlässige subjektive Gedächtnis entweder im Zuge der Erinnung an die definitorisch eingeführte Verbindung von Zeichen und Bedeutung oder im Zuge der Erinnerung an das als paradigmatisch gelten sollende private Erlebnis getäuscht werden könnte. Zweifellos wird dieses Mißverständnis durch Wittgensteins »Eliminationsmaxime« im zweiten Teil der *Philosophischen Untersuchungen* genährt, welche lautet: „Eliminiere dir immer das private Objekt, indem du annimmst: es ändere sich fortwährend; du merkst es aber nicht, weil dich dein Gedächtnis fortwährend täuscht." (PU 331) Wäre dies aber tatsächlich Wittgensteins Punkt, dann wäre die von ihm aufgezeigte Schwierigkeit nichts anderes als eine bloße »Künstelei«, der man einfach die grundsätzliche *Zuverlässigkeit* unseres Gedächtnisses entgegenhalten könnte.[12] Denn zur Betonung der prinzipiellen Fehlbarkeit des Gedächtnisses hat man nicht mehr Grund als zur gegenteiligen Voraussetzung. Letzten Endes hinge das Argument von der Unmöglichkeit einer privaten Sprache, *so* gefaßt, von empirischen Annahmen über die Zuverlässigkeit oder Unzuverlässigkeit des Gedächtnisses ab.

Die „Schwierigkeit", die Wittgenstein herausarbeiten will, ist aber „nicht" eine solche „Künstelei". Er will sagen: Unter der Voraussetzung, daß ein Wort „einen Vorgang in meiner privaten Welt" bedeutet, weiß man „*wirklich* nicht, kann [man] nicht wissen, was in diesem Falle gleiche Gegenstände" (BPP I, § 396) der subjektiven Bezugnahme sind oder was hier als »gleiche Bedeutung« eines Zeichens gelten könnte, ganz *unabhängig* von der Frage, ob man das Gedächtnis für zuverlässig oder für unzuverlässig zu halten geneigt ist. Denn Wittgensteins Argument ist *kriterien-, nicht gedächtnis- bzw. erinnerungskritisch*. Und er bestreitet, daß die Erinnerung ein solches Kriterium für Gegenstands- bzw. Bedeutungsidentität abgeben kann. Er sagt nicht, mein Gedächtnis *könnte* mich doch in jedem Falle der Erinnerung an einen subjektiven Gegenstand täuschen, sondern er fragt, wie man entscheiden könne, *ob* dies jeweils der Fall ist oder nicht.

---

[12] Vgl. in diesem Sinne exemplarisch Malte *Hossenfelder, Kants Idee der Transzendentalphilosophie und ihr Mißbrauch in Phänomenologie, Historik und Hermeneutik,* in: I.Heidemann / W.Ritzel (Hrsg.), Beiträge zur Kritik der reinen Vernunft, Berlin / New York 1981, 340, sowie Lambert *Wiesing, Stil statt Wahrheit.* Kurt Schwitters und Ludwig Wittgenstein über ästhetische Lebensformen, München 1991, 152-154.

Lassen wir Kennys Zirkularitätsargument für einen Augenblick außer acht und nehmen wir an, jemand erinnere sich beim Gebrauch des Wortes »rot« so deutlich wie nur möglich, mit diesem Wort immer *dieselbe* Farbe bezeichnet zu haben, die er aktuell wahrnimmt. Und er wolle dadurch die Wortverwendung vor sich selbst im Sinne einer „subjektiven Rechtfertigung" (PU § 265) kriterial ausweisen. Woher weiß er in diesem Fall, ob er sich richtig erinnert *oder* nicht? Ja, erkennt er anhand der jeweiligen Erinnerung „auch dasselbe als Farbengleichheit, was er früher Farbengleichheit genannt hat," dasselbe als Farbwahrnehmung, was er früher »Farbwahrnehmung« genannt hat, „u.s.w. ad infinitum?" (AVES 62) Der kriteriale Rekurs auf die Erinnerung, zuverlässig oder nicht, hilft hier also überhaupt nicht weiter. Denn die als Kriterium der Richtigkeit des jeweiligen Bedeutungswissens geltend gemachte Erinnerung wäre in jedem Augenblick selbst auf ihre Richtigkeit zu befragen. Und jede Erinnerung durch eine weitere Erinnerung (dasselbe »Farbengleichheit«, »Farbwahrnehmung« etc. ad infinitum zu nennen) subjektiv rechtfertigen zu wollen, hätte natürlich Ähnlichkeit mit dem Fall, als „kaufte Einer mehrere Exemplare der heutigen Morgenzeitung, um sich zu vergewissern, daß sie die Wahrheit schreibt." (PU § 265) Das heißt, sie wäre gar keine Rechtfertigung, die über das (zuletzt) unbegründete Faktum hinausführte, daß einem in jedem Augenblick etwas *als* die Bedeutung eines Zeichens erscheint.

„So hätte sich also," läßt Wittgenstein einen fiktiven Opponenten in den *Philosophischen Untersuchungen* die Konsequenz des Arguments befragen, „der das Zeichen" für sein privates Erlebnis „in den Kalender eintrug, *gar nichts* notiert?" (PU § 260) Wittgenstein glaubte, diese Frage bejahen zu müssen.[13] Denn dessen Sprache wäre

---

[13] Die zitierte Stelle, an der Wittgenstein die Unmöglichkeit einer privaten schriftlichen Notation eines privaten Bedeutungswissens behauptet, zeigt m.E., daß eine Kritik, die J. Christoph *Nyíri, Schriftlichkeit und das Privatsprachenargument,* in: Deutsche Zeitschrift für Philosophie 40 (1992), an dem Argument vorgelegt hat, wohl nicht trifft. Nyíri meinte, „daß die treibende Kraft hinter Wittgensteins Privatsprachenargument ... seine Vorliebe für gesprochene Sprache war – im Gegensatz zur geschriebenen." (226) Und dies sei „der Bereich, wo Wittgensteins ... Argumente wirklich überzeugen." (231) Denn das „individuelle Gedächtnis – dies ist der Kern dessen, was" Nyíri „zu sagen" versucht – „funktioniert in gänzlich verschiedenen Weisen und hat radikal verschiedene Ausmaße unter den Verhältnissen einer mündlichen Kultur einerseits und unter jenen einer voll entwickelten Schriftlichkeit andererseits." (227) Dies ist sicher richtig, aber es hilft über das hier entscheidende Problem nicht hinweg:

gleichsam eine Sprache des jeweiligen Augenblicks, eine Sprache, die „kein Anderer" so „versteht" wie ich, die ich aber selbst bloß „»*zu verstehen scheine*«" (PU § 269), weil die Worte in ihr »bedeuten«, was sie jeweils gerade zu bedeuten scheinen. In ihr wäre die Bedeutungskonstanz wiederholter Wortverwendungen in der Zeit gar nicht verständlich zu machen, weil eine „Anwendung" der in Form einer privaten hinweisenden Definition gegebenen Regel zur Verbindung von Zeichen und Bedeutung „in der Phantasie" (BGM 334) des Sprechers, der sich ja unter Umständen nur *einbilden* mag, immer *dasselbe* mit seinen Worten *gemeint* zu haben, dazu nicht hinreicht. „Auf den *privaten* Übergang vom Gesehenen", Empfundenen oder sonstwie »subjektiv Gegebenen« „zum Wort" (PU § 380), wie man ihn sich vorstellt, wenn man sagt, eigentlich wisse nur der Sprecher selbst, was er mit seinen Worten meint, *kann* man sie nicht anwenden. Denn hier wäre in jedem einzelnen Fall der Wortverwendung »sich richtig an die eingeführte Verbindung von Zeichen und Bedeutung erinnern« dasselbe wie »sich richtig an jene Verbindung zu erinnern *glauben*«.[14]

Wittgenstein zieht, wie man weiß, aus dieser Konsequenz den Schluß, daß man von dem semantischen Modell, demzufolge Worte private Vorstellungen, Empfindungen oder Erlebnisse bedeuten, von denen *nur* der jeweilige Sprecher *wirklich* wissen könne, gänzlich Abstand nehmen müsse, wenn es gilt, unser Wissen um eine Verbindung von Wort und »Bedeutung« zu rechtfertigen. Überraschenderweise muß dies auch im Falle von Ausdrücken gelten, die – wie »traurig sein«, »Schmerzen haben«, »eine Rotwahrnehmung haben« – in unserer Sprache in eminentem Sinne subjektive, private Erlebnisqualitäten der Sprecher zu bezeichnen scheinen. Sie *können* gar nicht auf der Basis einer privaten, (re-) identifikatiorischen Bezugnahme auf das je eigene Erlebnis des Sprechers funktionieren, weil er, wie wir gesehen haben, durch eine solche in keinem Falle wissen könnte, *was* der jeweilige Ausdruck »bedeutet«. Sofern solche Ausdrücke einen

---

anhand welcher Kriterien der einzelne Verwender eines phonetischen *oder* schriftlichen Zeichens entscheiden kann, daß er sich im Falle jeder neuen Verwendung »richtig« an die ehemals eingeführte Verbindung von Zeichen und Bedeutung erinnert.

[14] Dies ist der Punkt, an dem sich das sog. »Privatsprachenargument« tatsächlich mit einigen der Wittgensteinschen Überlegungen zum Problem des Regel-Folgens berührt, das wir an späterer Stelle behandeln werden. Denn vom Regel-Folgen sagt Wittgenstein, man könne einer Regel darum nicht „»privatim« folgen, weil sonst der Regel zu folgen glauben dasselbe wäre, wie der Regel folgen." (PU § 202)

„Gebrauch" in den Sprachspielen unserer Lebensform haben – und sie haben ihn natürlich – kann auch dieser schlechthin nicht über subjektive Selbstbezugnahmen des jeweiligen Sprechers erklärt werden, weil der subjektive „Gegenstand als irrelevant aus der Betrachtung" herausfällt, sofern man ihre „Grammatik ... nach dem Muster von »Gegenstand und Bezeichnung« konstruiert". Wittgensteins Käfer-Beispiel des § 293 der *Philosophischen Untersuchungen* illustriert diese Konsequenz des »Privatsprachenarguments« anschaulich. Wie er in diesem Paragraphen zeigt, hat die im Falle von Empfindungprädikaten besonders naheliegende These, ein jeder Sprecher wisse eigentlich nur von sich selbst, was er mit seinen Worten meine, nämlich Ähnlichkeit mit der Vorstellung, „es hätte Jeder eine Schachtel," in der etwas enthalten wäre, „was wir »Käfer« nennen. Niemand kann je in die Schachtel des Andern schaun; und jeder sagt, er wisse nur vom Anblick *seines* Käfers, was ein Käfer ist. – Da könnte es ja sein, daß Jeder ein anderes Ding in seiner Schachtel hätte. Ja, man könnte sich vorstellen, daß sich ein solches Ding fortwährend veränderte" oder „die Schachtel" gar gänzlich „leer" wäre. Dieser Vergleich macht per analogiam klar, daß das „Ding in der Schachtel" sowenig zu dem Spiel gehören kann, das Menschen möglicherweise mit ihr spielen, wie das »private Erlebnis« „zum Sprachspiel", in welchem wir sogenannte Empfindungsausdrücke gebrauchen. Hinsichtlich des Verständnisses eines solchen Sprachspiels leistet es ja nichts, so daß „durch dieses Ding in der Schachtel" oder jenes »private Erlebnis« auch „»gekürzt werden«" kann; „es hebt sich weg, was immer es ist." (PU § 293)[15]

Hat man sich dies klargelegt, kann sich nach Wittgensteins Ansicht auch der Blick dafür öffnen, daß ich das subjektiv Gegebene mei-

[15] Natürlich will Wittgenstein mit der berühmten »Käfer-in-der-Schachtel«-Analogie *nicht* die Existenz irgendwelcher subjektiver Erlebnisse oder Vorstellungen bestreiten, die mit dem Gebrauch von Worten insbesondere im Falle des Gebrauchs von Empfindungsausdrücken einhergehen können. Er will vielmehr nachdrücklich deutlich machen, daß unser Bedeutungsverständnis bzw. unsere Fähigkeit, solche Worte zu verwenden, *nicht* mit ihrer Hilfe einsichtig gemacht werden kann. Nichts anderes will auch die oben angeführte »Eliminationsmaxime« akzentuieren, indem sie uns vermittels der *methodischen* Annahme einer beständigen Täuschung des Sprechers durch sein Gedächtnis davor zu bewahren sucht, sprachphilosophisch auf das Konzept der (re-) identifikatiorischen Selbstbezugnahme auf bedeutungskonstitutive subjektiven Erlebnisse zu rekurrieren, wenn unsere Wortverwendungskompetenz zur Debatte steht. Vgl. zu diesem Punkt auch J. und M.B. *Hintikka, Untersuchungen zu Wittgenstein,* 318 f.

ner Erlebnisse beim Gebrauch von Worten tatsächlich überhaupt nicht in irgendeiner Form „identifiziere". Ich »erkenne« es nicht als so und so zu bezeichnend, weil ich es »wiedererkenne«, „sondern ich gebrauche" in wiederholten Fällen einfach „den gleichen Ausdruck". Denn damit „*endet* ... das Sprachspiel nicht; damit fängt es an" (PU § 290), indem ich das subjektiv Gegebene *durch* den sprachlichen Ausdruck von Fall zu Fall als ein Erlebnis »gleicher Art«[16] wie bei früheren Vorkommnissen *behandle*. Dabei verwenden wir öffentliche und allgemein gebräuchliche Worte, die wir mit der tradierten „Sprache gelernt" (PU § 384) haben, wodurch wir das subjektiv Gegebene als etwas, das nicht *nur* mir selbst, sondern vielen oder gar allen Sprechern der jeweils gebrauchten Sprache verständlich ist, darstellen. Wir verwenden sie – wie man in der angelsächsischen Forschung sagt – nach „*public criteria*", die nicht nur für das Sprechen über äußere Gegenstände gelten, sondern auch (und gerade) „for the application of expressions about pain, moods, and the rest, in order for there to be such expressions at all."[17] Auf diese können wir uns zur Rechtferti-

---

[16] Vielleicht noch pointierter als im angeführten § 290 der *Philosophischen Untersuchungen* wird dieser Gedanke von Wittgenstein in § 377 ausgesprochen, wenn er ausführt, daß wir unsere Vorstellungen nicht verglichen, um festzustellen, ob sie z.B. jetzt ebenso wie bei früheren Vorkommnissen mit dem Wort »rot« zu bezeichnen seien. Wittgenstein ist der Ansicht, daß genau die gegenteilige Auffassung zutreffend ist: „was für »rot« gilt, gilt auch für »gleich«".

[17] A.C. *Grayling, Wittgenstein*, Oxford / New York 1988, 87. Bekanntlich spricht Wittgenstein in seinem Spätwerk sehr häufig von »Kriterien«, und so ist es verständlich, daß „[the] notion of a »criterion« has attracted much discussion" (A.C. *Grayling, Wittgenstein*, 88), „wahrscheinlich mehr ... als irgendein anderer Gedanke Wittgensteins" (So J. und M.B. *Hintikka, Untersuchungen zu Wittgenstein*, 262). Wie wir gesehen haben, muß man in Wittgensteins Perspektive sowohl epistemische Kriterien der Rechtfertigung eines Bedeutungswissens als auch semantische Kriterien der Wortverwendung unterscheiden. Von letzteren spricht Wittgenstein manchmal als von „Kriterien des Wahrseins" (AVES 68) der Sätze, in denen bestimmte Worte vorkommen, manchmal, wie es scheint, auch nur als von Kriterien ihrer rechtmäßigen Behauptbarkeit (vgl. P.M.S. *Hacker, Einsicht und Täuschung*, 382). Somit hat man sicher Grund, „nicht von einem Wittgensteinschen Begriff des Kriteriums, sondern von mehreren zu sprechen" (D. *Birnbacher, Die Logik die Kriterien*, 14 f.). Wir meinen jedoch, daß man interpretativ fehlgreift, wenn man ihm *irgendeine* implizite (und darum interpretativ rekonstruktible) *Theorie* der Kriterien als seine Semantik zuschreibt. *Hätte* er eine solche Theorie, könnte das erklärungsrelative Verständnis von »Bedeutung«, das er seit der *Philosophischen Grammatik* vertritt (vgl. Kap. 9), nicht offenbleiben für das, was die Sprecher einer Sprache je als Erklärung der Bedeutung zu akzeptieren bereit sind.

gung eines »Bedeutungswissens« beziehen. Denn bedarf es überhaupt „einer Berechtigung dafür, ein Wort zu gebrauchen," was freilich nicht immer, sondern nur in Situationen konkreter Fraglichkeit der Fall ist, „dann muß es eine auch für den Andern", d.h. eine öffentlich ausweisbare „sein" (PU § 378).

12.3 Die verifikationistische und die intersubjektivistische Lesart des Arguments

Welcher Art sind aber nun jene angesprochenen »öffentlichen Kriterien«, die Wittgenstein vorschweben, wenn er Worte – wie gesagt – „öffentliches Eigentum" (VE 121) nennt? Einer Antwort auf die Frage kommt man näher, wenn man zwei verbreiteten Mißverständnissen des sogenannten »Privatsprachenarguments« entgegentritt. Das erste besteht in einer *verifikationistischen* Lesart dieses Arguments. Sie ergibt sich daraus, daß man unter dem Eindruck von Wittgensteins Betonung der unvermeidlichen Öffentlichkeit von Wortverwendungskriterien völlig verfehlte Konsequenzen aus der Argumentation des § 265 der *Philosophischen Untersuchungen* zieht, der das im Kern in § 258 vollständig enthaltene »Privatsprachenargument« gegen mögliche Einwände verteidigt. Wittgenstein führt dort anhand eines suggestiven Beispiels den dargelegten Gedanken aus, daß der Rekurs auf Erinnerung nicht als „subjektive Rechtfertigung" des privaten Bedeutungswissens eines Sprechers dienen könne. Derjenige, der eine solche subjektive Rechtfertigung für möglich hält, vergleicht diesen Fall nach Wittgensteins Meinung offenbar mit dem, daß man sich „zur Kontrolle das Bild der Seite des Fahrplans ins Gedächtnis" ruft, wenn man etwa im Zweifel darüber sei, ob man sich die Abfahrtszeit eines Zuges „richtig gemerkt" habe. In diesem Falle kann die Erinnerung an die Fahrplanseite durchaus die Erinnerung an die Abfahrtszeit des Zuges subjektiv rechtfertigen. Aber dieser Fall hat *keine* Ähnlichkeit mit dem der subjektiven Rechtfertigung eines privaten Bedeutungswissens. Um eine Rechtfertigung zu sein, „muß" der „Vorgang" der Vergegenwärtigung der Fahrplanseite nämlich „wirklich die *richtige* Erinnerung hervorrufen." Und dies ist durch einen Vergleich des erinnerten „Vorstellungsbild[es] des Fahrplans" mit dem wirklichen „auf seine Richtigkeit zu *prüfen*" und zu entscheiden. Genau dies ist beim privaten Beutungswissen aber nicht der Fall, weil ad infinitum nur an weitere Erinnerungen appelliert werden kann. Wenn eine „Rechtfertigung", die diesen Namen verdient, deshalb darin besteht, „daß man an eine unabhängige Stelle appelliert" (PU § 265), d.h. auf einen nicht subjektiven und insofern öffentlichen Beleg verweisen kann, müsse man sagen, daß es eine solche unter privatsprachlichen Maßgaben nicht gibt.

Aus dieser Wittgensteinschen Darlegung, wohl vor allem unter dem Einfluß des Fahrplan-Beispiels, haben manche Interpreten den Schluß gezogen, er halte das Konzept einer private Sprache darum für undenkbar, *weil* in ihr keine unabhängigen und öffentlich zugänglichen Belege (wie im obigen Beispiel der wirkliche Fahrplan) existieren (*können*), mit deren Hilfe man „eine wirkliche Verifikation" seiner subjektiven Erinnerungen an »private Erlebnisse« bzw. an die einmal eingeführte Verbindung von Zeichen und Bedeutungen vornehmen und insofern „aus dem Zirkel der »privaten Überprüfungen«"[18] von Erinnerungen durch immer neue Erinnerungen ausbrechen könne. Dies verhalte sich in einer nicht privaten Sprache anders, in der man sich, will man beispielsweise wissen, welche Vorstellung »richtig« mit Ausdrücken wie »rot« oder »traurig« verbunden werden muß, auf (Farb-) Mustertabellen[19] oder Muster des Benehmens von Personen beziehen könne, gerade so, wie man auf den wirklichen Fahrplan schaut, wenn man seine Erinnerung an die Abfahrtszeit eines Zuges bzw. das vermittels der Erinnerung wachgerufene Vorstellungsbild der Fahrplanseite verifizieren möchte. So scheint die Öffentlichkeit der Sprache, die Wittgenstein durch sein Argument ja begründen möchte, im Lichte dieser verifikationistischen Lesart wesentlich eine Öffentlichkeit der verifikativen Belege zu sein.

Orientiert an einer solchen Darstellung gewann Kripke – zu Recht – den Eindruck, „das Argument gegen die private Sprache könne unmöglich richtig sein".[20] Denn inwiefern könnten öffentliche Belege irgendwelcher Art tatsächlich dazu verhelfen, die Richtigkeit meiner

[18] S.A. *Kripke, Wittgenstein über Regeln und Privatsprache*, 81

[19] Vgl. PU §§ 50 und 53, in denen von der Funktion von Mustern für den Gebrauch von Worten in unserer gewöhnlichen, nicht-privaten Sprache die Rede ist.

[20] Und sie war es nach seinem eigenen Eingeständnis auch, die ihn – zu Unrecht – dazu veranlaßte, an ganz anderen Orten im Text der *Philosophischen Untersuchungen*, nämlich im Kontext der Problematik von Regelbefolgungen, nach den »eigentlichen« Begründungen zu suchen. Vgl. S.A. *Kripke, Wittgenstein über Regeln und Privatsprache*, 82.

jeweiligen Erinnerung an eine Verbindung von Zeichen und Bedeutung zu verifizieren? Bereits kurz nach Erscheinen der *Philosophischen Untersuchungen* hatte, worauf Kripke hinweist, Alfred J. Ayer auf die Unhaltbarkeit einer solchen Annahme aufmerksam gemacht, wenn er schrieb: Der als Beleg verwendete „Gegenstand, auf den ich mich" zur Rechtfertigung meines Bedeutungsverständnisses „zu beziehen versuche, mag so öffentlich sein, wie man will, ... meine Gewißheit, daß ich das Wort richtig verwende, ... muß letzten Endes" auf einer *subjektiven* Musterbezugnahme „beruhen"[21]; konkret gesprochen: darauf, daß ich irgendein öffentliches Muster *subjektiv* wahrnehme, und meine gegenwärtige Wahrnehmung mit der je aktuellen Erinnerung an das, was ich bisher mit dem Wort verbunden habe, vergleiche. Wenn es sich so verhält, ist aber nicht zu sehen, welchen Vorzug dies gegenüber einem Vergleich von Erinnerungen mit Erinnerungen haben sollte. Woher weiß ich nämlich, daß ich meinen Augen *jetzt* trauen kann, d.h., daß ich *jetzt* dasselbe wahrnehme wie bei früheren Musterbezugnahmen und nicht nur *glaube*, dies zu tun? Die Bezugnahme auf einen öffentlichen Gegenstand hilft in diesem Punkte also gar nicht weiter, sofern sie das Problem letztlich nur von der Frage nach Kriterien für die Richtigkeit der Erinnerung auf die nicht weniger unentscheidbare Frage nach Kriterien für die Richtigkeit der Musterwahrnehmung verlagert.

Daß Wittgenstein wohl auch gar nicht den Nachweis beabsichtigte, zur Rechtfertigung unseres sprachlichen Bedeutungswissens bedürfe es als Verifikationsinstanzen brauchbarer öffentlicher Belege, hat zudem Ernst Tugendhat deutlich gemacht, als er darauf hinwies, daß Wittgenstein öffentlichen Mustern keineswegs mehr vertraut, als dem subjektiven Gedächtnis.[22] „Wenn wir mit einem Muster statt mit unserm Gedächtnis arbeiten," betonte Wittgenstein, „so sagen wir" ja manchmal unter gewissen „Umständen, das Muster habe seine Farbe verändert" oder ähnliches und „beurteilen" gerade *dies* – umgekehrt – „mit dem Gedächtnis". Einem öffentlichen „Muster" sind wir so besehen nicht weniger „ausgeliefert" als dem subjektiven „Gedächtnis" (PU § 56). Wie soll es dessen aktuale Wahrnehmung aber dann

[21] Alfred J. *Ayer, Can there be a Private Language?*, vgl. S.A. *Kripke, Wittgenstein über Regeln und Privatsprache*, 81.

[22] Vgl. zur Bedeutung dieses Punktes im Rahmen des »Privatsprachenarguments« E. *Tugendhat, Selbstbewußtsein und Selbstbestimmung*, 108.

rechtfertigen, daß ich das, was ich kontingenterweise *jetzt* wahrnehme, *immer* mit einem bestimmten Wort verbunden habe? Obgleich man, wie Wittgenstein gelegentlich betont, bei öffentlichen Gegenständen anders als bei »privaten« des subjektiven Erlebens durchaus von unseren „üblichen Kriterien der Musteridentität" (AVES 63) sprechen kann, hat man in Fragen der Wahrnehmungs- und Bezeichnungsidentität des Musters gerade *keine*. Tatsächlich bleibt darum auch im Falle der Bezugnahme auf öffentliche Muster die »richtige Verbindung« von Zeichen und Bedeutung das, was immer mir jeweils als richtig erscheinen wird.

In seiner verifikationistischen Lesart wäre Wittgensteins Argument also nicht sehr stark. Denn statt sprachliches Bedeutungswissen verständlich zu machen, würfe der Rekurs auf die vermeintlich verifikative Instanz des öffentlich zugänglichen Musters den Gedankengang ja einfach auf das Gedächtnis zurück, das nun für die Richtigkeit der Erinnerung an bisherige Musterwahrnehmungen bzw. bisherigen Mustergebrauch aufzukommen hätte. Argumentativ wäre durch ihn nichts gewonnen: „zurückgeworfen auf mein Gedächtnis, fehlt mit ein objektives, unabhängiges Kriterium dafür, daß ich die Regelintention, die ich mir einst eingesetzt habe," als ich die Bedeutung eines Wortes erlernte, bzw. als ich mir in Form einer privaten Definition vornahm, ein Wort »so und so« zu gebrauchen, bei jeder neuen Wortverwendung immer „noch festhalte. Die Überzeugung, daß ich, in diesem Augenblick das Wort »Buch« aussprechend, dasselbe meine, was ich gestern und vor Jahren meinte, wann immer ich das Wort »Buch« aussprach, ist eine bloße Versicherung und wird schwerlich über Richtig und Falsch entscheiden können. Entscheiden", scheint Wittgenstein aber doch sagen zu wollen, „kann nur eine objektive Instanz" auf der Basis „intersubjektiver Kriterien."[23] Und so könnte man versucht sein, in der Öffentlichkeit des intersubjektiven Dialogs mit anderen Sprechern ein solches Kriterium zu sehen.

Daß Wittgenstein – dies wäre nun das intersubjektivistische Mißverständnis seines Arguments – mit seinem »Privatsprachenargument« auf den Nachweis einer Verschränkung „von monologischem Zeichengebrauch und dialogischer Prüfung der Richtigkeit" in einer nicht privaten Sprache hinauswolle und zu zeigen beabsichtige, daß sie das »Bedeutungswissen« der Sprecher ermögliche, nimmt Dieter Birn-

---

[23] D. *Birnbacher, Die Logik der Kriterien*, 117

bacher (und wohl auch Jürgen Habermas[24]) an. Wäre dies so, hätte man freilich allen Grund, wie Birnbacher, von der „logische[n] Schwäche des" von Wittgenstein vermeintlich „geforderten Zusammenhangs" zu sprechen.[25] Denn inwiefern kann mir eine kriteriale „Berufung auf andere Subjekte"[26] zu einem Wissen davon verhelfen, *was* ich mit meinen Worten meine und *ob* ich stets dasselbe oder etwas anderes meine? Man könne mit ihnen, wird man vielleicht antworten, dialogisch einen Konsensus über den in einer Sprachgemeinschaft herrschenden allgemeinen Wortverwendungsbrauch erzielen. Doch nehmen wir an, daß es wirklich zur Notwendigkeit einer intersubjektiven Rechtfertigung eines Bedeutungswissens kommt: „– wer sagt, was hier »verändern« und was »gleichbleiben«" eines allgemeinen Wortverwendungsbrauches „heißt?" (BGM 79)[27] Offenkundig wirft uns ja jeder Versuch, im Zuge der dialogischen Prüfung eines Zeichengebrauchswissens kriterial auf den herrschenden allgemeinen Sprachgebrauch zu rekurrieren, auch wieder auf das subjektive Gedächtnis – diesmal in Form der Frage nach den Kriterien der Richtigkeit der jeweiligen Erinnerung *an ihn* – zurück. Hätte Wittgenstein mit seinem Argument also zeigen wollen, im Unterschied zu einer privaten sei eine öffentliche Sprache eine solche, in der unser Zeichengebrauchswissen – wenn auch nicht faktisch, so doch mindestens prinzipiell – intersubjektiv überprüfbar und durch einen Rekurs auf die allgemei-

---

[24] Weniger im Blick auf das eigentliche »Privatsprachenargument« des § 258 der *Philosophischen Untersuchungen* als vielmehr hinsichtlich Wittgensteins in Kapitel 17 dieser Studie noch näher zu betrachtender Analyse des »Regel-Folgens« schreibt Jürgen *Habermas, Sprachspiel, Intention und Bedeutung.* Zu Motiven bei Sellars und Wittgenstein, in: R.Wiggershaus (Hrsg.), Sprachanalyse und Soziologie. Die sozialwissenschaftliche Relevanz von Wittgensteins Sprachphilosophie, Frankfurt/Main 1975, Wittgenstein das Verdienst zu, gezeigt zu haben, daß es für „ein vereinzeltes und einsames Subjekt ... identische Bedeutungen (oder semantische Gleichförmigkeit) nicht geben" könne und dabei „den Nachweis" erbracht zu haben, „daß die Identität von Bedeutungen logisch von der Fähigkeit abhängt, intersubjektiv geltenden Regeln" des Sprachgebrauchs „mit zusammen mindestens einem weiteren Subjekt zu folgen" (325). Es sei die „Pointe dieser Überlegung, daß ich selber nicht sicher sein kann, ob ich einer Regel" – etwa einer »Bedeutungswissen« konstituierenden Zeichengebrauchsregel – „folge, wenn nicht eine Situation besteht, in der ich mein Verhalten der Kritik eines anderen aussetzen und über unsere Urteile Konsensus herbeiführen kann." (324)

[25] D. *Birnbacher, Die Logik der Kriterien*, 119

[26] D. *Birnbacher, Die Logik der Kriterien*, 117

[27] In Kapitel 17 wird auf dieses hier nur anzureißende Problem näher eingegangen werden.

ne Zeichengebrauchspraxis auch ausweisbar sei, wäre es wie schon in seiner verifikationistischen Lesart nicht sehr überzeugend: Denn „inwiefern sind die Evidenzen, die der private Sprecher in Gestalt seiner Gedächtnisansprüche, und die, die der nicht-private Sprecher in eben derselben Gestalt besitzt, so radikal verschieden, daß sie in dem einen Fall für nichts, in dem andern für alles gelten?"[28] Es *gibt* hier keinen ausweisbaren Unterschied.

12.4 Die Öffentlichkeit einer »muttersprachlichen« Wortgebrauchspraxis

Worauf könnte Wittgenstein mit seinem Argument aber dann hinauswollen, wenn man ihm aufgrund der offensichtlichen Schwierigkeiten der verifikationistischen und der intersubjektivistischen Lesart weder die eine noch die andere als seine »authentische« Meinung zuzuschreiben versucht? Das heißt, in einer problembezogenen Redeweise ausgedrückt: Wie läßt sich – *erstens* – unsere Wortverwendungskompetenz in einer *nicht* privaten Sprache nach Wittgenstein aber dann rechtfertigen, wenn man dazu *sensu strictu* sowenig wie auf die private Erinnerung auf verifikative öffentliche Belege oder eine intersubjektiv-dialogische Überprüfung rekurrieren kann? Und *zweitens*: Welcher Art ist die »Öffentlichkeit«, die Wittgenstein einer nicht privaten Sprache zuschreibt? Was die erste dieser beiden Fragen betrifft, scheint der »privatsprachenkritische« Argumentationsgang ja nun in eine geradezu aporetische Lage geraten zu sein, in der selbst einfache sprachliche Vollzüge unverständlich werden. Stellen wir uns z.B. vor, jemand erhalte den Befehl: »Hole beim Kaufmann fünf rote Äpfel«. Auf die Frage: „Wie soll er wissen, welche Farbe er zu wählen hat, wenn er »rot« hört?" hätte man wohl traditionellerweise geantwortet: „Sehr einfach: er soll die Farbe nehmen, deren Bild ihm beim Hören des Wortes einfällt." (PU § 239) „Was" wäre aber nun „das Kriterium der Röte einer Vorstellung?" (PU § 377) Wie wir gesehen haben, ist das unauflösbare Problem ja nun: „wie soll er wissen, welche Farbe das ist, »deren Bild ihm einfällt«" (PU § 239); insbesondere, ob ihm *die richtige* Farbe einfällt, die er sich als Bedeutung des Wortes »rot«

---

[28] D. *Birnbacher, Die Logik der Kriterien*, 119

einmal eingeprägt hat? Sofern es ein solches Kriterium nicht geben kann, *muß* man deshalb antworten: „Für mich, wenn der Andre sie hat: was er sagt und tut. Für mich, wenn ich sie habe: garnichts." (PU § 377). „Wie erkenne ich" dann aber, „daß diese Farbe", die ich mir beim Hören des Befehls »Hole beim Kaufmann fünf rote Äpfel« *jetzt* vielleicht vorstellen mag, „Rot" (PU § 381) genannt werden muß? Ja, wie weiß man überhaupt, ob man das Wort »rot« *richtig* versteht?

„Eine Antwort" auf die letztgestellte Frage, die zugleich einen Ausweg aus jenem ganzen Nest von offenen Fragen zu weisen vermag, „wäre" nach Wittgenstein: „»Ich habe Deutsch gelernt.«" (PU § 381) Sie erscheint – vermutlich zumindest auf einen ersten Blick – ebenso überraschend wie profan. Doch ist sie nicht nur in dem trivialen Sinne gemeint, daß sich „in der Muttersprache über die Bezeichnung gewisser Dinge nicht irren können[,] ... einfach der gewöhnliche Fall" (ÜG § 630) ist. Vielmehr will sie geltend machen, daß ein explizierbares »Bedeutungs-« bzw. Zeichengebrauchswissen überhaupt nur auf der Basis einer aller Bedeutungsexplikation *vorgängigen* – und d.h. theoretisch nicht mehr begründbaren – Praxis des allgemeinen Gebrauchs einer Sprache *denkbar* ist. Soll heißen: Wenn jemand unser „Sprachspiel" mit dem Wort »rot« „spielen soll", so *beruht* „dessen Möglichkeit" darauf, daß die Menschen, die an diesem Sprachspiel partizipieren, normalerweise mit sehr weitgehender Übereinstimmung „die gleichen Dinge »rot« nennen." Es basiert also auf der für »natürlicherweise« deutsch redende Sprecher *typischen* „Übereinstimmung" ihrer „Reaktionen" (AVES 61) auf bestimmte Gegebenheiten (und man muß hier die Versuchung unterdrücken zu sagen: auf »etwas Rotes«!); darauf, „was *gewöhnlich* geschieht." (AVES 60) Unseren individuellen Zeichengebrauch in diese Praxis einzufügen, wurden wir im Zuge des Erwerbs der Muttersprache – mit Wittgensteins Ausdruck gesprochen – »abgerichtet«; und zwar nicht, indem wir ein subjektives Erlebnis zu identifizieren lernten, sondern indem uns beigebracht wurde, wann bzw. unter welchen Umstände man typischer Weise (z.B.) »Ich sehe etwas Rotes« sagt. Deshalb kann auch der Farbenblinde in seiner Muttersprache das Sprachspiel mit dem Satz »Hole beim Kaufmann fünf rote Äpfel« sicher und ohne jeden Zweifel zu spielen erlernen.

Was für unsere Sprachspiele mit dem Wort »rot« gilt, gilt selbstverständlich für *alle* Begriffe unserer natürlichen (Mutter-) Sprache. Deren Öffentlichkeit, die das »Privatsprachenargument« ex negativo herauszuarbeiten unternimmt, ist somit nicht so sehr die der ein Bedeutungswissen der Sprecher bestimmenden öffentlichen Belege oder die einer prinzipiellen dialogischen Überprüfbarkeit jenes Zeichengebrauchswissens, obwohl man in unserer Sprache, was Wittgenstein natürlich gar nicht bestreitet, unter vielen anderen auch die (öffentlichen) Spiele »Bedeutungen durch Musterbezugnahmen erklären« oder »Andere nach der Bedeutung fragen« spielen kann. Es ist vielmehr die Öffentlichkeit der erlernten, schon durch solche Übernahme *nicht* privaten natürlichen Sprache als einer jeweils *eingespielten Wortgebrauchspraxis*, in der die »Bedeutungen« der Worte konstant bleiben, *solange* bzw. *soweit* ein- und dasselbe Sprachspiel konstant bleibt, in der sich die »Bedeutungen« der Worte aber auch mit den Veränderungen der Sprachspiele verschieben können. Denn die Sprachspiele *selbst* ändern sich, wie wir sogleich sehen werden, grundlos und kaum merklich mit der keinesfalls als statisch zu denkenden Praxis unseres Lebens. Es ist, nochmals anders gesagt, die Öffentlichkeit eines von den Sprechern einer Sprache mit sehr weitgehenden Übereinstimmungen gepflegten Brauchs, dessen Wirklichkeit – auf diesen Punkt will Wittgenstein mit dem sogenannten »Privatsprachenargument« eigentlich hinaus – unser sprachliches Bedeutungswissen *allein* verständlich machen kann und der insofern – auch in begründungslogischer Perspektive – als *factum brutum* einer bestimmten Praxis auch noch *aller* kriterialen Rechtfertigung vorgängig ist. Man könnte auch sagen: Begründungen *irgendeiner* Form, nach *beliebigen* Standards, sind in Wittgensteins Sicht überhaupt nur denkbar, *sofern* es eine solche Praxis gibt. Ihre charakteristischen Züge beschreiben wir, wenn wir uns selbst oder anderen (in manchen Fällen wünschenswerte) Bedeutungserklärungen zu geben versuchen. Sofern man sich einen solchen Brauch institutionalisiert vorstellen kann, kann man – wie § 243 der *Philosophischen Untersuchungen* betonte – »sich also auch Menschen denken, die nur monologisch sprächen. Ihre Tätigkeiten mit Selbstgesprächen begleiteten", *ohne* sich jemals dialogisch an andere zu wenden. Und in *dieser* Vorstellung scheint Wittgenstein, *trotz* der (in Kapitel 17 zu betrachtenden) Argumente gegen die Möglichkeit eines privaten Regelfolgens, überraschenderweise keine Schwierigkeiten gesehen zu haben.

13. Quellen der Metaphysik

13.1 Die methodologische Neuorientierung der Sprachkritik

»Begriffe«, die man traditionellerweise von den »arbiträren« Zeichen ihres Ausdrucks zu unterscheiden pflegt, lassen sich nach Wittgenstein von den eingespielten Wortgebrauchsgepflogenheiten der Sprachspiele einer natürlichen Sprache nicht ablösen, und dieser unumgänglichen Bindung verdanken sie ihre konstitutive Offenheit, situationsspezifische Veränderlichkeit, ja Verschwommenheit, die er immer wieder betont (vgl. PU § 71). Die Vielfältigkeit dessen, was man »einen Satz« oder was man »Sprache« nennt, konnte dafür bereits ein Beispiel geben. Darin drückt sich keine »beklagenswerte«, schon gar nicht korrekturbedürftige Unexaktheit natürlicher Sprachen aus. Im Gegenteil; Wittgenstein wehrt sich gegen den „Begriff einer idealen Exaktheit, der uns sozusagen a priori gegeben wäre. Zu verschiedenen Zeiten sind unsere Ideale der Exaktheit verschieden; und keines ist das höchste." (VB 502 / vgl. PU § 88). Dem trägt die natürliche Sprache Rechnung, welche uns temporär, „für einen besonderen Zweck" (PU § 69) des Lebens durch Grenzziehungen zweckrelational-exakte Begriffe erzeugen läßt, aber gleichwohl für Veränderungen der Exaktheitsnormen offenbleibt. Insofern liegt eine für Veränderungen und gewisse Spielräume der Abweichung im Gebrauch offene Unbestimmtheit „im *Wesen* der Sprache", wie einmal mehr das in vieler Hinsicht so fruchtbar zu betrachtende Baustellen-Sprachspiel aus § 2 der *Philosophischen Untersuchungen* deutlich machen kann. Dessen Betrachtung erweist nämlich nicht nur, daß menschliche Tätigkeiten den Verwendungsbrauch von sprachlichen Zeichen fixieren, es zeigt vielmehr auch: „Wenn das Sprachspiel, die Tätigkeit, z.B. das Bauen eines Hauses (wie in No 2), die Verwendung eines Wortes fixiert, so ist der Begriff der Verwendung elastisch mit dem der Tätigkeit." (LSPP § 340) Selbst einfachste Tätigkeiten wie die in No 2 beschriebenen verändern sich ja, oftmals unmerklich, mit der Zeit, und die »Elastizität« in unseren Wortverwendungsbräuchen macht es dann möglich, daß die Sprache an die veränderten Tätigkeiten rückgebundene Neufixierungen eines Wortgebrauchs immer wieder in sich aufnehmen kann. „Wenn sich die Sprachspiele ändern, ändern sich die Begriffe und mit den Begriffen die Bedeutungen der Wörter." (ÜG § 65) „Und so ändert sich, und zwar allmählich," *ohne* nennbare Gründe und auch *ohne* bewußte Entscheidungen seitens der Sprecher, mit den unmerklichen Veränderungen unserer Praxis „der Gebrauch des Vokabulars der Sprache." (ÜG § 63) „Festbegrenzte Begriffe", die man sich vielleicht in manchen Zusammenhängen wünschen mag, würden – über ihre zeitliche Veränderung hinaus – zudem „eine Gleichförmigkeit des Verhaltens fordern", die es im strengen Sinne in unserer Lebenspraxis wohl auch *innerhalb* eines Zeitschnitts gar nicht gibt. Denn „wo ich *sicher* bin, ist der Andere unsicher", wo ich etwas mit reflexionsloser Sicherheit tue, weicht der andere ab. „Und das ist eine Naturtatsache" (Z § 374), die sich ebenfalls in der Elastizität unseres Begriffsgebrauchs niederschlägt.

Diejenigen, die die meisten Schwierigkeiten haben werden, diese Sichtweise zu akzeptieren, sind nach Wittgenstein Philosophen, welche in einer metaphysischen Tradition des Philosophierens verhaftet sind. Wie jeder Leser seiner Schriften weiß, gebraucht Wittgenstein die Ausdrücke »*die* Metaphysik« bzw. »*die* Philosophie« für gewöhnlich sehr pauschal zur Charakterisierung eines von ihm zurückgewiesenen *Typus* des Denkens. Weil es in solcher Typisierung darum geht, signifikante, charakteristische Grundzüge einer Denkgestalt pointiert vor Augen zu stellen, ist es zumeist schwierig, die konkreten, individuellen »Gegner« zu benennen, die Wittgenstein unter diese zweifellos als »Kampfbegriffe« verwendeten Etiketten subsumiert und in seinen jeweiligen Argumentationen kritisiert. Ja, je nachdem, wie man mindestens die bedeutenden Denker jener von Wittgenstein gescholtenen Tradition heute liest, scheinen sie sich nicht recht in das Schema fügen zu wollen, das er als »metaphysisch« brandmarkt. Doch ging es Wittgenstein – sowenig wie übrigens Nietzsche[1], Hegel[2] oder gegenwärtigen Kritikern[3] überkommener Denkfiguren, wenn sie pauschal

---

[1] Vgl. Friedrich *Nietzsche, Jenseits von Gut von Böse*. Vorspiel einer Philosophie der Zukunft, in: Kritische Studienausgabe, Bd. 5, hrsg. von G. Colli / M. Montinari, München 1980, wo nicht weniger typisiert als bei Wittgenstein, über den „Grundglaube[n] *der* Metaphysiker" (16 ff/Herv. S.M.) gehandelt wird.

[2] Vgl. zu Hegels Metaphysik-Begriff Stefan *Majetschak, Die Logik des Absoluten*. Spekulation und Zeitlichkeit in der Philosophie Hegels, Berlin 1992, 181 ff, mit ausführlichen Belegen diesbezüglich einschlägiger Hegel-Stellen.

[3] Vgl. Josef *Simon, Philosophie des Zeichens*, 55 ff u.ö., sowie zum dort explizierten Metaphysik-Verständnis Werner *Stegmaier, Zeichenphilosophie, Ontologie und Ethik*,

von »*der* Metaphysik« sprechen – gar nicht um philosophie*geschichtliche* Angemessenheit, sondern um einen latenten, überindividuellen Grundzug des europäischen Denkens, den er bei seinen zeitgenössischen Gesprächspartnern in Cambridge, in der ihm bekannten philosophischen Literatur und – *nicht zuletzt* – bei sich selbst immer wieder durchbrechen sah und den er als Resultat eines Mißverständnisses des Funktionierens unserer Sprache erweisen wollte.

Was versteht Wittgenstein aber nun unter »der Philosophie« bzw. »der Metaphysik« im typisierten Sinne? Wenn wir auf die drei in diesem Abschnitt darzulegenden Hauptquellen vorgreifen, aus denen Wittgenstein »die Metaphysik« entspringen sah, kann man – wie in der Literatur bereits betont wurde – zweifellos sagen, das „Verständnis von Philosophie, das Wittgenstein attackiert" und das er »metaphysisch« im besagten weiten Sinne nennt, sei ein »platonistisches«. Das heißt, es „orientiert sich stark an Platons Was-ist-F-Frage und an dessen Philosophiebegriff"[4], demzufolge in einer wesentlich endlichen Folge von Sätzen (des philosophischen Dialoges, z.B.) gesagt werden könne, *was* F (und F stehe hier für einen beliebigen philosophischen Grundbegriff) *der Sache nach*, oder anders ausgedrückt: seiner ontischen Wesensbestimmung nach *sei*. Philosophen, die an die Möglichkeit einer solchermaßen definitiven sprachlichen Wesensbestimmung von »etwas« glauben, wollen freilich nach Wittgenstein nicht sehen, daß auch die sogenannten »Grundworte« der Metaphysik ihren Sitz nur in gewöhnlichen Sprachspielen unseres Lebens haben. Sie gehen in seiner Perspektive davon aus, daß es so etwas wie eine sprachspiel*enthobene*, aber zugleich die Vielfalt der Sprachspiele unserer Sprache umgreifende und begründende Bedeutung bestimmter Begriffe gäbe, die man in philosophischen Theorien auslegen kann.

Als solche Begriffe gelten ihm der „Begriff des Erlebnisses", aber auch der „des Geschehens, des Vorgangs, des Zustands, des Etwas, der Tatsache, der Beschreibung und des Berichts." (BPP I, § 648) Zudem könnte man im Blick auf die Philosophie des 20. Jahrhunderts den allgemeinen Begriff der »Bedeutung« nennen, an dem, einer allzu primitiven Philosophie der Sprache entsprungen, überraschenderweise

---

in: Th. S. Hoffmann / St. Majetschak, Denken der Individualität. Festschrift für Josef Simon zum 65. Geburtstag, Berlin / New York 1995, 337 f.

[4] So Peter *Schulthess, Am Ende Vernunft – Vernunft am Ende?* Die Frage nach dem logos bei Platon und Wittgenstein, St. Augustin 1993, 75.

eine sich von Wittgenstein inspiriert glaubende Tradition des sprachanalytischen Philosophierens noch festhält, wie die bis heute nicht abreißende Flut von »bedeutungstheoretischen« Publikationen bezeugt. Wichtiger als der Begriff der »Bedeutung«, dessen philosophische »hausse« er selbst ja erst auslöste, war für Wittgenstein in dieser exemplarischen Liste allerdings der Begriff des Denkens, weil das Denken in unserer Tradition seit je in besonderem Maße mit „einem Nimbus umgeben" war. Denn man stellt sich oft vor, dessen „Wesen, die Logik," stelle „die Ordnung a priori der Welt" dar, d.i. die Ordnung der *Möglichkeiten*, die Welt und Denken gemeinsam sein muß." Begriffe wie Welt, Sprache oder Vernunft, die Philosophen immer wieder in ihren Bann schlagen, wird man ebenfalls in diese Reihe von gleichsam „*Über*-Begriffen" zu stellen haben, zwischen denen eine philosophisch zu erforschende „*Über*-Ordnung" (PU § 97) zu herrschen scheint. Bei ihnen allen, „meinen wir, stehen wir auf dem harten Urgrund, und tiefer als alle speziellen Methoden und Sprachspiele. Aber" – und dies nachzuweisen ist spätestens seit Mitte der dreißiger Jahre Wittgensteins offen erklärtes Ziel – „diese höchst allgemeinen Wörter haben eben auch eine höchst verschwommene Bedeutung. Sie beziehen sich in der Tat auf eine *Unmenge* spezieller Fälle, aber das macht sie nicht *härter*, sondern es macht sie eher flüchtiger." (BPP I, § 648) Davon, auf irgendeine bestimmte Bedeutung festgelegt, geschweige denn als primordiale Begriffe als Weltorientierung ausgewiesen werden zu können, sind sie weit entfernt.

Sollte so etwas wie eine sprachspielenthobene, in diesem Sinne *allgemeine* philosophische Theorie möglich sein, die uns letzthin über die Bedeutung von »Sein« und »Zeit«, »Welt« oder »Vernunft« zu verständigen vermöchte, dürften die Begriffsauslegungen »der« Philosophie nicht nur ein *besonderes* Sprachspiel einführen, sondern müßten dessen Primordialität auch erweisen können. Dies ist aber nach Wittgenstein schon darum nicht möglich, weil wir diese Worte wie alle philosophisch in Frage stehenden Begriffe mit den gewöhnlichen Sprachspielen der natürlichen Sprache erlernt haben. Obgleich man wohl „beim Nachdenken" über solche Begriffe, wie Wittgenstein meinte, leicht dahinkommt, „zu denken, man redete in der Philosophie eigentlich nicht von Wörtern und Sätzen im ganz hausbackenen Sinn, sondern in einem sublimierten, abstrakten Sinn", *muß* man bei ihrem Gebrauch doch „die Sprache des Alltags" (PG § 77) reden, in der sie „die Verschwommenheit des normalen Gebrauchs der Begriffswörter unserer Sprache" (PG § 76) haben. Wenn sie überhaupt „eine Verwendung haben", wird es deshalb „eine so niedrige" sein müssen, wie die der „Worte »Tisch«, »Lampe«, »Tür«" (PU § 97), eine Verwendung also, die sie in Sprachspielen der gewöhnlichen Sprache, der sie entspringen, haben.

Freilich: Wenn alle allgemeinen Begriffe nun zu zerfließen scheinen, „zerfließt da nicht auch die Philosophie?" Einer solchen Ansicht war Wittgenstein nicht, doch meinte er, es könne nicht „Aufgabe der Philosophie" sein, „eine neue, ideale Sprache zu schaffen", wie Frege und Russell wollten und wie auch er dies in seiner Frühzeit für erstrebenswert hielt[5], oder immer neue Theoriegebäude über den Grundworten der Metaphysik zu errichten. Vielmehr gelte es, „den Sprachgebrauch unserer Sprache – der bestehenden – zu klären" und dadurch „besondere Mißverständnisse zu beseitigen" (PG § 72), als welche ihm die Sprachspiele der Philosophen erschienen. Dies sollte vor allem durch Rückführung des metaphysischen Sprachgebrauchs auf seinen – wie Wittgenstein sagt – »alltäglichen« Gebrauch geschehen. „Wenn die Philosophen", schrieb er an einer bekannten Stelle der *Philosophischen Untersuchungen*, „ein Wort gebrauchen – »Wissen«, »Sein«, »Gegenstand«, »Ich«, »Satz«, »Name« – und das *Wesen* des Dings zu erfassen trachten, muß man sich immer fragen: Wird denn dieses Wort" – abgesehen vom Gebrauch in der Philosophie, der sich freilich, wie Wittgenstein zu zeigen antrat, als ein Mißbrauch erweisen läßt – „in der Sprache, in der es seine Heimat hat, je tatsächlich so gebraucht?" Und das »Nein«, das man in der Regel wohl zur Antwort geben wird, führte ihn zu der sein Spätwerk bestimmenden methodologischen Maxime: „*Wir* führen die Wörter von ihrer metaphysischen, wieder auf ihre alltägliche Verwendung zurück." (PU § 116)

Die bewußte Profanisierungsstrategie, die Wittgenstein zu diesem Zweck in zahlreichen Sprachspielbeschreibungen seines Spätwerkes auf tradierte Grundworte der Philosophie anwendet, wenn er der prominenten philosophischen Verwendung eines Wortes diejenige des Alltagslebens entgegenhält, ist freilich dazu geeignet, viele seiner Leser eher zu irritieren als von dem Glauben an einen explizierbaren philosophischen Sinn solcher Worte abzubringen. „Mancher wird sagen", wie Wittgenstein selbst klar war, daß seine bewußt tradierte Konnotationen profanisierende Rede über philosophische Begriffe wie

---

[5] Vgl. Tlp 3.325 sowie Kapitel 3 der vorliegenden Untersuchung.

den „Begriff des Wissens irrelevant sei, da zwar dieser Begriff, wie die Philosophen ihn auffassen, allerdings nicht mit dem der alltäglichen Rede übereinstimmt, aber eben ein wichtiger, interessanter Begriff sei, der durch eine Art Sublimierung aus dem landläufigen und nicht sehr interessanten gebildet ist." (BPP II, § 289) Philosophische Begriffe scheinen nämlich das grobschlächtige Denken des Alltags zu korrigieren oder doch die Fundamente aufzudecken, die jenes Denken, wie man sagt, »immer schon« voraussetzt. So scheinen sie interessante Aufschlüsse und Einsichten zu eröffnen. Nach Wittgenstein ist aber gerade *dies* die tiefsitzende Fiktion; nicht nur deshalb, weil alles philosophische Theoretisieren stets nur von den gewöhnlichen, vorphilosophisch erlernten Wortverwendungsweisen ausgehen kann, sondern vor allem darum, weil es *gar keinen* Weg gibt, die eigenständige Legitimität eines philosophischen Wortgebrauchs im Unterschied zum alltäglichen zu begründen. „Die Philosophie", schrieb er, „darf den tatsächlichen Gebrauch der Sprache in keiner Weise antasten, sie kann ihn am Ende also nur beschreiben. *Denn* sie kann ihn auch nicht begründen." (PU § 124 / Herv. S.M. / vgl. Phil 417) Dieses unscheinbare »Denn« trägt, systematisch gesehen, die gesamte Begründungslast seiner späten Philosophiekritik und auch der neuen, an ihr ansetzenden Methodologie.

Von »metaphysischer«, an Einsichten in die Verfassung von Subjektivität und Welt interessierter Philosophie *post* Wittgenstein wäre deshalb zu fordern, daß sie systematisch den Gegenbeweis zu dieser metaphysikkritischen »These« antritt und als Nachweis ihrer eigenen, damit skeptisch in Frage gestellten Möglichkeit auf sprachphilosophisch akzeptablem Niveau zunächst zeigt, *wie* die Primordialität ihrer Begriffsbestimmungen im Unterschied zu den alltäglichen auszuweisen sei. Denn sie »tastet« ja, von Wittgenstein her gesehen, den tatsächlichen Gebrauch von Worten stets dann an, wenn sie als selbst wesentlich sprachliches Unternehmen die Vielfalt dessen, was wir gewöhnlich z.B. »vernünftig« nennen, neu- und umbestimmt und »Vernunft« etwa als »Vermögen der Ideen« (oder wie auch immer) auslegt. Versuche in dieser Richtung sind in der Gegenwartsphilosophie freilich nicht zu sehen. Und so bleiben philosophische Begriffsbestimmungen in einem essentialistischen Sinn von Wittgenstein her gesehen wenigstens vorläufig noch mit dem radikalen Verdacht versehen, nichts weiter als *vereinseitigende Disziplinierungen des gewöhnlichen Sprachgebrauchs* zu sein, führen sie doch letztlich Ideolekte von begrenzter Verbindlichkeit, d.h. neue Sprachspiele in die Sprache ein. Sofern dies keine Verwirrung erzeugt, hat Wittgenstein tatsächlich gar nichts dagegen einzuwenden, abgesehen davon, daß man natürlich stets darauf hinweisen kann, daß solche neuen Begriffsbestimmungen in der Praxis unseres Lebens zumeist keinen rechten Gebrauch haben. „Man könnte“, schrieb er im berühmten letzten Satz der *Philosophischen Untersuchungen*, „auch von einer Tätigkeit der Butter reden, wenn sie im Preise steigt“, und über das kaum greifbare Wesen dieser »Tätigkeit« nachdenken; „und wenn dadurch keine Probleme erzeugt werden, so ist es harmlos.“ (PU § 693) Doch ist dies bei den meisten philosophischen Redeweisen *nicht* der Fall, weil sich die allgemeinen Orientierungen, die sie über *das* »Denken«, *das* »Verstehen« oder *die* »Welt« im ganzen zu geben versprechen, nach Wittgenstein als Fehldeutungen sprachlicher Konstruktionen, gleichsam als „Verhexung unsres Verstandes durch die Mittel unserer Sprache“ (PU § 109) erweisen lassen: Verhexungen, die das Denken wohl eher in die Irre führen als orientieren. Denn wie er durch seine Beschreibung von Sprachspielen zeigen will, wird der „philosophische Begriff aus dem landläufigen“ nicht durch ein ausweisbares Verfahren, sondern „durch allerlei Mißverständnisse gewonnen ...[,] und er befestigt diese Mißverständnisse. Er ist durchaus nicht interessant; es sei denn als Warnung.“ (BPP II, § 289)

So versteht es sich, daß Wittgenstein am Ende der Wandlung seiner theoretischen Grundansichten in den dreißiger Jahren Philosophie, wie schon im *Tractatus*, neuerlich in einer ihrer wichtigsten Dimensionen als Sprach*kritik* konzipierte. Die Sprachkritik sowie die mit ihr verbundene Philosophiekritik, die nun am Ende seines *Neu*durchdenkens von einstmals schon „unantastbar und definitiv“ (Tlp, Vorwort) bewältigt geglaubten Problemen steht, hat mit der frühen freilich nur noch dem Namen nach Ähnlichkeit. Nannte es der *Tractatus* die „richtige Methode der Philosophie“, nichts „zu sagen, als was sich sagen läßt, ... und dann immer, wenn ein anderer etwas Metaphysisches sagen wollte, ihm nachzuweisen, daß er gewissen Zeichen in seinen Sätzen keine Bedeutung gegeben hat“ (Tlp 6.53), gibt sich die Spätphilosophie überaus beredtsam. Denn sie stellt sich die Aufgabe, die Quelle des metaphysischen Redens, d.h. dessen Ursprung aus einem Mißverständnis des Funktionierens der natürlichen Sprache, aufzudecken und als solche einsichtig zu machen. Anders als die Frühphilosophie glaubt sie nicht, daß die grammatische Struktur der natürlichen Sprache die an der Wirklichkeitsform markierbaren logischen Differenzierungen verdecke und deshalb durch die Konstruktion eines (im Vergleich mit der wirklichkeitsform*inadäquaten* natürlichen Sprache) adäquaten logischen Symbolismus korrigierbar sei. Weil mit der Sprache gar nicht »hinter« die natürliche Sprache zu gelangen ist, kann es nur noch darum gehen, das Arbeiten der ausschließlich aus lebenspraxisgebundenen Sprachspielen bestehenden natürlichen Sprache richtig zu verstehen; – und alle Versuche metaphysischer Theoriebildung als „Luftgebäude" zu erweisen, indem man „den Grund der Sprache" freilegt, „auf dem sie standen." (PU § 118) „*Alles,* was Philosophie tun kann ist," wie Wittgenstein vielleicht mit einem Nachklang seiner Nietzsche-Lektüre sagt, „Götzen zerstören. Und das heisst, keinen neuen – etwa in der »Abwesenheit eines Götzen« zu schaffen." (Phil 413 / Herv. S.M.) Und mag dieser Götze auch die Idee einer idealen Sprache sein.

Man wird sagen können, daß Wittgenstein in seiner Spätphilosophie (mindestens) drei Quellen kennt, aus denen metaphysische Theorien durch Mißverständnisse der natürlichen Sprache entspringen. Ohne daß er sie selbst je in solcher Weise systematisierte, sind dies *erstens* die ontologische Hypostase von Entitäten durch Fehlinterpretation des Vereinheitlichungszwanges von Sprachstrukturen, *zweitens* die unreflektierte Übernahme von Bildern (Metaphern oder Gleichnissen), in deren Lichte man die Phänomene – *gegen* den Augenschein – sehen *will,* sowie *drittens* die Verwechslung von grammatischen mit sachhaltigen Aussagen.

13.2 Ontologische Hypostasierungen

Die erste dieser die Metaphysik speisenden Quellen spricht er an, wenn er notiert: „Die primitiven Formen unserer Sprache: Substantiv, Eigenschaftswort und Tätigkeitswort zeigen das einfache Bild, auf dessen Form sie alles zu bringen sucht." (Phil 434) Diese Formen implizieren ein einfaches Bild dessen, was es in der Welt primär »gibt«: (zunächst wohl physisch gedachte) *Dinge, Tätigkeiten* und *Eigenschaften* als die Korrelate unserer sprachlichen Bezugnahmen auf sie. Sie werden freilich auch auf Bereiche übertragen, wo diese zu den Formen unserer Sprache relative Ontologie nicht mehr passen will, sondern sich als Verdinglichung auf Grund einer in unseren Sprachformen gelegenen Egalisierungstendenz erweist. Denn die Sprache hat die Tendenz, *alles* auf diese Formen zu bringen. Hans Julius Schneider hat solche Übertragungen grammatischer Strukturen mit einem treffenden Ausdruck »syntaktische Projektionen«[6] genannt. Sie sind natürlich unvermeidlich, solange wir in den Formen unserer Sprache reden, aber sie können zugleich die Quellen von zahlreichen Mißverständnissen sein, z.B. wenn man vermittels des Substantivs »Seele« an der Subjektsstelle eines Satzes vom Psychischen als einem etwas nebulösen, ungreifbaren »Gegenstand« redet, »denken« nach dem Muster eines Wortes wie »handeln« als eine »Tätigkeit« auffaßt oder »intelligent sein« als eine »Eigenschaft« wie »blond sein« ansieht. Diese durch die Struktur unserer Sprache *erzwungene* Egalisierungs- und Verdinglichungstendenz, meinte Wittgenstein, sei harmlos, solange man sich etwa „unter der Seele ein *Ding*, einen *Körper* vorstellt, der in unserem Kopfe ist" (so, wie es vielleicht philosophisch »unbelastete« Kulturen tun), und sie nicht philosophisch ausdeute. „Die Gefahr" beginne erst, „wenn wir merken, dass das alte Modell" unserer Ding-Ontologie manchmal „nicht genügt, es aber nicht ändern, sondern" zu philosophieren anfangen und es „nur gleichsam sublimieren." Man sagt dann vielleicht: „der Gedanke ist nicht in meinem Kopfe, aber in meinem Geist." (Phil 434 f.)

„*So* kann es geschehen, daß das Darstellungsmittel eine *Einbildung* erzeugt." (Z § 446) Weil uns „ein Substantiv" nämlich nach »etwas« – wenn schon nicht Dinglichem, so doch – von *dinganaloger* Einheit suchen läßt, „das ihm entspricht," (BB 15) möchte man überall, wo „unsere Sprache uns" grammatisch durch verdinglichende Substantivierung „einen Körper vermuten läßt, und kein Körper ist," sagen, es sei dort „ein *Geist*" (PU § 36). Dies wollen nach Wittgenstein vor allem Philosophen, die bemerken, daß das einfache ontologische Modell »Dinge, Tätigkeiten, Eigenschaften« im Blick auf Psychisches nicht paßt, weil Seelisches nach allen auf es anwendbaren Individuations- und Identitätskriterien so etwas wie ein physisches Ding nicht ist, und *deshalb* eine *meta*-physische Kategorie »geistigen Seins« einführen, welches sie unter dem Einfluß des *beibehaltenen* alten Redeschemas als eine »sublimierte«, ungreifbare Art von »Ding« deuten, *statt* die vom Redeschema erzwungene Verdinglichung *als*

---

[6] Vgl. Hans Julius *Schneider, Phantasie und Kalkül.* Über die Polarität von Handlung und Struktur in der Sprache, Frankfurt/Main 1992, 332 ff.

solche als für die Rede von Seelischem unangemessen zurückzuweisen.[7] Sie fingieren dann, verführt durch die Darstellungsform unserer Sprache, eine neue metaphysische Entität, über die man vermeintlich eine eigene regional-ontologische Theorie entwerfen kann. Denn sie machen »den« Geist nun zum »Gegenstand« der Theoriebildung, zu »etwas«, dem man Eigenschaften ab- oder zusprechen kann. Und sie deuten »ihn« nach dem Muster von vertrauten äußeren Vorgängen als die mindestens theorieintern »objektivierbare« »Einheit« von »mentalen Akten«. Tatsächlich ist es unter dem Zwang unseres sprachlichen Verdinglichungsschemas schwierig, anders zu reden. Gleichwohl bleibt für Wittgenstein die Einsicht möglich, daß die meisten »metaphysischen« Entitäten, über deren ontologischen Status Philosophen diskutieren – Ereignisse, mentale Zustände und auch *das* »Ich« im philosophisch-emphatischen Sinn –, ihren Ursprung als sprachliche Strukturmerkmale mißdeutende Hypostasierungen dinganaloger Korrelate zu sprachlichen Ausdrücken auf Grund nicht bewußt gemachter syntaktischer Projektionen unserer alles egalisierenden Sprachstrukturen haben.

Hinsichtlich des Psychischen hielt Wittgenstein die syntaktisch-projektive Angleichung an Dingliches, welche die Sprache überall vornimmt und die im Englischen, das »alles« ein »Ding« zu nennen genötigt ist, noch deutlicher wird als im Deutschen, bloß für irreführend. Denn er wollte davor warnen zu denken, „wir *müßten* einen spezifischen seelischen Vorgang finden, weil" in einem Satz „das Verbum »verstehen« dasteht," wie in einem anderen das Wort »gehen«, dem ja in Sätzen wie »Frege geht die Jenaer Hauptstraße entlang« gewöhnlich wirklich *ein* identifizierbarer, lokalisierbarer und zeitkontinuierlicher Vorgang entspricht. Und „weil man sagt: Verstehen sei eine seelische Tätigkeit." (Z § 446) Denn *dies* ist die grammatische Täuschung. In anderen Fällen hielt er die sprachlich nahegelegte Hypostasierung von »sublimen« Entitäten für völlig fiktiv; z.B. wenn wir vordergründig sinnvoll klingende Ausdrücke – etwa den Ausdruck „»Regellose unendliche Dezimalzahl«" – bilden und glauben, der

[7] Es ist vielleicht nicht überflüssig, ausdrücklich darauf hinzuweisen, daß Wittgenstein also nicht die Existenz von Psychischem leugnet, über das man in der normalen Sprache mit Sätzen wie »Ich bin traurig [nachdenklich, bedrückt etc.]« reden kann (wie manche Interpreten zu glauben scheinen), denn dieses will er „natürlich nicht leugnen" (PU § 308), sondern nur den Ursprung des philosophischen Begriffs vom Geistigen aufdecken und als Fiktion bekämpfen will.

sprachlichen Möglichkeit *müsse* irgendeine tatsächliche korrespondieren. „Die Auffassung ist" dann, wie Wittgenstein wohl nicht unzutreffend »diagnostiziert«, „immer die, als ob wir nur Wörter unserer Umgangssprache zusammenstellen brauchten, und die Zusammenstellung hätte damit einen Sinn, den wir jetzt eben erforschen müßten – wenn er uns nicht gleich ganz klar sein sollte. Es ist, als wären die Wörter Ingredienzen einer chemischen Verbindung, die wir zusammenschütten" (PG 483), und welche, so oder so, schon *irgendeine* Reaktion ergeben, statt – wie im Falle des angeführten, vollkommen unsinnigen Ausdrucks – gar keine. „Die alles gleich machende Gewalt der Sprache," die sich in solchen ontologischen Hypostasen ausdrückt und „die es möglich macht, daß" gar auch *„die Zeit* personifiziert werden konnte," was er „nicht weniger merkwürdig" fand, „als es wäre, wenn wir eine Gottheit der logischen Konstanten hätten"[8], zeigt sich nach Wittgenstein „am krassesten im *Wörterbuch*" (VB 480). Denn dieses stellt jedes Lemma nominalisiert als ein »etwas« dar, über das in einer kurzen, endgültigen Paraphrase definitorisch gesagt werden kann, *was* es sei.

Welche Wirkungskraft Wittgenstein dieser kaum je versiegenden Quelle der Metaphysik zutraute, zeigt sich daran, daß er das alte Konzept einer *philosophia perennis* auf sie glaubte zurückführen zu können: freilich auf sie als eine Quelle des perennierenden Mißverstehens unserer sprachlichen Strukturen. „Man hört immer wieder", schrieb er in diesem Sinn, „die Bemerkung, daß die Philosophie eigentlich keinen Fortschritt mache, daß die gleichen philosophischen Probleme, die schon die Griechen beschäftigten, uns noch beschäftigen. Die das aber sagen, verstehen nicht den Grund, warum es so sein muß. Der ist aber, daß unsere Sprache sich gleich geblieben ist und uns immer wieder zu denselben Fragen verführt. Solange es ein Verbum »sein« geben wird, das zu funktionieren scheint wie »essen« und »trinken«, solange es Adjektive »identisch«, »wahr«, »falsch«, »möglich« geben wird, solange von einem Fluß der Zeit und von einer Ausdehnung des Raumes die Rede sein wird, usw., usw., solange werden

[8] Wie R.F. Kaspar und A. Schmidt gezeigt haben, waren – obgleich dieser Aspekt seines Werkes bislang wenig beachtet wurde – die philosophischen Probleme, die aus einer grammatischen Verdinglichung »der Zeit« entstehen, für Wittgenstein immer wieder Anlaß zur kritischen Reflexion. Vgl. Rudolf F. *Kaspar* / Alfred *Schmidt, Wittgenstein über Zeit,* in: Zeitschrift für philosophische Forschung 46.4 (1992), 569-583.

die Menschen immer wieder an die gleichen rätselhaften Schwierigkeiten stoßen, und auf etwas starren, was keine Erklärung scheint wegheben zu können" (VB 470 / vgl. Phil 424 f.), statt durch eine Betrachtung des wirklichen Gebrauchs solcher Worte in unserer Sprache zu *sehen*: daß »die Zeit« nur *grammatisch* eine dinganaloge Einheit ist, daß »sein« nur *grammatisch* ein Modus der Zuständlichkeit eines »etwas« ist oder daß das Adjektiv »wahr« nur *grammatisch* einem »etwas« ein Merkmal zuschreibt.

13.3 Irreführende Bilder

Eine zweite Quelle der Metaphysik sah Wittgenstein darin, sich von tradierten Bildern, explikativ gebrauchten Metaphern oder Gleichnissen bestimmte philosophische Auffassungen suggerieren zu lassen, *statt* auch in diesem Falle auf die Mannigfaltigkeit der Phänomene (der Sprache, der Welt etc.) selbst zu sehen. Denn dies kann nach Wittgenstein viele unserer philosophischen Gedankenbewegungen, die man für Vollzüge eines »vorurteilslosen« Denkens halten möchte, überhaupt erst als unreflektierte Übernahmen von suggestiven Bildern entlarven. Wie wir sahen, glaubte er, in seiner Frühzeit selbst von einem bestimmten »Bild« befangen gewesen zu sein (vgl. PU § 115). Es war das Bild, daß es ein »reines« Wesen von »etwas«, *der* Sprache, *der* Welt oder *des* Satzes gäbe, welches in allen akzidentellen Ausgestaltungen und Erscheinungsformen »unvermischt« zugrundeläge und das zu erfassen die Aufgabe des philosophischen Denkens sei. Dieses Bild ist zweifellos ein sehr altes Bild, welches Wittgenstein nicht nur in der »platonistischen« Tradition der Ideen-Metaphysik, sondern auch, während seiner Lektüre von J.G. Frazers ethnologischem Klassiker *The Golden Bough*, im Denken sog. »primitiver« Kulturen wiederfinden zu können meinte. „Das Bild, worunter man sich hier die Realität denkt, ist, daß die Schönheit, der Tod etc. die reinen (konzentrierten) Substanzen sind, während sie in einem schönen Gegenstand als Beimischung vorhanden sind." In diesem Bild, genauer: in der mit ihm verbundenen Tendenz des Denkens, alles Phänomenale auf ein zugrundeliegendes »Essentielles« zurückzuführen, erkannte er nun, noch bevor er dies in den *Philosophischen Untersuchungen* ausdrücklich eingesteht, seine „eigenen Betrachtungen über »Gegenstand« und »Komplex«" (F 38) wieder. Denn in ihnen hatte er gedacht, alles Komplexe in der Welt *müsse* auf substantiell »einfache Gegenstände« zurückzuführen sein. Wie er jetzt sah, hatte ihn ein altes und wirkungsmächtiges Bild in dieses fragwürdige Theoriekonzept hineingetrieben.

Es ist bekannt, daß Wittgenstein der Meinung war, die zumeist unbewußte Übernahme solcher Bilder in das philosophische Denken sei geeignet, die Phänomene, die wir »denken«, »vorstellen«, »verstehen« etc. nennen, in einem falschen Licht darzustellen. Insbesondere dachte er, daß die Bild-Begrifflichkeit, wie sie die überkommene Theorie des »Geistes« dominiert, wenn in ihr „vom Gedächtnis als einem Bild" die Rede ist oder wenn man „die Vorstellungen »Bilder der Gegenstände in unserem Geiste« (oder dergleichen) nennt", selbst ein vielfach irreführendes „Gleichnis" sei. Denn was „ein Bild ist, das wissen wir, aber die Vorstellungen sind doch gar keine Bilder. Denn sonst kann ich das Bild sehen und den Gegenstand, dessen Bild es ist; aber hier ist es offenbar ganz anders. Wir haben eben ein Gleichnis gebraucht, und nun tyrannisiert uns das Gleichnis." (PB § 49)[9] Man spricht dann, der Logik des Bildes folgend, beispielsweise davon, daß Vorstellungen zwecks Verifikation mit der Wirklichkeit zu vergleichen seien oder von ähnlichem, was hinsichtlich eines äußeren Bildes sinnvoll, aber hinsichtlich von Vorstellungen offenkundiger Unsinn ist. Gegenüber dem äußeren Bild und dem Abgebildeten haben wir einen externen Vergleichsstandpunkt, gegenüber unseren Vorstellungen und der Wirklichkeit jedoch nicht.

Weitere, das philosophische Denken nicht weniger tyrannisch irreführende Bilder sind nach Wittgenstein „das Bild direkt / indirekt" sowie die Unterscheidungen von „Innen und Außen" (AVES 51) und „»an der Oberfläche« und »unter der Oberfläche«" (AVES 81); letzteres ein suggestives Unterscheidungsschema, dessen über das Denken besitzergreifende Kraft sich gerade dann zeigt, wenn man sich mit Wittgensteins anhand der Beschreibung von Sprachspielen *demonstriertem* Aufweis dessen, was wir *gewöhnlich* »denken« nennen, nicht zufrieden geben *will*, und meint, es *müsse* doch unter der profanen Oberfläche der Phänomene ein wesentliches Denken zu finden sein. All diese tyrannischen Bilder werden in der Sprache tradiert. „In unserer Sprache", kann man deshalb sagen, sei „eine ganze Mythologie niedergelegt" (F 38 / Phil 434); eine nach den Standards, die wir als »ra-

[9] Für eine der Sache nach vergleichbare Kritik an der metaphorischen Redeweise von »Vorstellungsbildern« vgl. EPB 263.

tional« bezeichnen, nicht nur nicht ausgewiesene, sondern unausweisbare Art und Weise, unter dem Einfluß ihrer Bilder die Phänomene der Welt und des Denkens zu sehen.

Die „grammatischen Probleme", die daraus resultieren, hielt Wittgenstein für ebenso „hart und anscheinend unausrottbar" wie diejenigen, die mit einer falschen philosophischen Ausdeutung sprachlicher Strukturen zusammenhängen; gerade *weil* sie „mit den ältesten Denkgewohnheiten, d.h. mit den ältesten Bildern, die in unsere Sprache selbst geprägt sind, zusammenhängen." (Phil 422 f.) Seine eigenen Denkwege kann man als einen fortgesetzten Kampf gegen ihre philosophische, auch bei ihm immer wieder wirksame Suggestivkraft sehen. Denn *jedem* „Denken kleben die Eierschalen seines Ursprungs an. Man kennt es dir an, im Kampf *womit* du aufgewachsen bist. Welche Anschauungen die deinen gezeugt, von welchen du dich dann hast losmachen müssen." (BPP I, § 1124) Wenn solche Anschauungen *durch* die Sprache selbst nahegebracht werden, ist eine Ablösung von ihnen schon deshalb schwierig, weil man „die Philosophien, die in den Formen einer jeden" Sprache „niedergelegt sind," häufig „nicht recht ernst" nimmt und zumeist „blind dafür" ist, daß man in der *je eigenen* Sprache denkend „selbst starke Vorurteile für, wie gegen gewisse Ausdrucksformen" (Z § 323) und damit eine bestimmte »Sicht der Dinge« hat, die man zumeist für die »wahre« zu halten geneigt ist.

Man verstünde Wittgenstein jedoch miß, wollte man seiner Kritik an philosophisch irreleitenden, seit langem in der Sprache verwurzelten Bildern den »aufklärerischen« Glauben an die Möglichkeit eines vorurteilslos reinen Denken zugrunde liegen sehen. „Ein in uns festes Bild kann man freilich dem Aberglauben vergleichen", insofern uns ein solches Bild in bestimmter Weise zu denken *zwingt*. Aber man muß nach Wittgenstein „doch auch sagen, daß man *immer* auf irgendeinen festen Grund kommen muß, sei er nun ein Bild, oder nicht, und also sei ein Bild am Grunde alles Denkens zu respektieren und nicht als ein Aberglaube zu behandeln." (VB 567 f.) Denn ein »reines« Denken gibt es nicht, wollte man darunter ein solches verstehen, welches *nicht* zuletzt in einem Bild *oder* irgendeiner anderen, wesentlich unausweisbaren Grundform des Denkens fundierte. Wie sich Wittgenstein in seinen Reflexionen zu Frazers *The Golden Bough* klarlegte, unterscheidet sich der sich »rational« und »aufgeklärt« wähnende Mensch des 20. Jahrhunderts *in dieser Hinsicht* nicht von oftmals im pejorativen Sinne als »primitiv« diffamierten Kulturen, in deren Sprachen man rasch unbegründete, »abergläubische« Bilder und Vorstellungen zu finden meint. Deshalb fand er, es werde „viel zu wenig Aufhebens davon gemacht, daß wir das Wort »Seele«, »Geist« (»spirit«) zu unserem eigenen gebildeten Vokabular zählen." (F 38) Auch am Grunde des europäischen Denkens liegen so besehen Bilder, die aber, weil sie *unsere* Form des Denkens ausdrücken, natürlich ebenfalls zu respektieren sind. Sie gleichwohl *als* Bilder zu durchschauen und zu kritisieren heißt deshalb für Wittgenstein nicht, eine »wahre« Sicht an ihre Stelle zu rücken, sondern allein, die Fiktionen zu vermeiden, die ihre suggestive Logik in philosophischen Theorien erzeugt.

13.4 Verwechslung von »grammatischen« und »empirischen« Sätzen

Eine dritte Quelle der Metaphysik schließlich erkannte Wittgenstein in der Verwechslung von grammatischen und sachlichen Aussagen. „Das Wesentliche der Metaphysik", notierte er: „daß sie den Unterschied zwischen sachlichen und begrifflichen Untersuchungen verwischt." (Z § 458 / vgl. BPP I, § 949) Metaphysische Fragen, »Was ist Zeit?«, »Was ist Erkenntnis?« (vgl. BB 49 f.) oder *„»was ist* – z.B. – Substanz?«", die in der für sie typischen Frageform „»was ist ...?«" nach dem *Wesen* von »etwas« zu fragen scheinen, sind nach Wittgenstein gewissermaßen »akademische Fragen«, denn sie beziehen sich gar nicht „auf einen besonderen – praktischen – Fall, sondern wir fragen sie von unserem Schreibtisch aus." (Phil 415 f.) In der Praxis des Sprechens wird man Wörter wie »Zeit« oder »Erkenntnis« normalerweise ja völlig problemlos gebrauchen können. Wir fragen sie erst, wenn wir auf vordergründige Seltsamkeiten im gewöhnlichen Sprachgebrauch aufmerksam werden, etwa darauf, daß man überraschenderweise sagt, »man könne *die Zeit messen*«. So erging es nach Wittgenstein Augustinus, „als er folgendermaßen argumentierte: Wie ist es möglich, Zeit zu messen? Denn man kann die Vergangenheit nicht messen, da sie vorbei ist; und die Zukunft kann man nicht messen, da sie noch nicht da ist. Und die Gegenwart kann man nicht messen, da sie keine Ausdehnung hat." (BB 50) Im Zuge einer solchen obliquen Reflexion auf den gewöhnlichen Sprachgebrauch stellt man dann eine Frage wie »Was ist Zeit?«. Man meint damit nach ihrem »Wesen« zu fragen. Was dann gesagt wird, nennt aber doch nur eine „allgemeine

Regel" (Phil 415) der Grammatik. Denn das „*Wesen* ist in der Grammatik ausgesprochen." (PU § 371)

Philosophen wollen nach Wittgenstein freilich gerade *dies* häufig nicht sehen, und das macht ihre Untersuchungen »metaphysisch«. Sie fassen ihre Frage als „eine sachliche" auf, „obschon das Problem ein begriffliches ist." (BPP I, § 949) Sie meinen, nicht nach einer grammatischen Erläuterung des Gebrauchs des Wortes »Zeit« im Sprachspiel »die Zeit messen« zu fragen, sondern nach »der Sache selbst«. In diesem Sinne sah es Wittgenstein als „charakteristisch für eine metaphysische Frage" an, daß wir eine Unklarheit über die Grammatik von Wörtern in der Form einer „naturwissenschaftlichen Frage" nach der objektiven Verfassung oder Beschaffenheit eines »Gegenstandes« „ausdrücken" (BB 63). Dabei wird von metaphysischen Philosophen nicht nur übersehen, daß »die Zeit«, »der Geist« oder »die Erkenntnis« ohnehin nur grammatisch unter dem Zwang der alles gleichmachenden Gewalt der Sprache thematisierbare »Gegenstände« sind. Sie bemerken auch nicht, daß die vermeintlich sachhaltigen Bestimmungen, die sie in ihren Theorien als Wesensbestimmungen von »etwas« anführen, selbst *nichts anderes* als begriffliche Regeln eines Wortgebrauchs sind. Wittgenstein nennt sie »grammatische Sätze«.

»Grammatische Sätze« sind Regelformulierungen für den Gebrauch von Worten in unseren Sprachspielen. Im gewöhnlichen Sprachgebrauch finden sie manchmal im Rahmen von Worterklärungen Verwendung. Man sagt vielleicht, um ein Wittgensteinsches Lieblingsbeispiel aufzugreifen, »Empfindungen sind privat«, wenn man jemandem unser Sprachspiel der Selbstzuschreibung von Empfindungsprädikaten (»ich bin traurig«, »ich sehe etwas Rotes« etc.) beibringen und hervorheben will, daß derjenige, der *sich selbst* ein solches Prädikat zuschreibt, in unserem Sprachspiel als die letzte Instanz der Entscheidung über die Rechtmäßigkeit einer solchen Zuschreibung gilt. Insofern ist dieser Satz „ein logischer Satz, denn er beschreibt ja die begriffliche (sprachliche) Situation" (ÜG § 51); anders gesagt: er artikuliert durch die Angabe einer internen Regel die Logik unseres »Spiels« mit Empfindungsprädikaten. Freilich haben solche grammatischen Sätze die Eigentümlichkeit, die oberflächengrammatische *Form von Erfahrungssätzen* aufzuweisen und *dadurch* sachhaltigen Aussagen zum Verwechseln ähnlich zu sehen. Deshalb mag man, um ein anderes Beispiel zu verwenden, glauben, mit einem Satz wie »Wer *so* handelt wie Herr F., *kann* seine Frau nicht lieben« eine sachhaltige

Aussage über den Charakter von Herrn F. zu treffen. Aber man formuliert damit doch nur eine grammatische Regel dafür, was man »seine Frau lieben« nennen *will*. Bei manchen Ausdrucksweisen, die in der natürlichen Sprache Verwendung finden, ist ihr verdeckter Regelcharakter gelegentlich schwer zu sehen: z.B. wenn wir die kausalen Faktoren innerhalb eines physikalischen Experiments erläutern und dabei nach Aufführung aller bekannten vielleicht den Ausdruck »Das ist alles, was geschieht« gebrauchen, um zu betonen, daß keinerlei »übernatürliche« Faktoren eine Rolle spielen. „Der Ausdruck »Das ist alles, was *geschieht*« grenzt" dann *innerhalb* des physikalischen Paradigmas „ab, was wir »geschehen« nennen." (Z § 312 / BPP I, § 637) Ebenso wie die anderen angeführten Beispielsätze formuliert er „in der Verkleidung als ein Satz, der von den *Gegenständen* (statt von den Zeichen) handelt", nichts anderes als ein „Bekenntnis zu einer Ausdrucksform" (Z § 442), von der wir hinsichtlich dessen, was ein »Geschehen« heißen soll, in unserer physikalistisch durchsetzten Lebensform nicht abzurücken bereit sind. Ihrem funktionalen Status nach werden, wie Wittgenstein zeigen will, solche Sachaussagen fingierenden grammatischen Sätze gar nicht wie Erfahrungssätze oder „Hypothesen" (ÜG § 52) der Bestätigung (oder gegebenenfalls Widerlegung) durch die Erfahrung in der Zeit ausgesetzt. Vielmehr *gebrauchen* wir sie, wie er am deutlichsten in *Über Gewißheit* herausgearbeitet hat, 1.) *paradigmatisch-normativ*, 2.) *„nicht temporal"* (ÜG § 57[10]) und zudem 3.) *übersubjektiv*.

Der paradigmatisch-normative Charakter der grammatischen Sätze besagt, daß sie als sprachspiel- bzw. darstellungssystemkonstitutive Aussagen, d.h. als Regeln der potentiellen Schritte in einem Satzsystem fungieren, in deren Lichte man „von der Sache" „prädiziert ..., was in der Darstellungsweise liegt." (PU § 104) Sie haben diesen Charakter nicht objektiv, sondern er ist eine *Funktion ihres Gebrauchs* im Rahmen einer bestimmten Lebensform. Der oberflächengrammatischen Form nach unterscheiden sie sich ja nicht nur nicht von gewöhnlichen Erfahrungssätzen, sie *sind* vielmehr in manchen Fällen sogar petrifizierte Erfahrungssätze, weil man „einen Satz festlegen und ihn vom Erfahrungssatz zu einer Norm der Beschreibung machen kann" (ÜG § 167) – und umgekehrt. Um ein aus wissenschaftstheoretischen Diskussionszusammenhängen hinreichend bekanntes Beispiel zu verwen-

[10] Hervorhebungen verändert / S.M.

den: Die in der gewöhnlichen Satzform auftretende Aussage »Alle Schwäne sind weiß« fungiert als Erfahrungssatz, *sofern* wir bereit sind, die Beobachtung eines größtenteils unserem Begriff von einem »Schwan« entsprechenden, aber schwarzen Tieres als Widerlegung der Aussage, bzw. als erfahrungsgesättigte Erweiterung unseres Begriffs (der dann besagt: »Alle Schwäne sind weiß *oder* schwarz«) zu betrachten. Wir *müssen* dies freilich nicht, sondern haben – mit noch zu betrachtenden Einschränkungen – stets die Möglichkeit zu sagen: »Dieses (beobachtete) Tier ist eben kein Schwan«. Dann *fungiert* die Aussage »Alle Schwäne sind weiß« als ein grammatischer Satz hinsichtlich unseres Einteilungssystems. Klänge es nicht „zu sehr nach der *Log. Phil. Abh.*", also wie eine allgemeine philosophische *These*, so hätte Wittgenstein diese, wie wir sahen, erstmals in den *Philosophischen Bemerkungen* nachdrücklich gewonnene Einsicht noch in den späten Notizen von *Über Gewißheit* so aussprechen wollen: „Jeder Erfahrungssatz kann umgewandelt werden in ein Postulat – und wird dann eine Norm der Darstellung." (ÜG § 321) Eine solche Norm kann aber auch in den Status eines Erfahrungssatzes »zurücksinken«, wie manche Aussagen, beispielsweise »Kein Mensch kann jemals den Mond betreten«, beweisen, die Wittgenstein von ihrer Funktion in unseren Sprachspielen her noch als grammatische Sätze betrachten konnte (vgl. ÜG § 108). Es gibt eben „keine scharfe Grenzen zwischen methodologischen", Darstellungsweisen absteckenden „Sätzen und Sätzen innerhalb einer Methode." (ÜG § 318 / vgl. ÜG § 52)

Die Atemporalität grammatischer Sätze – zweitens – ist im Grunde ein Implikat ihres paradigmatisch-normativen Gebrauchs. Erfahrungsbasierte Sachaussagen verwenden wir für gewöhnlich unter temporalen Geltungsbeschränkungen, welche sich in Formulierungen der Form: »Soweit man *bisher* beobachten konnte, ...« etc. niederschlagen. Für grammatische Sätze ist dagegen typisch, daß man zeitliche Einschränkungen nicht gelten läßt. Ihre Übersubjektivität, drittens, besteht darin, daß sie gewöhnlich zum »Weltbild«[11] einer Gemeinschaft gehören und im Falle eines individuellen Gebrauchs überaus idiosynkratisch wirken. Auch wenn sie die versichernde Form annehmen »*Ich* weiß, daß meine Empfindungen privat sind« oder »*Ich* weiß, daß alle Schwäne weiß sind«, ist „natürlich das »Ich« nicht wichtig" (ÜG § 58), weil daß versichernde »Ich weiß« im Gebrauch eines solchen Satzes nur indi-

---

[11] Vgl. Kapitel 19.

ziert, *daß* man selbst von der *allgemeinen* Regel des Wortgebrauchs nicht abzuweichen bereit ist.

Weil sich grammatische Sätze und Erfahrungsätze hinsichtlich ihrer sprachlichen Erscheinungsform *gar nicht* unterscheiden und die Grenze zwischen ihnen zudem nicht »scharf« ist, liegt hier ein Quell beträchtlicher Verwirrung gerade im Falle philosophischer Sätze. „Der Satz »Empfindungen sind privat«" ist nach Wittgenstein z.B. „vergleichbar dem »Patience spielt man allein.«" (PU § 248) Wie letzterer nämlich eine Regel für ein Kartenspiel formuliert, bringt der erstere eine Regel unseres Sprachspiels mit Empfindungsprädikaten zum Ausdruck. Doch besteht nach Wittgenstein die Gefahr, sich von der Erfahrungssatzform der grammatischen Aussage eine Sacheinsicht, z.B. eine vermeintliche Einsicht in die »objektive« Verfassung der menschlichen Subjektivität, suggerieren zu lassen. Demgegenüber zeigt freilich schon eine einfache Überlegung, daß der grammatische Satz *gerade dies* nicht sein kann: Denn das in begriffslogischer Hinsicht „Wesentliche am privaten Erlebnis ist eigentlich nicht, daß Jeder sein eigenes Exemplar besitzt, sondern daß keiner weiß, ob der Andere auch *dies* hat, oder etwas anderes." (PU § 272) Insofern könnte man, statt die Privatheit von Empfindungen zu betonen, ebenso gut behaupten, daß gewöhnlich alle *dasselbe* empfinden, wenn sie sich Empfindungsprädikate zuschreiben. Als Sachaussagen genommen, sind *beide* Aussagen auf Grund ihrer prinzipiellen epistemischen Unentscheidbarkeit gleichermaßen sinnlos. Dies zeigt, daß über die ontische Verfassung sogenannter »subjektiver« Erlebnisse und Empfindungen mit dem Satz »Empfindungen sind privat« *gar nichts* gesagt wird, sondern nur etwas darüber, wie wir das Sprachspiel ihrer Zuschreibung spielen.

14. Denkstile

Daß wir die im vorigen Kapitel angeführten Quellen der Metaphysik für gewöhnlich gar nicht bemerken, hat seinen Grund sicher nicht zuletzt darin, daß man nicht bei jedem Sprechen zugleich auf dessen sprachliche Form reflektiert, auch dann nicht, wenn man philosophiert. Unser „Mund geht eben. Wir gehen durch herkömmliche Gedankenbewegungen, machen, automatisch, Gedankenübergänge gemäß den Formen, die wir gelernt haben" (BPP II, § 155), und so ist es erklärlich, daß wir dem egalisierenden Schema *unserer* Sprache verhaftet bleiben, *alles* im Lichte vertrauter Bilder deuten oder die Grammatizität vieler philosophischer Thesen hinter der Erfahrungsform der Sätze nicht sehen. „Die Menschen", schrieb er in einer wiederum in manchem an Nietzsche gemahnenden Bemerkung, seien zudem „tief" in solchen „philosophischen d.i. grammatischen Konfusionen eingebettet." Und deshalb funktioniere das von ihm angestrebte „Herausreissen" aus ihrem Bann ohnehin „nur bei denen, die in einer instinktiven Auflehnung gegen ... die Sprache leben. Nicht bei denen, die ihrem ganzen Instinkt nach in *der* Herde leben, die diese Sprache als ihren eigentlichen Ausdruck geschaffen hat." (Phil 423) Im philosophischen Sprechen zumal besteht eine Tendenz, die Wittgenstein die Neigung der Philosophen, sich in den Netzen der Sprache zu verfangen, noch verstärken sah. Diese fand er in „unsere[r] Voreingenommenheit für die naturwissenschaftliche Methode", aus der das philosophische „Streben nach Allgemeinheit" resultiere. Er meinte damit „die Methode, die Erklärung von Naturerscheinungen auf die kleinstmögliche Anzahl primitiver Naturgesetze zurückzuführen". Analog zu dieser naturwissenschaftlichen Denkhaltung versuche eine breite Strömung innerhalb der Philosophie, allgemeine Gesetze und Prinzipien allen »Seins« oder allen »Denkens«, jedenfalls übergreifende Charakteristika ihrer »Gegenstände« herauszustellen. In Antworten auf »Was ist ...?«-Fragen sucht sie diese zu fixieren. „Diese Tendenz ist die eigentliche Quelle der Metaphysik und führt den Philosophen in vollständiges Dunkel." (BB 38 f)

Wittgenstein war nicht der Meinung, eine abstrakte Klassifikation der Quellen philosophischer Irrtümer sowie eine Andeutung ihrer Struktur, also das, was wir im vorigen Kapitel versuchten, könne dazu verhelfen, aus jenem »Dunkel« herauszuführen. Vielmehr meinte er, man müsse die Quellen der sprachlichen Verführung in *jedem einzelnen Falle* aufzeigen. Aus dieser Überzeugung resultiert seine neue, gegenüber der Frühphilosophie signifikant veränderte „Denkweise", welche er der mit dem Streben nach Allgemeinheit verbundenen „verächtliche[n] Haltung gegenüber dem Einzelfall" (BB 39) entgegengesetzt sah.

Ein »Denkstil«[1] ist für Wittgenstein, für den Stil niemals etwas „bloß Äußerliches – nicht nur ein Oberflächenmerkmal"[2] allen Denkens und Schreibens – war, eine Art und Weise, die Welt unter dominanten Akzentuierungen zu sehen. Sofern er eine individuelle Zugangsweise des Menschen zur Welt bezeichnet, hat, was Wittgenstein unter »Stil« verstand, wohl der von ihm verehrte Karl Kraus am besten zum Ausdruck gebracht, wenn er schrieb, „Stil" sei „nicht der Ausdruck dessen, was einer meint, sondern die Gestaltung dessen, was einer denkt und was er infolgedessen sieht und hört".[3] In diesem Sinne fand Wittgenstein in Buffons viel zitiertem Diktum »Le style c'est l'homme même« den Gedanken ausgesprochen, „daß der Stil das *Bild* des Menschen sei." (VB 561)[4] Als ein nicht minder begrifflich schwer faßbares, freilich überindividuelles Schema – und in solcher Hinsicht spricht Wittgenstein von unterschiedlichen »Denkstilen« – ist er ein sich zeigender allgemeiner *Charakterzug* eines Zugangs zur Welt, der

---

[1] Wittgensteins Rede von einem „Stil des Denkens" läßt sich in den veröffentlichten Texten erstmals am 26.12.1930 im Gespräch mit Moritz Schlick nachweisen (vgl. WWK 121). Bedauerlicherweise hat Friedrich Waismann gerade von diesem Gespräch keine Aufzeichnungen angefertigt. Der für Wittgensteins gesamtes Spätwerk eminent wichtige Begriff des »Denkstils« fällt sodann wieder in Vorlesungen der dreißiger Jahre. Es ist nicht ausschließen, daß er durch das 1935 in Basel erschienene Buch von Ludwik *Fleck, Entstehung und Entwicklung einer wissenschaftlichen Tatsache.* Einführung in die Lehre vom Denkstil und Denkkollektiv (hg. von L. Schäfer / Th. Schnelle, Frankfurt/Main 1980) auf das Problem von Denkstilen erneut aufmerksam wurde. Freilich ist eine Fleck-Lektüre nicht direkt nachweisbar.

[2] So Joachim *Schulte, Stilfragen,* in: J.S., Chor und Gesetz. Wittgenstein im Kontext, Frankfurt/Main 1990, 59. Schulte hat in seinem genannten Aufsatz alle nachweisbaren Äußerungen Wittgensteins zum »Stil«-Problem sorgfältig zusammengetragen und gezeigt, daß man dessen Bedeutung für Wittgensteins Überlegungen zur Methode und Präsentationsform der Philosophie kaum überschätzen kann.

[3] Karl *Kraus, Die Sprache,* Werke Bd. II, München [4]1962, 341 f.

[4] Zu Wittgensteins Auffassung von »Stil« als einer individuellen Eigentümlichkeit des Menschen, die uns hier nur am Rande interessieren kann, vgl. ausführlich L. *Wiesing, Stil statt Wahrheit,* 116 ff.

eine Form des Denkens und Schreibens bestimmt, welche wir, als prärationale Option für bestimmte Leitbegriffe und mit ihnen verbundene Gedanken- oder Darstellungssysteme, gleichsam »ästhetisch« präferieren. „Für den Physiker", sagte Wittgenstein in einer Vorlesung, „steht die Kausalität für einen Denkstil." Denn der Physiker ist geneigt, überhaupt nur dasjenige, was einer kausalen Erklärung zugänglich scheint, als einen ernst zu nehmenden »Gegenstand« im Sinne seiner Wissenschaft anzusehen. Diese *innerphysikalisch* selbst *nicht* legitimierbare Option hat den Charakter einer Vor-*Entscheidung*, weshalb sich Physiker, wie Wittgenstein wohl zutreffend sieht, vor allem „im Vorwort" ihrer Schriften auf „Kausalitätsgesetze" beziehen und damit „eigentlich eine Beschreibung ihres Untersuchungsstils" geben. Religiöses Denken, das etwa auch kausal nicht erklär*bares* (Heils-) Geschehen, z.B. okkasionelle Eingriffe einer »höheren Macht« in den Weltlauf, als Faktum hinzunehmen bereit ist, ist demgegenüber ein *anderer* Stil. „Der Stil schafft uns Befriedigung", weil er uns gewissermaßen ästhetisch einer »richtigen« Sicht der Welt zu versichern scheint, „aber der eine Stil ist nicht rationaler als der andere." (V I, 123 f.) Sogar die Frage, ob „das Ganze" eines Denkstils als solches „rational" sei, erschien Wittgenstein sinnlos. Denn die Kennzeichnung „»rational« gibt es", wie wir bereits sahen, „nur innerhalb des Systems" (V I, 125) selbst, für welches ein Denkstil *prä*-rational optiert.

Der nicht nur durch seine »Vorliebe« für Kausalerklärungen, sondern zweifellos auch durch das Streben nach Allgemeinheit gekennzeichnete naturwissenschaftliche Denkstil nun stieß Wittgenstein „ehrlich ab" (VG 46), jedenfalls dann, wenn er in philosophischen Untersuchungen Raum greift. Schon im November 1930, im geplanten *Vorwort* zu den *Philosophischen Bemerkungen,* sah er seinen eigenen Denkstil, der den „Geist" seines Buches prägt, jenem auf Allgemeinheit abzielenden schroff gegenüber stehen. Wohl nicht zu Unrecht meinte er, er sei „ein anderer als der des großen Stromes der europäischen und amerikanischen Zivilisation, in dem wir alle stehen", und den er durch ein „Bauen immer größerer und komplizierterer Strukturen" charakterisiert sah, den seinen aber durch ein „Streben nach Klarheit und Durchsichtigkeit welcher Strukturen immer. Dieser will die Welt durch ihre Peripherie – in ihrer Mannigfaltigkeit – erfassen, jener in ihrem Zentrum – ihrem Wesen." (PB, Vorwort) Der zivilisatorische »mainstream« stieß ihn ab, nicht nur, weil er ihm die Dominanz eines durch „das Verschwinden der Künste" (VB 458) gekennzeichneten Zeitalters, ja eine „Verblendung" (VB 529) der Menschheit zu bekunden, sondern auch deshalb, weil er ihm gerade die Philosophie »in vollständiges Dunkel« zu führen geeignet schien. Unter seinem Einfluß würde man, fürchtete er, philosophisch nicht mehr die ganze Mannigfaltigkeit und Heterogenität dessen betrachten, was man beispielsweise in einer Kultur »vernünftig« oder »unvernünftig« nennt. Vielmehr möchte man dann *die* (sprachstrukturell verdinglichte) »Vernunft« selbst thematisieren, deren allgemeine, sprachspielübergreifende Strukturen man erörtern zu können meint, und zwar so, wie Physiker allgemeine Naturgesetze erörtern. „Die Vernunft ... gibt uns sich" dann „als Gradmesser *par excellence*, an welchem alles, was wir machen, alle Sprachspiele, sich selber messen und beurteilen. – Wir können sagen: wir sind mit der Betrachtung des Maßstabs so präoccupiert, daß wir unsere Blicke nicht auf gewissen Erscheinungen oder Bildern *ruhen* lassen können. ... Unser Blick wird vom Maßstab gefangen gehalten", gerade so, wie „wenn uns ein gewisser Stil – Baustil oder Stil des Benehmens – so gefangen hält, daß wir unsere Blicke nicht *voll* auf einen andern richten ... können." (UW 111) Wittgenstein geht es darum, *diesen* „Stil des Denkens zu ändern", und vor allem darum, durch seine Schriften und Vorlesungen „andere davon zu überzeugen, *ihren* Denkstil zu ändern." (VG 47 / Herv. S.M.) Es geht darum, den *Blick* für die irreduzibel vielen und heterogenen Einzelfälle *auch* der Verwendung jener uns als »*Über*-Begriffe« erscheinenden philosophischen »Grundworte« zu öffnen, die uns mancherlei Familienähnlichkeiten, aber keinerlei übergreifende, in bestimmten Merkmalen fixierbare »Wesensallgemeinheit« *sehen* lassen. Und er weiß natürlich, daß er damit „Propaganda für einen Stil des Denkens im Unterschied zu einem anderen" (VG 46) macht. *Keiner* kann sich ja als solcher als *der* »rationale« legitimieren.

Es war Wittgenstein klar, daß es nicht einfach sein würde, selbst jene, die »in einer instinktiven Auflehnung« gegen die irreführenden Ausdruckformen, gegen die alles gleichmachende Gewalt unserer Sprache »leben«, für seinen Denkstil einzunehmen. So hielt er es noch im *Vorwort* zu den *Philosophischen Untersuchungen* von Januar 1945 zwar „nicht" für „unmöglich", „aber freilich" für „nicht wahrscheinlich", daß seine Arbeit „Licht in ein oder das andere Gehirn zu werfen" (PU, Vorwort) vermöchte. Diese Bemerkung kundet nicht von philosophischer Arroganz. Vielmehr reflektiert sie, daß für Wittgensteins einen neuen Denkstil propagierende Philosophie nicht primär

„eine Schwierigkeit des Verstandes, sondern des Willens … zu überwinden" ist, so daß beispielsweise eine *allgemeine* systematisierte Darstellung der Quellen der Metaphysik zur Befreiung des Denkens von jenen perennierenden Sprachverwirrungen noch nichts beitragen muß, auch wenn man sie intellektuell begreiflich finden mag. Denn sie nimmt nicht auf unser im Einzelfall immer wieder aufkeimendes *Gefühl* Bezug, es *müsse* sich doch so verhalten, wie es uns die Sprache jeweils nahelegt. Um einen herrschenden Denkstil zu ändern, ist deshalb „der Gegensatz" zwischen dem, was sich in den Phänomenen des Lebens oder der Sprache mannigfaltig zeigt, „und dem, was die meisten Menschen" unter den Maßgaben *ihres* jeweiligen Denkstils und im Banne der Strukturen *ihrer* Sprache „sehen *wollen*" (VB 474 / Phil 406 f.), zu überwinden.

Weil es unserer „Grammatik", wie Wittgenstein an vielen Stellen seines Werkes betont, nämlich „vor allem an *Übersichtlichkeit*" (PB § 1) fehlt, *wollen* wir die Vielfalt sprachlicher Erscheinungen allesamt nach dem Muster eines bestimmten Schemas – z.B. alle sprachlichen Nominalisierungen als Bezugnahmen auf dinganaloge Einheiten – deuten, welches wir, als das uns vertraute, zugleich als das *allgemeine* ansehen. Dieser insbesondere in philosophischer Hinsicht, wenn es um die Worte »Denken«, »Verstehen« oder »Vernunft« geht, zu zahlreichen Fiktionen führenden Präokkupation sollen, wie angedeutet, die Beschreibungen des wirklichen Gebrauchs solcher Worte in alltäglichen Sprachspielen abhelfen, indem sie uns unsere willentlich einseitigen Deutungen vor Augen führen und Übersicht über das Arbeiten der Sprache verschaffen. „Die Arbeit des Philosophen" im Zuge einer solchen *rein deskriptiven* Tätigkeit erschien ihm dabei als „ein Zusammentragen von Erinnerungen zu einem bestimmten Zweck" (PU § 127 / Phil 415), nämlich demjenigen, die Verführungskraft philosophischer Deutungen zu durchbrechen, und wir „erinnern uns" dabei daran, „dass wir die Worte wirklich" auf die zu beschreibenden alltäglichen Weisen „gebraucht haben" (Phil 419), bevor der Zwang eines Denkstils dazu führte, nur bestimmte, gewissermaßen philosophisch ausgezeichnete Verwendungsweisen als die sogenannte »eigentliche« Bedeutung jener Worte zu sehen.

Die „Aufgabe" der so verstandenen deskriptiven, von ihrer Anlage her freilich (metaphysik-) dekonstruktiven[5] Tätigkeit des Philo-

[5] Ähnlichkeiten des Wittgensteinschen philosophischen Schreibens mit der »Dekon-

sophen ist es deshalb zunächst „nur, gerecht zu sein", also dem gewöhnlichen Wortgebrauch in seiner Vielfalt gegenüber seiner (aufgrund der nicht Transzendierbarkeit von Sprachspielen erster Ordnung unbegründbaren) philosophischen Disziplinierung wieder zu seinem Recht zu verhelfen. „D.h., wir haben nur die Ungerechtigkeiten der Philosophie aufzuzeigen und zu lösen, aber nicht neue Parteien – und Glaubensbekenntnisse – aufzustellen."[6] (Phil 420) Man würde Wittgenstein deshalb mißverstehen, unterstellte man nun seinen Sprachspielbeschreibungen, sie intendierten, die »wirklichen« Regeln eines Wortgebrauchs im Unterschied zu deren philosophischen Mißdeutungen zum Ausdruck zu bringen. „Unsere Untersuchung", schrieb er ausdrücklich, „trachtet nicht, die eigentliche, exakte Bedeutung der Wörter zu *finden*" (Z § 464). Der „Gebrauch eines Wortes" in der normalen Sprache ist ja „etwas Fluktuierendes" (PG § 36), schon weil er in einer sich häufig kaum merklich verändernden Praxis des Lebens ruht, und so kann und will die Aufzeichnung des Alltagsgebrauchs von Worten in Wittgensteins Sprachspielbeschreibungen dies natürlich nicht beanspruchen. Es gibt nach Wittgenstein *keinerlei* Art von Untersuchung, die man „anstellen könnte, um herauszufinden, was das Wort *wirklich* bedeutet" (BB 52), und auch seine deskriptive, manchmal »sprachanalytisch« genannte Methode der Sprachspielbeschreibung kann dies nicht. Tatsächlich ist er sich sogar bewußt, daß auch er „die Sprache *von einem einseitigen Standpunkt*" (PG § 32 / Herv. S.M.), nämlich „*unter dem Gesichtspunkt* des Spieles nach festen Regeln" (PG § 36) betrachtet, wenn er die Regeln des Alltagsgebrauchs fixiert und manchen philosophischen Wortgebrauch als demgegenüber unsinnig entlarvt. Wenn wir „in der Philosophie den Gebrauch von Wörtern oft mit Spielen, Kalkülen nach festen Regeln, *vergleichen*", können wir darum selbstverständlich „nicht sagen ..., wer die Sprache gebraucht, *müsse* ein solches Spiel spielen." (PU § 81) Vielmehr meinte er, daß gerade die philosophischen Rätsel und Probleme, die es zu beseitigen gilt, „*aus dieser Haltung* der Sprache gegenüber entstehen" (BB 49). Denn der „philosophisch Verwirrte sieht ein Gesetz in der Weise, in der ein Wort gebraucht wird" (BB 51), daß

---

struktion« im Sinne Jacques Derridas hat Henry *Staten, Wittgenstein and Derrida*, Oxford 1985, 64 ff., plausibel gemacht.

[6] Vgl. dazu C. Grant *Luckhardt, Philosophy in the Big Typescript*, in: J. Hintikka (Hrsg.), Wittgenstein in Florida, Dordrecht / Boston / London 1991, 269 f.

er in einer allgemeinen, *jede mögliche* Verwendung des Wortes präskriptiv reglementierenden Antwort auf eine »Was ist...?«-Frage artikulieren will. *Demgegenüber*, dachte Wittgenstein, könne es heilsam sein, auf die Praxis unserer Wortverwendung im Alltag zu verweisen.

Keineswegs sollen seine „klaren und einfachen Sprachspiele" deshalb „Vorstudien zu einer künftigen Reglementierung der Sprache" (PU § 130) sein, und sie wollen auch „nicht das Regelsystem für die Verwendung unserer Worte in unerhörter Weise verfeinern oder vervollständigen." (PU § 133) Sie „wollen in unserm Wissen vom Gebrauch der Sprache eine Ordnung herstellen: eine Ordnung zu einem bestimmten Zweck", nämlich demjenigen, durch Übersicht über die Mannigfaltigkeit unsere Wortverwendung philosophische Mißdeutungen der Sprache zu vermeiden. Sie präsentieren „eine von vielen möglichen Ordnungen; nicht *die* Ordnung." (PU § 132) Insofern trifft der gegen Wittgensteins Philosophieprojekt im ganzen gelegentlich erhobene Vorwurf[7], letzten Endes müsse Wittgenstein entgegen aller Beteuerung doch von seiner deskriptiven Methodologie zugunsten eines untergründigen Normativismus abweichen, den Geltungsstatus, den er seiner Methode selbst zuschreibt, wesentlich nicht. Es geht ihm gar nicht darum, dem einseitigen Sprachgebrauch der Philosophie *die* »wahre Ordung« unserer Sprache entgegenzuhalten. Auch nur der Anspruch darauf wäre ja schon wieder der „Dogmatismus, in den wir beim Philosophieren so leicht verfallen." (PU § 131) Vielmehr geht es darum, *irgendeine geeignete* anzuführen, welche den Grund einer philosophischen Mißdeutung der Grammatik bestimmter Worte sehen und insofern das Gesetz, das »der philosophisch Verwirrte« in dieser Grammatik erblicken zu können meint, nicht mehr *alternativlos* erscheinen läßt. Diese dem »philosophisch Verwirrten« deskriptiv vor Augen gestellte Ordnung mag die des Alltags *oder* auch eine erfundene sein. Sie muß also eine hinsichtlich der philosophischen Probleme sinnaufschließende, aber selbstverständlich nicht die »wahre« oder »ideale« sein.

Was kann die analytisch-deskriptive Methode im so verstandenen Sinne dann aber überhaupt *beweisen*, wenn sie, letzten Endes,

---

[7] So schrieb etwa Hans *Lenk, Zu Wittgensteins Theorie der Sprachspiele*, 470: „Wer ... an Hand künstlicher Standards oder Modelle eine *neue* Ordnung zu einem bestimmten Zweck (etwa zur Abschaffung der philosophischen Probleme) herstellen will und herstellt, der orientiert sich doch noch an idealen Sprachkonstruktionen und der verändert Sprachgebräuche."

stets *auch* nur eine einseitige, obzwar strategisch gegen die Metaphysik eingesetzte Darstellung von Wortverwendungsweisen ist? Diese Frage haben sich Wittgensteins Interpreten gelegentlich vorgelegt[8], und die Antwort, die man seit der Edition der *Philosophie* betitelten Paragraphen 86 - 93 aus dem sogenannten *Big Typescript* wird geben müssen, lautet: nach Wittgensteins Ansicht bloß als solche *nichts*; bestenfalls kann sie für »Gerechtigkeit« gegenüber nicht philosophischen Wortverwendungsweisen plädieren. So schreibt Wittgenstein über die Zielrichtung seiner metaphysikkritischen Sprachspielbeschreibungen sehr deutlich: „Wenn ich einen philosophischen Fehler rektifiziere und sage, man hat sich das immer so vorgestellt, aber so ist es nicht, so zeige ich immer auf eine Analogie ..., nach der man gedacht hat, die man aber nicht als Analogie erkannt hat." (Phil 409) Beispiele für solche falschen Analogien haben wir im vorigen Kapitel gesehen. Ihnen gegenüber kommt es stets darauf an, die „Physiognomie jedes Irrtums nachzuzeichnen" (Phil 410), und genau *dies* wollen Wittgensteins keinesfalls reglementierend gemeinten Sprachspielbeschreibungen tun. Sie wollen dem, der etwa *den* »Geist« im Sinne einer dinganalogen Einheit sehen will, *vor Augen führen*, daß seine Idee einer nicht reflektierten syntaktisch-projektiven Übertragung unseres Schema der Rede über räumliche Gegenstände entsprang. Darum hilft zwecks »Rektifizierung« eines philosophischen Fehlers auch nicht jede *beliebige* Beschreibung des gewöhnlichen Alltagsgebrauchs (beispielsweise) eines Wortes wie »Geist« weiter, sondern die „Wahl unserer Worte ist ... wichtig, weil es gilt, die Physiognomie der Sache genau zu treffen, weil nur der genau gerichtete Gedanke auf die richtige Bahn führen kann." (Phil 410) Wittgensteins teilweise kunstvoll erfundenen Sprachspiele machen dies jedem seiner Leser deutlich. „Die philosophischen Probleme", meinte er, „kann man mit den Kassenschlössern vergleichen, die durch Einstellen eines bestimmten Wortes oder einer bestimmten Zahl geöffnet werden, sodass keine Gewalt", man könnte auch sagen: keine noch so exakte Beschreibung des gewöhnlichen Wortgebrauchs, „die Tür öffnen kann, ehe gerade dieses Wort getroffen ist" (Phil 417).

Wenn man philosophische Probleme mit „Krankheiten" (PU § 593) vergleicht, kann man deshalb sagen, es komme für ein wohl verstandenes sprachanalytisches Philosophieren darauf an, die *richtigen*

---

[8] Vgl. M. *Kober, Gewißheit als Norm*, 32.

„Therapien" (PU § 133) für sie zu finden, wobei es durchaus verschiedene für ein und dieselbe »Krankheit« geben kann; wenn man sie als „die bestimmten individuellen Beunruhigungen" auffaßt, von denen ein Mensch getrieben sein kann, darauf, von ihnen durch eine Übersicht schaffende Darstellung der sprachlichen Zusammenhänge *„erlöst"* (PG § 141) zu werden. Gerade im Blick auf Wittgensteins eigene Denkwege, auf die Art und Weise, wie er schon bewältigt geglaubte Fragen immer neu aufnahm und seine Manuskripte nach dem *Tractatus* nie mehr als publikationsreif ansah, wird man philosophische Probleme passender denn als Krankheiten als individuelle Beunruhigungen, ja »Qualen« beschrieben finden. „Das Seltsame an der philosophischen Beunruhigung und ihrer Lösung", notierte er, „möchte scheinen, dass sie ist, wie die Qual des Asketen, der, eine schwere Kugel unter Stöhnen stemmend, da stand und den ein Mann erlöste, indem er sagte: »lass' sie fallen«." (Phil 416) Zweifellos war Wittgenstein in der gesamten Ausrichtung seiner Lebensführung selbst jener »Asket«, der die „eigentliche Entdeckung", die in der Philosophie möglich sei, in dem sah, was ihn „fähig macht, das Philosophieren abzubrechen, wann ich will." (Phil 431 / PU § 133) Und dieses „ersehnte Ziel", das er auch als „Friede in den Gedanken" (VB 511) kennzeichnete, sollte dadurch erreicht werden, daß der „Philosoph" nicht irgendeine Analyse eines Wortgebrauchs gibt, sondern gerade „das erlösende Wort zu finden" (Phil 409) trachtet, welches die Reflexion zur Ruhe bringt.

„Doch", so wollen auch neuere Wittgenstein-Interpretationen noch skeptisch fragen, *„anhand welcher Kriterien sollen wir beurteilen können, daß wir eine philosophische Frage in adäquater Weise* VOLLSTÄNDIG AUFGELÖST *haben?"*[9] Woher sollen wir wissen, *welches* Wort – als erlösendes – die Last von den Schultern des Asketen nimmt? Auch in dieser Hinsicht bringen die Bemerkungen aus dem *Big Typescript* weitere Klärung und bestätigen das, was man aus Nachschriften der Wittgensteinschen Vorlesungen schon wußte. Sie zeigen, was man wohl ohnehin vermuten sollte: daß es ein solches Kriterium gar nicht geben kann. „Man muß", so überraschend dies klingen mag, „die Erklärung geben, die akzeptiert wird. Das ist der ganze Witz der Erklärung." (VG 33) Denn ästhetische, psychoanalytische (vgl. VG 31 ff)[10]

---

[9] So M. *Kober, Gewißheit als Norm,* 402.

[10] *Die Verwandtschaft zwischen psychoanalytischen und ästhetischen Erklärungen* – so ein Kapiteltitel – hat vor allem Hans Rudi *Fischer, Sprache und Lebensform.* Witt-

und philosophische Erklärungen und Problemlösungen[11] teilen nach Wittgenstein eine wichtige Gemeinsamkeit: Sie beruhen auf *Akzeptanz*, deren Möglichkeitsbedingungen *vor* ihrer Wirklichkeit kriterial nicht angebbar sind. Nicht jede Beschreibung eines Wortgebrauchs vermag deshalb hinsichtlich philosophischer Probleme erhellend zu wirken, ja, es braucht nicht einmal eine Darstellung, die bei einer Person in solcher Weise Wirkung zeitigt, auch für *andere* gleichfalls das »erlösende Wort« zu sein. „Anerkennung" nämlich ist es, was „die Lösung zur Lösung" (VB 547) macht. „Wir können ja auch nur den Andern eines Fehlers überführen, wenn er anerkennt, dass" die jeweils »therapeutisch« angebotene Irrtumsphysiognomie „wirklich der Ausdruck seines Gefühls ist", d.h., wenn ihn solche Beschreibungen *wirklich* dazu bringen, *zuzugestehen*, daß er beispielsweise »den Geist« bloß deshalb als eine dinganaloge Einheit sehen *will*, weil ihm dies durch das Schema unserer Rede nahegelegt wird. Und nur wenn der andere die Auflösung eines philosophischen Problems *als solche* „anerkennt, *ist*" die jeweils gegebene Darstellung „der richtige Ausdruck. ... Was der Andere" dann „anerkennt, ist die Analogie[,] die ich ihm darbiete, als Quelle seines Gedankens." (Phil 410) Sofern es kein Akzeptanz-, nicht einmal ein Akzeptierbarkeitskriterium dabei gibt, ist das kritische Geschäft des Philosophen eine Art „von Überredung" (VG 44), und Wittgenstein ist sich dessen völlig bewußt: „Was ich tue", soll er in einer Vorlesung gesagt haben, „ist auch Überredung. ... Ich sage: »Ich will nicht, daß du es so siehst«" bzw. „ich möchte, daß du die Dinge in anderer Weise betrachtest." (VG 45) Derjenige, dem dies nahezulegen gesucht wird, wird dann *vielleicht* sagen: „»Ja, es ist wahr, das könnte man sich denken, das konnte auch geschehen!«", und „die *Anerkennung*" wird darin bestehen, daß er „nun geneigt" ist, „einen gegebenen Fall anders zu betrachten". Dann hat die philosophische Darstellung seine „*Anschauungsweise* geändert." (Z § 461)

---

genstein über Freud und die Geisteskrankheit, Frankfurt / Main 1987, 143 ff., herausgearbeitet, wenn er zu Recht schrieb, die „Gültigkeit ästhetischer Erklärungen" hänge nach Wittgenstein „ebenso wie die einer psychoanalytischen von der *Zustimmung* des Dritten ab." Dabei komme es darauf an, „dem Gesprächspartner zu zeigen, *wie* man die Dinge *sieht*, um dadurch dem anderen die eigene Sichtweise verständlich zu machen." (146)

[11] „Daß die Gründe des Philosophen viel mehr den Gründen des Ästhetikers ähneln, als denen des Gelehrten" (167) oder des Naturwissenschaftlers, denen es beiden nicht um *akzeptable Gründe*, sondern um die Aufdeckung von Ursachen geht, betont besonders J. *Bouveresse, Poesie und Prosa*, 160 ff.

Und darauf kommt es nach Wittgenstein letztlich an. Denn „die Arbeit an der Philosophie", gleichgültig, ob im produktiven philosophischen Schreiben oder im Zuge der rezeptiven Lektüre philosophischer Texte, ist „eigentlich mehr die Arbeit an Einem selbst" als an einem besonderen thematischen Gegenstand. „An der eigenen Auffassung. Daran, wie man die Dinge sieht. (Und was man von ihnen verlangt.)" (VB 472 / Phil 407) Es kommt darauf an, wie schon für die Philosophie des *Tractatus*, daß man die Welt »richtig sieht« und zu einem die Welt in ihrer Mannigfaltigkeit nicht »verächtlich« abtuenden, gleichsam metaphysikresistenten Stil des Denkens findet. Die »richtige Sicht« der Welt kann aber für Wittgenstein nun keine Sicht »sub specie aeternitatis« mehr sein, wie sie noch der *Tractatus* im Blick hatte. Zwar läßt auch sie wie jene „alles, wie es ist" (PU § 124), und versucht nicht, die »Lage der Dinge« nach ihren subjektiven Maßstäben zu beurteilen. Doch zielt sie auf eine immer neu zu gewinnende, temporäre *Übersicht* über die Phänomene, nicht auf die *eine* richtige Sicht der Welt. Peter Hacker hat sie um der grammatischen Analogie zu Wittgensteins früher Rede von einer Sicht »sub specie aeternitatis« willen eine Sicht *„sub specie humanitatis"*[12] genannt. Doch vielleicht sollte man präziser von einer Sicht »sub specie hominis« reden.

Denn Übersicht nach *menschengemäßem* Maß wird nun das neue Ziel des Wittgensteinschen Philosophierens. Und in ihrem Fehlen erblickt er den Quell aller Probleme. Eine „Hauptquelle" gerade „unseres Unverständnisses" in philosophischer Hinsicht besteht ja darin, „daß wir den Gebrauch unserer Wörter nicht *übersehen*." (PU § 122) Zwar können wir sie, wenn man sich an das Beispiel des Wortes »Zeit« im vorigen Kapitel erinnert, in der Regel im Leben problemlos verwenden, aber sobald wir ihre »Bedeutung« in obliquen, gebrauchsenthobenen Reflexionen zu klären suchen, fangen die Übersichtsprobleme an. Es ist, wie Wittgenstein mit einem instruktiven Gleichnis sagt, als ob „Einer sich in einer Stadt auskennt, d.h. von jedem Ort der Stadt zu jedem andern mit Sicherheit den kürzesten Weg fände, – und dennoch ganz außer Stande wäre, einen Plan der Stadt zu zeichnen." So wäre es denkbar, daß „er, sobald er es versucht, nur gänzlich Falsches hervorbringt." (BPP I, § 556) In solcher Weise sind philosophische Probleme nicht Wortanwendungs- oder -bedeutungsprobleme, sondern *Übersichtsprobleme*. Sie werden gelöst, indem man dem mit

---

[12] P.M.S. *Hacker, Einsicht und Täuschung*, 157

ihnen Befaßten *erstens* die Quellen seines Problems in für ihn akzeptabler Weise aufzeigt und *zweitens* durch eine »übersichtliche Darstellung« der Verhältnisse in unserer Sprache eine *solche* logische Ordnung zwischen unseren Begriffen darbietet, die die willentliche Versuchung zu einer metaphysichen Sichtweise beseitigt. Auch deren Kriterium ist nicht primär Wahrheit, sondern Akzeptierbarkeit, weil die *je* gezeigte Ordnung (gegebenenfalls) Orientierung bietet. „Der Begriff der übersichtlichen Darstellung", betont Wittgenstein deshalb mehrfach, „ist für uns von grundlegender Bedeutung. Er bezeichnet unsere Darstellungsform, die Art, wie wir die Dinge sehen." (PU 122 / Phil 417 / F 37) Diese für seinen späten Denkstil typische Darstellungsform *kann* (unter kriterial nicht vorwegnehmbaren Umständen), wie er dachte, zur »richtigen Sicht« der Welt verhelfen; eine Sicht, die nun freilich nicht mehr die wahre »sub specie aeternitatis«, sondern die an den humanen Bedürfnissen des Lebens gemessen *jeweils* Orientierung verschaffende ist.

15. Sub specie hominis
Übersichtlichkeit als Methoden- und Stilideal

15.1 »Übersichtliche Darstellung« und Beweis

Eine Bemerkung, die Wittgenstein im Zusammenhang der Erörterung psychologischer Phänomene und Begriffe niederschrieb, könnte leitmotivisch über seinem gesamten Spätwerk stehen: „*Nicht Exaktheit* strebe ich an, sondern Übersichtlichkeit." (Z § 464 / BPP I, § 895) Dieses Leitmotiv hat von der Idee der einen »wahren«, sub specie aeternitatis möglichen Sicht der Welt, in der es sogar für philosophische Probleme definitive Lösungen gab, Abschied genommen. Übersichtlichkeit wird nun erklärtermaßen zum neuen Ziel, und dieses zu erreichen, sollte ihm in seinen begrifflichen Untersuchungen die »Darstellungsform« der »übersichtlichen Darstellung« dienen, die – wie er sagte – für ihn »von grundlegender Bedeutung« sei, weil sie »die Art« charakterisiere, wie er »die Dinge sah«.

„Was tut" aber nun „eine begriffliche Untersuchung", die auf Übersichtlichkeit abzweckt, im einzelnen? Wie und unter welchen Maßgaben hat sie zu verfahren? Es spricht für Wittgensteins geschärftes Methodenbewußtsein, daß er sich diese Frage selbst vorgelegt hat. „Ist sie eine der Naturgeschichte der menschlichen Begriffe" (BPP I, § 950), also letztlich eine besondere Art von Ethnologie? Dieser Eindruck ist, wie Wittgenstein wußte, nicht ganz falsch, und doch trifft er das Spezifikum einer »übersichtliche Darstellungen« anstrebenden begrifflichen Untersuchung nur unzureichend. Er ist nicht falsch, weil Wittgenstein ja wirklich häufig eine „ethnologische Betrachtungsweise" verwendet, nämlich wenn er den Gebrauch von Worten in unserem Leben oder dem fremder (fiktiver) Volksstämme aufzeichnet, aber dies soll natürlich nicht heißen, daß er „die Philosophie für Ethnologie" erkläre. Die ethnologische Betrachtungsweise hilft, den Gebrauch der eigenen Sprache wie einen fremden zu beschreiben, also einen „Standpunkt weit draußen ein[zu]nehmen", „um die Dinge *objektiver* sehen zu können" (VB 502) und die je eigenen Begriffe infolgedessen nicht gleich auch für die »wahren« oder »wirklichkeitsadäquaten« zu halten. Gleichsam als Ethnologe seiner selbst liefert Wittgenstein so, wie er manchmal sagt, tatsächlich „Bemerkungen zur Naturgeschichte des Menschen" (PU § 415), weil manche Sprachspiele – man wird hier insbesondere an die in Kapitel 11.3 behandelten »primitiven« denken müssen – einfach „zu unserer Naturgeschichte" (PU § 25) gehören. Aber um das ethnologische Katalogisieren der »naturgeschichtlichen« Fakta als solche geht es einer philosophisch-begrifflichen Untersuchung nicht, auch wenn Wittgensteins stete Betonung seiner rein deskriptiven Vorgehensweise dies nahelegen könnte. Ebensowenig geht es ihr, falls man in der Rede von »Natur*geschichte*« auf eine historische Dimension angespielt sehen wollte, um historische Herleitungen. Worum geht es in einer philosophisch-begrifflichen Untersuchung jedoch dann?

Nun, „Naturgeschichte beschreibt, sagen wir, Pflanzen und Tiere. Aber könnte es nicht sein, daß Pflanzen in allen Einzelheiten beschrieben worden wären, und nun erst jemand daherkäme, der Analogien in ihrem Baue sieht, die man früher nicht gesehen hatte? Daß er also eine neue Ordnung in diesen Beschreibungen herstellt? Er sagt z.B.: »Vergleiche nicht diesen Teil mit diesem; sondern vielmehr mit jenem!« (Goethe wollte" nach Wittgenstein dergleichen „tun.) Und dabei spricht er nicht notwendigerweise von *Abstammung*; dennoch aber *könnte* die neue Ordnung auch der wissenschaftlichen Untersuchung eine neue Richtung geben. Er sagt »Sieh es so an!« – und das kann verschiedenerlei Vorteile und Folgen haben." (BPP I, § 950) Dasselbe strebt Wittgenstein für sprachliche Phänomene an. Es geht ihm, wie die zitierte Stelle zeigt, um eine bestimmte *Anordnung* des »naturgeschichtlichen« Materials unserer Sprache, die einen *neuen*, ohne jene Ordnung vielleicht gar nicht wahrnehmbaren Aspekt (Analogien oder Differenzen) in ihm *sehen* läßt. Durch eine dies ermöglichende „Gruppierung des Tatsachenmaterials" wird eine Folge scheinbar loser Bemerkungen zu „einer »*übersichtlichen*« Darstellung." (F 37) Dieser Methodengedanke ist, wie Wittgenstein an der oben zitierten Stelle nicht nur andeutet, sondern wie inzwischen auch in einer komparativen Studie plausibel gemacht worden ist, zweifellos von Goethes morphologischen Untersuchungen in der Naturgeschichte inspiriert.[1] Wie diese einen »Typus« bzw. ein allgemeines »Schema« der

[1] Vgl. dazu vor allem Joachim *Schulte, Chor und Gesetz*. Zur »morphologischen Methode« bei Goethe und Wittgenstein, in: J.S., Chor und Gesetz, 11 ff, sowie Andeutungen bei K. *Buchheister* / D. *Steuer, Ludwig Wittgenstein*, 85 ff., und Oliver R. *Scholz, Wie schlimm ist Bedeutungsblindheit?* Zur Kernfrage von PU II xi, in: E. von Savigny

Pflanze, der gesetzmäßigen Natur der Farben, des tierischen Knochenbaus oder auch von physiognomischen Zügen des menschlichen Antlitzes *in* der Mannigfaltigkeit des exemplarisch versammelten Materials zum Vorschein bringen wollen, *ohne* solche Mannigfaltigkeit zugleich durch Subsumption unter einen bestimmten Begriff auf (wenige) allgemeine Merkmale zu reduzieren, wollen auch Wittgensteins »übersichtliche Darstellungen«, „analog dem Schema einer Pflanze", „ein allgemeines Bild" vom Gebrauch wichtiger, häufig mißdeuteter Begriffe unserer Sprache hervortreten lassen.[2] In ihnen weist „das Chor" der präsentativen Zusammenstellung des Materials, wie Wittgenstein mit Goethe sagt, als solches gewissermaßen „auf ein geheimes Gesetz" (F 36 f).

Die terminologische Entscheidung für die Verwendung des Ausdrucks »übersichtliche Darstellung« zur Charakterisierung der von ihm angestrebten Darstellungsform hat Wittgenstein wohl im Zuge seiner Lektüre von Frazers ethnologischem Werk *The Golden Bough* getroffen. Denn daß »das Chor auf ein geheimes Gesetz« verweise, wollte er gerade angesichts „der Frazer'schen Tatsachensammlung sagen" (F 37), obgleich er von Frazers Kommentierungen jenes Materials im ganzen wenig angetan war. „Die übersichtliche Darstellung vermittelt das Verständnis, welches eben darin besteht, daß wir die »Zusammenhänge sehen«." (PU § 122; vgl. Phil 417 / F 37) Sie leistet dies als eine Formation von Beschreibungen, die, wie Wittgenstein meinte, die »Familienähnlichkeiten« zwischen verwandten Phänomenen erfassen und vor allem sichtbar machen kann, ohne diese durch eine

/ O.R. Scholz (Hrsg.), Wittgenstein über die Seele, Frankfurt/Main 1995, 215 f. Auf Goethes, wohl über Wittgensteins Spengler-Lektüre vermittelten Einfluß in diesem Zusammenhang wiesen auch schon Baker und Hacker in dem *Übersicht* betitelten Kapitel ihres umfangreichen Kommentars zu den *Philosophischen Untersuchungen* hin, die zudem noch Bemerkungen von Frege, Boltzmann und Paul Ernst als mögliche Quellen für Wittgensteins terminologische Adaption anführen können. Vgl. dazu G.P. *Baker* / P.M.S. *Hacker, Wittgenstein.* Understanding and Meaning (An analytical commentary on the *Philosophical Investigations,* Bd. 1), Oxford 1980, 531 ff.

[2] Am deutlichsten vielleicht kommt diese methodische Absicht in jenen umfangreichen Notizsammlungen, die unter dem Titel *Bemerkungen über die Philosophie der Psychologie* vorliegen, zum Ausdruck, in denen Wittgenstein sogar einen allgemeinen „Plan zur Behandlung psychologischer Begriffe" (BPP II, § 63 / vgl. BPP I, § 863) entworfen hat, demgemäß eine solche »übersichtliche Darstellung« zu arrangieren wäre. Für eine ausführliche Darstellung dieses »Plans« vgl. J. *Schulte, Erlebnis und Ausdruck,* 36-42.

Theorie, ja letztlich schon die »alles gleichmachende Gewalt der Sprache« selbst, in mannigfaltigkeitsreduktiver Weise zu de-*formieren*. Für solche Ähnlichkeiten, die sich dem nicht »wesensmetaphysisch« voreingenommenen Blick zeigen können, ist ja kennzeichnend, daß sich die in Ähnlichkeitsrelationen stehenden „Glieder kettenartig verbinden, so daß eines" – durch eine mehrstellige Reihe von Relata hindurch – „mit einem andern *durch Zwischenglieder* verwandt ist" (PG § 35), und so alle Relata der Reihe zu einer Familie gehören, obzwar es zwischen ihnen keinerlei identisches (Wesens-) Merkmal gibt. „Daher die Wichtigkeit des Findens von *Zwischengliedern*" (F 37 / Phil 417), wenn es gilt, »übersichtliche Darstellungen« zu komponieren. Erst wenn man sie alle „in der richtigen", will heißen: *wirklich* Orientierung stiftenden „Folge und in den richtigen Zusammenstellungen" (EPB 179) zeigt, „verstehen, d.h. übersehen" (PU § 125) wir, was uns anfangs angesichts der Mannigfaltigkeit und Heterogenität normalsprachlicher Phänomene eine undurchschaubar trübe Quelle metaphysischer Versuchungen blieb: wie entfernte Geschwister sprachlicher Erscheinungsformen doch zusammen- und wie gleiche Züge dennoch zu verschiedenen Familien gehören.

Trotz allen unverkennbaren Parallelen zwischen Wittgensteins und Goethes methodischen Vorstellungen würde es die Nähe beider Autoren jedoch in unangemessener Weise überzeichnen, wollte man das durch das Chor einer »übersichtlichen Darstellung« zu gewahrende »geheime Gesetz«, wie Wittgenstein es versteht, mit dem Goetheschen »Urphänomen« in Verbindung bringen.[3] So wie er – übereinstimmend mit neueren philosophischen Interpreten – den Goetheschen Begriff des »Urphänomens« auffaßte, nämlich „daß die Urphänomene" nach Goethe gleichsam als »Urbilder« im Chor der Darstellung „als der gemeinsame Kern sich wandelnder Gestalten in ihrer Vielheit aufleuchten"[4], stand er ihm wohl skeptisch gegenüber. „»Urphänomen«" in diesem Sinne ist dann nämlich beispielsweise das, „was Freud an den einfachen Wunschträumen zu erkennen glaubte", wenn er ihre in

---

[3] Diese Versuchung könnte textuell dadurch motiviert werden, daß Wittgenstein in § 654 der *Philosophischen Untersuchungen* einmal „die Tatsachen als »Urphänomene«" zu „sehen" empfiehlt.

[4] So in den Ausführungen von Georg *Scherer, Grundphänomene menschlichen Daseins im Spiegel der Philosophie*, Düsseldorf / Bonn 1994, 14, in einer Interpretation des Goetheschen Begriffs vom »Urphänomen«, die Wittgensteins Verständnis nahekommen dürfte.

den »Tiefen« des »Unbewußten« verborgenen gemeinsamen Strukturmerkmale aufzudecken glaubte. *So* gefaßt ist das „Urphänomen" nach Wittgenstein freilich nichts weiter als „eine vorgefaßte Idee, die von uns Besitz ergreift" (BF III, § 230), weil sie uns, motiviert durch das literarisch glänzend arrangierte Chor des Freudschen Belegmaterials, überaus *einleuchtet* (vgl. Z § 444). Das hervorleuchtende »geheime Gesetz«, an das Wittgenstein denkt, ist jedoch keine verborgene »Tiefenstruktur«, welche hinter den gezeigten Phänomenen *aufzudecken* bzw. zu *entdecken* wäre. „»Man suche nichts hinter den Phänomenen; sie selbst sind die Lehre«" hatte in seinen Augen ja schon „Goethe" (BPP I, § 889), wohlverstanden, betont. Was „etwa verborgen ist, interessiert" ihn darum „nicht" (PU § 126). Vielmehr ist es wohl am ehesten mit einem bislang unbeachteten, orientierende Übersicht verschaffenden *Aspekt* zu vergleichen, der charakteristische Züge in einem Arrangement von »Tatsachenmaterial« hervortreten läßt. Davon kann es, beispielsweise wenn wir die Komplexität eines menschlichen Benehmens beschreiben, stets viele, nicht etwa nur einen »urphänomenalen« geben, und „jeder von ihnen [mag] uns einen besonderen, seiner Art nach von allen andern verschiedenen Aufschluß geben." (PU 285)

Weil es »übersichtlichen Darstellungen« also gar nicht unbedingt darum geht, einen »in den Sachen« selbst gelegenen Aspekt hervorzuheben, sondern denjenigen, „welcher uns" im Lichte einer spezifischen Problemlage jeweils „interessiert" (PU 285), spricht Wittgenstein nicht nur von der „Wichtigkeit des Findens", sondern auch „des *Erfindens* von Zwischengliedern" (PU § 122[5]). Die erfundenen Zwischenglieder – beispielsweise komparativ eingesetzte fiktive Sprachspiele oder „Beispiele", die „einen solchen Zug in übertriebener Form darstellen", bzw. „in Übergangsformen", welche „uns sein Abklingen zeigen" (EPB 179) – dienen dann allesamt dazu, „um unser Auge für einen formalen Zusammenhang zu schärfen", der als je *gesehener* Zusammenhang *nicht* auch als ein historischer oder ontischer nachweisbar sein muß. Ein erfundenes, wie Wittgenstein sagt: „hypothetisches Zwischenglied ... soll in diesem Falle nichts tun, als die Aufmerksamkeit auf die Ähnlichkeit, den Zusammenhang, der *Tatsachen* lenken. Wie man eine interne Beziehung der Kreisform zur Ellipse dadurch illustrierte, daß man eine Ellipse allmählich in einen Kreis überführt;

[5] Hervorhebungen umgestellt.

aber nicht um zu behaupten, daß eine gewisse Ellipse tatsächlich, historisch, aus einem Kreis entstanden wäre" (F 37).

Wie gerade das letztangeführte Zitat andeutet, ist sich Wittgenstein sehr wohl im klaren darüber, daß eine »übersichtliche Darstellung« als *seine*, in der morphologischen Tradition Goethes stehende Form der Synopsis eines gegebenen »Datenmaterials« in Konkurrenz zu anderen möglichen Darstellungsformen steht: etwa zu mit Entwicklungshypothesen operierenden historischen Erklärungen, die man gerade in humanwissenschaftlichen Untersuchungsbereichen häufig gebraucht. „Die historische Erklärung", meint er ihren universellen Erklärungsanspruch relativierend, „die Erklärung als eine Hypothese der Entwicklung ist nur *eine* Art der Zusammenfassung der Daten – ihrer Synopsis." (F 36) Auch in ihr vermag er nichts weiter „als eine Einkleidung eines formalen Zusammenhangs" (F 37), d.h. gewisser *als* wichtig betrachteter Beziehungen zwischen Vergleichsobjekten zu erblicken. Abgesehen davon, daß wir eine solche Erklärung innerhalb unserer humanwissenschaftlichen, vor allem akademischen Kultur traditionell als befriedigende Darstellungsform erachten, gibt es keinen Grund zu der Annahme, daß von ihr ein Aufschluß über besonders ausgezeichnete oder auch nur besonders interessante Zusammenhänge zwischen Phänomenen zu erwarten sei. Natürlich ist, wie Wittgenstein weiß, *seine* Option für »übersichtliche Darstellungen« demgegenüber auch nur eine Entscheidung für eine *bestimmte*, keineswegs alternativlose Form der Datensynopsis. Doch anders als eine stets hypothetisch bleibende »historische Erklärung« hat eine »übersichtliche Darstellung«, wie er gedacht haben muß, eine *solche* Form, die – sub specie hominis – *allein* etwas zu beweisen vermag.

Diese Auffassung läßt sich in seiner – im nächsten Kapitel näher zu erörternden – Philosophie der Mathematik erkennen, in deren Kontext Wittgenstein einen Beweis als eine *mustergültige* »übersichtliche Darstellung« konzipierte und betonte, seine Beweiskraft hänge *stets* davon ab, daß er als »übersichtliche Darstellung« die je relevanten, innerhalb eines Gegenstandsbereichs aufzuzeigenden Zusammenhänge derart *augenfällig* präsentiere, daß der *sinnliche Augenschein* in *einem* (Über-) Blick jeglichen Zweifel an der jeweiligen Demonstration aus den Angeln hebt.[6] Ein Beweis, für den „Übersichtlichkeit" (BGM

---

[6] Darauf weist zu Recht Rudolf *Bensch, Ludwig Wittgenstein*. Die apriorischen und mathematischen Sätze in seinem Spätwerk, Bonn 1973, 78, hin. Die Studie von Bensch

95, vgl. 143 u. 159) unerläßlich sei, müsse, so könne man sagen, darum stets „ein anschaulicher Vorgang sein. Oder auch: der Beweis ist der *anschauliche* Vorgang" (BGM 173) schlechthin. Von Wittgenstein bevorzugt gebrauchte mathematische Beispiele können dies am leichtesten deutlich machen, doch will er seine diesbezüglichen Überlegungen zweifellos auch auf das bezogen wissen, „was wir für gewöhnlich mit den Ausdrücken »Beweis« und »Beweisen« meinen, wonach »etwas beweisen« ungefähr soviel heißt wie: »zeigen, überzeugen, daß etwas mit völliger Sicherheit so und so der Fall ist«". Beispielsweise läßt sich das „Muster

L	R
	0
X	0
X	0

... als *demonstrativer Beweis* von 3 > 2 auffassen, ein Beweis, der nicht schlechter ist als eine beliebige geometrische Demonstration." (V I, 369) Er *zeigt* die zu beweisenden Zusammenhänge und läßt als »übersichtliche Darstellung« den Aspekt, auf den es ankommt, auf einen Blick *sehen*. Natürlich ist dies ein profanes, für diejenigen, die – wie viele Philosophen – der Mathematik mit Ehrfurcht zu begegnen gewohnt sind, vielleicht sogar provokantes Beispiel. Aber Wittgenstein will damit sagen, in *jedem* Beweis komme es zuletzt auf die „sinnliche Richtigkeit" (BGM 170) der „visuelle[n] Gestalt" (BGM 151) des Beweises an; und zwar einfach deshalb, weil „der einzelne Beweis unsere Anerkennung *als solchen* braucht." (PG 415 / Herv. S.M.) Ein Muster wie das oben angeführte will ja nicht einen kontingenten, empirisch beobachtbaren Aspekt von „individuellen Figuren", etwa jenen »x«- und »0«-Zeichen zeigen, sondern sucht *als Beweis* zu bewirken, „daß ich mir jene Formen gut einpräge; als Paradigma einpräge" (BGM 54), welches mich in einem zeitlosen, situationsinvarianten Sinne der Tatsache versichert, daß 3 > 2 sei. Nicht, daß *diese* spezielle Zuordung von »x«- und »0«-Zeichen „zu diesem Resultat" im angeführten Muster führt, *„beweist"* insofern etwas, „sondern daß wir überredet

gehört zu den wenigen, die eine eingehendere Interpretation von Wittgensteins Vorstellungen von der „Anschaulichkeit und Überschaubarkeit des Beweises" versuchen; vgl. 86 ff.

werden", *diese* oder analoge Erscheinungen in anderen Beweisen „als Vorlagen zu nehmen dafür, wie es ausschaut, wenn ..." (BGM 170[7])

Weil die „Zeichenfolge des Beweises" *als solche* aber natürlich „nicht notwendigerweise irgendein Anerkennen" (BGM 169) des paradigmatischen Charakters des in ihr *sichtbar* hervorgehobenen Aspekts nach sich zieht, kann der Beweis selbst also nur das sein, *was* uns *jeweils* überzeugt. Dabei ist das „visuelle Kriterium" (vgl. V I, 366 u.ö.), *daß* wir bestimmte Zusammenhänge wirklich in einer Zeichenfolge sehen (oder nicht sehen), das *letzte*, das wir haben. „Das Bild, was uns nicht überzeugt, ist der Beweis auch dann nicht, wenn von ihm gezeigt werden kann, daß es den bewiesenen Satz exemplifiziert." (BGM 171) Es überzeugt uns gerade dann nicht, wenn wir nicht alle relevanten Beziehungen in ihm *vollkommen* mit einem Blick übersehen und *deshalb* „die Identität des Beweises" (BGM 158) anzweifeln können.[8] Bei einer unübersichtlichen Zeichenfolge, z.B. der Darstellung von 21 > 20 durch das Bild

///////////////////// ////////////////////

ist dies *stets* möglich, und sei es nur in Form eines *methodischen* (gewissermaßen »cartesischen«) Zweifels, der gegen den paradigmatischen Charakter einer Zeichenfolge einwenden wollte, es bleibe ja immer denkbar, daß uns ein »trügerischer Dämon« im Zuge ihrer Überprüfung täuscht. Dies bedeutet für die »Überzeugungskraft« eines Beweises: „wir müssen sicher sein können, es muß uns als sicher feststehen, daß wir beim Beweisen kein Zeichen übersehen haben. Daß uns kein Teufelchen betrogen haben kann, indem es Zeichen ohne unser Wissen verschwinden ließ, hinzusetzte, etc." (BGM 158 f.) Dies ist dort der Fall, *wo uns die Übersichtlichkeit der visuellen Gestalt einer Zeichenfolge des gezeigten Aspekts zweifelsfrei versichert*. Würden wir hierbei auch von jenem »Dämon« getäuscht, es machte für unsere Fähigkeit, das in der Gestalt des Beweises paradigmatisch Gezeigte zu reproduzieren und es z.B. in Berechnungen zu gebrauchen, keinen Unterschied. „Man könnte sich so ausdrücken: Wo man sagen kann: »auch wenn uns ein Dämon betrogen hätte, so wäre doch alles in Ord-

---

[7] Die Punkte im Zitat stammen von Wittgenstein.

[8] Daraus dürfte, nebenbei bemerkt, zu einem guten Teil die Skepsis der Mathematiker gegenüber Computer-Beweisen resultieren.

nung«, dort hat der Schabernack, den er uns antun wollte, eben seinen Zweck verfehlt." (BGM 159) Und *dies* ist nur möglich, wenn der Beweis als »übersichtliche Darstellung« das zu Beweisende zweifelsfrei sehen läßt.

15.2 Wittgensteins Spätstil: Der philosophische Text als »übersichtliche Darstellung«

Natürlich ist nicht jede »übersichtliche Darstellung« auch ein Beweis im dargelegten Sinne. Gerade »übersichtliche Darstellungen« außerhalb der Mathematik sind ja, wenn man an »Frazers Tatsachensammlung«, Goethes Schriften zur Farbenlehre oder Wittgensteins eigene Texte denkt, schon in quantitativer Hinsicht *tendenziell* unübersichtlich, d.h. sie integrieren den zu zeigenden Aspekt nicht in einen sinnlichen Überblick. Insofern vermögen sie im strengen Sinne auch gar nichts zu beweisen. In ihnen kann es nur darum gehen, dem Leser ein »Schema« oder ein »allgemeines Bild« – und damit eine bestimmte »Sicht der Dinge« – zur Anerkennung anzusinnen. Im Dienste eines solchen Versuches steht, wie man vermuten kann, der literarische Stil der Wittgensteinschen Schriften seit Mitte der dreißiger Jahren, jenes für ihn typische Philosophieren in kurzen Bemerkungen, die sich einer diskursiven, kohärenten Argumentationsabfolge zu versperren scheinen. Dieser Stil hat, wie Rüdiger Bubner auffiel, in manchem Ähnlichkeit mit „jenem Typ *meditativen* Philosophierens", den man historisch aus den augustinischen Konfessionen oder den cartesischen Meditationen kennt, präsentieren sich seine Aufzeichnungen doch wie diese als „eine besondere Variante des inneren Gesprächs der Seele mit sich"[9], in dessen Zuge es Wittgenstein stets zuerst um die »Arbeit an sich«, um die Selbstversicherung der eigenen Auffassung gegen die Surrogate der Metaphysik ging, die ihn immer neu beunruhigten. So könnte man, inspiriert durch Bubners Beobachtung, seine bekanntlich unaufhörlichen Reorganisationen in der Ordnung seiner Notizen sicher als den Versuch verstehen, die einmal »soliloquial« erreichte Selbstverständigung in temporärer Übersicht immer neu zu stabili-

[9] Rüdiger *Bubner, Wittgenstein als meditativer Denker,* in: R.Haller / J.Brandl (Hrsg.), Wittgenstein. Eine Neubewertung, in der Reihenfolge der Zitate: 240, 239.

sieren. Dies ist in der Form von kurzen Bemerkungen besonders leicht möglich, weil man diese, wie Wittgenstein es tat, besser als ein sequentiell Argument auf Argument gründendes philosophisches Buch auseinander- und in neuen Gestalten wieder zusammenfügen kann.

Gewiß: wenigstens zum Teil geht Wittgensteins Stil auch auf individuelle Eigentümlichkeiten seines Denkens zurück. So meinte er, wenn er für sich „denke, ohne ein Buch schreiben zu wollen, so springe" er „um das Thema herum;" dies sei „die einzige" ihm „natürliche Denkweise. In einer Reihe gezwungen, fortzudenken," sei ihm „eine Qual." (VB 489) Zudem erweckt Wittgenstein im *Vorwort* zu den *Philosophischen Untersuchungen* sogar den Eindruck, daß er eine Zeitlang versucht habe, seine Gedanken in dem geschlossenen Ganzen eines philosophischen Buches darzulegen und nach „manchen mißglückten Versuchen," seine „Ergebnisse zu einem solchen Ganzen zusammenzuschweißen," schließlich einsehen mußte, daß ihm „dies nie gelingen würde." Philosophische Bemerkungen, meinte er, würden „das beste" bleiben, was er schreiben könne, weil seine „Gedanken bald erlahmten," wenn er versuche, „sie, gegen ihre natürliche Neigung, in *einer* Richtung weiterzuzwingen." Gleichwohl sind gerade die Bemerkungen dieses Buches, jene „Menge von Landschaftsskizzen" (PU, Vorwort) über verstreute philosophische Gebiete, weit mehr als bloß Produkte eines persönlichen, eingestandenen Unvermögens. Dieser Annahme steht wohl schon Wittgensteins ausgeprägtes Stilbewußtsein, seine bereits im *Tractatus* auffällige Bemühung um das ästhetische Gesicht seiner Schriften entgegen. „Den richtigen Stil schreiben", notierte er, „*heißt*, den Wagen genau aufs Geleise setzen" (VB 504 / Herv. S.M.), welches den »genau gerichteten Gedanken« eben jene »richtige Bahn« finden läßt, die ihn unter Umständen sinnaufschließend werden lassen und der Akzeptierbarkeit zuführen kann. Eine befriedigende Deutung von Wittgensteins Stil des Philosophierens in kurzen Bemerkungen wird dieses Wittgensteinsche Stilbewußtsein darum zu beachten haben.

Die wohl eingehendste philosophische Deutung von Wittgensteins Stil hat bislang Manfred Frank vorgelegt. „Wittgensteins Texte", schrieb er, seien „keine Aphorismen", wie man vielleicht denken möchte, „sondern gehören zur Gattung des Fragments. Es sind Bruchstücke eines verfehlten, im Bereich des Aussagenkalküls bzw. aufgrund der Sprachspiel-Grammatik gar nicht darstellbaren Ganzen." Durch die literarische Form des Fragmentarischen jedoch werde „das undarstellbare

Ganze an-gedeutet."[10] Denn die Fragmente versuchten, „die eine zentrale Idee aus vielen Perspektiven" anzuvisieren, „ohne sich zuzutrauen, die Kohärenz der Teile zum intendierten System auch in der systematischen Darbietungsform eines vorn beginnenden und im Ende organisch sich beschließenden, kurz: eines wohlgegliederten wissenschaftlichen Werks zu dokumentieren."[11] Daß sie das »eine« unsagbare »Ganze« gleichwohl zeigen wollen, sieht Frank in einer Wittgensteinschen Tagebuchnotiz von 1930 belegt, die lautet: „Was immer ich schreibe, es sind Fragmente, aber der Verstehende wird daraus ein geschlossenes Weltbild entnehmen."[12] So trete Wittgensteins von Bildern, Metaphern und Gleichnissen erfülltes Philosophieren letztlich „den Gang in die Dichtung an, und das Fragmentarische" sei dabei „ex negativo Repräsentant des systematisch nicht Leistbaren"[13], nämlich der Darstellung des auszusagenden Ganzen im philosophischen System. Denn nur „in Fragmentform" könne „sich der gleichzeitige Ausgriff auf ein System mit der Einsicht in dessen Uneinlösbarkeit widerspruchsfrei verbinden."[14] Mit dieser Deutung hat Frank Wittgensteins philosophischen Spätstil in eine überraschende Nähe zu frühromantischen Formen philosophischer Darstellung gerückt.[15]

Freilich darf man hinsichtlich der Triftigkeit der Argumentation von Manfred Frank durchaus skeptisch sein. Nachdrücklich hat Wittgenstein in eigenen Reflexionen auf die Art und Weise seiner philosophischen Verfahrensweise angemerkt, es sei nicht „die Aufgabe" seiner in Sprachspielbeschreibungen gegebenen „Beispiele, das Wesen" der von ihm behandelten »Gegenstände« „durch einen Schleier unwesentlicher Züge sehen zu lassen. Und die Beispiele waren nicht Beschreibungen eines äußeren zu dem Zweck, uns auf ein Inneres ahnen zu lassen, das wir aus irgendeinem Grund nicht in seiner Nacktheit zeigen können." Seine Darstellungen sind also keine „indirekte[n] Hilfsmittel", die „etwas *andeuten*, was sie nicht *zeigen* können." (EPB 179) Wenn Wittgenstein an der von Frank zitierten Tagebuchstelle seine Bemerkungen selbst »Fragmente« nennt, ist mit dieser Kenn-

---

[10] Manfred *Frank, Wittgensteins Gang in die Dichtung*, in: M.Frank / G.Soldati, Wittgenstein – Literat und Philosoph, Pfullingen 1989, 34

[11] M. *Frank, Wittgensteins Gang in die Dichtung*, 41 f.

[12] M. *Frank, Wittgensteins Gang in die Dichtung*, 45

[13] M. *Frank, Wittgensteins Gang in die Dichtung*, 34

[14] M. *Frank, Wittgensteins Gang in die Dichtung*, 55

[15] Vgl. *M. Frank, Wittgensteins Gang in die Dichtung*, 34 und 44.

zeichnung deshalb sicher keine Allusion an irgendeine, schon gar nicht die frühromantische Theorie des Philosophierens im Fragment verbunden, denn wenn er über den „Begriff des »Fragments«" nachdachte, fand er es „nicht" einmal „leicht, die Verwendung dieses Wortes *auch nur beiläufig* zu beschreiben." (BPP I, § 943) »Fragmente« sind für ihn schlicht dasselbe wie »kurze Bemerkungen«, und daß ein »geschlossenes Weltbild« aus ihnen zu entnehmen ist, ist nur unter Verkennung der Eigentümlichkeit von Wittgensteins Denkstil als Hinweis auf das in Fragmenten zu sagende »Eine« zu deuten. Denn zu Wittgensteins »Weltbild«[16] gehört sicher seit Beginn seiner philosophischen Wandlung zu Anfang der dreißiger Jahre, daß es das unsagbar Eine »hinter« der Mannigfaltigkeit der Phänomene *nicht* gibt – nicht einmal als das »Mystische«, das noch der *Tractatus* kennt.

In gewisser Hinsicht liegt es natürlich „nahe" und ist auch nicht gänzlich falsch, „Wittgensteins späte philosophische Untersuchungen als *fragmentarische* Bemerkungen zu verstehen, Bemerkungen, welche der Autor, aus verschiedenen Gründen, nicht mehr zu einer *systematischen* Theorie zusammenfügen oder ausarbeiten konnte"[17], hatte Wittgenstein doch tatsächlich selbst beteuert, nichts anderes als Fragmente zu schreiben. Ohne sich ausdrücklich auf Franks wohl unhaltbare Interpretation zu beziehen, schlug Friedrich Kambartel demgegenüber „eine andere Lesart" vor, „nämlich in Wittgensteins Untersuchungen *Übungen* zu sehen, Übungen, in denen uns stets dieselbe Änderung unserer Perspektive an immer neuen Gegenständen zugemutet wird."[18] Und mit dieser Auslegung steht er Wittgensteins Intention, einen Denkstil und eine Anschauungsweise der Welt zu verändern, sicher weit näher als Frank. „Wittgensteins Spätphilosophie will dann also ihre Einsichten *praktisch* vermitteln," sie stellt »übersichtliche Verhältnisse« zwischen wichtigen Begriffen unserer Kultur *vor Augen*, „d.h. sie teilt uns die" nach Wittgensteins Ansicht „richti-

---

[16] Bei diesem Gebrauch des Wortes »Weltbild« im Jahre 1930 ist davon auszugehen, daß Wittgenstein hier noch nicht die – später näher zu betrachtenden – Merkmale eines »Weltbildes« im Auge hat, die er in *Über Gewißheit* herausstellen wird. Denn sonst könnte das »Weltbild« nicht etwas sein, daß man seinen Schriften *spezifisch* entnehmen kann. In Wittgensteins spätestem Verständnis eines »Weltbildes« Mitte der vierziger Jahre ist dieses entscheidend durch *Übersubjektivität* geprägt.

[17] Friedrich *Kambartel, Wittgensteins späte Philosophie.* Zur Vollendung von Kants Kritik der wissenschaftlichen Aufklärung, in: F.K., Philosophie der humanen Welt, Frankfurt/Main 1989, 158

[18] F. *Kambartel, Wittgensteins späte Philosophie,* ebd.

ge", weil seinem Denkstil gemäße „Sicht unserer Lebensverhältnisse nicht in Form von *Theorien* oder *Berichten* mit, *übt* uns vielmehr in sie *ein*."[19] Aber auch diese, in bestimmer Hinsicht zweifellos zutreffende Deutung läßt noch die Frage offen, weshalb sich Wittgenstein dann genötigt fand, diejenige Vorfassung der *Philosophischen Untersuchungen* (das sogenannte *Braune Buch*), die am unerbittlichsten, partienweise fast kommentarlos, Sprachspielbeschreibungen als »Etüden« aneinanderreiht, weiter umzuarbeiten.

Der Grund, will uns scheinen, ist der, daß er den *philosophischen Text als solchen* als eine »übersichtliche Darstellung« verstand. Auch, aber nicht nur, will *sein* ein Leben lang gesuchter, nie zur definitiven Form findender Text in die »richtige« Sicht der Welt einüben, er will zudem selbst eine übersichtliche, als solche Übersicht *gewährende* Ordnung sein, die für seinen Stil des Denkens einnimmt: im Gegensatz zum naturwissenschaftlich-verallgemeinernden oder humanwissenschaftlich-historisierenden Denkstil. Der Darstellungsstil der kurzen Bemerkung ist in ihm nicht negativer Repräsentant der unmöglich gewordenen, aber doch erwünschten einen systematischen (*Über*-) Ordnung, sondern die bewußte Vermeidung auch nur des Anscheins ihrer Möglichkeit. Wittgenstein führt seine Leser insofern unabsichtlich in die Irre, wenn er die einzelnen Bemerkungen seiner Texte »Fragmente« nennt, weil dieses Wort manchen Interpreten – anders als ihn selbst – schon als solches auf ein »fragmentiertes« Ganzes verweist. Weniger irreführend wären sie deshalb als Anhaltspunkte, auf Grund ihrer signifikanten Kürze überschaubare *Orientierungspunkte* zu bezeichnen, von denen aus an jeder Stelle des Textes in jede Richtung weiterzuschreiten prinzipiell möglich bleibt. Als Geflecht solcher Bemerkungen will der philosophische Text dabei nicht eine »*Über*-Ordnung« zwischen »*Über*-Begriffen« andeuten, sondern charakteristische Züge im Rahmen einer *immer* auch *anders* denkbaren Ordnung im wohl nur »ästhetisch« zu nennenden Spiel des Aufeinander-Verweisens von Bemerkungen hervortreten lassen. Weil solche Züge außerhalb der Mathematik niemals in *einem* Blick zu erfassen sind, wird die kompositorische Arbeit daran, sie durch die Organisation von Bemerkungen gleichwohl sehen zu lassen, entscheidend.[20]

---

[19] F. *Kambartel, Wittgensteins späte Philosophie,* ebd.

[20] Die »literarischen Mittel«, die Wittgenstein in den *Philosophischen Untersuchungen,* konkret anwendet, können – und brauchen – uns hier nicht im einzelnen zu in-

Wohl deshalb glaubte Wittgenstein seine „Stellung zur Philosophie" durch die Bemerkung „zusammengefaßt zu haben ...: Philosophie dürfte man eigentlich nur *dichten.*" (VB 483) Natürlich meinte er damit nicht, daß Philosophie eine Art poetischer Tätigkeit des Hervorbringens von Begriffen oder Theoriekonzepten, gleichsam »Begriffsdichtung« sei. Vielmehr nahm er mit ihr seinen frühen Gedanken von der Eigentümlichkeit des Zeigens der Kunst auf, die er darin erblickte, daß die Kunst durch die ästhetische Dichte der unausdrückbaren Organisationsform ihrer Darstellungselemente in eine veränderte Sicht der Welt zu versetzen vermag. Philosophie, sah er jetzt, muß das gleiche durch die Organisation von orientierenden Bemerkungen tun, die in ihrem Wechselspiel (gegebenenfalls) Übersicht *sub specie hominis,* d.h. *temporäre,* immer neue zu erarbeitende Übersicht[21], zu verschaffen vermögen. Wenn man sich ein wenig manieriert ausdrücken wollte, könnte man sagen, das Geflecht ihrer Bemerkungen sei ein Gedicht. Wenn diese Deutung einer zugegebenermaßen opaken Bemerkung der Jahre 1933 oder 1934 nicht völlig fehlgreift, wird vielleicht auch klar, weshalb Wittgenstein mit ihr nicht nur seine »Stellung zur Philosophie« bezeichnet fand, sondern auch meinte, er habe sich „damit auch als einen bekannt, der nicht ganz kann, was er zu können wünscht." (VB 483) Denn mit der Ver-Dichtung seiner Bemerkungen zu dem seit Mitte der dreißiger Jahre geplanten, orientierende Übersicht verschaffenden Text sollte er, trotz unaufhörlicher Reorganisationsversuche, zu Lebzeiten nicht zum Schluß kommen.

---

teressieren. Heinz *Brunner, Vom Nutzen des Scheiterns,* hat sie in seiner bereits in anderem Zusammenhang angeführten Arbeit untersucht. Freilich ist bedauerlich, daß er die von Wittgenstein mindestens terminologisch erfundene Textsorte »übersichtliche Darstellung« nicht eigens anlysiert.

[21] *Nicht* also geht es dem Wittgenstein der *Philosophischen Untersuchungen* darum, durch das Verweisgeflecht der einzelnen Bemerkungen „in ihrer Gesamtheit die Welt sub specie aeterni »von oben vom Fluge« aus betrachtet" darzustellen, wie Gabriele *Goslich, Das »Mystische« bei Wittgenstein,* 41, in ihrer bereits angeführten Studie meint. In dieser Bemerkung, die – wie wir gesehen haben – die philosophischen Intentionen des Früh-, nicht jedoch die des Spätwerkes trifft, ist der von Wittgenstein vollzogene Perspektivenwechsel im entscheidenden Punkte verkannt.

16. Logik und Mathematik, nach menschlichem Maß betrachtet

16.1 Die »Härte des logischen Muß«: Logik als Grammatik

Schon weil es Wittgensteins »übersichtlichen Darstellungen« vor allem darum ging, einen »Stil des Denkens« und eine von ihm als »richtig« empfundene »Sicht« der Welt zu »propagieren«, nicht aber philosophische Thesen und Theorien, die er – weil Mißverständnissen der gewöhnlichen Sprache entsprungen – für unmöglich hielt, darf man sich von seinem Werk keine Antworten auf alle nur denkbaren philosophischen Fragen erhoffen. Im Gegenteil; der Themenbereich, auf den er innerhalb seines Spätwerkes mehr als episodisch einging, ist – wohl zur Enttäuschung derer, die sich von Philosophie umfassende Gedankensysteme erhoffen – eher schmal. Es handelt sich im wesentlichen um Fragen des Status von Logik und Mathematik sowie um Probleme der Philosophie des Geistes; Fragen und Probleme, die ihn als *seine* »individuellen Beunruhigungen« nicht zu »Friede in Gedanken« finden ließen. Freilich wäre es verfehlt, aus der individuellen Motivation der Problemstellungen auf die idiosynkratische Natur der gegebenen Antworten zu schließen.

Tatsächlich zieht insbesondere Wittgensteins Versuch, auf dem Felde des Nachdenkens über den Status von Logik und Mathematik – um mit diesem Themenkomplex zu beginnen – übersichtliche Verhältnisse zu schaffen, weitreichende, wenn auch in der Gegenwartsphilosophie bislang wenig fruchtbar gewordene Konsequenzen nach sich. Sein quasi-»ethnologischer«, an dem »naturgeschichtlichen« Faktum des menschlichen Zeichengebrauchs ausgerichteter Blickpunkt führte ihn hier zu radikalen Entmystifizierungen hinsichtlich des ontischen und epistemischen Status logischer und mathematischer Sätze. Er selbst hatte ja zu *Tractatus*-Zeiten noch geglaubt, seine Arbeit über Logik habe sich von der Theorie des Satzes »ausgedehnt« auf das »Wesen der Welt«, denn die Logik als universeller Möglichkeitsinbegriff beliebiger Elementenkonfigurationen schien ihm die Form der Sprache und die Form der Welt gleichermaßen auszudrücken. Wenn man so denkt, faßt man die „Logik“ als „eine Art von Ultra-Physik, [als] die Beschreibung des »logischen Baus« der Welt, den wir durch eine Art von Ultra-Erfahrung wahrnehmen (mit dem Verstande etwa)." (BGM 40) Mit einer solchen Auffassung standen (und stehen) der frühe Wittgenstein und Carnap, auf den Wittgenstein in der zitierten Bemerkung wohl anspielt, sicher nicht allein. Und selbst dann, wenn man logischen Strukturen nicht gleich ontologische Dignität zuzubilligen bereit ist, wird man in der Logik wohl häufig immer noch eine Art von »Ultra-Psychologie« sehen wollen, welche nicht empirische Strukturen des Psychischen, sondern allgemeine, überzeitlich gültige Gesetze *allen* Denkens beschreibt.

Von dieser Auffassung ist kaum jemand nachdrücklicher abgerückt als der späte Wittgenstein. Zur „Logik", notierte er beispielsweise in *Über Gewißheit*, gehöre „alles, was ein Sprachspiel beschreibt" (ÜG § 56), und als „ein logischer Satz" galt ihm nun ein solcher, der „die begriffliche (sprachliche) Situation" (ÜG § 51) in unseren Sprachspielen, d.h. eine Regel unseres Wortgebrauchs festhält. Nach diesem, wie man sagen könnte, »ausgeweiteten« oder »entgrenzten« Verständnis der Logik fällt sie offenkundig mit der Grammatik als der Beschreibung der »Spielregeln« für mögliche Schritte innerhalb von Sprachspielen so weitgehend zusammen, daß Wittgenstein die Ausdrücke »logisch« und »grammatisch« in seinen späten Texten geradezu synonym verwenden kann.[1] Darin drückt sich keine unachtsame Verwischung von Begriffsgrenzen, sondern umgekehrt gerade eine bewußte begriffliche Pointe aus. Denn Wittgenstein ist jetzt der Ansicht, daß es eine Logik als »reine« Denkgesetze behandelnde Schluß- oder Aussagenlogik, welche als solche *mehr* wäre als die Grammatik einer besonderen Praxis des Operierens mit Zeichen, gar nicht gibt.

Zweifellos steht Wittgenstein mit dieser Ansicht »quer« zu einflußreichen Theorien der Logik in der Tradition, die in logischem Denken so etwas wie den Vollzug von regelgeleiteten »geistigen Akten« sehen wollen, durch welche sich die »Vernünftigkeit« eines jeden Denkens wenigstens in formaler Hinsicht in einem sprachspielübergreifenden Sinne auszeichnen soll. Gegenüber einer solchen Auffassung meinte Wittgenstein, man müsse sich unvoreingenommen klar machen, worin logisches Denken, z.B. logisches Schließen, eigentlich besteht. „Wir stellen uns," wie er glaubte „verleitet durch die besondere Verwendung des Verbums »schließen«, gern vor, das Schließen sei eine

---

[1] Dies hat M. *Kober, Gewißheit als Norm*, 65, durch Zusammentragung der einschlägigen Textstellen belegt.

eigentümliche Tätigkeit, ein" merkwürdig ungreifbarer und undurchschaubarer „Vorgang im Medium des Verstandes, … aus welchem dann die Folgerung auftaucht." Denn zumeist unbemerkt, deuten wir jenen »inneren Vorgang« nach dem Muster von uns vertrauten äußeren Vorgängen und meinen, es müsse dem Wort »schließen« etwas im Medium des Geistes ebenso entsprechen, wie dem Wort »gehen« in den meisten seiner nicht-metaphorischen Verwendungen eine körperliche Tätigkeit entspricht. Tatsächlich findet nach Wittgenstein jedoch in jedem logischen Schluß nichts anderes als eine bestimmte Art der „Überleitung" (BGM 39) zwischen Gliedern statt, die man als Prämisse und als Konsequenz bezeichnet. Es handelt sich, wie er meint, dabei einfach um „eine Transformation" des sprachlichen „Ausdrucks" (BGM 40), so daß an „diesem Vorgang", unvoreingenommen betrachtet, „nun nichts Okkultes" ist, *gar nichts,* was im verborgenen Medium des Geistes geschähe; „er ist ein Ableiten des einen Satzzeichens aus dem andern nach einer Regel; ein Vergleichen der beiden mit irgendeinem Paradigma, das uns das Schema des Übergangs darstellt." (BGM 39)

Was man ein »logisches Vorgehen« nennt, erscheint so primär als eine *Technik* der Satzzeichentransformation, die sich durch Übereinstimmung mit einem *als* »korrekt« geltenden Muster der Überleitung zwischen Sätzen auszeichnet. Der Ausdruck *Technik* soll dabei betonen, daß es sich bei einem solchen Vorgehen um eine in einer (gesellschaftlichen) Gepflogenheit verankerte *Fertigkeit* der musterorientierten Ausführung bestimmter Schritte handelt. »Aus ›p oder q‹ (*tertium non datur*) und ›nicht p‹ *folgt* q« ist beispielsweise ein solches Transformationsparadigma, von dem man annehmen darf, daß zwar die meisten Sprecher in unserer Lebensform ihre Überleitungen zwischen Sätzen an ihm orientieren, dessen normativer Geltungsstatus aber dennoch nicht durch Übereinstimmung mit »irgendetwas« legitimiert werden kann. Wollte man nämlich fragen, „mit welcher Realität … hier das Richtige" (BGM 41), d.h. die »korrekte« Zeichentransformation im Unterschied etwa zu einem sogenannten »Fehlschluß«, übereinstimmt, so könnte man nach Wittgenstein *nicht* auf die Struktur menschlicher Rationalität verweisen. Zu verweisen wäre vielmehr auf eine *„Abmachung"* oder einen *„Gebrauch"* (BGM 41) in den Sprachspielen einer bestimmten Lebensform, den wir dann häufig – um die Verbindlichkeit des Paradigmas zu unterstreichen – in philosophischen Theorien in die »Struktur des Geistes selbst« hineinprojizieren.[2] Doch daß dies eine Fiktion ist, kann uns gerade der ethnologisch-distanzierte Blick auf die je eigene Praxis des »logischen Vorgehens« zeigen. Denn er erweist das *jeweils* verwendete Paradigma, beispielsweise den angeführten Satz »aus ›p oder q‹ und ›nicht p‹ *folgt* q«, als ein Transformationsparadigma *unserer* und keineswegs jeder möglichen Praxis des Zeichengebrauchs.

Wie Wittgenstein natürlich klar war, ist es nicht leicht, diese Sichtweise zu akzeptieren.[3] „Die Sätze der Logik", möchte man doch immer wieder sagen, „sind »Denkgesetze«, »weil sie das Wesen des menschlichen Denkens zum Ausdruck bringen«", und zwar in einem alle besonderen Sprachspiele *übergreifenden* Sinn. Daß »logische Sätze« sogenannte »Denkgesetze« seien, kann man wirklich auch nach Wittgenstein sagen, aber nicht in jenem traditionellen Sinn, sondern in demjenigen, daß sie *„zeigen,* was Denken" (BGM 90 / Herv. S.M.) für eine Kultur jeweils ist. Wenn man die „logischen Gesetze" den „Ausdruck von »Denkgewohnheiten«" nennen wollte, wäre dies nach seiner Ansicht gleichfalls nicht ganz falsch, aber es wäre hinzuzufügen, sie zeugten eben von der menschlichen, theoretisch gar nicht mehr begründbaren „Gewohnheit zu *denken.* D.h., man kann sagen, sie zeigten: wie Menschen denken und auch, *was* Menschen »denken« nennen." (BGM 89) Dies kann in verschiedenen Sprachspielen, vor allem in interkultureller Perspektive betrachtet, durchaus *inkommensurabel* Verschiedenes sein. Was ein bestimmtes, in einer Sprachgemeinschaft eingeschliffenes Paradigma zu einem »logischen Gesetz« macht, läßt sich darum gar nicht in den Formulierungen der philosophischen Tradition erfassen, die vielleicht gesagt hätte, ein logisches Gesetz, etwa der im obigen Beispiel implizit beanspruchte »Satz vom ausgeschlossenen Dritten«, sei etwas, was man nicht bezweifeln *kann.* Gerade umgekehrt gilt: Diejenigen Zeichentransformations-„Schritte" innerhalb

---

[2] Es ist, wie Charles Taylor im Anschluß an Wittgenstein bemerkt hat, geradezu typisch für die „dominierende Auffassung der denkenden und handelnden Person" in unserer Tradition, daß die jeweils „als angemessen geltenden Verfahren" des Zeichengebrauchs durch „eine Art von Ontologisierung" der je für »rational« geltenden Art und Weise „in die Konstitution des Geistes selbst hineingelesen und zum Bestandteil seiner Struktur erklärt" werden. (Charles *Taylor, Lichtung oder Lebensform.* Parallelen zwischen Wittgenstein und Heidegger, in: »Der Löwe spricht ...«, 94)

[3] Vgl. z.B. Arnulf *Molitor, Bemerkungen zu Ludwig Wittgensteins posthumer Philosophie der Mathematik,* in: Salzburger Jahrbuch für Philosophie 10-11 (1966/67), 35-63, bes. 39-41.

einer Sprache, „welche man" in ihr *jeweils* „nicht in Frage zieht, *sind* logische Schlüsse." Es ist hier gar nicht um ein Nicht-in-Frage-ziehen-*Können* zu tun, sondern darum, daß *„das und das"* faktisch in der Praxis einer Sprachgemeinschaft *„gar nicht in Frage gezogen wird."* Man zieht solche Schritte also „nicht darum *nicht* in Frage, weil sie »sicher der Wahrheit entsprechen« – oder dergl.", was man traditionell vielleicht anführen würde – „sondern, dies ist es eben, was man »Denken«, »Sprechen«, »Schließen«, »Argumentieren«, nennt. Es handelt sich hier garnicht um irgendeine Entsprechung des Gesagten mit" irgendeiner »ultra-physischen« oder »ultra-psychologischen« „Realität" (BGM 96[4]).

Denn die „Logik", verstanden als Inbegriff jener *mustergültigen* Satzzeichentransformationsmöglichkeiten, ist *„vor* einer solchen Entsprechung" mit jeder denkbaren Realität; „nämlich in dem Sinne, in welchem die Festlegung der Meßmethode *vor* der Richtigkeit oder Falschheit einer Längenangabe" (BGM 96) ist. Sie bewegt sich auf der Ebene der Maßstäbe, an denen orientiert wir sprachspiel*intern* die »Logizität« oder Unsinnigkeit von sprachlichen Schritten bemessen, nicht auf der Ebene des je Bemessenen. Sowenig wie die Festlegung einer Meßmethode etwas über das »Wesen« des zu Messenden aussagt, sowenig drücken die unsere Standards der »Logizität« bestimmenden Paradigmata »korrekter« Satzverbindungen sachliche Einsichten aus. „Das Gesetz vom ausgeschlossenen Dritten sagt nicht, wie seine Form vorspiegelt: Es gibt nur die beiden Möglichkeiten Ja und Nein, und keine Dritte. Sondern: »Ja« und »Nein« teilen das Feld der Möglichkeiten in zwei Teile. – Und das muß natürlich nicht so sein." Manchmal spürt man bereits innerhalb der Sprache, in der dieses Paradigma in Gebrauch ist, ein Ungenügen daran, sich dem Druck zweiwertiger Alternativen zu beugen; etwa, wenn man auf die Frage „»Hast du aufgehört, deine Frau zu schlagen?«" (BPP I, § 274) eher abwehren, denn sich auf eine der Alternativen festlegen lassen möchte. Doch gehen wir – das ist das am Grunde aller Sprachspiele liegende, nicht weiter begründbare *factum brutum* – von den Einteilungsvorgaben unserer Paradigmata einfach aus, genauer gesagt: *daß* wir einfach von ihnen ausgehen, macht sie allererst zu *logischen* Paradigmata. Denn so verfahren *wir* eben am Grunde *unserer* Praxis. Wollte man aus Wittgensteinscher Perspektive einen neuen Begriff vom »logischen Schluß«

---

[4] Die erste Hervorhebung in der zitierten Passage stammt vom Verfasser, S.M.

geben, könnte man deshalb sagen: „Logischer Schluß ist ein Übergang, der gerechtfertigt ist, wenn er einem bestimmten Paradigma folgt, und dessen Rechtmäßigkeit von sonst nichts abhängt." (BGM 430) *Daß* jemand dem Schema sprachspielintern nicht in Frage gestellter, durch *nichts anderes* als die Paradigmenadäquatheit selbst zu rechtfertigender Satzverbindungen folgt, veranlaßt uns dann zu sagen, er »denke« oder »argumentiere« *logisch*.

Zuzugeben ist natürlich, daß man sich zu manchen Paradigmata Alternativen kaum vorstellen kann: gerade *weil* es diejenigen der *je eigenen* Sprache sind. Man möchte dann, etwa im Blick auf den »Satz vom ausgeschlossenen Dritten«, zu rhetorischen Versicherungen der Form greifen wie »Jeder Vernünftige *müsse* zugeben, daß ...« oder »Wer nur argumentiere, *muß* immer schon voraussetzen, daß ...« etc., um der vermeinten Alternativlosigkeit Ausdruck zu verleihen. Dies soll zum Ausdruck bringen, daß es sich bei »logischen Gesetzen« eben doch nicht nur um gleichsam konventionelle Satzzeichenverbindungsformen handele. Als »Argument« führt man dann gewöhnlich an, daß sich derjenige, der dies nicht zugestehe, in einen (»pragmatischen«, »performativen« etc.) *Widerspruch* zu sich selbst begebe, weil – wie die Selbstanwendung seiner Behauptung auf sich zeige – jeder Versuch, die Geltung eines solchen Paradigmas zu bestreiten, dessen Geltung *zugleich* in Anspruch nehme.[5]

Aus Wittgensteinscher Sicht ist darauf folgendes zu replizieren: Tatsächlich „stempelt" die „Aristotelische Logik", deren universelle Geltung man mit diesem Argument affirmiert, „den Widerspruch als einen Unsatz, der aus der Sprache auszuschließen ist. Diese Logik aber behandelt nur ein ganz kleines Gebiet der Logik unserer Sprache." (LSPP § 525) Auf mathematischem Gebiete beispielsweise, wo diese Logik zweifellos gilt, empfinden wir auftauchende Widersprüche als störend, und zwar in dem Sinne, daß wir sagen, ein in sich widersprüchlicher Kalkül sei nutzlos geworden. Das bedeutet aber *nicht*,

---

[5] Bekanntlich hat kaum jemand nachdrücklicher als Karl-Otto *Apel* ein Argument dieses Typs gegen Wittgensteins Theorie vorzubringen versucht, wenn er ihm (und Heidegger) vorwarf „geradezu eine Ära der *pragmatischen Inkonsistenz philosophischer Aussagen* herbeigeführt" zu haben (so die zur Zeit der Niederschrift dieser Studie jüngste Wiederholung des Vorwurfs in dem Beitrag *Wittgenstein und Heidegger*. Kritische Wiederholung und Ergänzung eines Vergleichs, in: »Der Löwe spricht ... und wir können ihn nicht verstehen«. Ein Symposion an der Universität Frankfurt anläßlich des hundertsten Geburtstags von Ludwig Wittgenstein, Frankfurt/Main 1991, 60).

daß man auch auf *anderem* – z.B. philosophischem – Gebiete aus der (Selbst-) Widersprüchlichkeit eines Satzes dessen Nutzlosigkeit, Gehaltlosigkeit oder gar Sinnlosigkeit ableiten kann. „Schadet" nämlich der Widerspruch, der sich ergibt, wenn jemand in Form einer assertorischen Formulierung die Möglichkeit einer sprachspielübergreifenden, absoluten Wahrheit bestreitet? Er schadet so wenig wie „der Widerspruch, der entsteht[,] wenn einer sagt: »Ich lüge«". Offenkundig lügt er, wenn er die Wahrheit sagt, und umgekehrt. Er müßte also folgern: „»Ich lüge. – Also lüge ich nicht. – Also lüge ich. – etc.«", und so ist er rasch des manifesten Selbstwiderspruchs zu überführen. Richtig ist deshalb, daß der Satz, auf bestimmtem Gebiet verwendet, „unbrauchbar" ist. Das schließt aber nicht aus, daß er – ebenso wie der philosophische Beispielsatz – auf *anderen* Gebieten eine nützliche Information enthalten kann, z.B. wenn er unter gewissen Umständen darauf hinweist, daß einer Person nicht bedingungslos Glauben zu schenken durchaus ratsam sein mag. Das selbstreferentielle „Schlüsseziehen", durch welches man manchen Sätzen natürlich stets einen Selbstwiderspruch nachweisen *kann*, ist für Wittgenstein deshalb „eine brotlose Kunst", geradezu „ein Sprachspiel, das Ähnlichkeit mit dem Spiel des Daumenfangens hat." (BGM 120) Denn es ist ja nichts weiter als eine schematische und zudem um das legitime Gebiet dieses Paradigmas unbedachte Anwendung eines logischen Schemas *unserer* Sprache, welche das Paradigma selbstverständlich nicht ausweist, sondern nur zeigt, wohin dieses, schema*intern*, gelegentlich führt: nämlich in einigen – manchmal schädlichen, manchmal unschädlichen Fällen – eben zu einem Widerspruch. Die notwendige Geltung auch nur *irgendeines* logischen Paradigmas als eines solchen beweist der Nachweis irgendeines (Selbst-) Widerspruchs natürlich *nicht*.

Sollte es sich allerdings tatsächlich so verhalten, daß »logische Gesetze« nichts anderes sind als lebensformbasierte Satzverbindungsparadigmata, die nicht einmal in *jedem* Falle auf *allen* Gebieten der Sprache angewendet werden müssen, was wird dann aus der der Logik traditionell nachgesagten Ewigkeit und Unveränderlichkeit ihrer Gesetze, die sich doch seit Aristoteles tatsächlich nicht verändert haben? Und wie erklärt sich die Unerbittlichkeit ihrer Geltung, die sogenannte „Härte des logischen Muß" (BGM 84), die einen doch von ›p oder q‹ und ›nicht p‹ auf q zu schließen *zwingt*? Diese scheint kaum durch bloße Konventionen erklärbar zu sein. In einer Randnotiz zu den *Bemerkungen über die Grundlagen der Mathematik* „Sind unsere Schlußgesetze ewig und unveränderlich?" (BGM 96) hat Wittgenstein die erste Frage selbst gestellt, aber an dieser Stelle unbeantwortet gelassen. Vor dem Hintergrund des bislang entwickelten Argumentationsstandes, aber auch im Blick auf seine noch zu betrachtenden Überlegungen über den Status von mathematischen Sätzen darf man annehmen, daß er sie verneinen wollte. Denn auf „die ewige Richtigkeit" eines logischen oder mathematischen Kalküls kommt es nach seiner Ansicht gar nicht an, sondern nur auf „die zeitliche, sozusagen." (BGM 215) Es kommt darauf an, daß wir einen Kalkül im Leben paradigmatisch gebrauchen können, *weil* sich innerhalb einer Zeit(spanne) die *Frage* nach ihrer (zeitlichen oder überzeitlichen) Geltung gar nicht stellt.

Was die zweite Frage nach der unerbittlichen Geltung logischer Gesetze betrifft, so wollte sie Wittgenstein nicht bestreiten. Aber er meinte, daß es zu ihrem Verständnis nicht der Verklärung logischer Sätze zu überzeitlich gültigen, in der Struktur von Rationalität *selbst* beheimateten Bestimmungen bedürfe. Es reiche aus, daß wir solche Sätze *als* zeitlos *behandelten*: als etwas, das jederzeit Maßstab für Messungen, niemals das im Zuge zeitlicher Erfahrungen Bemessene ist. Der Zwang des »logischen Muß« ist so besehen über den *sozialen* Zwang zu einem solchen Gebrauch bestimmter Sätze vermittelt. So kann man auch nach Wittgenstein „sagen, daß die Schlußgesetze uns zwingen; in dem Sinne nämlich, wie andere Gesetze in der menschlichen Gesellschaft. Der Kanzlist, der so schließt," wie wir es üblicherweise tun, „*muß* es so tun; er wäre bestraft worden, wenn er anders schlösse. Wer anders schließt kommt allerdings in Konflikt", freilich nicht mit »ewig« gültigen Bestimmungen, sondern „z.B. mit der Gesellschaft; aber auch mit anderen praktischen Folgen." (BGM 80 f) Die Rede von der Unerbittlichkeit der Logik ist nur eine irreführende metonymische Ausdrucksweise. „Wir reden ... von der »Unerbittlichkeit« der Logik; und denken uns die logischen Gesetze unerbittlich, unerbittlicher noch, als die Naturgesetze." Tatsächlich aber „sind *wir* unerbittlich in der Anwendung dieser Gesetze." (BGM 82) Denn viele, vielleicht die meisten der in unserer Lebensform wichtigen Praktiken wären ohne eine gesellschaftliche Sicherstellung ihrer *allgemeinen* und *übereinstimmenden* Verbindlichkeit, die bereits mit der »Abrichtung« der Kinder in der Erziehung beginnt, schlechthin nicht durchführbar.

Nehmen wir, weil Wittgenstein selbst es tut, ein Beispiel für „die eigentümlich Unerbittlichkeit der Mathematik", die keine andere ist, als diejenige der Logik: etwa unsere Praxis des Zählens. „Denn was wir »zählen« nennen, ist ja ein wichtiger Teil der Tätigkeiten unseres Lebens. … Zählen (und das heißt: *so* zählen", wie *wir* es wirklich tun), „ist eine Technik, die täglich in den mannigfachsten Verrichtungen unseres Lebens verwendet wird." An ihrem Beispiel leuchtet sofort ein, daß Abweichungen von der allgemeinen und intersubjektiv identischen Weise, sie durchzuführen, zu desaströsen Konsequenzen führen würden. Handel, Technik, fast alles, was man an Praxisformen unseres Lebens anführen kann, würde dann unmöglich. „Und darum lernen wir zählen, wie wir es lernen: mit endlosem Üben, mit erbarmungsloser Genauigkeit; darum wird unerbittlich darauf gedrungen, daß wir Alle auf »eins« »zwei«, auf »zwei« »drei« sagen, usf." (BGM 37) Bei unseren basalen (logischen) Satzverbindungsweisen verhält sich dies nicht anders. Die Abweichung von ihnen wird, wenn man auf ihr insistiert, sozial sanktioniert, was – wie man weiß – dazu führen kann, daß man manche Personen für »irrational« oder, in drastischen Fällen der Insistenz, für »unzurechnungsfähig« bzw. »wahnsinnig« erklärt – mit den geläufigen Konsequenzen solcher Attributionen im Gefolge. In der Rede vom »logischen Muß« oder dem »Zwang« einer mathematischen Regel drückt sich, wohlverstanden, also auch nach Wittgenstein »eine Wahrheit« aus. Sie ist nämlich „der Ausdruck einer Einstellung zu" einer „Technik", etwa „des Rechnens, die sich überall in unserm Leben zeigt. Die Emphase des Muß entspricht nur der Unerbittlichkeit dieser Einstellung, sowohl zur Technik des Rechnens, als auch zu unzähligen verwandten Techniken." (BGM 430 / vgl. Z § 299) Wollte man darum fragen: Ist eine Technik wie das exemplarisch angeführte Zählen wirklich „nur ein *Gebrauch*" innerhalb unserer Lebensform? Entspricht ihr „nicht auch eine Wahrheit?", wäre nach Wittgenstein also zu antworten: „Die *Wahrheit* ist, daß das Zählen sich bewährt hat", weil uns die Organsation der Praxis unseres Lebens auf dessen Basis gelingt. Und mit dieser Auffassung will er nun *nicht* die philosophische These verbunden sehen, „»wahr-sein«" *heiße* soviel wie „brauchbar (oder nützlich) sein". Gemeint ist vielmehr, daß man von einer (logischen oder mathematischen) Technik „– ebenso wie von unserer Sprache – nicht sagen kann, sie sei wahr," denn woran sollte sich dies bemessen? „[S]ondern: sie sei brauchbar und, vor allem, *sie werde verwendet.*" (BGM 37 f)

So ist inzwischen vielleicht auch schon implizit deutlich geworden, weshalb logische Sätze nach der Auffassung des späten Wittgenstein *nichts anderes* als grammatische Sätze *sind*, wie er durch die für das Spätwerk typische, weithin synonyme Verwendung der Worte »logisch« und »grammatisch« andeutet. Wir erinnern uns: »Grammatische Sätze« sind (vielfach in die Form von Erfahrungssätzen gekleidete) Regelformulierungen für sprachspielintern übliche Zeichentransformationsschritte, die sich durch einen paradigmatisch-normativen, atemporalen und übersubjektiven Gebrauch auszeichnen.[6] Unter ihnen sind, wie wir nun gesehen haben, »logische Sätze« im engeren, gewissermaßen »traditionellen« Sinn (etwa: »›p oder q‹ und ›nicht p‹ = q«) diejenigen, die nicht bloße Wortverwendungsregelmäßigkeiten, sondern die lebensformintern basalen, *weil* faktisch nicht in Frage gestellten, gleichwohl aber nicht durch Übereinstimmung mit irgendetwas als »wahr« zu erweisenden Satzverbindungsparadigmata artikulieren. Alle »grammatischen Sätze« freilich sind Definitionen, die es nicht mit sachlichen Einsichten, sondern „nur mit Zeichen zu tun" haben. Sie sind „Ersetzungsregel[n]" für „ein Zeichen durch ein anderes", deren „Lebenswichtigkeit" gerade „in ihrer Anwendung liegt" (PG 294), d.h. darin, daß wir unsere Lebenspraxis durch die Techniken der Verwendung *dieser* (und nicht anderer) organisieren.

16.2 Das »tiefe Bedürfnis nach Übereinkunft«: Mathematik als Grammatik

In einer für seinen Denkstil ungewöhnlich thetischen Formulierung schreibt Wittgenstein einmal: „Die Verbindung" zwischen Begriffen oder Sätzen, „die keine kausale, erfahrungsmäßige, sondern eine viel strengere und härtere sein soll, ja so fest, daß das Eine irgendwie schon das Andere *ist*, ist immer eine Verbindung in der Grammatik." (BGM 88) Wenn dies stimmt, liegt es nahe, auch die »harten«, »strengen« Verbindlichkeiten mathematischer Zeichentransformationen als Grammatik zu sehen. Wie man weiß – und wie unsere Darstellung wohl auch schon durchscheinen ließ –, geht Wittgenstein diesen radikalen Schritt tatsächlich. Wir werden nach seiner Ansicht „in der Mathematik" durch die »übersichtlichen Darstellungen« ihrer Beweise „von *grammatischen* Sätzen überzeugt; der Ausdruck, das Ergebnis, dieser Überzeugtheit ist also, daß wir *eine Regel annehmen*." (BGM 162)

[6] Vgl. Kapitel 13.4 dieser Studie.

„Das", betont er jetzt, „ist wahr daran, daß Mathematik Logik ist: sie bewegt sich in den Regeln unserer Sprache. Und das gibt ihr ihre besondere Festigkeit, ihre abgesonderte und unangreifbare Stellung." (BGM 99) Mathematik ist Logik also nicht, weil man, wie der frühe Wittgenstein in Russell-Whiteheadscher Tradition selbst wollte (vgl. Tlp 6.02 ff), mathematische Grundbegriffe wie den Zahlbegriff in irgendeinem Sinne auf logische Transformationen zurückführen könnte. Sie ist es vielmehr deshalb, weil sie ebenso wie die Logik aus grammatischen Sätzen besteht.[7]

Die Vergleichbarkeit von Mathematik und Logik konkretisiert Wittgenstein dabei in der folgenden Hinsicht: Wie die Logik umfaßt die Mathematik ein Bündel von *Techniken* der Zeichentransformation (»mathematische Kalküle« genannt), denen eine bestimmte (nämlich paradigmatisch-normative) Verwendung in den Sprachspielen unserer Lebensform zukommt. Diese Techniken der Zeichentransformation, deren Resultate – sogenannte »mathematische Sätze« wie »12 x 12 = 144« – in ihrer *Bedeutung* ohne Beachtung ihres Gebrauchs in solchen Sprachspielen nach Wittgensteins Meinung unverständlich sind, konstituieren eine Praxis, welche wir »das Rechnen« nennen. Dessen *„Wesen* ... haben wir beim Rechnenlernen kennengelernt" (ÜG § 45) und genauso wie die grundlegenden »logischen« Satzverbindungsformen durch »unerbittliches Üben« von Kindheit an internalisiert. *„So* rechnet man. Und Rechnen ist *dies*. Das, was wir z.B. in der Schule lernen." (ÜG § 47) Wenn für uns die in mathematischen Sätzen ausgedrückten Ergebnisse solcher Rechnungen, anders als beispielsweise Erfahrungssätze, *absolut* feststehen, dann aufgrund einer „Entscheidung zu einem praktischen Zweck" (ÜG § 49), von ihnen um keinen Preis abgehen zu wollen. Ihre „transzendente", d.h. alles, was Zeichen vermögen – wie man glaubt – übersteigende „Sicherheit" empfiehlt Wittgenstein demgegenüber zu »vergessen«, weil sie nach seiner Auffassung mit einem verfehlten „Begriff des Geistes" (als eines Vermögens der Einsicht in »mathematische Wahrheiten«) „zusammenhängt." (ÜG § 47) Daß man, wie man sagt, „nicht darin irren" kann, „daß 12 x 12 = 144 ist", beruht nicht auf »geistigen Einsichten«. Denn „der mathematische Satz wurde durch eine Reihe von Handlungen erhalten, die sich in keiner Weise von Handlungen des übrigen Lebens unterscheiden und die gleichermaßen dem Vergessen,

---

[7] Siehe dazu R. *Bensch, Ludwig Wittgenstein,* 45 f.

Übersehen, der Täuschung ausgesetzt sind"; z.B. dadurch, daß man in einfachen Techniken des Rechnens jeweils zwölf Striche in zwölf Reihen untereinander schreibt und abzählt. Dabei *kann* man sich täuschen, und deshalb ist es nach Wittgensteins Meinung auch Unsinn, sogenannte „*mathematische* Sicherheit der relativen", weil irrtumsanfälligen „Unsicherheit von Erfahrungssätzen entgegen[zu]stellen." (ÜG § 651) Weder mit »geistigen Einsichten« noch mit unfehlbaren Handlungen hat diese Sicherheit etwas zu tun. Wie diejenige logischer Sätze basiert sie vielmehr auf einem bestimmten *Gebrauch* der mathematischen Sätze in Verbindung mit »praktischen Zwecken« des Lebens.

Denn die „Sätze der Mathematik, könnte man sagen, sind Petrefakten" (ÜG § 657) unserer Praxis. Ihnen ist in *unserer* Lebensform „gleichsam offiziell der Stempel der Unbestreitbarkeit aufgedrückt worden." (ÜG § 655) Daran kann man ihren »grammatischen« Charakter erkennen. Man gebraucht sie paradigmatisch-normativ, denn man wird von ihnen selbst dann nicht abgehen, wenn – um im Beispiel zu bleiben – mehrere Abzählungen jener zwölf Reihen mehrfach 146 ergeben, sondern man wird dann für gewöhnlich sagen, in unserem Zählverfahren *müsse* etwas nicht mit rechten Dingen zugehen. Man gebraucht sie atemporal, weil jede Neuberechnung nicht als experimentelle Bewährung ihrer »Wahrheitsähnlichkeit« in der Zeit, sondern ein mathematischer Satz selbst umgekehrt als zeitlich gar nicht tangierter Maßstab aller Empirie *betrachtet* wird. Von dieser »Betrachtungsweise«, die sich im Gebrauch der Sätze in unserem Leben, genauer: in der Art und Weise zeigt, *wie* wir auf ihnen möglicherweise widersprechende Erfahrungstatsachen reagieren, hängt der ihnen zugesprochene »logische Status«, d.h. der ihnen traditionell zugebilligte »Notwendigkeits-« und »Aprioritätscharakter« gegenüber aller Erfahrung ab.[8] Zu diesem Status gehört schließlich auch, daß man sie übersubjektiv gebraucht. Denn zu dem, was wir „Rechnen" nennen, „gehört *wesentlich* dieser Consensus" (BGM 193) aller im Resultat. Wir würden sonst gar nicht *sagen*, jemand habe »eine Rechnung« durchgeführt. Das bedeutet: In unserer Praxis des Operierens mit Zeichen sind mathematische Sätze ebenso wie logische gewissermaßen „*über-*

---

[8] Vgl. dazu R. *Bensch, Ludwig Wittgenstein*, 85, sowie schon Alice *Ambrose, Wittgenstein on some Questions in Foundations of Mathematics*, in: The Journal of Philosophy 52 (1955), inbesondere 200-202.

bestimmt. Überbestimmt dadurch, daß das Resultat der Operation zum Kriterium dafür erklärt wurde, daß diese Operation ausgeführt ist." (BGM 319 / vgl. 324) Nur von dem, der als Ergebnis von 12 x 12 *stets* 144 angibt, sagen wir, er *könne* rechnen, nicht aber von dem, der *einmal* 144, dann 149 und schließlich 146 »herausbringt«. Wir dächten nicht, er »rechne« *wie wir*, freilich mit unterschiedlichem Erfolg. Diegleiche »Überbestimmtheit« zeichnet »logische« Gedankengänge aus. *Daß* jemand aus »›p oder q‹ und ›nicht p‹« nichts anderes als q »erschließt«, ist unser Kriterium dafür, ihm »logisches Denken« zu attestieren – und nicht umgekehrt.

„Aber wie ist das mit dem Consensus" in Logik und Mathematik „– heißt das nicht, daß *ein* Mensch allein nicht rechnen" bzw. »logisch denken« „könnte?" Dies heißt es in gewissem Sinne tatsächlich, denn wie wir im nächsten Kapitel sehen werden, ist es unmöglich, mathematische und logische Zeichenoperationen als eine »private«, singuläre Befolgung von (logischen oder mathematischen) Regeln zu explizieren. Deshalb könnte „*ein* Mensch ... jedenfalls nicht nur *einmal* in seinem Leben rechnen" (BGM 193) oder »logisch denken«. Auf dem gegenwärtig erreichten Argumentationsstand ist Wittgensteins Hinweis auf den Konsensus im Gebrauch logischer und mathematischer Sätze freilich zunächst als eine Beschreibung eines sozialen *Faktums* zu verstehen. Er will gar nicht erklären, „*warum*" es beispielsweise „zwischen Mathematikern" über die Ergebnisse von Rechnungen „nicht zum Streit kommt, sondern nur" darauf aufmerksam machen, „*daß* es nicht zum Streit" (LSPP § 928), wie er nicht ohne Sinn für Humor in den *Philosophischen Untersuchungen* sagt: „z.B. nicht zu Tätlichkeiten" (PU § 240) kommt. Denn dies zeichnet eben unseren Gebrauch mathematischer Sätze aus, so daß man geradezu sagen kann: „Gäbe es unsere mathematische Sicherheit nicht", die in nichts anderem als einem – durchaus antizipierbaren – Konsens aller über das Ergebnis einer mathematischen Operationen besteht, „so würden die Menschen", die unsere Rechentechniken beiläufig, *ohne* bedingungslose Abrichtung auf Konsensus erlernen, „auch nicht die gleiche Technik lernen, die wir erlernen. Sie wäre von der unsern mehr, oder weniger verschieden, und im Grenzfalle bis zur Unkenntlichkeit." (LSPP § 933) Durch etwas anderes als den soeben skizzierten, freilich *für uns* überaus wichtigen Gebrauch – dies ist Wittgensteins provokante Ansicht – sind mathematische Sätze von anderen »Satzarten« wie z.B. als fallibel geltenden Erfahrungssätzen gar nicht unterschieden. Weder beschreiben sie (Fregeianisch gesehen) objektive, praxisunabhängige »Wahrheiten« noch verständigen sie uns (epikuräisch gesehen) über die Struktur der Realität, (Kantisch gesehen) der »reinen Anschauung« oder wessen auch immer. Sie sind definitorische Festsetzungen von *grammatischen* Regeln wichtiger Zeichentransformationen in unseren Sprachspielen, die wir ausführen, wie *wir* sie eben ausführen, und so besehen »prophezeien« sie sowenig wie logische, »ein *jeder* Vernünftige« werde nach Durchführung bestimmter Operationen *notwendig* zu einem bestimmten Ergebnis kommen. Wie aber, „wenn wir sagten, daß mathematische Sätze in *diesem* Sinne Prophezeiungen sind: indem sie vorhersagen, was Glieder einer Gesellschaft, die diese Technik gelernt haben, in Übereinstimmung mit den übrigen Gliedern der Gesellschaft herausbringen werden?" (BGM 193)

Sich mit dieser Auffassung zu befreunden, wird zahlreichen Philosophen und Mathematikern zweifellos noch schwerer fallen als die Akzeptanz der »These« von der »Grammatizität« der Logik. Denn zwei Einwände, die man seit dem erstmaligen Erscheinen der *Bemerkungen über die Grundlagen der Mathematik* bis heute immer wieder in modifizierten Varianten vorgetragen hat, liegen auf der Hand. Den ersten, den wohl insbesondere Mathematiker und Philosophen der Mathematik anführen werden, hat schon A.R. Anderson 1958 in der lakonischen These zusammengefaßt, „that Wittgenstein failed to understand clearly the problems with which workers in the foundations [of mathematics / S.M.] have been concerned."[9] In einem bekannten und bis in diese Tage immer wieder zitierten Aufsatz hat ihn der Mathematiker Paul Bernays ein Jahr später dezidiert ausformuliert. Abgesehen davon, argumentierte er, daß Wittgensteins Überlegungen in vielen Details den behandelten mathematischen Theoremen, beispielsweise der von ihm kritisierten Dedekindschen Schnittheorie, gar nicht gerecht würden, zeichne er im Ganzen ein (inadäquates) Bild, „als ob

---

[9] A.R. *Anderson, Mathematics and the »Language Game«*, in: Review of Metaphysics 11 (1958), 168. Bei der Diskussion dieses Typs von Einwänden sollte man im übrigen bedenken, daß Wittgenstein stets klar war, daß es den „Mathematiker ... bei meinen mathematischen Ausführungen grausen" müsse, „denn seine Schulung hat ihn immer davon abgelenkt, sich Gedanken und Zweifeln, wie ich sie aufrolle hinzugeben." (PG 381 f.) Es geht Wittgenstein gar nicht um eine adäquate Würdigung des *inner*-mathematischen Diskussionsstandes, sondern um eine Klärung des Status der mathematischen »Sprachspiele« innerhalb unserer Lebensform: also nicht um Grundlegung der Mathematik, sondern um Aufdeckung ihrer außermathematischen Grundlagen.

die Mathematik fast nur für die Zwecke der häuslichen Besorgungen diente."[10] Stets nämlich rede er von unserem sozial eingeübten, durch »Überbestimmtheit« ausgezeichneten Gebrauch trivialer arithmetischer und geometrischer Sätze im Alltagsleben. Sofern man jedoch „an die so ungeheuer reichhaltigen aufeinandergetürmten Begriffsbildungen, etwa in der Funktionentheorie," denke, so werde durch seine Auffassung von der sozial basierten Grammatizität mathematischer Sätze „nicht im mindesten erklärt, warum diese begrifflichen Gebäude nicht immerfort einstürzen"[11], wenn sie nicht doch in irgendeinem näher zu explizierenden Sinne auf »mathematischen Tatsachen« basierten. Ebensowenig werde verständlich, inwiefern Mathematik *mehr* als bloßes Rechnen, nämlich ein Studium der objektiven und notwendigen, wie man für gewöhnlich sagt: »wesentlichen« Beziehungen zwischen Figuren oder Zahlen sein kann. Mit der von Wittgenstein propagierten Ansicht, daß mathematische Sätze sozial überbestimmte, definitorische Festlegungen seien, komme man „nicht durch, das heißt, man kann auf solche Weise nicht die Sachverhalte zum Ausdruck bringen, die in den arithmetischen Zahlenbeziehungen vorliegen. Nehmen wir etwa die Assoziativität der Addition. Man kann gewiß die einzelnen Zifferadditionen definitorisch festlegen. Dann bleibt aber die Merkwürdigkeit bestehen, daß eine Addition $3 + (7 + 8)$ dasselbe ergibt wie $(3 + 7) + 8$ und ebenso für beliebige Zahlen anstelle von 3, 7, 8."[12] Insofern die Mathematik solche Gesetzlichkeit zwischen mathematischen Entitäten untersucht, muß man nach Bernays „sagen, daß das Faktum der Mathematik durch Wittgensteins Philosophie gar nicht verständlich wird."[13]

Ein zweiter naheliegender Einwand, der wohl vor allem aus der Perspektive des sogenannten »gesunden Menschenverstandes« vorgetragen werden wird, möchte die Mathematik zwar nicht in einer „objektive[n] Phänomenologie"[14] mathematischer Sachverhalte fundiert sehen. Aber er wird Wittgensteins Deutung mathematischer Sätze auf eine Klärung ihres Realitätsbezug hin befragen. Denn die Mathe-

---

[10] Paul *Bernays, Betrachtungen zu Ludwig Wittgensteins »Bemerkungen über die Grundlagen der Mathematik«*, in: Ratio 1 (1959), 11
[11] P. *Bernays, Betrachtungen*, 17
[12] P. *Bernays, Betrachtungen*, 14
[13] P. *Bernays, Betrachtungen*, 17
[14] P. *Bernays, Betrachtungen*, 17

matik, möchte man geltend machen, bezieht sich doch »irgendwie« auf die Realität. Wir können einen Dampfkessel berechnen; wir bauen ihn; und der Kessel hält (wenigstens in vielen Fällen). Unter dem Einfluß mathematik-philosophischer Einwände wie demjenigen von Bernays und vor allem unter dem Eindruck von zahllosen Beispielen für die eigentümliche, erfahrungsbewährte »Realitätsadäquatheit« der Mathematik hat das philosophische Nachdenken über sie seit je mehr oder minder ausgeprägte »phytagoräische« Züge gezeigt; und zwar von der Antike bis Frege. Erweisen nämlich nicht beide Einwände, daß mathematische Sätze mehr sein *müssen* als bloß grammatische Regeln, die ja immer auch anders sein könnten? Diese Frage bejahend folgert man dann rasch, die „Mathematik" *müsse* uns – einerseits um ein geschlossenes Gebäude apriorischer Einsichten darstellen, andererseits „um praktisch" sein zu *können* – „Tatsachen" irgendwelcher Art, nicht bloß Konventionen „lehren". Sie *müsse* in ihren Rechnungen oder Beweisen, gleichsam wie ein „Experiment" in einem »idealen«, ätherischen Gegenstandsbereich, eine besondere Art von Fakten „zu Tage bringen." (BGM 381) Gleichgültig darum, ob man die Mathematik nun die innere Form der Natur, die in »reiner Anschauung« gegebene Form aller raum-zeitlichen Erfahrung oder auch ein »ideales Reich« objektiver (mathematischer) Entitäten behandeln sah, stets sollten ihre »Wahrheiten« aus Gründen der Rechtfertigung ihres Wirklichkeitsbezuges in einer wie auch immer gefaßten »Realität« (des Geistes, der menschlichen Rezeptivität, der Natur) verankert sein. Im Unterschied zu dieser langen Tradition will Wittgensteins Philosophie der Mathematik jedoch die »These« verteidigen: „Wenn auch der bewiesene mathematische Satz auf eine Realität außerhalb seiner selbst zu deuten scheint, so ist er doch nur der Ausdruck der Anerkennung eines neuen Maßes (der Realität)." (BGM 162 f.)

Den mathematischen Satz, z.B. »12 x 12 = 144«, *als bewiesen* zu behaupten, *ist* in Wittgensteinscher Perspektive der Ausdruck seiner Anerkennung als Maß der Realität. Eine »allgemeine« Tatsache der Realität, etwa diejenige, daß – wie man annehmen könnte – jede mögliche Zusammenstellung von zwölf Mal zwölf Gegenständen nach Abzählung die Anzahl 144 ergeben müsse, deckt er schon deshalb nicht auf, *weil* wir uns nach Abzählungen mit einem anderen Resultat auf die Regel »12 x 12 = 144« berufen und eher das Zählverfahren als die Regel in Zweifel ziehen werden. Der bewiesene mathematische Satz (und zwar ein *jeder*, nicht nur das hier verwendete triviale Rechenbeispiel) gibt so besehen normativ vor, was wir als »Tatsache« zu akzeptieren bereit sein werden. Wir fassen die, wenn man sich so ausdrücken darf, »Tatsächlichkeit« der Realität nach seinen Maßgaben auf, und es ist klar, daß dies auch unter Zugrundelegung ganz anderer mathematischer Kalküle als denen geschehen könnte, in welchen »2 + 2 = 4« oder »12 x 12 = 144« ist. Der Eindruck, daß »der mathematische Satz auf eine Realität außerhalb seiner zu deuten scheint«, resultiert deshalb einfach nur daraus, daß uns auf der Basis unserer wirklich verwendeten Kalküle *als normativen Darstellungsformen* häufig eine recht »elegante« Darstellung der gesetzlichen Verhältnisse der Realität in den sogenannten »exakten Naturwissenschaften« (bzw. die Handhabung der Realität in technischen Anwendungen jener Kalküle) gelingt: Auf der Basis unserer Kalküle berechnete Dampfkessel explodieren erfahrungsgemäß, vielleicht sollte man sagen: glücklicherweise, seltener als anders oder gar unberechnete. Daß ähnliche, ja eventuell gar bessere Resultate nicht auch auf der Basis anders organisierter Kalküle zu erzielen seien, beweist dies selbstverständlich nicht.

Dieser entschiedenen Deutung mathematischer Kalküle als normativ-konsensueller Darstellungsformen (der Realität) und mathematischer Sätze als »überbestimmter« Regeln ihrer intern gerechtfertigten Schritte kann man nun *nicht* wieder entgegenhalten, es sei aber doch offenbar eine signifikante *Eigenschaft* der realen Tatsachen, durch unsere mathematischen Kalküle in ihren Gesetzmäßigkeiten naturwissenschaftlich darstell*bar* oder technisch berechen*bar* zu sein. Man sagt dann vielleicht wie Wittgensteins fiktiver Gesprächspartner an einer Stelle der *Bemerkungen über die Grundlagen der Mathematik*: „»Es ist interessant zu wissen wieviele Schwingungen dieser Ton hat«" und denkt, man nehme ein Interesse an einer wesentlichen Eigenschaft der Fakten. „Aber die Arithmetik", hält Wittgenstein diesem Gesprächspartner entgegen, „hat dich diese Frage erst gelehrt. Sie hat dich gelehrt, die Art von Tatsachen zu sehen." Statt „uns »Tatsachen zu lehren«", schafft sie „die Formen dessen ..., was wir Tatsachen nennen" (BGM 381 / vgl. 383). Das heißt, sie *bestimmt* allererst „den *Charakter* dessen", was man als „»Tatsache«" auffaßt. Zumal in einem technisch-naturwissenschaftlich geprägten Zeitalter wie dem unsrigen *gilt* als »Tatsache«, was man messen und berechnen kann, und was sich dem Zugriff dieses Stils der Betrachtung entzieht, *soll* nicht als »hartes Faktum« durchgehen. Deshalb ist es eine Verwirrung der zwischen Mathematik und Realität herrschenden Verhältnisse, wenn man aus der Berechenbarkeit der Tatsachen schließt, die Zeichentransformationen der Mathematik *müßten* in irgendeinem prominenten, nicht bloß konventionellen Verhältnis zu ihnen stehen.

Sowenig wie auf Tatsachen der Realität nun beziehen sich mathematische Sätze nach Wittgenstein auf eigentümliche »mathematische Tatsachen«. Solche »Tatsachen«, stellt man sich vor, machen sich dadurch geltend, *daß* man in mathematischen Zeichentransformationen eben nicht beliebige, sondern nur bestimmte, *im Wesen* eines arithmetischen Kalküls oder einer geometrischen Figur gelegene Transformationen vornehmen kann. Im Grundzug trat Wittgenstein dieser Auffassung bereits in den Gesprächen mit Friedrich Waismann entgegen, als er sagte: „Was wir in den Büchern der Mathematik finden, ist nicht die *Beschreibung von etwas*, sondern die Sache selbst. Wir *machen* die Mathematik. So wie man sagt: »Geschichte schreiben« und »Geschichte machen«, so kann man in gewissem Sinn nur Mathematik machen." (WWK 34 / vgl. PB § 157) Weshalb dies in Wittgensteinscher Perspektive so ist, kann man sich klarmachen, wenn man sich vor Augen führt, was eigentlich in sogenannten mathematischen »Beweisen« geschieht. Wie wir im vorigen Kapitel sahen, sind mathematische Beweise nach Wittgensteins Verständnis »übersichtliche Darstellungen« bestimmter Beziehungen in einem zweifelsfrei zu erfassenden Überblick. Dabei wollte er betonen, „daß, wo Übersehbarkeit nicht vorhanden ist, wo also für einen Zweifel Platz ist, ob" – wie in der Darstellung von »21 > 20« durch das Bild

/////////////////////   ////////////////////

– „wirklich das Resultat dieser Substitution vorliegt, der *Beweis* zerstört ist. Und nicht in einer dummen und unwichtigen Weise, die mit dem *Wesen* des Beweises nichts zu tun hat." (BGM 174) Denn „»Der Beweis muß übersehbar sein« – heißt: wir müssen bereit sein, ihn als Richtschnur unseres Urteilens zu gebrauchen". Oder anders ausgedrückt: Wir müssen ihn als Paradigma eines musteranalogen Vorgehens in *allen* ähnlichen Fällen nehmen können, *weil* wir dessen Rechtmäßigkeit an ihm ersehen. „Den Beweis macht man ein für alle Mal." Und deshalb muß er „natürlich vorbildlich sein." (BGM 159)

Was aber zeigt ein solcher Beweis? Entdeckt er etwas, was man mit Wittgenstein eine objektive »mathematische Tatsache« nennen könnte? Nehmen wir zur Klärung dieser Fragen zwei Beispiele aus

Wittgensteins Cambridger Vorlesungen des Ostertrimesters 1935. Die Figur

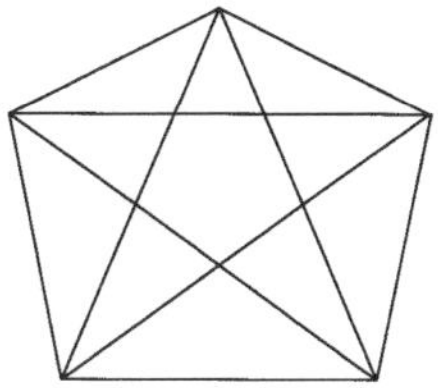

kann man beispielsweise als einen *„demonstrative[n] Beweis* in bezug auf *das Pentagramm"* betrachten; etwa, „daß es fünf äußere Eckpunkte hat" (V I, 372). Ebenso könnte man sagen, aus dem Bild

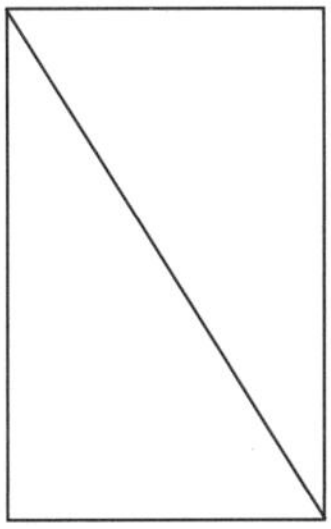

gehe „hervor, daß sich ein Rechteck in zwei rechtwinklige Dreiecke teilen läßt (bzw. daß zwei rechtwinklige Dreiecke zusammen ein Rechteck ergeben)." (V I, 373) Da man dies sieht, glaubt man „womöglich, unsere Aussage, daß die Anzahl der Eckpunkte fünf beträgt," oder diejenige über das Rechteck „beruhe in keiner Hinsicht auf Übereinkunft, vielmehr sei damit etwas über das *Wesen"* (V I, 372) von Pentagrammen oder Rechtecken im allgemeinen gesagt. Es werde uns *als* eine »mathematische Tatsache« vor Augen gestellt. Dies ist aber gerade der „Trugschluß" (V I, 373), die „Vorstellung", mit der Wittgenstein „aufräumen" (V I, 378) will. Man sieht ja bestenfalls einen *Aspekt* des *jeweils* betrachteten (individuellen) Bildes, also *keine* allgemeine (Wesens-) Tatsache. Eine „Demonstration" eines allgemeinen mathematischen Satzes wie »Jedes Rechteck ist in zwei rechtwinklige Dreiecke teilbar« ist das angeführte Bild deshalb nur „für den, der sie als Demonstration *anerkennt"* (BGM 60 / Herv. S.M.) und nicht, wie *prinzipiell* möglich, darauf beharrt, daß das jeweilige (Beweis-) Bild nur eine individuelle, kontingente Eigenschaft *dieser* Gestalt erkennen lasse. Nicht also lassen wir uns ein allgemeines Wesen zeigen, sondern treffen umgekehrt *durch* die Anerkennung der jeweiligen Demonstration eine Übereinkunft in Hinsicht auf den Begriff des »Rechtecks«. Wir *„einigen"* (BGM 62) uns in ihr mit jemandem darüber, was wir, orientiert an dem individuell gezeigten Aspekt, von nun an unerbittlich und übereinstimmend *als* das Wesen des Rechtecks betrachten wollen.[15] „Wir nehmen" dann „die Konstruierbarkeit (Beweisbarkeit) dieses Symbols (nämlich des mathematischen Satzes) zum Zeichen dafür, daß wir Symbole so und so transformieren sollen." (BGM 163)

Man hat gegen diese Auffassung kritisch eingewandt, „Wittgensteins bedeutsamer Hinweis, daß die mathematischen Aussagen sich wesentlich auf anschauliche und zwar einprägsame Vorgänge beziehen"[16], könne nicht verständlich machen, *„warum* ein mathematischer Satz uns einleuchtet und *warum* ein Beweis uns zwingt, eine Behauptung als notwendig gültig anzunehmen."[17] Denn dessen „Überschaubarkeit" sei „eine *notwendige*", aber offenkundig *„keineswegs hinreichende* Bedingung dafür, daß ein Bild, ein Vorgang, eine Handlung zum Beweis wird." Nicht alle überschaubaren Demonstrationen – dies ist ein Faktum – nehmen wir ja *als* Paradigmata künftigen Vorgehens, *als* in der »Natur der Sache« gelegene »Wesenseinsichten« an. Es bleibe also „die wichtige Frage unbeantwortet, warum ein Beweis überzeugt und wie das Zwanghafte eines Beweises zustande kommt"[18], welches wir ihm zweifellos zusprechen, wenn wir sagen, der Beweis »nötige« uns zum Vollzug bestimmter Schritte. Tatsächlich läßt Wittgenstein diese Frage ungeklärt. Freilich war er wohl nicht nur der Meinung, daß „es ... nicht Aufgabe der Philosophie"[19] sei, hier für Erklärungen aufzukommen; vielmehr sah er, daß es in dieser Frage gar keine Begründungen irgendwelcher Art geben *kann*. *„Warum"* wir das in einer Darstellung Gezeigte *als* Beweis und in diesem Sinne als »wesentlich« auffassen, „hat seine Gründe" natürlich „außerhalb des Bewei-

---

[15] Vgl. dazu auch die Darstellung von Wittgensteins spätem Mathematikbegriff bei Kurt *Wuchterl, Struktur und Sprachspiel bei Wittgenstein,* besonders das Kapitel *Eidos-Entfaltung und mathematischer Beweis* (171-174), welches zu vergleichbaren Interpretationen kommt.

[16] R. *Bensch, Ludwig Wittgenstein,* 94

[17] R. *Bensch, Ludwig Wittgenstein,* 95 / Herv. S.M.

[18] R. *Bensch, Ludwig Wittgenstein,* 93 f.

[19] R. *Bensch, Ludwig Wittgenstein,* 95

ses.“ (BGM 172) Dessen Zeichengestalt mag zwar insofern zu einem bestimmten Vorgehen »zwingen«, als man sich auf deren Mustergültigkeit beruft, wenn es Zeichentransformationsschritte zu rechtfertigen gilt. Sie »zwingt« aber nicht, ihre Mustergültigkeit *als solche* zu sehen. *Wenn* man einen Beweis anerkennt, ringt man sich darum nicht „zu einer Erkenntnis“, sondern gewissermaßen „zu einer *Entscheidung*“ durch: einer Entscheidung, die selbstverständlich nicht beliebig ist, sondern sich „in ein System von“ bereits getroffenen „Entscheidungen“ (BGM 163) – d.h.: in *unsere* Mathematik – einfügt, innerhalb dessen sie plausibel erscheinen muß. Gleichwohl bleibt jede Anerkennungsentscheidung im letzten unbegründet. Denn als „letztes Argument, gegen Einen“, der die Mustergültigkeit einer Demonstration *partout* nicht anerkennen wollte, könnte man doch „nur noch sagen: »Ja siehst du denn nicht ...!« – und das ist doch kein *Argument*.“ (BGM 50[20]) Gewiß: im Normalfall werden wir uns in unserer Lebensform von der Mustergültigkeit mathematischer Beweise überzeugt zeigen; oder illusionsloser betrachtet: Wir werden im Rahmen unserer (schulischen) Erziehung *alle* dazu *abgerichtet*, uns überzeugt zu geben. Die „Approbation allein“, die jemand einer Zeichengestalt im Zuge der Anerkennung *als* Beweis erteilt, führt ja noch nicht zu unserer Praxis der Mathematik, „sondern die Übereinstimmung der Approbation.“ (BGM 365) Zu ihr werden wir »unerbittlich erzogen, indem wir lernen, einen „Beweis [zu] *durchlaufe[n]* und dann sein Ergebnis an[zu]nehme[n].“ Aber das heißt auch hier wieder: „so *machen* wir es eben. Das ist so bei uns Brauch, oder eine Tatsache unserer Naturgeschichte.“ (BGM 61) Irgendeine im »Wesen« des Denkens, der »mathematischen Gegenstände« etc. liegende Nötigung waltet hier nicht. Denn wer eine Demonstration wie die angeführte von der Teilbarkeit des Rechtecks „*nicht* anerkennt, wer ihr nicht als Demonstration folgt, der trennt sich von uns, noch ehe es zur Sprache kommt.“ (BGM 60) Er *hat* unseren Begriff vom »Rechteck« nicht und weiter nichts – auch wenn dies *für ihn* mit unliebsamen sozialen Konsequenzen verbunden sein mag.

„Der Beweis“, welcher uns bestimmte Aspekte *übersichtlich* vor Augen führt und den wir akzeptieren bzw. wenigstens zu akzeptieren erlernten, gibt also – dies ist der bereits mehrfach berührte Punkt, auf den Wittgenstein in all seinen Überlegungen zum Status der Mathe-

[20] Die Punkte im Zitat stammen von Wittgenstein.

matik immer wieder hinauswill – nicht Einblick in das Wesen einer mathematische Entität, sondern „schafft einen neuen Begriff – indem er ein neues Zeichen schafft oder ist." (BGM 173) Er ist „gleichsam ein Bekenntnis zu einer bestimmten Zeichenverwendung" (BGM 172). Darum ist es so irreführend zu behaupten, daß in ihm eine in einem arithmetischen Kalkül oder einer geometrischen Figur *intern angelegte* (wieder möchte man sagen: *wesentliche*) Möglichkeit der Zeichentransformation »entdeckt« oder »entfaltet« werde. „Der Beweis *erforscht* nicht" deren „Wesen". (BGM 50) Vielmehr wird das, was „der mathematische Beweis zeigt, ... als interne Relation hingestellt" (BGM 363). »Intern angelegt« ist in Kalkülen und Figuren ja alles und nichts. Wollte man z.B. die linksstehende, willkürlich entworfene Figur ein »offenes Phantaeder« und die rechtsstehende ein »geschlossenes Phantaeder« nennen,

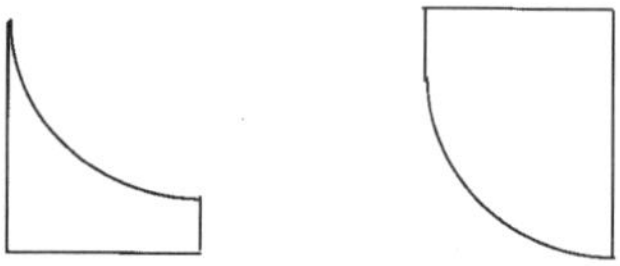

könnte man natürlich auch sagen, die nachstehende Figur

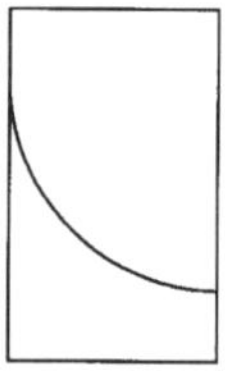

»erforsche« und »beweise«, daß ein Rechteck *wesentlich* aus einem offenen und einem geschlossenen Phantaeder bestehe.[21] Sie demonstriert *dies* ja ebenfalls *augenfällig;* und wohlgemerkt nicht schlechter als die vorstehenden vertrauteren Darstellungen. Aber dieser Aspekt ist für uns nicht »wesentlich«. Wir lernen nicht, sein Vorbild in immer neuen Anwendungen zu reproduzieren. Und so fließt er auch nicht als »Wesensmerkmal« in unseren Begriff vom Rechteck ein.

---

[21] Für ein analoges Beispiel bei Wittgenstein vgl. BGM 63.

„Daß etwas so angesehen werden kann," wie es der Beweis aufzeigen möchte, „sieht man" überdies „erst, wenn es so angesehen ist. Daß ein Aspekt möglich ist, sieht man erst, wenn er da ist." (PG 444) Und – wie Wittgenstein bereits in den Gesprächen mit Friedrich Waismann und den Schriften der frühen dreißiger Jahre, die auch in diesem Punkte die »Keimzellen« seiner späteren Gedanken enthalten, deutlich machte – *daß* man einen solchen Aspekt sieht, also beispielsweise ein neues System arithmetischer Zeichentransformationen oder geometrischer Konstruktionen, „ist gewissermaßen ein Glücksfall" (WWK 148 / vgl. PB 281). Der in seinem Fache kreative Mathematiker ist in dieser Hinsicht deshalb „ein Erfinder, kein Entdecker." (BGM 99 / vgl. 111) Man könnte sagen, er „erzeugt *Wesen*" (BGM 50), indem er einen neuen Aspekt gewahrt und ihn durch die »übersichtlichen Darstellungen« seiner Beweise als paradigmatisch darzulegen sucht. Ebenso könnte man „sagen: der Mathematiker erfindet immer neue Darstellungsformen. Die einen, angeregt durch praktische Bedürfnisse", wenn es darum geht, die Natur in den sogenannten »exakten Wissenschaften« als gesetzmäßig darzustellen, „andere aus ästhetischen Bedürfnissen, – und noch mancherlei anderen." (BGM 99)

Aufgrund dieses Ursprungs aus paradigmeninventorischer Kreativität ist die Mathematik nach Wittgensteins Auffassung nicht nur keiner „Grundlegung" fähig, die sie auf irgendetwas zurückführte, sondern ihrer auch gar nicht bedürftig, solange man ihre Paradigmata in intersubjektiv identischer Weise *anwenden*, d.h. mit ihnen beispielsweise rechnen kann. „Sie braucht sie ... ebenso wenig, wie die Sätze, die von physikalischen Gegenständen – oder die, welche von Sinneseindrücken handeln, eine *Analyse*" benötigen, welche, wie der *Tractatus* noch wollte, hinter den normalsprachengrammatischen »Verkleidungen« unserer Satzformen deren Wirklichkeitsbezug freilegte. „Wohl aber bedürfen die mathematischen, sowie jene andern Sätze, eine Klarlegung ihrer Grammatik." (BGM 378)

Denn auch mathematische Sätze und Kalküle sind keineswegs gegen die Betrachtung in einer metaphysischen Perspektive gefeit. Im Gegenteil; auch hier gerät man vielfach in eingespurte metaphysische Gedankenbewegungen hinein. So meint man, um ein Wittgensteinsches Beispiel anzuführen, im Blick auf sogenannte unendliche Mengen oder unendliche Größen, wie sie etwa im Begriff aller »irrationalen Zahlen« oder im Begriff von π gedacht werden, nur allzu leicht, zwar könne unser endliches Denken das mit diesen Begriffen gedachte »Unendliche« nicht fassen, aber weil es dies doch »irgendwie« *geben* müsse (im Unterschied zur Menge der »natürlichen Zahlen« z.B.), könne man sagen: „Gott kenne *alle* irrationalen Zahlen". Oder man nimmt an: „Der allwissende Gott weiß", ob die Menschen bei der Berechnung von π „bis zur Zeit des Weltuntergangs zu einer Figur »777« gekommen sein werden." (BGM 408) Wir *können* dies (leider) nicht wissen, weil wir über einen »unendlichen Verstand« nicht verfügen. Wenn man so denkt und das menschliche Denken *dadurch* an einer – wenigstens grenzbegrifflich als möglich imaginierten – Perspektive sub specie aeternitatis bemißt, bemerkt man freilich nicht, daß „das »Endliche«, was das Unendliche nicht soll denken können, nicht »der Mensch«, oder »unser Verstand«" in seiner bedauernswerten Defizienz ist, „sondern der Kalkül", in dem es z.B. eine vollständige Aufzählung aller irrationalen Zahlen eben nicht gibt. Eine die Grammatik des mathematischen Unendlichkeitsbegriffs klarlegende „übersichtliche, vergleichende Darstellung aller Anwendungen, Illustrationen, Auffassungen, des Kalküls", gewissermaßen „eine vollkommene Übersicht über alles, was" hier „Unklarkeit schaffen kann", würde – wie Wittgenstein hoffte – dies vor Augen führen. Wir hätten dann nicht mehr die Neigung, unser „Unverständnis" jener »Unendlichkeit«, die tatsächlich gar nicht auf menschliche Einsicht übersteigende Übergröße, sondern auf unbegrenzte Erzeugbarkeit neuer Zeichen bestimmten Typs in diesen Kalkülen zurückgeht, „in die Idee eines" absoluten, omniscienten „Mediums" hineinzuproijzieren, „in dem das Erstaunlichste möglich ist" (Z § 273): die »unendliche« Möglichkeit der Erzeugung von mathematischen Zeichen (irrationalen Zahlen oder Dezimalstellen von π) »auf einen Schlag« zu übersehen. Die Perspektive sub specie hominis auf das wirkliche Funktionieren sowie den Gebrauch des Kalküls im Leben wäre uns dann völlig genug.

Freilich: Auch im Blick auf seine Grundgedanken über den Status von Logik und Mathematik war Wittgenstein klar, daß man ihnen mit Skepsis gegenüberstehen würde. Sollte es sich bei mathematischen und logischen Sätzen wirklich nur um grammatische Regeln, letzten Endes um Konventionen unserer Sprachspiele, nicht aber um wesentliche Einsichten handeln? Tatsächlich behauptet Wittgenstein „doch: Wer über das *Wesen* spricht –, konstatiert bloß eine Übereinkunft. Und da möchte man doch entgegnen: es gibt nicht Verschiedeneres, als ein Satz über die Tiefe des Wesens und einer – über eine bloße Übereinkunft. Wie aber," hielt er entgegen, „wenn ich antworte: der

Tiefe des Wesens entspricht das *tiefe* Bedürfnis nach der Übereinkunft." (BGM 65) Wir *erzeugen* »Wesen«, weil wir einer uns der Rechtmäßigkeit unserer Konventionen *versichernden* Übereinkunft bedürfen, an die sich alle – als an »das Wesen der Sache« – halten.

Hinsichtlich des »Wesens« des »Satzes« oder der »Sprache« mag man dies zugestehen. Hinsichtlich der sogenannten »Grundlagen« von Mathematik und Logik wird man in dieser Ansicht jedoch wohl nichts weiter als einen – von Autoren wie Frege und Husserl – längst kritisierten, wie man geltend machen möchte: unhaltbaren »Anthropologismus« sehen.[22] Denn Wittgenstein hält es ja, was vielen als ein philosophisches Skandalon erscheinen mag, beispielsweise keineswegs für ausgeschlossen, daß Anthropologen späterer Zeiten *unsere* scheinbar universale Mathematik und Logik nicht „so ansehen werden, wie wir das Zählen der Wilden, deren Zahlen nur bis fünf reichen" (BGM 215), d.h. als einen ziemlich seltsamen, anthropologisch aber als Faktum zu konstatierenden Brauch. Und so fragte er sich selbst, ob die für »ewig« und »unveränderlich« geltenden „Sätze der Mathematik" und der Logik nach seiner Darstellung nicht vollends zu „anthropologische[n] Sätze[n]" depotenziert würden, „die sagen, wie wir Menschen schließen und kalkulieren" (BGM 192), und *mehr nicht*. Hätten logische und mathematische Sätze wirklich den beschriebenen Status, möchte man sofort einwenden, es ließe sich ihre *normative* Geltung schlechthin nicht verständlich machen. Gegenüber diesem naheliegenden Einwand weist Wittgenstein darauf hin, daß dort, wo ein bestimmter Gebrauch von logischen oder mathematischen Sätzen in Geltung ist, die jeweils mit ihnen gespielten Sprachspiele ja tatsächlich nicht als anthropologische Sätze, sondern eben *als* Normen *behandelt* werden. Wäre nämlich, um das von Wittgenstein Gemeinte anhand einer Analogie deutlich zu machen, nicht auch „ein Gesetzbuch" ebenso gut wie ein Werk der Logik oder Mathematik als „ein Werk über Anthropologie" zu betrachten, „das uns sagt, wie die Leute dieses Volkes einen Dieb etc. behandeln?" Obgleich man die Zeit- und Lebensformgebundenheit der in ihm enthaltenen Rechtsgesetze eher zugestünde als die sogenannter mathematischer oder logischer »Gesetze«, würde man dies wohl auch in diesem Falle nicht tun. Man sagte nicht: „»Der Richter schlägt in einem Buch über Anthropologie nach und verur-

[22] Vgl. in diesem Sinne S. *Thiele, Die Verwicklungen im Denken Wittgensteins*, Kap. 7, 250 ff.

teilt hierauf den Dieb zu einer Gefängnisstrafe«". Denn „der Richter", der in *seiner* Zeit und *seiner* Lebensform so »unerbittlich« urteilt wie wir, wenn wir »logisch« und »mathematisch denken«, „GEBRAUCHT das Gesetzbuch nicht als Handbuch der Anthropologie." (BGM 192) Er will nicht, obwohl er dies in seinem Gesetzbuch könnte, nachsehen, *wie* Menschen zu *ihrer* Zeit und in *ihrer* Gesellschaft urteilen, sondern urteilen. Und auf mehr kommt es, nach menschlichem Maß betrachtet, ja auch in unserer Logik und Mathematik nicht an.

17. Was heißt »einer Regel folgen«?

17.1 Das Argument vom Regelanwendungsregelregreß

Im Zuge der Rekonstruktion von Wittgensteins späten Gedanken über Logik und Mathematik haben wir einen Aspekt bewußt ausgeklammert, den man zweifellos bereits vermißt haben wird: das Problem des Regel-Folgens. Ist nicht, mag man sich gefragt haben, die »Überbestimmtheit« mathematischer und logischer Sätze weit entfernt davon, ein soziales Phänomen des Zeichengebrauchs zu sein? Erklärt sie sich nicht vielmehr daraus, daß in Mathematik und Logik strenge Verwendungsregeln für die jeweiligen Zeichentransformationen gelten? Durch solche Regeln – und nicht durch Praxiskonventionen –, so scheint es, sind die möglichen Übergänge in Zeichentransformationen »immer schon« in eindeutiger Weise bestimmt. Tatsächlich verdient diese naheliegende Rückfrage eine eingehende Antwort. Wenn man sie stellt, verleiht man ungefähr der folgenden, wohl bereits vorphilosophischen »Intuition« Ausdruck: Wenn wir mathematische Kalküle berechnen, *wenden* wir Regeln *an*, die uns als solche keine Freiheit zu beliebig vollziehbaren Schritten lassen. Durch eine Regel wie »n + 1« (in Prosa ausgedrückt: »Addiere plus 1«) ist gewissermaßen schon festgelegt, daß auf »8« »9«, auf »102« »103« und auf »1000« »1001« folgen *muß*. Wir haben hier nicht nur keine Freiheit, vielmehr sind die Übergangsschritte eigentlich »immer schon« gemacht, unabhängig davon, ob man selbst oder irgendein anderer, wenn er nur die Regel *versteht*, sie wirklich vollzieht oder nicht.

Wenn man so denkt, interpretiert man, wie Wittgenstein bemerkte, Regelbefolgungen nach dem Bilde einer »Maschine«, und dieses Bild ist ja auch nicht völlig unmotiviert, da wir tatsächlich mit Hilfe von Maschinen rechnen können. Genauer: Man betrachtet den „Bau" einer „Maschine ... als Symbol für ihre Wirkungsweise" und deutet dann das Verhältnis einer Regel zu ihren Anwendungen bzw. Befolgungen im Lichte der Logik dieses Bildes. Ebenso, wie eine Maschine durch ihren Bau ihre *wirklichen* Wirkungsweisen oder Bewegungen ihrer *Möglichkeit* nach scheinbar schon »in sich« hat, denkt man dann, sind auch in einer Regel die Fälle ihrer korrekten Befolgung „– in einem mysteriösen Sinne – bereits *gegenwärtig*" (BGM 84 f / vgl. PU

§ 193). Ähnlich stellt man sich das Sprachverstehen vor, wenn man, wie man manchmal sagt, die »Bedeutung«, also „die ganze Verwendung des Wortes mit einem Schlag" erfasse. Man scheint dabei *die Regel* seiner Verwendung zu erfassen, weshalb es naheliegt „zu denken, daß die künftige Entwicklung" dieser Regel, gleichsam die Gesamtheit aller potentiellen Anwendungsfälle, „auf irgendeine Weise schon im Akt des Erfassens gegenwärtig sein muß und doch nicht gegenwärtig ist" (PU § 197) – gerade so, wie in einer Maschine alle möglichen Bewegungs- und Wirkungsweisen potentiell bereits verwirklicht zu sein scheinen.

Man kann hier offenlassen, ob das beschriebene Bild allein nur die Art und Weise trifft, auf welche einer Maschine ihre Wirkungen vorherbestimmt sind; und wie es scheint, war Wittgenstein nicht dieser Ansicht. Wichtiger ist in unserem Kontext, daß es hinsichtlich dessen, was man sowohl in der Mathematik als auch in der natürlichen Sprache begründet »die Anwendung« oder »Befolgung einer Regel« nennen kann, in suggestiver Weise in die Irre führt. Angesichts unserer Kompetenz zur Beherrschung einer natürlichen Sprache zumal ist nicht einmal unumstritten (dies beweist ein Seitenblick auf die Diskussionen der Linguisten), was man bei der theoretischen Beschreibung solcher Kompetenz als »die Regel, nach der jemand vorgeht« bezeichnen soll: „Die Hypothese, die seinen Gebrauch der Worte, den wir beobachten, zufriedenstellend beschreibt; oder die Regel, die er beim Gebrauch der Zeichen nachschlägt; oder, die er uns zur Antwort gibt, wenn wir ihn nach seiner Regel fragen?" Und was ist, „wenn die Beobachtung" sprachlicher Äußerungen gar „keine Regel klar erkennen läßt, und die Frage keine zu Tage fördert?" (PU § 82) Auch dies ist in manchen Fällen der Verwendung einer natürlichen Sprache denkbar, und so weiß man letzten Endes nicht präzise, *was* hier eigentlich eine – maschinen-metaphorisch betrachtet – gleichsam „überstarre Verbindung" (PU § 197) zu allen möglichen Anwendungsfällen schlagen soll. In der Mathematik ist zumindest *dies* ein wenig eindeutiger. Hier wird man sich auf diejenigen Sätze – wie beispielsweise das Kommutativgesetz »x + y = y + x« – berufen können, die Mathematiker in ihren (Lehr-) Büchern als mustergültig beweisen. Aber auch die Klarheit darüber, was auf verschiedenen Gebieten überhaupt »eine Regel« ist, macht die vorphilosophische, von der Maschinenanalogie suggerierte »Intuition« von der regelimmanent-eindeutigen Vorherbestimmtheit aller Regelanwendungen, sei es in der Sprache, sei es in der Mathematik, näher besehen nicht überzeugender. Dies läßt sich durch zwei Gedankengänge verdeutlichen, die Wittgenstein immer wieder vorgetragen hat und die man das Argument vom *Regelanwendungsregelregreß* sowie vom *Regelparadox* bezeichnen kann. Beide Argumente hängen natürlich systematisch zusammen.

Das erstgenannte der beiden Argumente hat zwei Dimensionen und wurde in Umrissen bereits in den Gesprächen mit Waismann ausgearbeitet. Man kann es exemplarisch anhand der folgenden beiden Zahlenreihen entwickeln, die durch Anwendung der sie generierenden Regel fortgeführt werden sollen:

1	2	3	4	5 ...
1	4	9	16	25 ...

Die in ihnen herrschende Regel des Quadrierens »sieht« man wohl sofort; man könnte „sie z.B. so ausdrücken ...:

$$\begin{matrix} x \\ x^2 \end{matrix} \quad \text{oder so:} \quad \begin{matrix} (\ ) \\ (\ )^2 \end{matrix}$$" (WWK 153)

Inwiefern kann man nun hier sagen, durch diese Regel sei »immer schon« festgelegt, daß auf die Zahl »36« in der oberen Reihe »1296« in der unteren folgen *müsse*, und zwar so »starr«, daß mit dem Verständnis des Regelausdrucks das Resultat für jede natürliche Zahl in der oberen Reihe gewissermaßen schon gegeben sei? Inwiefern *zwingt*, wie man meint, die Regel dazu, das angeführte Resultat zu nennen? Der angegebene Regel*ausdruck* – und anders als in irgendeinem Ausdruck ist eine Regel niemals manifest – $\begin{matrix} x \\ x^2 \end{matrix}$ ist ja „nur eine bestimmte Konfiguration von Buchstaben" und damit „ein ebenso individuelles Zeichen wie 1, 2, 3" in der oberen Zahlenreihe. Die „Allgemeinheit" der Regel, d.h. das, was in jedem ihrer Anwendungsfälle je zu tun ist, kommt also „überhaupt nicht in den Symbolen zum Ausdruck". Wer also die Reihe bis »35« fortsetzte, wie wir dies *gewöhnlich* tun würden, bei »36« aber statt »1296« die Zahl »1« schriebe, von dem wäre deshalb nicht ohne weiteres zu sagen, er sei nicht mehr »der Regel gefolgt« oder habe »einen Fehler gemacht«. Gerade weil in der Regelformulierung als individueller Zeichenkonfiguration „das Wesentliche an ihr, die Allgemeinheit," prinzipiell „unausdrückbar" (WWK 154) bleibt, ist es vielmehr stets möglich, daß derjenige, der in unseren Augen von der Regel abweicht, sich selbst sehr wohl in Einklang mit ihr wähnt. Er hat dann etwa gedacht, so *sollte* er fortfahren, denn »Quadrieren« *heiße*, bis »35« zu tun, was wir darunter normalerweise verstehen, dann aber die untere Reihe von vorne zu beginnen. Es stimmt natürlich: Von demjenigen, der in der beschriebenen, ein wenig absonderlichen Weise des »Quadrierens« verführe, sagte man nicht, er folge unserer Regel des Quadrierens, die wir mit dem angeführten Regelausdruck *meinen*. Aber dies beweist nur, was Wittgenstein geltend machte: nämlich, daß sich in unserer Praxis des Gebrauchs dieser mathematischen Technik die Regelhaftigkeit des Vorgehens kriterial an der konsensuellen Konformität im Resultat bemißt.

Aus diesem Grunde ist die geläufige Ausdrucksweise, man habe „die Regel x
x^2 auf die einzelnen Zahlen »*angewendet*«" und sei *dadurch* notwendig zu einer vorherbestimmten, alternativlosen Fortsetzung der Zahlenreihen gelangt, so irreführend. Die Regel bzw. der Regelausdruck als solcher *zwingt* ja eben darum zu nichts, weil die Symbole des Regelausdrucks die konsensuelle Allgemeinheit der Regelverwendung nicht sicherstellen können. Vielmehr führt der Versuch einer solchen Sicherstellung, wie man sofort sieht, in einen infiniten Regreß von immer weiteren Regelanwendungsregeln hinein. Denn wollte man absonderliche Regelverwendungsweisen wie die beschriebene definitiv ausschließen, benötigte man zu jeder Regel „wieder eine Regel, die mir sagt, wie ich aus dem Buchstabenausdruck" oder einem anderen, freilich prinzipiell *besonderen* Regelausdruck „die Bildung der Zahlenreihe entnehmen kann. Und wenn ich eine solche Regel aufstellen wollte, und zwar in Buchstaben, so wäre ich wieder nicht weitergekommen: Ich brauchte eine neue Regel, die mir sagt, wie ich sie anzuwenden habe u.s.f." (WWK 154)

Es versteht sich, daß dieses Problem auch bei Regelbefolgungen im außermathematischen Bereich entsteht. Wittgensteins Beispiel ist hier mehrfach unsere Konvention, eine Tabelle zu lesen. Als solche „garantiert" eine „Tabelle", z.B. ein Fahrplan, „die Gleichheit der Übergänge, die in ihr" zwischen ihren Kolumnen „gemacht werden, nicht. Sie zwingt mich ja nicht, sie immer gleich zu gebrauchen." Denn man macht „den Übergang in der Tabelle bei jeder Anwendung von Neuem. Er ist nicht, quasi, ein für allemal in der Tabelle gemacht." (PG § 54) Wollte man zur Erklärung der Gleichheit in den Übergängen, die unsere Praxis offenkundig auszeichnet, nun auf die Befolgung einer

Regel verweisen, die sich in einem Schema wie dem folgenden aus § 86 der *Philosophischen Untersuchungen* ausdrückt:

so führte auch dies in einen Regelanwendungsregelregreß hinein. Stets könnte man sich ja „weitere Regeln zur Erklärung *dieser* vorstellen“, denn es ist ja eine keineswegs durch die Regel selbst gezeigte, sondern „durch Abrichtung“ (PU § 86) im Rahmen unserer Erziehung erlernte Konvention, Pfeilsymbolen in Pfeilrichtung – und nicht umgekehrt – zu folgen oder Tabellen *stets* von links nach rechts (und nicht etwa nur viermal, wie es das Schema doch im Grunde *augenfällig* zeigt!) zu lesen. Immer könnte man sich „eine Regel denken,“ die im Falle eines Zweifels, des Mißverständnisses oder einer wie auch immer anders entspringenden Fraglichkeit „die Anwendung der Regel regelt“ (PU § 84). Dies zeigt, daß *die „Regel ... nicht so wie der Mörtel zwischen zwei Ziegeln“ ist* (WWK 155), der eine feste, eventuell gar »unverbrüchliche« Verbindung stiftet. „Eine Regel steht“ vielmehr „da, wie ein Wegweiser“ (PU § 85), der jemandem den je zu beschreitenden Weg zwar weist, so daß er, „unter normalen Verhältnissen, seinen Zweck erfüllt“ (PU § 87), ohne ihn freilich für *jeden* Orientierung suchenden Passanten mit Notwendigkeit vorherzubestimmen.

Man wird einwenden wollen, das Argument vom Regelanwendungsregelregreß betreffe nur die Besonderheit der Regel*formulierung*, nicht die Allgemeinheit des propositionalen Gehalts der Regel, den man *versteht*, wenn man beispielsweise das Gesetz einer Reihe *erblickt*. Man müsse, möchte man sagen, die als solche niemals manifeste „Allgemeinheit“ der Regel „in die Konfiguration“ der Symbole eines Regelausdrucks wie x

x^2 *„hineinsehen“* und verstehen, *daß* die Regel darin besteht, die „Reihe der natürlichen Zahlen zu bilden und *immer* das Quadrat darunter zu schreiben.“ (WWK 154) Zu einem solchen Verständnis der allgemeinen Regel, die gar nicht in Form einer expliziten Regelformulierung ausgedrückt zu sein braucht, wird man, wie man glaubt, schon durch eine Reihe wie

1	2	3	4	5 ...
1	4	9	16	25 ...

selbst genötigt. Denn sie hat „für uns“ ganz unbestreitbar *„ein Gesicht“*; darin „liegt doch“, wie man geltend machen möchte, „schon alles“ (PU § 228); wir sehen die Regel im Anfang der Reihe sozusagen »intuitiv«. Und so wird eine regelverstehende Einsicht zur *universellen* Bedingung aller Regelbefolgung erklärt. Denn ist „eine Intuition“ zum Entwickeln der obigen Quadrierungsfolge oder „der Reihe 1 2 3 4 ... nötig, dann“, wie Wittgenstein sieht, „auch zum Entwickeln der Reihe 2 2 2 2 ...“ (PU § 214[1]), d.h. „zur Fortsetzung der Reihe + 0“ (BGM 36) ebenso wie zur Fortsetzung jeder beliebigen anderen.[2] Und was wir im Zuge solcher Einsicht allgemein verstehen, behauptet der Einwand, nötige zu bestimmten, ja *vorher*bestimmten regelkonformen Fortsetzungen. Aber auch dieser Einwand beruht, wie man zeigen kann, auf einer Fiktion, gegen welche die zweite Dimension von Wittgensteins Argument vom Regelanwendungsregelregreß angeht.

Diesem Einwand ist nämlich zweierlei entgegenzuhalten. Erstens ist es nicht wahr, daß uns die »Physiognomie« einer Zeichenfolge irgendeine *bestimmte* Regelmäßigkeit »intuitiv« erfassen lassen muß. Was z.B. in unserem Beispiel in der unteren Zahlenreihe „geschrieben“ steht, „stimmt mit der allgemeinen Regel des Quadrierens überein; aber“ – und das ist das Interessante – „offensichtlich stimmt es auch mit jeder beliebigen Anzahl von andern Regeln überein“ (BB 31). Es stimmt etwa ebensosehr mit der Regel überein, unter jede gerade Zahl der oberen Reihe ebenfalls eine gerade und unter jede ungerade eine ungerade Zahl zu schreiben, oder – um ein bewußt abwegiger gewähltes Beispiel zu geben – mit der, in wiederholten Fünferschritten zur ersten Zahl jeweils 0, zur zweiten 2, zur dritten 6, zur vierten 12 und zur fünften stets 20 zu addieren. Je nachdem, welche Regel man in der je manifesten Reihe sieht, hätte sie eine völlig unterschiedliche Fortsetzung: in der Reihenfolge der angeführten Regeln »36«, »1024« (oder irgendeine andere gerade Zahl) oder »6«. Es stimmt schon: Die Reihe ist für den, der *eine* der genannten Regeln in ihr sieht, „eine *offenbare* Reihe“ (PB § 190); sie *hat*, was natürlich auch Wittgenstein gar nicht bestreitet, für uns »ein Gesicht«, so daß man „eine allgemeine Regel ... – freilich auch beliebig viele andere, *aber*

---

1 Die Punkte im Zitat stammen von Wittgenstein.

2 Vgl. dazu Juliet *Floyd, Wittgenstein on 2, 2, 2 ...*: The Opening of Remarks on the Foundations of Mathematics, in: J. Hintikka (Hrsg.), Wittgenstein in Florida, Dordrecht / Boston / London 1991, bes. 163 f.

doch auch eine bestimmte" (PG 287) als *den je wirklich gesehenen Aspekt* entnehmen kann. Das ist richtig, aber der entscheidene Gesichtspunkt ist hier der: „mit keiner" aus der beliebigen Anzahl von Regeln, die als das Gesetz der jeweils manifesten Reihe gelten könnten, „stimmt" sie an sich selbst „mehr oder weniger überein als mit irgendeiner anderen." (BB 31) Was immer uns die Zeichenfolge eingibt, es könnte *prinzipiell* als deren »interne« Regel dargestellt werden.

Zweitens ist der so naheliegende Rekurs auf eine „Intuition", durch die man die unausdrückbare Allgemeinheit der Regel erfasse, noch in einer anderen Hinsicht „eine unnötige Ausrede". Falls nämlich die »Intuition« des Regelverstehens so etwas wie „eine innere Stimme ist – wie weiß ich, *wie* ich ihr folgen soll?" Was jene Stimme sagt, wäre ja auch wieder nur eine besondere Formulierung, die man zunächst verstehen muß. „Und wie weiß ich, daß sie mich nicht irreleitet? Denn, kann sie mich richtig leiten, dann kann sie mich auch irreleiten." (PU § 213) Was hülfe es zudem, wenn sie, wovon wir einen Augenblick ausgehen wollen, tatsächlich »das Richtige« sagte? Es bliebe doch das Problem zurück, daß man die gewonnene »allgemeine Einsicht« in jedem einzelnen Falle neuerlich anzuwenden hätte. Das heißt, „wie weiß ich dann, wenn der Schritt" der Regelanwendung im Einzelfalle „wirklich zu machen ist, was ich mit jenem früheren Wissen" um den propositionalen Gehalt der Regel „anzufangen habe?" (BGM 36) Ja, wie weiß ich im Einzelfalle, „daß diese Regel *hier* angewendet werden kann (das sie auch für *diesen* Fall gilt)"? (PG 301 / vgl. PB § 149) Natürlich kann das im Regelanwendungsfalle benötigte Entscheidungswissen nicht selbst wiederum der Anwendung einer Regelanwendungsregel verdankt sein. Sie wäre ja selbst ebenfalls im Einzelfalle anzuwenden, und man geriete neuerlich in einen Regelanwendungsregelregreß hinein, so daß die Möglichkeit des Regel-Folgens auch in diesem Falle unerklärt bleibt.

Die philosophische Tradition hätte in diesem Zusammenhang wohl auf die »Urteilskraft« als auf ein regelrekursiv gar nicht mehr explizierbares Vermögen der Einsicht in einer individuellen Regelanwendungssituation verwiesen. Und auch Wittgenstein dachte wohl einen kurzen Moment – in den *Philosophischen Bemerkungen* –, im Regelanwendungsfalle könne kein „Akt der Voraussicht" auf *alle* Fälle, der sich mit dem allgemeinen Wissen um einen Regelgehalt zu verbinden scheint, einen situativ gebundenen „Akt der *Einsicht*" in das *Hier* und *Wie* der Regelverwendung „ersparen" (PB § 149). Denn „tatsächlich ist die Form, auf die die Regel angewandt wird, bei jedem Schritt eine neue." Einer *solchen*, stets „frischen Intuition" (PG 301) und nicht einer Intuition des propositionalen Regelgehalts »an sich« scheint es bei jeder einzelnen Regelverwendung zu bedürfen. Freilich fügte Wittgenstein schon den *Philosophischen Bemerkungen* später eine Randbemerkung hinzu, die betonte, es handle sich eigentlich um einen „Akt der *Entscheidung*, nicht der *Einsicht*." (PB § 149 / vgl. PG 301) Denn der Rekurs auf eine »Intuition« (der Urteilskraft) ist auch hier eine »unnötige Ausrede«, welche eine Erklärung »vermöge eines Vermögens« – mit Nietzsche zu reden – vorspiegelt, wo es *nichts mehr* zu erklären gibt. Ein solcher Rekurs auf »Urteilskraft« setzt ja dem schlichtweg hinzunehmenden Faktum, *daß* wir uns im Zuge sogenannter Regelbefolgungen an jedem Punkte einfach für oder gegen gewisse Schritte *entscheiden*, nur etwas voraus, „was die Form der Erklärung hat" (EPB 217), genauer gesagt: etwas, das wenigstens Philosophen traditionell für eine Erklärung zu halten gewohnt sind: einen handlungsvorgängigen, mit Rechtfertigungsqualitäten versehenen Akt. Es ist aber gar nicht klar, *was* dieser Akt im Einzelfall einsähe, ja nicht einmal, worin er nur bestünde und ob er überhaupt immer stattfinde.

Tatsächlich ist die „Schwierigkeit" auch „hier" die, auf welche Wittgenstein immer wieder als auf ein gleichsam »philosophentypisches« Unvermögen hinweist: „das nicht zu rechtfertigen versuchen, was keine Rechtfertigung zuläßt". Denn die Bezugnahme auf einen »Akt der Einsicht« *ist* ein solcher Versuch. In ihm spricht sich nach Wittgensteins »Diagnose« „eine sehr gewöhnliche verbreitete Denkkrankheit" aus, die er bekanntlich nicht nur im Kontext seiner Kritik an unhaltbaren Vorstellungen von Regelbefolgungen zu »therapieren« suchte; diejenige, „hinter allen Handlungen der Menschen Zustände der Seele" oder Akte des Geistes, des Bewußtseins etc. „zu postulieren, aus denen die Handlungen »entspringen«." (EPB 216) Hinsichtlich des Regel-Folgens ist dies ohne explikativen Wert. *Alles* „Handeln *nach* – nicht bloß in Übereinstimmung mit – gewissen Regeln" geschieht ja letztlich nach „Art des schriftlichen Ableitens eines Resultats aus einer Angabe, des Hinweises auf die Gegenüberstellung von Zeichen in einer Tabelle." Man kann dann zur Rechtfertigung der jeweiligen Regelbefolgungsweise z.B. sagen: „»Ich schreibe hier die Zahl ›16‹ *weil* dort ›x^2‹ steht und hier ›64‹ weil dort ›x^3‹ steht«" oder ähnliches. „So sieht jede Rechtfertigung aus." (PG § 61) Sie beruft sich auf (möglichst akzeptable) Gründe, im Normalfall auf Zeichen, die als Regelausdruck gelten. Am Ende aller hier möglichen Begründungen wird jedoch stets die selbst unbegründete Entscheidung für eine Vorgehensweise stehen. Man wird dann, wie man mit Blick auf die je zum Abschluß gekommene Begründungskette sagen kann, *„ohne Grund"* zu einem als »Regelanwendung« bezeichneten Ergebnis kommen. Und dies „nicht, weil man ... den Grund" nicht oder „noch nicht begreiflich machen kann, sondern weil es" hier „keinen" weiteren entscheidungsmotivierenden „Grund gibt." (Z § 300 / BPP II § 404) Wohl also hat man Gründe von der Form des angeführten, wenn es gilt, eine Regelbefolgungsweise zu legitimieren. Aber „die Gründe", die man unter einem durch stete Nachfrage erzeugten Legitimationsdruck nennen kann, „werden mir bald ausgehen. Und ich werde dann, ohne Gründe, handeln." (PU § 211) Die Berufung auf einen »Akt der Einsicht« kaschiert dies nur, weil sie doch noch einen letzten, tragenden Grund suggeriert.

Zu sagen, „an jedem Punkt" im Zuge einer Regelbefolgung sei „eine neue Entscheidung nötig", schien Wittgenstein freilich schon bald nur „beinah" richtiger als die Auffassung, „es sei an jedem Punkt eine Intuition nötig" (PU § 186). Auch die Rede von einem „Akt der Entscheidung" wäre ja „irreführend", sofern sie an ein Inne-Halten, an Reflexion und insofern eben doch noch an geistige Vollzüge seitens eines Regelanwenders denken läßt, insbesondere dann, wenn man sie so auffassen sollte, als wolle Wittgenstein damit eine »intuitionistische« Konzeption der Regelbefolgung durch „eine dezisionistische"[3] ersetzen. Denn „es findet" tatsächlich gar „kein Deliberieren statt," welches in einer »Intuition« oder einer »Dezision« zum Schluß kommen könnte, „sondern wir schreiben etwas hin, oder sprechen etwas aus. – Wir wollen hier – wie in tausend andern Fällen – es nicht wahr haben, daß die Kette der *Gründe* zu einem Ende kommt" (EPB 216), an dem ein Schritt steht, den man post festum als regelkonform oder regelwidrig bezeichnet. Es kann also auch hier wiederum keine Rede davon sein, daß eine Regel bzw. die Einsicht in den propositionalen, allgemeinen Gehalt einer Regel eine bestimmte Anwendung begründet und erzwingt. Gerade für mathematische Regelbefolgungen gilt umgekehrt,

---

[3] Dieses mögliche Mißverständnis hat Jacques *Bouveresse, Was ist eine Regel?,* in: G.Gebauer / Ch.Wulf (Hrsg.), Praxis und Ästhetik. Neue Perspektiven im Denken Pierre Bourdieus, Frankfurt/Main 1993, 52, zu Recht zurückgewiesen.

daß „der Regelausdruck durch den Wert erklärt [wird], nicht der Wert durch die Regel." (Z § 300 / BPP II § 404) Von dem, der ihn »unerbittlich« und übereinstimmend mit anderen nennt, *sagen* wir, er sei der mathematischen Regel gefolgt. *Daß* er genannt wird, ist unser Kriterium dafür, daß wir jemandem die Regeladäquatheit seines Vorgehens oder die Beherrschung der Techniken des Rechnens zuschreiben. Bei der Befolgung nicht-mathematischer, z.B. grammatischer Regeln der natürlichen Sprache verhält sich dies im Grunde nicht anders, wenn es auch stimmt, daß sich solche Regeln nicht durch jene »Überbestimmtheit« auszeichnen, die für mathematische kennzeichnend ist. Hier werden wir eher geneigt sein, jemandem »Regelhaftigkeit« (eines Sprachgebrauchs z.B.) auch dann zuzuschreiben, wenn sein Vorgehen nicht völlig mit dem der übrigen Mitglieder einer (Sprach-) Gemeinschaft übereinstimmt. Zuzugeben ist natürlich, daß dieses nüchterne Ergebnis unseren eingangs angesprochenen »vorphilosophischen« Vorstellungen vom Regel-Folgen – insbesondere in der Mathematik –, denen zufolge allein durch die Kenntnis der Regel „alle Übergänge" zu Regelanwendungsresultaten „irgendwie schon gemacht" sind, „ohne sie *wirklich* zu machen" (EPB 215), diametral zuwiderläuft. Wittgenstein hoffte allerdings noch durch einen zweiten Gedankengang plausibel machen zu können, daß dieses Resultat eben doch nur einem vorgefaßten *Bild* vom Regel-Folgen widerspricht: durch das seit Saul Kripkes wirkungsmächtigem Buch über »Regeln und Privatsprache« vieldiskutierte Argument vom Regelparadox.

7.2 Das Argument vom Regelparadox

Kripke hat dieses Argument in einer Überschrift seines Buches *Das Wittgensteinsche Paradox* genannt und darin geradezu „das Grundproblem der *Philosophischen Untersuchungen*"[4] sehen wollen, dessen angemessenes Verständnis ein Licht werfe auch auf viele andere Themen von Wittgensteins späterem Denken. Er hat dieses Argument als ein skeptisches, d.h. als einen dem Skeptizismus Humescher Provenienz verpflichteten Gedankengang zu rekonstruieren versucht, wobei er sich für seine terminologische Entscheidung, von »Wittgensteins Paradox« zu reden, auf § 201 der *Philosophischen Untersuchun-*

---

4 S.A.*Kripke, Wittgenstein über Regeln und Privatsprache,* 101

gen berufen konnte. Dort schreibt Wittgenstein im Rückblick auf seinen diesbezüglichen Gedankengang: „Unser Paradox war dies: eine Regel könnte keine Handlungsweise bestimmen, da jede Handlungsweise mit der Regel in Übereinstimmung zu bringen sei. Die Antwort war: Ist jede mit der Regel in Übereinstimmung zu bringen, dann auch zum Widerspruch. Daher gäbe es hier weder Übereinstimmung noch Widerspruch." (PU § 201) Die Argumentation, die auf einen Einwand reagiert, den man trotz des Arguments vom Regelanwendungsregelregreß noch zur Verteidung der hergebrachten Auffassung vom Regel-Folgen vorbringen könnte, und die hinter dem zitierten Fazit steht, ist folgende:

Selbst wenn man sich dem Argument vom Regelanwendungsregelregreß nicht verschließen kann und zugeben muß, weder vom Regelausdruck noch vom propositionalen Regelgehalt zu einer bestimmten Regelverwendung »gezwungen« zu sein, könne man doch noch weiterhin behaupten, wer „im Einklang mit ... Regeln" beliebiger Art „bleiben" wolle, *müsse* dennoch in *einer bestimmten und keiner anderen* Weise vorgehen. Wittgenstein scheint dies ja selbst zuzugestehen, wenn er geltend macht, daß wir nur demjenigen, der zu bestimmten Ergebnissen einer Rechnung oder zu bestimmten Aussagen gelangt, (mathematische oder grammatische) Regelkonformität zuschreiben werden. Mit anderen Worten: Zwar erzwingt keine manifeste Zeichenreihe eine bestimmte Fortsetzung, aber wer im Zuge der Fortsetzung unserer obigen Beispielreihe auf »6« »1024« schreibt, stehe jedenfalls *nicht* mit der *Regel des Quadrierens* im Einklang.

„Durchaus nicht;" hält Wittgenstein diesem Einwand entgegen, denn der, der dies tut, könnte immer sagen: „ich nenne *das* »Einklang«." (BGM 79) Stets kann man *das*, was in gewisser Perspektive als Regelwidrigkeit erscheint, auch durch eine Interpretation der Regel als mit ihr im Einklang befindlich deuten *und umgekehrt*. Jeder, der eine Regel anwendet, geht ja, scheint es, von einer *bestimmten* Deutung der Extension der Regel aus. Und so ist es keineswegs ausgeschlossen, daß derjenige, der unter »6« »1024« schreibt, tatsächlich meint, er *solle* so fortfahren, wie er fortfährt (vgl. PU § 185), weil »im Einklang mit der Regel des Quadrierens« zu bleiben *bedeute*, für alle natürlichen Zahlen zu tun, was wir gewöhnlich tun – außer im Falle der Zahl »6«: in diesem Falle sei das Quadrat »1024«. Und nach dieser Deutung *steht* »1024« im »Einklang« mit der Regel. Ja, nach dieser Deutung der Regel des Quadrierens verhält sich der, der »36« als das Quadrat von »6«

bezeichnet, offenkundig regelwidrig. Solche Regelkonformität oder Regelwidrigkeit *erzeugenden* Deutungen des Sinns einer Regel sind immer und bei allen (mathematischen und außermathematischen) Regeln möglich. Wie Wittgenstein gegenüber seinem fiktiven Kontrahenten bemerkt: „Wieviele Regeln immer du mir angibst – ich gebe dir eine Regel, die *meine* Verwendung deiner Regel rechtfertigt." (BGM 79)

Es ist natürlich klar, daß wir in unserer Praxis des Quadrierens denjenigen, der darauf insistieren sollte, daß »1024« das Quadrat von »6« sei, bald „für abnorm", vermutlich gar für unzurechnungsfähig „erklären" werden. Doch sollte man das prinzipielle Problem nicht verkennen, welches hinter dem angeführten Beispiel in seiner ganzen vordergründigen Abwegigkeit steckt: Daß man nämlich dem, der uns seine seltsame Deutung der Regel gibt, *nicht* mit unanfechtbaren Gründen entgegnen kann, er habe mit der Bezeichnung von »1024« *als* im Einklang mit der Regel befindlich „den Sinn des Wortes »Einklang« verändert, oder den Sinn der Regel", wie er *wirklich* aufzufassen sei. Denn „wer sagt, was" *in jedem einzelnen Falle* einer sogenannten Regelanwendung „»verändern« und was »gleichbleiben«" des Sinns der Regel bzw. der Regelkonformitäts- oder Regelwidrigkeitskriterien „heißt?" (BGM 79) Dafür verfügt niemand über allgemeinverbindliche Kriterien. Im Gegenteil; derjenige, der unsere Regel des Quadrierens in der beschriebenen absonderlichen Weise deutet, könnte sogar geltend machen, daß wir den »eigentlichen« Sinn der Regel gründlich mißverstehen, wenn wir »36« als das Quadrat von »6« betrachten.

Dies hat Saul Kripke in seinem Wittgenstein-Buch überzeugend deutlich gemacht, indem er »dramaturgisch« geschickt die Gestalt eines »radikalen Skeptikers« einführte, der unsere Überzeugungen vom Sinn von Regeln sowie von regelkonformem und regelwidrigem Vorgehen rechtfertigungskritisch befragt. Dieser Skeptiker könnte all unsere diesbezüglichen Überzeugungen mit dem folgenden Problem konfrontieren: Woher weiß man eigentlich, daß man wirklich der Regel folgt und ihr nicht nur zu folgen *glaubt*, wenn man der »felsenfesten« Überzeugung ist, daß »36« und nicht »1024« bei Anwendung auf »6« mit dem »eigentlichen« Sinn der Regel des Quadrierens in Einklang stehe? Könnte es nicht sein, daß man nach seinem eigenen bisherigen Verständnis von »Quadrieren« *eigentlich* »1024« als Quadrat von »6« nennen *sollte*, nun aber, da man »36« für korrekt zu halten geneigt ist, seine eigene bisherige Auffassung der Regel aus irgendeinem bizarren Grunde einfach falsch interpretiert, so daß man sich nur einbilde, ihr zu folgen? Um seinen Fragen eine provokante Dimension zu geben, könnte der Skeptiker z.B. eine „skeptische Hypothese über eine Veränderung" im bisherigen „Sprachgebrauch"[5] formulieren, derzufolge man *selbst* bei all ihren bisherigen Verwendungen des Wortes »Quadrieren« *so* aufgefaßt habe, daß es für »6« »1024« bedeute. Diese Hypothese, um welche Kripke die von Wittgenstein explizit gemachte Argumentation ergänzt, hat in Wittgensteins Gedanken über das Regel-Folgen durchaus ihren Ort, hält er es doch selbst für denkbar, daß man einer Regel „heute die, morgen jene Extension" gibt, d.h. „abwechselnd eine von zwei Interpretationen" (BGM 328), ohne sich der Deutungsdifferenz jemals bewußt zu sein. Was soll man deshalb zur Rechtfertigung gegen den Skeptiker vorbringen?

Offenbar kann man sich *weder* auf »innere« *noch* auf »äußere« Kriterien zur Legitimation der eigenen Gewißheit eines adäquaten Regelverständnisses berufen. Gedächtnis, Erinnerung oder sonstige »innere« Wahrnehmungen sind nicht irrtumsimmun. Insofern sind sie als Berufungsinstanzen gegen die skeptische Hypothese eines Kripkeschen Skeptikers untauglich. Denn was wäre beispielsweise das Kriterium dafür, daß man sich *richtig* an den bisherigen Regelgebrauch erinnert? Richtig wäre bei allen sogenannten »inneren Vollzügen« des Aufmerkens auf sich selbst tatsächlich, „was immer mir als richtig erscheinen wird" (PU § 258), weil es natürlich nichts hilft, sich zur Rechtfertigung einer inneren Selbstwahrnehmung auf eine weitere zu berufen. Die *Möglichkeit,* daß der Skeptiker mit seiner Veränderungshypothese recht hat, ist dadurch nicht auszuräumen. Man kann sich aber *auch nicht* auf irgendwelche »äußeren« Gegebenheiten berufen. Das dargestellte »Gesicht« einer Reihe, die Angaben einer Tabelle oder der symbolische Regelausdruck, all dies ist, wie wir gesehen haben, nicht nur mit einer beliebigen Anzahl von Regeln oder Interpretationen kompatibel und »zwingt« insofern als solches zu nichts. Ja, es ist auch gar nicht sicher, ob man diese Regelformulierungen immer auf *dieselbe* Weise interpretiert und – wie der Skeptiker sofort neuerlich geltend machen könnte – nicht nur *glaubt,* dies zu tun. So scheint es, wie Kripke mehrfach nachdrücklich hervorhebt, keinerlei „Tatsache"[6] zu geben, auf welche sich zu berufen die Überzeugung

---

[5] S.A. *Kripke, Wittgenstein über Regeln und Privatsprache,* 24
[6] S.A. *Kripke, Wittgenstein über Regeln und Privatsprache,* 21, 24, 33 u.ö.

rechtfertigen könnte, daß wir den Sinn einer Regel sowie die zugehörigen Konformitäts- und Widerspruchskriterien richtig deuten.

Diese Situation ist, gemessen an der verbreiteten Doxa über das Regel-Folgen, derzufolge eine Regel das mit ihr konforme oder ihr zuwiderlaufende Vorgehen eindeutig bestimme, wahrlich »paradox« zu nennen. Wenn man sie sich vor Augen führt, sieht es jetzt ja wirklich so aus, als könnten *stets* beliebige Regelbefolgungshandlungen als regelkonform *oder* regelwidrig gelten. Dabei ist es vielleicht nicht überflüssig, nochmals zu betonen, daß sich diese paradoxe Situation nicht nur am Beispiel mathematischer Regeln wie der Regel des Quadrierens einstellt, an denen sie sich besonders leicht deutlich machen läßt, sondern sich überall dort ergibt, wo wir von Regelbefolgungen voraufliegenden Regeldeutungen sprechen möchten. Sie ergibt sich selbst bei einfachsten sprachlichen Regeln, z.B. wenn man im Falle der Baustellen-Sprache aus § 2 der *Philosophischen Untersuchungen* sagen wollte, das dort verwendete Wort »Platte« *bedeute* dem Gehilfen die Regel, er möge stets Gegenstände bestimmter Form bringen. Wäre seine Sprache nur komplex genug (was sie freilich voraussetzungsgemäß in § 2 nicht ist), es könnte der Gehilfe sich fragen: „Wie kann mir das Wort »Platte« anzeigen, was ich zu tun habe, da ich doch jede Handlung mit jeder Deutung in Einklang bringen kann? Wie kann ich einer Regel folgen, da doch, was immer ich tue, als ein Folgen gedeutet werden kann?" (BGM 341) Kripke ist wohl zu Recht der Auffassung, daß solchen der Einsicht in das Regelparadox entspringenden Fragen, zu denen der Skeptiker vielleicht sogar dem Gehilfen des Baustellen-Sprachspiels veranlassen könnte, nicht durch entkräftende Argumente oder den Hinweis auf irgendwelche Tatsachen beizukommen sei. Freilich hat man – anders als Kripke will – keinen Grund, in Wittgenstein *selbst* jenen Skeptiker zu sehen, so daß man, wie Jacques Bouveresse vorschlug, statt von einem „»Paradox Wittgensteins« ... doch eigentlich besser" von einem „»Paradox Kripkes«"[7] reden sollte. Denn das in § 201 der *Philosophischen Untersuchungen* beschriebene Paradox drückt nicht Wittgensteins abschließende Position hinsichtlich des Regel-Folgens aus, sondern bietet ihm wie schon das Argument vom Regelanwendungsregelregreß einen begründeten Anlaß, das tradierte Verständnis von begründungslogischem Status und faktischer Funktion von Regeln gänzlich preiszugeben. Das Paradox nämlich, in wel-

---

[7] J. *Bouveresse, Was ist eine Regel?*, 42

ches uns der Skeptiker hineinführt, zeigt nach seiner Meinung, daß hier „ein Mißverständnis" darüber vorliegt, was es überhaupt heißt, »einer Regel« zu »folgen«.[8] Nicht will Wittgenstein nämlich behaupten, alle Regelbefolgung als solche sei ein in paradoxer Weise unverständliches Geschehen, sondern nur ihre *Erklärung* durch vorausgehende Regeldeutung. Dieser Ansicht gegenüber will er zeigen, daß „es eine Auffassung einer Regel gibt, die *nicht* eine *Deutung* ist", d.h. bei der es gar nicht darum geht, den symbolischen Regelausdruck oder den propositionalen Regelgehalt *irgendwie* (richtig oder falsch, immer gleich oder beständig anders, subjektiv abweichend oder intersubjektiv übereinstimmend) zu deuten, sondern die „sich, von Fall zu Fall der Anwendung, in dem äußert, was wir »der Regel folgen«, und was wir »ihr entgegenhandeln« nennen." (PU § 201) Denn dies ist Wittgensteins Pointe: Wie jemand eine Regel – *ohne* zu deuten – auffaßt, zeigt sich in der Praxis seines Handelns und ist in jedem einzelnen Falle der sogenannten Regelanwendung intrinsisch mit den jeweils lebensforminternen, *allgemeinen* Zuschreibungskriterien für Regelkonformität und Regelwidrigkeit verknüpft.

17.3 Regelfolgen als soziale Praxis

Nach diesem Wittgensteinschen Verständnis, welches die einzelne Regelbefolgungshandlung weder durch den symbolischen Regelausdruck erzwungen (Regelanwendungsregelregeß) noch subjektiven Regeldeutungen (Regelparadox) verdankt sieht, ist das, was man mit dem Ausdruck »Befolgung einer Regel« in der natürlichen Sprache bezeichnet, eine soziale Praxis des Reagierens auf bestimmte (Regel-) Zeichen; d.h., „eine Praxis" (PU § 202) des konstanten, gleichförmigen Handelns und Verhaltens. Verwoben in sie, folgt man solchen Regelzeichen *„blind"*, d.h. wir „wähle[n] ... nicht" (PU § 219) zwischen eröffneten Deutungsalternativen: nicht bewußt, denn es findet – wie Wittgenstein wohl zutreffend hervorhob – ein regelbefolgungsvorgängiges »Deliberieren« normalerweise gar nicht statt, und schon gar nicht »unbewußt«, wie man vielleicht versucht sein könnte, gel-

---

[8] Auf diesen Punkt haben J.*Schulte, Wittgenstein,* 160, sowie besonders nachdrücklich Peter *Winch, Tatsachen und übermäßige Tatsachen,* in: P.W., Versuchen zu verstehen, Frankfurt/Main 1992, 81, hingewiesen.

tend zu machen. Letzteres wäre eine prinzipiell unüberprüfbare Hypothese, die nichts erklärt, sondern nur durch die Oberflächenform einer Erklärung über die deutungstheoretische Unerklärbarkeit des Regel-Folgens hinwegtäuscht. Wir *handeln* – dies ist das einzig beschreibbare Faktum – einfach auf bestimmte Zeichen hin, auf die zu verweisen am Ende aller potentiellen Begründungen für sogenannte Regelbefolgungshandlungen die *„letzte"* Rechtfertigungs-„Instanz" (PU § 230) für unser jeweiliges Vorgehen darstellt. Anders ist eine Regel gar nicht in die sie motivierende Handlungsweise einbezogen. Ja, daß „die Regel in das Verstehen, Gehorchen etc.", welches sie auszulösen scheint, *„einbezogen"* sei, sollte man nach Wittgenstein überhaupt nur sagen, „wenn ... das Symbol für die Regel", wie beispielsweise häufig in der Mathematik, einen „Teil der Berechnung bildet" (BB 32), d.h., wenn man »hier die Zahl ›16‹« schreibt, »*weil* dort ›x^2‹ steht«, oder in ähnlichen Fällen. Wie eine Regel – sagen wir: ein Wegweiser oder ein symbolischer Regelausdruck wie ›x^2‹ – dabei jeweils *aufzufassen* sei, haben wir nach Wittgenstein im Rahmen der lebensforminitatorischen Erziehung *gelernt*, die uns ein von den an jener Lebensform Teilhabenden mit hoher Übereinstimmung *als* »regelkonform« oder »regelwidrig« bezeichnetes Reagieren auf bestimmte Zeichen beigebracht hat.

Worin „einer Regel richtig folgen", bzw. ihre jeweils »richtige« Auffassung, „besteht," *kann* man nach Wittgenstein gar „nicht *näher* beschreiben, als dadurch, daß man das *Lernen* des »Vorgehens nach der Regel« beschreibt." (BGM 392) Denn wer das Lernen der »richtigen Regelbefolgung« beschreibt, beschreibt, was wir als regelgerechte Reaktionsweisen auf bestimmte Zeichen erwarten. Er beschreibt die *„Gepflogenheiten* (Gebräuche, Institutionen)" (PU § 199), die wir in unserer Lebensform als »regelkonforme« Reaktionsweisen ansehen werden. Auf die naheliegende Frage, was „der Ausdruck der Regel" dann in Wittgensteins Darstellung jeweils „mit meinen Handlungen zu tun hat", d.h., was „für eine Verbindung" zwischen ihnen „besteht", wäre darum nicht auf Deutungen solcher Zeichen zu verweisen, sondern schlechthin zu antworten: „ich bin zu einem bestimmten Reagieren auf dieses Zeichen abgerichtet worden, und so reagiere ich nun." Dieser in der Erziehung gestiftete und eingeübte Zusammenhang zwischen Regelzeichen und *als* Regelbefolgung gesellschaftlich akzeptabler Handlung, heißt dies, ist *konstitutiv* für das, was man »Regelbefolgungen« nennt. Kinder werden in unserer Lebensform beispielsweise darauf »abgerichtet«, Wegweisern in ihrem späteren Leben ohne weiteres Nachdenken in Richtung der Pfeilspitze zu folgen, Worte in bestimmter Weise zu gebrauchen oder auf ›x^2‹ im Falle von ›4‹ »unerbittlich« ›16‹ zu sagen. »Abgerichtet« bedeutet hier: Regelwidrige Reaktionen werden ihnen letztlich »abgewöhnt«, weil man ihr abweichendes Verhalten oder – falls sie auf einer gewissen Stufe der Erziehung bereits dazu fähig sind – ihr Bekunden, nach einer abweichenden *Deutung* der Regel vorzugehen, nicht (oder wenigstens nicht unbegrenzt) gelten lassen, sondern sie durch soziale Sanktion zu regelkonformem Verhalten *zwingen* wird. Sie werden dadurch in „einen ständigen Gebrauch, eine Gepflogenheit" (PU § 198), des »Regelbefolgung« genannten Handelns eingeführt. Von einem wie auch immer gearteten Zwang der Regel selbst, von dem es zu Beginn dieses Kapitels schien, als komme er für all unsere Regelbefolgungshandlungen auf, kann keine Rede sein.

Es versteht sich, daß Wittgensteins wiederholter Rekurs auf Gebräuche, Gepflogenheiten und Instutionen des Handelns nicht etwas meint, was nur eine Person (eventuell gar nur ein einziges Mal) tun könnte, sondern daß er auf (gesellschaftlich-) *allgemeine* und konstant geübte Praktiken zielt, die viele, die eine Lebenform miteinander teilen, mehr oder minder übereinstimmend vollziehen: mit gewissen Spielräumen der Abweichung, wie bei der Befolgung der Regeln einer natürlichen Sprache, oder »unerbittlich« identisch, wie bei denen des Rechnens oder des sogenannten »logischen Denkens«. Die Idee, daß eine gewissermaßen ausschließlich »private« Regelbefolgung möglich sei, ist offensichtlich eine in sich widersprüchliche Vorstellung. Gerade ein Kripkescher Skeptiker könnte ja jede vorgeblich private Regelbefolgung mit der rechtfertigungskritischen Frage konfrontieren, woher man eigentlich wisse, wirklich einer Regel zu folgen und nicht vielmehr nur *glaube*, dies zu tun. Privat hätte man dafür niemals ein Unterscheidungskriterium, so daß richtig hier bei jedem einzelnen Regelbefolgungsschritt solches wäre, was immer einem je als richtig erschiene. „Und darum kann man nicht der Regel »privatim« folgen, weil sonst der Regel zu folgen glauben dasselbe wäre, wie der Regel folgen." (PU § 202) *Weder* von »Regelbefolgung« *noch* von »Nicht-Befolgung« hätte man insofern »privat« einen Grund zu reden.

Das Kriterium, sich selbst oder anderen Regelkonformität oder Regelwidrigkeit zuzuschreiben, kann deshalb nur die (normalerweise interpretationslos vollzogene) Übereinstimmung oder Nicht-Übereinstimmung mit einer gesellschaftlich-allgemeinen Handlungspraxis sein. „Die Anwendung des Begriffs »einer Regel folgen« setzt" so besehen in jedem Falle, d.h. sowohl bei Selbst- als auch bei Fremdzuschreibungen von Regelbefolgungen, das Bestehen einer „Gepflogenheit voraus", weshalb es auch „Unsinn" wäre „zu sagen: einmal in der Geschichte der Welt sei jemand einer Regel gefolgt (oder einem Wegweiser, habe ein Spiel gespielt, einen Satz ausgesprochen, oder einen verstanden; usf.)." (BGM 322 f.) Wittgenstein, der dies auch in den *Philosophischen Untersuchungen* betonte, meinte mit dieser Feststellung im Grunde nur „eine Anmerkung zur *Grammatik* des Ausdrucks »der Regel folgen«" (PU § 199) in unserer natürlichen Sprache gemacht zu haben. Natürlich setzt die Anwendung dieses Begriffs auch noch mehr voraus: einen Kontext, d.h. „bestimmte Umstände, bestimmte Lebens- und Sprachformen als Umgebung" (BGM 414) usw., ohne die wir niemals von Regelbefolgungshandlungen sprechen würden. „Was wir, in einer komplizierten Umgebung »einer Regel folgen« nennen, würden wir, wenn es isoliert dastünde, gewiß nicht so nennen." Denn die „Sprache", in welcher dieser Begriff zuhause ist – dies sahen wir insbesondere im Zusammenhang der Erörterung des Sprachspiel-Begriffs – „bezieht sich auf eine *Lebensweise.*" (BGM 335) Sofern deren signifikante Merkmale und Konstanzen fehlen, verlieren auch die Begriffe ihren Gebrauch. Um ein Wittgensteinsches Beispiel zu verwenden: „Wenn von zwei Schimpansen der eine einmal die Figur |– –| in den Lehmboden ritzte und ein anderer darauf die Reihe |– –||– –| etc.," so würden wir nicht sagen, der erste habe „eine Regel gegeben und der zweite [sei] ihr gefolgt" (BGM 345). Ihr Leben hätte mit dem unsrigen zu wenig Ähnlichkeit.

18. Vom »Denken«, »Verstehen« und anderen seltsamen Vorgängen

18.1 Irreführende Parallelen

Seine Einsicht, daß Begriffe gar nicht unabhängig von den Kontexten des Lebens, in denen sie ihren Sitz haben, verständlich gemacht werden können, hat Wittgenstein nicht nur für Ausdrücke wie »einer Regel folgen« oder »eine Sprache sprechen« geltend, sondern vor allem auch für die Grammatik unserer Begriffe vom Psychischen – nennen wir sie um der Einfachheit des Ausdrucks willen kurz »psychologische Begriffe«[1] – fruchtbar machen wollen. Wie nicht zuletzt die umfangreichen Notizensammlungen, die unter dem Titel *Bemerkungen über die Philosophie der Psychologie* ediert worden sind, erweisen, haben ihn solche Begriffe – wie überhaupt die sogenannten „Tatsachen der Psychologie" – in seinem Spätwerk kaum weniger interessiert als Fragen nach dem Status von Logik und Mathematik. Denn er glaubte, an ihrem Beispiel würde der in seinen Augen primär metaphysikkonstitutive „Gegensatz zwischen dem wirklichen", psychischen „Sachverhalt und dem, welchen unsere Ausdrucksweise uns zu erwarten geneigt macht" (EPB 230), insbesondere deutlich. Nicht nur in der tradierten »Philosophie des Geistes«, sondern auch in der wissenschaftlichen, empirischen „Psychologie", in welcher „experimentelle Methoden *und Begriffsverwirrung*" (PU 370 / vgl. BPP I, § 1039) herrschten, wollte er ihn zum Ausdruck kommen sehen.

Im Falle unserer psychologischen Begriffe vergessen wir, jedenfalls wenn wir philosophieren, nach Wittgensteins Ansicht nämlich nur allzu leicht, daß sich die Grammatik ihres Gebrauchs einer »syntaktischen Projektion« – mit Hans Julius Schneider zu reden – unseres Schemas des Redens über physische Gegenstände auf den Bereich des Mentalen verdankt. Eine solche (semantische[2] oder syntaktische)

---

[1] In dieser Ausdrucksweise meint die Rede von »psychologischen Begriffen« also nicht ausschließlich die Begriffe der wissenschaftlichen Psychologie, sondern darüberhinaus auch *alle* diejenigen, die wir gewöhnlich als Begriffe *von* Psychischem auffassen.

[2] Hinsichtlich der Grammatik psychologischer Begriffe interessieren vor allem syntaktische Projektionen. Ein Beispiel für eine semantische Projektion hat Wittgenstein

Projektion stellt nach Wittgenstein „einen uns wohlbekannten sprachlichen Vorgang" dar, den wir überall „in unserer Wortsprache vor uns" (F 38) haben, jedoch beim Philosophieren häufig verkennen. Will man sie sich hinsichtlich unserer Sprachspiele mit psychologischen Begriffen verdeutlichen, könnte man sich vermittels der Methode, zum Zwekke der Übersichtlichkeit einfache, signifikante Sprachspiele zu erfinden, z.B. vorstellen, daß die Mitglieder eines Volkstammes zunächst „Ausdrücke besitzen wie die folgenden: »Ich habe schwarzes Haar«, »Er hat schwarzes Haar«; »Ich habe Geld«, »Er hat Geld«; »Ich habe eine Wunde«, »Er hat eine Wunde«. Und nun benützen sie diese grammatische Konstruktion in *psychologischen* Aussagen." (BPP I, § 93) Sie sagen unter Verwendung des gleichen Satzschemas beispielsweise: »Ich habe Schmerzen«, »Er hat Schmerzen«; »Ich glaube, daß p«, »Er glaubt, daß p«, und eine solche Übertragung grammatischer Schemata ist in der Sprache nicht nur gewöhnlich, sondern auch völlig harmlos, sofern man sie nicht philosophisch oder wissenschaftlich-psychologisch auszudeuten beginnt. Primär „auf die Betrachtung der Beschreibungen physikalischer Gegenstände eingestellt" (BPP I, § 1137 / Z § 40), können dann nämlich die Ähnlichkeiten in der »oberflächengrammatischen« (vgl. PU § 664) Erscheinungsform der physikalischen und psychologischen Sätze dazu verführen, solche Ähnlichkeiten auch als ontologische Analogien mißzuverstehen.

Zwei einfache, von Wittgenstein entlehnte Beispiele, die für viele andere innerhalb seines Spätwerkes stehen können, machen dies, unvoreingenommen betrachtet, »leicht« deutlich. Als ein erstes läßt sich die von Wittgenstein so ausgiebig diskutierte und in anderem Zusammenhang bereits angesprochene Grammatik unseres Schmerzbegriffs anführen: „In »Ich habe Schmerzen« wird der Ausdruck der Schmerzen" etwa offensichtlich „auf die gleiche Form gebracht wie die Beschreibung »Ich habe 5 Schilling«." (AVES 79) Und so liegt es natürlich nahe, »*den* Schmerz« analog »*den* Schillingen« als eine eigenständige, »besitzerspezifisch« lokalisierbare, freilich ein wenig ungreifbare »Entität« aufzufassen und den Ausdruck »Ich habe Schmerzen«

(in seinen Notizen zu Frazers *Golden Bough*) etwa darin gesehen, daß in einer Sprache eines Stammes „das, was sich in der letzten Garbe verbirgt, der »Kornwolf« genannt wird, aber auch diese Garbe selbst, und auch der Mann, der sie bindet" (F 38). Verschiedenes wird hier durch identische sprachliche Mittel vordergründig *als* dasselbe behandelt.

als Ganzen entsprechend als eine deskriptive (Selbst-) Bezugnahme auf einen »privaten Gegenstand« zu deuten, statt dessen *überwiegenden* Gebrauch als »sublimierte *Schmerzäußerung*« zu beachten.

Als zweites, ebenso einfaches Beispiel kann man eine irreführende Deutung unseres Gebrauchs von psychologischen Verben sehen. Nehmen wir den Satz: »Ich glaube, daß 13 x 13 = 196 ist«. Hier möchte man vielleicht fragen: „Was glaubt der, der glaubt 13 x 13 ist 196" (oder einen beliebigen anderen mathematischen Satz)? »Glaubt« er etwas – fälschlich – über „das Verhältnis dieser Zahlen"? Und ist solches »Glauben« ein »Akt des Geistes«? Auf der Bejahung (*oder* Verneinung) dieser (*oder* ähnlicher) wohl nur in der »obliquen« Perspektive des Philosophierens gestellten Fragen werde man, wie Wittgenstein meinte, „nicht bestehen", wenn man sich das in ihnen implizit beschlossene Mißverständnis vor Augen führe „– denn es ist leicht zu sehen, daß dieser Schein", es habe das »Glauben« eines mathematischen Satzes überhaupt irgendetwas mit »geistigen Akten« oder deren sogenannten »intentionalen Korrelaten« zu tun, „nur durch die Oberflächenform unserer Grammatik (wie man es nennen könnte) erzeugt wird." (BGM 77) Er entsteht, weil das Verbum »glauben« ebenso konjugiert wird wie das Verbum »schlagen«, und man sich entsprechend suggeriert, dem Ausdruck »ich glaube [etwas]« *müsse* eine spezifische *Tätigkeit* bzw. *Zuständlichkeit* eines »Ich« sowie ein geglaubter Gehalt ebenso korrespondieren, wie dem Ausdruck »ich schlage [auf etwas, etc.]« eine physische Tätigkeit in der Zeit und ein physischer Gegenstand der Bezugnahme korrespondiert. Und so, „wie das Verbum »glauben« konjugiert wird wie das Verbum »schlagen«, so werden" überall in der Sprache „Begriffe für das eine Gebiet nach Analogie weit entfernter Begriffe gebildet" (BPP II, § 635).

Die in beiden angeführten Beispielen manifeste Tendenz, die Grammatik psychologischer Ausdrücke aufgrund oberflächengrammatischer Ähnlichkeiten nach dem Muster des Redens über die physische Welt aufzufassen, erzeugt, auf das Gebiet der Psychologie (oder der Philosophie des Geistes) übertragen, natürlich eine überaus „[i]rreführende Parallele". Man meint dann nämlich: „Psychologie handelt von den Vorgängen in der psychischen Sphäre, wie die Physik in der physischen" (PU § 571), wobei man das psychisch Gegebene dann mithilfe des „Ausdruck[s] »spezifische psychologische Erscheinung«, oder »unreduzierbares Phänomen«" (BPP I, § 200), zwar nicht als ein nach den Kriterien physischer Vorgänge raumzeitlich identifizierbares, aber in seiner vermeintlichen Irreduzibilität doch gewissermaßen »ätherisches« *Objekt* psychologischer Forschung oder philosophischer Theoriebildung denkt. Man setzt die Begreifbarkeit des Psychischen vermittels der ontologischen Kategorien des Physischen als »metaphysischen«, in aller folgenden Thematisierung nicht weiter befragten »Anfangsgrund« der Theorie des Geistes *voraus,* und zwar einfach dadurch, *daß* man »das Geistige« als den Prozessen in der äußeren Sphäre analoge, aber bislang noch unverstandene Prozesse in jenem noch kaum erforschten Medium unseres »Inneren« denkt. Und damit ist der „entscheidende Schritt im Taschenspielerkunststück ... getan", welcher uns als solcher „gerade ... unschuldig" erscheint. „Wir reden" in *verdinglichender* Weise „von Vorgängen und Zuständen", die wir im Schema eines tatsachendeskriptiven Satzes an Subjektsstelle durch Begriffe zu benennen scheinen, gerade so, wie wir physische Vorgänge, Zustände und Gegenstände bezeichnen, „und lassen ihre Natur unentschieden! Wir werden vielleicht einmal mehr über sie wissen – meinen wir. Aber eben dadurch haben wir uns auf eine bestimmte Betrachtungsweise festgelegt" (PU § 308): darauf, daß es *überhaupt* sinnvoll sei, die Gegebenheiten des Psychischen als isolierbare, ontologisch eigenständige und insofern auch erforschbare »Gegenstände«, »Zustände« oder »Prozesse« anzusehen. Doch „Sehen, Hören, Denken, Fühlen, Wollen sind nicht *im gleichen Sinne* die Gegenstände der Psychologie, wie die Bewegungen der Körper, die elektrischen Erscheinungen, etc., Gegenstände der Phsyik." (PU § 571) *Das* Sehen, *das* Hören, *das* Denken etc. „ist, grammatikalisch, ein Zustand" (PU § 572) oder Vorgang in der Sphäre des Mentalen, will heißen: wird von unserer Sprache dadurch, daß ein bestimmter Begriff existiert, „grammatisch als" so *etwas* (Bestimmtes, Isoliertes) „*behandelt*" (PU § 573 / Herv. S.M.).

Wie man an der Mannigfaltigkeit der überlieferten Theorien des »Verstehens« und »Denkens« ersieht, ist die Versuchung, die „unverstandene Verwendung des Wortes als Ausdruck eines seltsamen *Vorgangs*" (PU § 196) in der Psyche zu deuten, gerade bei *diesen* Worten besonders stark. Wittgenstein ist ihr deshalb nachdrücklicher als im Falle anderer psychologischer Begriffe entgegengetreten. Gerade die Vorstellung nämlich, »Denken« sei als ein Vorgang im »Inneren« aufzufassen, d.h. als etwas, daß wir – »landläufig« gesprochen – „*mit dem Kopf,* oder im Kopf" vollziehen, hielt er für eine „der philosophisch gefährlichsten Ideen" (PG § 64 / Z § 605), die von uns Besitz ergreifen können, gibt doch die „Idee von einem Vorgang im Kopf, in" jenem „gänzlich abgeschlossenen Raum, ... dem Denken etwas Okkultes." »Gefährlich« ist diese Vorstellung, weil man nun versucht sein wird zu „sagen: Denken sei eine Tätigkeit unseres Geistes, wie Schreiben eine Tätigkeit der Hand" (PG § 64) oder Sprechen eine Tätigkeit „mit dem Mund und Kehlkopf" (BB 23), und diese Auffassung hielt er für „eine Travestie der Wahrheit" (PG § 64). Zu ihr neigen wir nicht nur, weil uns die Sprache »das Denken« in solcher Weise vorstellt, sondern auch, weil wir glauben, »das Denken« sei es, was unser Sprechen oder Handeln von bloß mechanischen, gewissermaßen »unorganischen« Vorgängen unterscheide. Wir sind dann beispielsweise „versucht zu denken, daß die Aktion der Sprache aus zwei Teilen besteht; einem inorganischen Teil, dem Handhaben der Zeichen, und einem organischen Teil, den wir als Verstehen, Meinen, Deuten, Denken dieser Zeichen bezeichnen können." (BB 18 f.) Denn man kommt nicht von der Vorstellung weg, „daß, was wir vom Zeichen sehen, nur eine Außenseite zu einem Innern ist, worin sich die eigentlichen Operationen des Sinnes und der Bedeutung abspielen." (Z § 140) Entsprechend stellen wir uns das »Denken« (und analog das »Verstehen«, »Meinen« etc.) als etwas vor, das die äußeren Vorgänge des Zeichengebrauchs innerlich in sinnstiftender Weise *begleitet*. So ist man geneigt, »Sprechen« (oder »Handeln«, wofür natürlich das gleiche gilt) und »Denken« gleichsam als zwei parallel laufende »Vorgänge« anzusehen, wobei man „mit dem Wort »geistiger Vorgang«" den Prozeß des »eigentlichen« Intendierens der »Bedeutung« vom „»physikalischen Vorgang«" (PG § 65) des Sprechens unterscheidet.

Inwiefern aber ist das so konzipierte »Denken« eine »geistige Tätigkeit« im Sinne eines zu physischen Vorgängen *analogen* »unkörperlichen Vorgangs«? „»Denken ist ein unkörperlicher Vorgang«" *sagen* wir zwar, wenn man dadurch die Grammatik des Wortes »denken« von der des Wortes »essen« bzw. in unserem Beispiel von der des Wortes »schreiben« „unterscheiden", d.h. „die Bedeutung des Wortes »denken« auf primitive Weise erklären" will. „Nur erscheint dadurch der Unterschied der Bedeutungen zu *gering*." (PU § 339) Denn während man für physische Vorgänge wie »Schreiben« und »Sprechen« (in gewissem Rahmen, versteht sich) Individuationskriterien nennen kann, die die Identiät *dieses* Vorgangs von *jenem* zu unterscheiden gestatten, ist dies im Falle des »Denkens« ja unmöglich. Weder läßt sich angeben, wo (und wann) ein – wie man sagt – »Akt des Denkens«

beginnt oder wo (und wann) er endet, noch, durch welches Merkmal sich seine spezifische Qualität im Unterschied zu anderen »Akten des Denkens« bestimmt. Anders als im Falle physischer Vorgänge kann man im Falle des »Denkens« auch „kein *Agens*, das denkt" (BB 23), in *demselben* Sinne nennen, wie man im Falle des Schreibens etwa die Hand oder des Sprechens den Mund anführen kann; es sei denn, man fingiert unter dem Zwang der syntaktisch projektiven Übertragung des Schemas der Rede von physischen Vorgängen »den Geist« (oder »das Ich«) als Agens des jeweiligen »Denkaktes« hinzu.

Sich dies klarzulegen, kann nach Wittgensteins Ansicht dazu verhelfen, die irreführende Parallele: das Schreiben, ein äußerer Vorgang – das Denken, ein »innerer«; das Schreiben, eine Tätigkeit der Hand – das Denken, eine Tätigkeit des Geistes (oder des »Ich«), gänzlich preiszugeben. Wir entfalten sie ja nur, weil wir die grammatische „Analogie" zwischen »schreiben« bzw. »sprechen« und »denken« trotz aller Unterschiede, die wir durch das Adjektiv »unkörperlich« andeuten, „durchweg" noch „bestehen zu lassen" (BB 23) versuchen. Richtig ist: „Denken ist *keine* körperliche Tätigkeit. Ist Denken" aber darum schon überhaupt etwas von der Art einer – ätherischen, unkörperlichen – „Tätigkeit?" (Z § 123) Dieser Ansicht war Wittgenstein nicht. Wenn er gegen die tradierte Auffassung geltend machte, »Denken« sei *kein* »unkörperlicher Vorgang« in unserem »Geist«, wollte er also nicht auf die Behauptung hinaus, es sei eine »Tätigkeit« oder ein »Vorgang« *irgendeiner* anderen Art. Denn was heißt hier „»kein unkörperlicher Vorgang«? Kenne ich also unkörperliche Vorgänge, das Denken aber ist nicht einer von ihnen? Nein" (PU § 339); es soll heißen, daß das, was wir üblicherweise mit dem Ausdruck »denken« meinen, *überhaupt nicht* vom ontologischen Typ eines isolierbaren, eigenständigen »Vorganges« sei.

Schon deshalb kann man nicht sagen, daß „das Denken" eine parallel verlaufende „Begleitung des Sprechens, noch sonst irgend eines Vorgangs" (BPP II, § 7) (des Handelns, z.B.) sei; „ungefähr wie wir nach Noten singen." (PU § 22) Es kann auch nicht als „eine Art Sprechen" gelten, wie der Wittgenstein des *Tractatus* noch wollte. Denn „man kann z.B. den »Denkvorgang« nicht unbegleitet", also nicht ohne sein sogenanntes »äußeres Korrelat« „vor sich gehen lassen. Er hat auch nicht Abschnitte, die den Abschnitten der andern Tätigkeit (des Redens z.B.) entsprechen." (BPP II, § 7) „Wenn ich in der Sprache denke," schrieb er in den *Philosophischen Untersuchungen*, „schweben mir" ja „nicht neben dem sprachlichen Ausdruck noch »Bedeutungen« vor", die ich parallel zum Gebrauch der Worte »denke«; „sondern die Sprache selbst ist das Vehikel des Denkens." (PU § 329) Seit den Gesprächen mit Friedrich Waismann schien es Wittgenstein deshalb am besten, „Denken" als das „Operieren mit Symbolen" bzw., wie er an anderen Stellen analog sagt: »mit Zeichen« zu beschreiben.[3] „Aber »denken« ist" – wie alle – „ein fließender Begriff", und deshalb schreckte er, obgleich er diese Ansicht der Sache nach niemals preisgab, von einer derart »definitorisch« klingenden Ausdrucksweise letztlich zurück. „Ich könnte auch sagen", notierte er alternativ: „Denken ist operieren mit der Sprache; aber »Sprache« ist, wie wir gesehen haben, ein nicht weniger „fließender Begriff." (PG § 65) Die von Wittgenstein alternativ angebotene Formulierung sollte natürlich nicht heißen, daß »Denken« ausschließlich der Gebrauch von Sprache sei. Denn „[g]ewiß geht das Denken der gewöhnlichen Menschen in einer Mischung von Symbolen vor sich, in der vielleicht die eigentlich sprachlichen nur einen geringen Teil bilden." (PB § 5) Es sollte aber heißen, daß man die Phänomene, die wir »Denken« nennen, nicht von unserer Fähigkeit des Symbolgebrauchs im weiteren Sinne abkoppeln kann.

Gleiches gilt für den Begriff des »Verstehens«, hinsichtlich dessen Wittgenstein ebenfalls schon in den Gesprächen mit Waismann bemerkte, „daß das Verstehen" gar nicht als ein „besonderer psychologischer Prozeß" (WWK 167) anzusehen sei, also beispielsweise *nicht* als geistiger „Akt des momentanen, sozusagen nicht-diskursiven Erfassens der Grammatik" (PG § 11) eines Zeichens, wie wir uns dies gewöhnlich vorstellen, wenn wir etwa sagen, daß wir „die ganze Verwendung" eines „Wortes mit einem Schlage erfassen" (PU § 191 / vgl. § 197) und es – *von nun an* – »verstehen«. Es gehe uns, notierte er in der *Philosophischen Grammatik*, „mit dem psychischen Vorgang des Verstehens wie mit dem arithmetischen Gegenstand Drei. Das Wort »Vorgang« hier und das Wort »Gegenstand« dort geben uns eine falsche grammatische *Einstellung* zu dem Wort." (PG § 42) Beide, *das* Verstehen und *die* Drei, werden ja nur durch eine Nominalisierungsmöglichkeit unserer Sprache als »etwas« von einem bestimmten ontologischen Typus *behandelt*. So sehr es, wie sich Wittgenstein an Freges diesbezüglichen Theoremen überzeugen konnte, in der Mathematik

---

[3] Vgl. ohne Anspruch auf Vollständigkeit der Aufzählung der heranzuziehenden Belegstellen neben PG § 65 nur: WWK 169 f. / BB 23 / PU § 449 / BPP II, §§ 7, 188, 189.

zu metaphysischen, in diesem Falle »platonistischen« Sichtweisen führen muß, wenn man eine Zahl als einen (wie man dann zu sagen gezwungen sein wird: ätherischen, in der objektiven Welt der Gedanken oder Ideen anzusiedelnden) »Gegenstand« ansieht, so sehr muß uns die Auffassung vom Verstehen als einem Vorgang zu inadäquaten Theorien des Verstehens führen.

Die tradierte Vorstellung zumal, die man – von Platon über Lokke und Kant bis zur Gegenwart von Philosophen vertreten – als einen semantischen »Platonismus« bezeichnen könnte und die behauptet, der »Vorgang« des Verstehens bestehe darin, daß man sich beim Hören eines Wortes gewissermaßen eine allgemeine »Idee«, ein allgemeines Vorstellungsbild (vgl. PU § 139) bzw. ein allgemeines „Schema" (PU § 141) der Verwendung als dessen alle individuellen Anwendungsfälle umgreifende »Bedeutung« *vergegenwärtige*, hielt er dabei für *besonders* irreführend. Nicht nur nämlich muß man beachten, daß der semantische Platonismus, „das Verstehen wäre quasi das Sehen eines Bildes", gar nichts erklärt: Denn „dieses Bild", das man dann sähe, würde ja „selbst wieder ein" allererst zu verstehendes „Zeichen" (PG § 2), nicht aber *die* vermeinte allgemeine »Bedeutung« des Wortes sein. Welche Ähnlichkeit hätte dieser *so* gedachte »Vorgang« des Verstehens von Worten zudem beispielsweise mit dem, was wir das „Verstehen eines" gewöhnlichen gemalten „Bildes, etwa eines Genrebildes", nennen? Soll man hier auch sagen, daß die ikonischen Zeichen des Bildes allgemeine Vorstellungen wachrufen und wir gewissermaßen über die Vermittlung dieser Vorstellungen „die gemalten Menschen als Menschen, die gemalten Bäume als Bäume erkennen, etc." (PG § 117)? *Nichts* läßt sich in der Vielfalt dessen, was wir »verstehen« nennen, als etwas von der Art eines immer gleichartigen Vorgangs der physischen Welt erfassen. Darum empfahl Wittgenstein hinsichtlich aller Erörterung des Problems des »Verstehens«: „Denk doch einmal gar nicht an das Verstehen als »seelischen Vorgang«! – Denn *das* ist die Redeweise, die dich verwirrt." (PU § 154)

Schon gar nicht, schrieb er, sei es als ein innerer „Zustand" (WWK 167 / vgl. PG § 10) des »Geistes«, bzw. als ein »Bewußtseinszustand« einer Person aufzufassen. Auch diese Auffassung, die man nicht nur hinsichtlich des Begriffs des »Verstehens«, sondern auch unserer Begriffe des »Glaubens«, »Wissens« oder »Beabsichtigens« vertreten mag, entspringt nach Wittgenstein einem Mißverständnis ihrer Grammatik. Zu ihr werden wir nämlich durch Wendungen wie „»Ich verstehe dieses Wort seit gestern«" (PU 96), »Ich weiß, wo Japan liegt« oder ähnliche veranlaßt; Wendungen, in denen es oberflächlich betrachtet so aussieht, als sei von einer zeitlichen Erstreckung des »Verstehens« oder »Wissens« die Rede. Will man aber wirklich sagen, daß so etwas wie ein »Zustand« des Verstehens oder Wissens – gleichsam latent, der gelegentlichen Aktualisierung harrend – die Psyche durchzieht; und zwar auch dann, wenn man beispielsweise an Japan faktisch gar nicht denkt? *Wenn* man dies sagt, wird man sicher rasch versucht sein, *unbewußte* Zustände des Geistes zu erfinden und als ontologische Entitäten eigenen Typs in die Theorie des Geistes einzuführen. Um solche fiktiven ontologischen Hypostasen zu vermeiden, schien es Wittgenstein bereits in den Gesprächen mit Waismann ratsam, »Verstehen« nicht als „Zustand", sondern als „Disposition" (WWK 167), d.h. als Fähigkeit ähnlich dem Begriff „multiplizieren *können*" (PG § 11) zu analysieren, in dessen Falle man wohl kaum behaupten wird, er beziehe sich auf einen zeitkontinuierlichen »Zustand« des Geistes. »Verstehen« heißt ja in vielen, wenn nicht den meisten Verwendungen einfach: „die Frage »was sagt dieser Satz«" bzw. »was bedeutet dieses Wort« „beantworten *können*" (PG § 6 / Herv. S.M.), so wie man das Ergebnis der Multiplikation 6 x 6 nennen *kann*, ohne daß man behaupten würde, jemand befinde sich (unbewußt) in einem ununterbrochenen Zustand des Wissens um das betreffende Ergebnis. Entsprechend notierte Wittgenstein noch in den *Bemerkungen über die Philosophie der Psychologie*, „Glauben, Verstehen, Wissen, Beabsichtigen, u.a. seien nicht Bewußtseinszustände." Wenn er diese, wie er sagt: „für einen Augenblick", demgegenüber »Dispositionen« nennt, will er aber selbstverständlich „keine kausale", sondern eine grammatische „Bemerkung" (BPP II, § 45) machen. Denn es geht ihm nicht darum, das, was man auf den ersten Blick als »Zustand« des Geistes betrachten möchte, nun als dispositionelle »Anlage« „eines Seelenapparats (etwa unsres Gehirns)" (PU § 149) darzustellen, die eine unserer mentalen Fähigkeiten *bewirkt*. Vielmehr will er Licht auf den Gebrauch solcher Begriffe werfen, mit denen wir jedenfalls *keine* (bewußten oder unbewußten) »Zustände« des Geistes meinen.

Wir meinen beim Gebrauch des Wortes »verstehen« – auf diesem Punkt ist hier wie überall in diesen Fragen zu insistieren – überhaupt kein einheitliches Phänomen. Und weil es *das* Phänomen »Verstehen« nicht gibt, kann es auch eine Theorie des Verstehens nicht geben. „Ich lese" – beispielsweise – „aus der Mitte einer Erzählung den Satz: »nachdem er das gesagt hatte, verließ er sie wie am vorigen Tage.« Verstehe ich den Satz? – Das ist nicht leicht zu beantworten. Es ist ein deutscher Satz, und insofern verstehe ich ihn. Ich wüßte wie man diesen Satz gebrauchen könnte, ich könnte einen Zusammenhang für ihn erfinden. Und doch verstehe ich ihn nicht in dem Sinne, wie ich ihn verstünde, wenn ich die Erzählung gelesen hätte." Was also wäre hier als das »eigentliche« Verstehen anzusehen? Läßt sich dies überhaupt kriterial definieren? „*Verstehen* wir" nicht auch Nonsense-Gedichte „von Christian Morgenstern, oder Lewis Carroll's Gedicht »Jabberwocky«? Es zeigt sich hier klar, daß der Begriff des Verstehens fließt" (PG § 5), daß es nichts gibt, was sich als das »eigentliche« Verstehen ausweisen ließe.

Für das, was wir das Verständnis eines Wortes nennen, ist die Fähigkeit, es unter bestimmten Umständen anwenden, es im Rahmen unserer öffentlichen Sprachspiele korrekt gebrauchen zu können, zweifellos ein wichtiges, wenn nicht das wichtigste Charakteristikum. Man könnte sagen, „»die Bedeutung eines Wortes verstehen« heißt, die grammatischen Möglichkeiten seiner Anwendung kennen" (PG § 10). „»Einen Satz verstehen« kann", wie schon angedeutet, im Unterschied dazu wohl vor allem „heißen, »wissen was der Satz besagt«, d.h. die Frage »was sagt dieser Satz« beantworten können." (PG § 6) Der sogenannte „Vorgang, den wir das Verstehn eines Satzes ... nennen", ist dabei entweder „ein Übertragen aus einem Symbolismus in einen andern", will sagen: „ein Übertragen" der jeweils »zu verstehenden« Zeichen „in eine andere Darstellungsart" (PG § 7), welche – je nach Perspektive – deutlicher oder weniger mißverständlich erscheint, oder aber ein Handeln, welches wir als »verständnisvolles« betrachten. Was hier als »Vorgang« des »Verstehens« geschieht, kann man insofern am besten als „ein Übersetzen, sei es in andere Symbole, sei es in ein Handeln" (V I, 46; vgl. 67 f.), darstellen. In den Fällen schließlich, in denen wir vom Verstehen komplexer Zeichengebilde – einer Sprache, eines Romans oder auch einer philosophischen Theorie – sprechen, heißt »Verstehen« in der Regel wohl „etwas Ähnliches wie »Übersehn«." (PG § 2) Es heißt, sich in einem *System* von Unterscheidungen und Verweisungen von Zeichen von- und aufeinander zurechtzufinden. In all diesen – mehr oder minder – ähnlichen Fällen läßt sich das, was wir mit dem Ausdruck »verstehen« meinen, am unverfänglichsten als eine Fähigkeit des Operierens mit Zeichen beschreiben, keinesfalls aber als Enthüllung eines dem Verstehen gegenüber vorgängigen geistigen Gehalts, der „gleichsam ... *vorhanden;* also für unser Verstehen nur zu »entdecken« ist."[4] Als Fähigkeit des Operierens mit Zeichen expliziert, überschneidet sich der Begriff des »Verstehens« insofern ein Stück weit mit dem des »Denkens«.

Es stimmt schon: „Die Worte »verstehen«" und »denken« „bedeuten *in einem Teil* ihrer Anwendungen" neben all dem Genannten gelegentlich *auch* „eine psychische Reaktion", beispielsweise „beim Hören, Lesen, Aussprechen, etc." (PG § 3 / Herv. S.M.) eines Satzes oder eines Textes. Und daß in vielen Fällen, in denen wir von »verstehen« sprechen, irgendetwas »Geistiges« in Personen vorgeht, bestreitet Wittgenstein zudem auch nicht. Aber er will seinen Leser doch davon überzeugen, daß in „dem Sinne, in welchem es für das Verstehen" oder Denken wohl „charakteristische Vorgänge (auch seelische Vorgänge) gibt," beides selbst „*kein* seelischer Vorgang" (PU § 154) sei. Wenn man wie Wittgenstein so besehen die einer verfehlten Analogisierung zwischen Physischem und Psychischem entspringende Vorstellung vom Psychischen als einem „noch unverstandenen Prozeß im noch unerforschten Medium" leugnet, kann es natürlich so scheinen, als habe er die Existenz von „geistigen Vorgängen" überhaupt „geleugnet" (PU § 308). Und daß seine Auffassung, daß – um ein konkretes Beispiel zu geben – ein Wort wie »Aufregung« sowenig wie »Verstehen« und »Denken« *einen* inneren Vorgang dieses Namens bezeichne, „dahin mißverstanden" werden könnte, „man leugne die innere Aufregung" (BPP I, § 335), sah er freilich wohl. Doch wie wir anmerkungsweise bereits erwähnten, wollte er dies aber „natürlich nicht leugnen!" (PU § 308)

Wie weit er davon aber tatsächlich entfernt ist, wird beispielsweise an seiner Stellung zu prominenten, insbesondere unter Naturwissenschaftlern auch gegenwärtig weit verbreiteten »materialistischen« Theorien des Geistes deutlich: etwa zum sogenannten »psycho-physischen Parallelismus«, der alle Gegebenheiten in der Sphäre des Psychischen auf korrelativen physischen (des Gehirns oder des Nervensystems) basieren will. „Das Vorurteil für den psycho-physischen Parallelismus" hegt man nach Wittgenstein, weil man fürchtet, andernfalls die metaphysische Existenz einer „Seele *neben* dem Körper, ein

---

[4] So zu Recht auch Friedrich *Kambartel* in seinem an Wittgenstein angelehnten *Versuch über das Verstehen,* in: »Der Löwe spricht ... und wir können ihn nicht verstehen«, 126.

geisterhaftes Seelenwesen" (BPP I, § 906 / Z § 611), einräumen zu müssen. Ihm dagegen schien keine „Annahme ... natürlicher, als daß dem Assoziieren, oder Denken, kein Prozeß im Gehirn zugeordnet ist" (BPP I, § 903 / Z § 608). Das heißt, er hielt es für „möglich, daß gewisse psychologische Phänomene physiologisch nicht untersucht werden *können*, weil ihnen physiologisch nichts entspricht." (BPP I, § 904 / Z § 609) Und er glaubte auch, daß sich „die Menschen einmal" von ihren im naturwissenschaftlichen Weltbild zementierten Vorurteilen befreien und „zur bestimmten Ansicht kommen werden, dem *einzelnen* Gedanken, der *einzelnen* Vorstellung, Erinnerung, entspreche keinerlei Abbild im Physiologischen, im Nervensystem." (LSPP § 504) Denn den innerhalb *unseres* Weltbildes vordergründig so plausiblen »psycho-physischen Parallelismus« sah er ebenso wie viele andere Theorien des Geistes als „eine Frucht der primitiven Auffassung der Grammatik" (BPP I, § 906 / Z § 611) an.[5] So hatte er, weil er Psychisches weder »epiphänomenalisieren« noch gar leugnen wollte, auch keine Scheu, vom „Bewußtsein in des Andern Gesicht" oder der Wahrnehmung von „Freude, Gleichgültigkeit, Interesse, Rührung, Dumpfheit, u.s.f." (Z § 200) zu sprechen. Nicht *daß* in einem selbst bzw. in einer anderen Person »irgendetwas« psychisch zu Nennendes vorgeht, wird von Wittgenstein so besehen als *„grammatische[ ]* Fiktion" (PU § 307) entlarvt, sondern nur zweierlei: *erstens*, daß man mit solchen Ausdrücken der physischen Welt analoge und entsprechend isolierbare »psychologische Erscheinungen« (Gegenstände, Vorgänge oder Zustände des Geistes) benennt, und *zweitens*, daß man die Grammatik unserer psychologischen Begriffe angemessen verstehen könne, wenn man glaubt, jeder psychologische Begriff sei als *Name* einer »phänomenal-unreduzierbaren psychologischen Erscheinung« aufzufassen.

---

[5] Es würde im Kontext unserer Untersuchung zu weit führen, Wittgensteins Kritik des »psycho-physischen Parallelismus« in der Leib-Seele-Theorie im einzelnen zu diskutieren. Darum sei hier nur thesenhaft angedeutet, was er mit der Bezeichnung dieser Theorie als »Frucht der primitiven Auffassung der Grammatik« meint: Wittgenstein ist der Ansicht, daß die Theorie des »psycho-physischen Parallelismus« einer letztlich grundlosen Verabsolutierung des in unserer Sprache gelegenen »Ursache – Wirkung«-Schemas entspringt; das heißt, einem uns durch die Sprache aufgenötigten und in unserem Weltbild zementierten Zwang, für *alles* eine (in diesem Falle: physische) Ursache anzuführen. Vgl. dazu BPP I, §§ 903-911 im Zusammenhang mit UW 103 f. (Notiz vom 26.9.37). Wittgensteins Stellung zu konkurrierenden Leib-Seele-Theorien erörtert ein wenig eingehender J. *Schulte, Erlebnis und Ausdruck*, 147 ff.

„Was wir leugnen," schrieb er deshalb, „ist, daß das Bild vom inneren Vorgang uns die richtige Idee von der Verwendung des Wortes ... gibt." (PU § 305)

18.2 Kontexte und Lebensmuster

Verhielte es sich nämlich so, könnte man die »Bedeutung« psychologischer Begriffe ja nur durch Bekanntschaft mit jenen (vermeintlichen) »psychologischen Erscheinungen« kennen, z.B. auf Grund einer epistemisch ausgezeichneten Erfahrung solcher Phänomene in unserem »Inneren«, die uns eine subjektive Kenntnis von ihnen verschaffen müßte, welche eine jede Person dann letztlich nur in privater Selbstbezugnahme nachvollziehen kann. Wie wir freilich bereits im Zuge der Rekonstruktion des sogenannten »Privatsprachenarguments« als einem Argument von der Unmöglichkeit eines privaten Bedeutungswissens ausführlich gesehen haben, ist *diese* Vorstellung völlig haltlos. Wir *könnten* in jedem neuen Falle des Gebrauchs eines psychologischen Begriffs gar nicht entscheiden, ob wir dasselbe, etwas anderes, ja ob wir überhaupt irgendetwas Bestimmtes mit ihm meinen. Daß dasjenige, was wir mit unseren psychologischen Begriffen meinen, überdies auch gar keine der physischen Welt analoge »Gegebenheiten« sind, sieht man – sofern man sich von der irreführenden Parallele zu physikalischen Untersuchungen radikal befreit – nach Wittgenstein im übrigen schon daran, „daß der Physiker" die von ihm thematisierten „Erscheinungen" der physischen Welt „sieht, hört, über sie nachdenkt, sie uns mitteilt" etc., „der Psychologe" aber nur „die *Äußerungen* (das Benehmen) des Subjekts" (PU § 571) beobachten kann. Für das, was der Psychologe ein wenig irreführend „»innerer Vorgang«" nennt, „bedarf" er „äußerer Kriterien" (PU § 580), die für gewöhnlich Kriterien des Verhaltens von Personen sein werden. Und was für den empirisch-wissenschaftlich arbeitenden Psychologen gilt, ist nicht weniger hinsichtlich der Begriffe unserer »Alltagspsychologie« zu beachten. Wenn wir im alltäglichen Sinne beispielsweise von der »Traurigkeit«, der »Hoffnung« oder dem »Denken« einer Person als ihrem »inneren Zustand« oder als einem »Vorgang in ihrem Inneren« sprechen, tun wir dies ja nicht anders als der Psychologe, der seinem Patienten bzw. seiner Versuchsperson einen Zustand »depressiver Verstimmung« (oder beliebiges anderes) zuschreibt, weil die betreffende Person in ihren Äußerungen ein Bündel von sprachlichen und nicht-sprachlichen Merkmalen zeigt, die unseren Gebrauch psychologischer Begriffe kriterial motivieren und die wir in unseren Sprachspielen »*so und so*« zu klassifizieren, isolieren und unterscheiden gelernt haben. Wir stellen dadurch das unbestimmte psychische Vorkommnis als »etwas« *fest*, indem wir es mit Hilfe des Wort- oder Satzzeichens in ein nach öffentlich-allgemeinen Kriterien funktionierendes System des Ausdrucks des Psychischen einordnen und ihm *dadurch* den ontologischen Status eines »Ereignisses«, »Vorganges« oder »Gegenstandes« *verschaffen*. Wir tun dies unter stets *besonderen Kontextbedingungen* nach allgemein üblichen Kriterien mit Hilfe von Begriffen, die, wie wir sogleich sehen werden, nach Wittgenstein nichts anderes als Musterbildungen aus wichtigen Gesichtspunkten unseres Lebens sind.

Statt vom »Kontext« eines Begriffs spricht Wittgenstein in der Regel von der „Umgebung" (PU § 583 f.[6]), in die sein Gebrauch „eingebettet" (BPP II, § 16 u.ö) ist, von dem „Hintergrund" (ÜG § 350 u.ö.), vor welchem er zu verstehen sei, oder einfach von dem „Zusammenhang" (BPP II, § 150 u.ö.), in welchem er steht. Er hat diese »Einbettung« von Begriffen anhand zahlreicher Sprachspiele und einprägsamer Gleichnisse zu demonstrieren gesucht. „Eine Eisenbahnstation", schrieb er, „mit allen Einrichtungen, Telegraphenstangen und Telegraphendraht, bedeutet für uns ein weitverzweigtes Verkehrssystem. Aber auf dem Mars findet sich dieses Gebäude mit allem Drum und Dran, auch mit einem Stück Geleise, und bedeutet dort nichts dergleichen." (BPP I, § 372) In den *Philosophischen Untersuchungen* wählt er, nicht weniger einprägsam, das Gleichnis einer „Königskrönung". Es ist ein „Bild der Pracht und Würde. Schneide eine Minute dieses Vorgangs aus ihrer Umgebung heraus: dem König im Krönungsmantel wird die Krone auf Haupt gesetzt. – In einer anderen Umgebung aber ist Gold das billigste Metall, sein Glanz gilt als gemein. Das Gewebe des Mantels ist dort billig herzustellen. Die Krone ist die Parodie eines anständigen Huts. Etc." (PU § 584) Zweifellos nimmt sich die Gestalt des Königs in solcher Umgebung nun ganz anders aus. Analog verhält es sich mit psychologischen Begriffen, deren Gebrauch intrinsisch mit kontextuellen Handlungs-, Situations- und Äußerungsmerkmalen verbunden ist.

---

[6] Vgl. auch ÜG § 349 / LSPP § 366 / Z § 170.

Es ist wichtig zu sehen, daß Wittgensteins Betonung der Kontextsensitivität keineswegs bloß die vergleichsweise »triviale« hermeneutische Einsicht formulieren will, daß man zum Verständnis mancher überaus »vager« Begriffe mit bestimmten kulturellen Horizonten ihrer Verwendung vertraut sein müsse. Solche Begriffe finden sich vielfach in der Sphäre des Ästhetischen, und in ihrem Falle würde wohl kaum jemand bestreiten, daß man, um etwa zu erklären, „was »ausdrucksvolles Spiel«" (Z § 164 / BPP II, § 468) in der Musik heißt, solche Hintergründe kennen müsse, oder daß das angemessene Verständnis eines lyrischen Textes „meine *Vertrautheit* mit der" jeweiligen „Sprache, dem Metrum und den unzähligen Zusammenhängen" (Z § 170) seiner Entstehung, seiner Funktion und anderem mehr: letzten Endes die Vertrautheit „mit einem besonderen Begriffssystem" (BPP II, 469) voraussetze.[7] Wittgenstein meint vielmehr, daß Kontextkriterien in allen Fällen den *öffentlichen* Gebrauch (und insofern kann man auch sagen: die »Bedeutung«) eines psychologischen Begriffs bestimmen, *weil* er sich „auf ein Phänomen des menschlichen Lebens" (PU § 583) bezieht. Insofern ist es zweifellos einer der Hauptgedanken der *Philosophischen Untersuchungen*, daß der Gebrauch solcher Begriffe gar nicht von öffentlichen, gesellschaftlich fundierten Mustern ihrer Verwendung abgelöst werden kann.[8] Was wir überhaupt nur »psychische Zustände« oder »Ereignisse« *nennen*, „erfahren wir als eingebettet in eine bestimmte *Umgebung*", welche „als ein komplexer Zusammenhang von Situation und Handlung zu verstehen"[9] ist. Wenn wir sie uns selbst oder anderen als *bestimmte* durch die Verwendung von *bestimmten* Begriffen zuschreiben, motiviert sich unser Wortgebrauch dadurch, daß wir uns auf ein Lebensmuster, z.B. „das Gram- oder das Freudemuster", seinen gewöhnlichen *„Verlauf"* und seinen typischen *„Körperausdruck"* (LSPP § 406), verstehen.

---

[7] Zur Kontextualität ästhetischer Erfahrung und ästhetischer Prädikate, die uns hier nur am Rande interessieren kann, vgl. auch VB 523 und Z § 175.

[8] Zu Recht nannte es Eike von *Savigny, Wittgensteins »Philosophische Untersuchungen«*, deshalb geradezu „das Ziel" dieses Werkes, in etwa die folgende „These über seelische Sachverhalte" zu begründen: „Die Tatsache, daß jemand etwas vorstellt, etwas erwartet, etwas wünscht, etwas fühlt, an etwas denkt oder etwas beabsichtigt usw., betrifft ihn nicht isoliert. Diese Tatsache besteht vielmehr darin, daß die Muster seines individuellen Verhaltens in bestimmter Weise in Muster des sozialen Verhaltens in der Gemeinschaft, zu der er gerechnet wird, eingebettet sind." (Bd. 1, 7)

[9] So schon Hans-Joachim *Giegel, Die Logik der seelischen Ereignisse.* Zu Theorien von L. Wittgenstein und W. Sellars, Frankfurt/Main 1969, 83.

Nicht weniger als die *Bemerkungen über die Philosophie der Psychologie* versuchen darum die *Philosophischen Untersuchungen* einsichtig zu machen, daß der Gebrauch *beliebiger* psychologischer Begriffe gar nicht ohne Beachtung eines öffentlichen, durch Handlungs- und Verhaltensmerkmale gekennzeichneten situativen Kontextes verstanden werden *kann.* Anhand der Sprachspiele, die wir mit den Worten »Lesen« (vgl. PU § 156 ff.), »Zu-sich-selbst-Sprechen« (vgl. PU § 344), »Kopfrechnen« (PU § 385) oder intentionalen Ausdrücken wie »erwarten«, »hoffen« (vgl. PU §§ 581, 583 u.ö.) etc. spielen, zeigt Wittgenstein, daß wir sie stets „für eine Familie von" heterogenen „Fällen" verwenden und daß wir „unter verschiedenen Umständen verschiedene Kriterien ... dafür" zugrunde legen, „daß Einer liest" (PU § 164), »im Kopfe« rechnet, etwas erwartet oder zu sich selber spricht. Dabei ist ihm der an *einzelnen* Sprachspielen *ad oculos* übersichtlich präsentierte Nachweis wichtig, daß das Kriterium der sinnvollen oder unsinnigen, rechtmäßigen oder unrechtmäßigen Verwendung dieser psychologischen Begriffe in *keinem* dieser Fälle die Existenz eines vordergündig damit benannten psychischen Vorgangs, sondern stets die Gegebenheit *„gewisse[r] Umstände"* (PU § 154 / vgl. §§ 155, 179, 182 f.) ist, unter denen wir von »*so* etwas« sprechen.

Man kann sich diesen Gedanken exemplarisch an einem Begriff wie dem des »Kopfrechnens« deutlicher zu machen versuchen. Wann würden wir z.B. sagen, jemand rechne im Kopf? Und wäre „auch dies möglich, daß einem Volksstamm nur das Kopfrechnen bekannt ist, und kein anderes?" Das heißt: „Wäre es denkbar, daß Einer im Kopfe rechnen lernte, ohne je schriftlich oder mündlich zu rechnen?" (PU § 385) Wenn man, wie man noch unbeeindruckt von Wittgensteins Überlegungen wahrscheinlich sagen würde, den Ausdruck »Kopfrechnen« als Benennung eines »inneren, geistigen Vorgang« auffaßt, wird man diese Fragen wohl bejahen und behaupten, jemand »rechne im Kopf«[10], sofern er »in« seinem »Geist« gewisse Operationen mit Zahlen vollzieht. Nehmen wir aber nun an, jemand solle unter dieser Voraussetzung die Multiplikation »13 x 13« im Kopf rechnen. Wie könnten wir entscheiden, ob er wirklich »innerlich rechnet«, wenn er »169« als Ergebnis herausbringt – und dies nicht nur »ahnt« oder zufällig

---

[10] »Im Kopf«, würde man vielleicht hinzufügen, sei natürlich eine dem Bereich des Leiblichen entnommene Metapher; es komme nur auf den Vorgang des »geistigen Rechnens« an.

»rät«? Und wichtiger noch: „Wie weiß *er selbst*, daß er tut, was man von ihm verlangt" (PU § 375 / Herv. S.M.), daß also seine »geistige Operation« ein »Kopfrechnen« zu nennen ist? Wenn der Ausdruck »Kopfrechnen« tatsächlich einen inneren Vorgang bezeichnete, *könnte* er dies, wie wir gesehen haben, nicht wissen, sowenig, wie er selbst in einer Selbstzuschreibung oder ein anderer im Zuge einer Fremdzuschreibung das, was er jeweils »geistig« tut, von einem »Ahnen« oder »Raten« unterscheiden könnte.

Diese Problemlage kann uns nach Wittgenstein für die Einsicht sensibilisieren, daß unser Gebrauch des Ausdrucks »Kopfrechnen« tatsächlich *überhaupt nicht* durch Bezugnahme auf einen »geistigen Vorgang« dieses Namens motiviert wird. Daß wir in besonderen Situationen von »Kopfrechnen« und nicht von einem »Erraten« des Ergebnisses einer Rechnung reden, hat vielmehr in den von Wittgenstein namhaft gemachten »Umständen« seinen Grund. Und wenn wir die jeweilige Situation mit veränderten Umständen umgeben, werden „die Erscheinungen nun zu einem andern Vorbild hin gravitieren." (PU § 385) Denn vor dem Hintergrund der jeweiligen Umstände haben wir gelernt, ein bestimmtes Muster von Merkmalen sprachlichen und nichtsprachlichen Verhaltens ein »Kopfrechnen« zu nennen. Unsere Anwendung dieses Begriffs setzt *sie* sowie die Vertrautheit mit diesem Muster voraus; konkreter gesprochen: setzt – im Unterschied beispielsweise zum Spiel des »Zahlenratens« – voraus, daß derjenige, der »169« als Ergebnis von »13 x 13« nennt, nicht als geistesschwach oder unzurechnungsfähig gilt, daß Ergebnis bei Nachprüfung wiederholen und über seinen »Lösungsweg« – mindestens potentiell – auch öffentlich Rechenschaft geben kann. Vor allem setzt sie, neben manchem anderem, die Existenz *unserer* Praxis des Rechnens voraus, in der, wie wie gesehen haben, das je genannte, »überbestimmte« Ergebnis als Kriterium der Ausführung einer Rechnung gilt. Wo solche Kontextbedingungen nicht gegeben sind, hat es auch keinen Sinn, von einem »Kopfrechnen« und nicht etwa von einem (eventuell gar im Resultat konstanten) »Zahlenraten« zu reden.

Was für das triviale Beispiel des »Kopfrechnens« gilt, gilt – mutatis mutandis – für alle psychologischen Begriffe: Ihr Gebrauch ist „eingebettet" in spezifische öffentliche Umstände, in einer spezifischen „Situation, den menschlichen Gepflogenheiten und Institutionen" (PU § 337 / vgl. § 581), und „charakterisiert", wie Wittgenstein einmal im Blick auf unseren „Schmerzbegriff" sagt, „durch ganz bestimmte Zusammenhänge. ... Er läßt sich aus diesem Zusammenhang nicht lösen", gerade so, wie „es einen Zug mit dem Schachkönig" nicht »an und für sich«, sondern „nur in einem bestimmten Zusammenhang gibt" (BPP II, § 150), nämlich unserer Institution des Schach-Spielens, außerhalb derer er jeder Bedeutung entbehrt. Wenn Wittgenstein „den Ausdruck »eingebettet« gebraucht" und wieder und wieder sagt, „die Hoffnung, der Glaube, etc. sei im menschlichen Leben, in allen Situationen und Reaktionen, die das menschliche Leben ausmachen, eingebettet" (BPP I, § 16), will er also betonen, daß eine *erstens* phänomenidentifikatorische, *zweitens* lebensformunspezifische und *drittens* sprachspielneutrale Thematisierung der von diesen Worten »gemeinten« psychischen »Ereignisse«, z.B. in der Psychologie oder der Philosophie (des »Geistes«), schlechthin unsinnig sei. Auch hinsichtlich des philosophisch so (vor-) belasteten Begriffs des »Denkens« ist dies zu beachten. „Sagen wir, es denke *jeder*, der sinnvoll spricht? Z.B. der Bauende im Sprachspiel No. 2? Könnten wir uns nicht das Bauen und Rufen der Wörter, etc., in einer Umgebung denken, in der wir es mit einem Denken nicht im entferntesten in Zusammenhang brächten?" (Z § 98) Wie die (im Rahmen unserer Untersuchung) letztmalige Betrachtung des als Vergleichsobjekt so fruchtbaren Sprachspiels No. 2 der *Philosophischen Untersuchungen* zeigt, ist dies selbstverständlich der Fall. Denn wir „lernen das Wort »denken«" – wie jedes – „gebrauchen *unter bestimmten Umständen*. Sind die Umstände andere, so wissen wir's nicht zu gebrauchen." Hätte nämlich das Leben der Bauenden aus Sprachspiel No. 2 über den phonetischen Gebrauch von Zeichen hinaus mit dem unsrigen gar keine Ähnlichkeit, fiele es uns schwer, von ihrem »Denken« zu sprechen. Doch „müssen wir ... jene Umstände nicht beschreiben können" (LSPP § 41), müssen nicht *definieren* können, wie weit solche Ähnlichkeit reichen muß. „Wenn wir Wesen bei der Arbeit sähen, deren Arbeits*rhythmus*, deren Minenspiel, etc., dem unsern ähnlich wäre, nur daß sie nicht *sprächen*, dann würden wir vielleicht" *dennoch* „sagen, sie dächten, überlegten, machten Entscheidungen. Es wäre da eben viel, was dem Tun des gewöhnlichen Menschen entspricht." Gleichwohl ist niemals *exakt* „zu entscheiden, wie genau die Entsprechung sein muß, damit wir den Begriff »denken« auch bei ihnen anzuwenden ein Recht haben." (Z § 102)

Wollte man die dargelegten Überlegungen zur Grammatik psychologischer Begriffe mit der Frage konfrontieren, ob sie nicht behaupteten, daß beispielsweise „nur hoffen", nur »denken« könne, „wer" auch „sprechen kann" (PU 277 / LSPP § 365), so würde Wittgenstein sie bejahen. Denn die „Zeichen" solcher scheinbaren »psychische Akte, Vorgänge, Zustände oder Ereignisse«, die uns veranlassen, etwas *als* »Hoffnung« zu bezeichnen, sind nach seiner Auffassung nichts anderes als „Modifikationen eines komplizierten Lebensmusters" (LSPP § 365), d.h. ihre „Erscheinungen ... Modifikationen dieser komplizierten Lebensform" (PU 277), in welcher *wir* erzogen worden sind und in der *wir* im Zuge des Spracherwerbs gelernt haben, »etwas« als »etwas« durch den Gebrauch von Worten zu interpretieren. Deshalb faßt Wittgenstein in seinen spätesten Notizen zur Philosophie der Psychologie einen psychologischen Begriff auch terminologisch als eine an den Rändern unbestimmte, mit den Veränderungen des Lebens variable Fixierung eines „Muster[s]" auf, „welches im Lebensteppich mit verschiedenen Variationen wiederkehrt" (PU 277 / vgl. LSPP § 406), kurz gesagt: als „Lebensmuster" (BPP II, § 652) bzw. „Lebensschablone" (LSPP § 206).[11]

Der Begriff »Leben«[12], von dem im Ausdruck »Lebensmuster« die Rede ist, meint dabei die von Wittgenstein immer wieder namhaft gemachte Grundlage alles Sprechens und Handelns: Er meint *unser* Leben im Unterschied zu den Praktiken (des Handelns, des Einteilens und Klassifizierens der Phänomene) innerhalb einer *anderen* Lebensform.[13] Wittgenstein verwendet ihn, wie man zu Recht hervorgehoben hat, „als einen sprachphilosophischen *Grenz*begriff", der sich „jeder Definierbarkeit oder terminologischen Fixierbarkeit" letztlich entzieht.[14] Denn er steht für jenen äußersten *sozialen*, reflexiv nicht mehr einholbaren Hintergrund, vor dem *all* unsere Sprachspiele sich vollziehen. „Der Hintergrund", schrieb Wittgenstein in diesem Sinne einmal, „ist das Getriebe des Lebens" in seiner ganzen Vielfältigkeit. „Und unser Begriff bezeichnet etwas in *diesem* Getriebe." (BPP II, § 625) Es

---

[11] Vgl. auch PU 277; BPP II, §§ 672 f.; LSPP §§ 211 und 406; Z §§ 568 f.

[12] In einem *nicht*-biologischen Sinne, wie sich versteht.

[13] Dies hat *Matthias Kroß, Klarheit als Selbstzweck*, überzeugend gezeigt: Klar erkennen läßt Wittgensteins Wortgebrauch, daß seine „Äußerungen über »das« Leben ... immer Resultat der Reflexionen über »unser« Leben" sind. Das heißt: „Die Rede von »unserem« Leben und Sprechen, Denken und Handeln impliziert – und dies ist für Wittgenstein das Entscheidende – per se die Möglichkeit *anderer* Weisen des Denken und Handelns, des gesamten Lebens." (165)

[14] M. *Kroß, Klarheit als Selbstzweck*, 164

ist – darin gründet seine Undefinierbarkeit – „nicht einfärbig" (BPP II, § 624), sondern durch die *unabsehbar* vielfältigen „Handlungen der verschiedenen Menschen, wie sie durcheinanderwimmeln," bestimmt. „Nicht, was *Einer jetzt* tut, sondern das ganze Gewimmel ist der Hintergrund, worauf wir eine Handlung sehen", wenn wir sie sprachlich in irgendeiner Weise beschreiben oder benennen. Und insofern „bestimmt" es in seiner Unfaßbarkeit – in vager Weise »das Leben« genannt – „unser Urteil, unsere Begriffe und Reaktionen." (BPP II, § 629)

Ein »Muster«[15] dieses Lebens ist – vergleichbar dem Muster eines Teppichs – eine typisierte, mit (von Fall zu Fall größeren oder geringeren) Spielräumen der Variation wiederkehrende und wiedererkennbare Ordnung. Ein bestimmtes, wie wir es beispielsweise durch Begriffe wie »Denken« oder »Verstehen« ausdrücken, kann man sich entsprechend als ein in der Regel „sehr kompliziertes filigranes" Geflecht von Handlungs-, Situations- und sprachlichen Äußerungsmerkmalen „vorstellen, das wir zwar nicht nachzeichnen könnten", wenn es präzise zu sagen gälte, *was* wir in unserer Lebensform alles als »so etwas« bezeichnen, welches wir „aber nach seinem allgemeinen Eindruck" in der Umgebung gewisser Umstände „wiedererkennen" (BPP II, § 624) können. Es sind die dabei jeweils zu berücksichtigenden Variationsspielräume, aus welchen sich jene gelegentlich beklagte Unbestimmtheit der psychologischen Begriffe einer natürlichen Sprache erklärt, die wir oben am Beispiel der Frage, ob die Bauenden des Sprachspiels No. 2 auch denken, erkannten. „Wenn ein Lebensmuster", wie Wittgenstein geltend macht, „die Grundlage für eine Wortverwendung ist, so *muß* in ihr" ja eine „Unbestimmtheit liegen", denn das begrifflich fixierte „Lebensmuster" selbst ist eben „nicht genaue Regelmäßigkeit." (LSPP § 211 / Herv. S.M.) Es ist vielmehr, um bei der von Wittgenstein gebrauchten Metaphorik zu bleiben, „im Teppich" unseres Lebens „mit vielen andern Mustern verwoben" (BPP II, § 673 / Z § 569), so daß insbesondere in Grenzfällen nicht immer deutlich ist, ob man »etwas« noch als »dieses« oder schon als »jenes« bezeichnen soll. Zudem erscheint ein Muster des Lebens ja auch „nicht immer

---

[15] An anderen und wohl bekannteren Stellen seines Spätwerkes verwendet Wittgenstein den Ausdruck »Muster« auch im Sinne von »Paradigma«; so z.B., wenn er von Farbmustern und ähnlichem spricht, auf die man sich exemplarisch mit Zuge von Worterklärungen bezieht (vgl. in diesem Sinne etwa PU § 50). Man darf diese beiden Dimensionen seiner Begriffsverwendung natürlich nicht verwechseln.

vollständig", sondern eben „vielfach variiert", wie man über Wittgenstein hinausgehend wohl geradezu sagen muß: je und je individuiert. „Aber wir, in unserer Begriffswelt, sehen immer wieder das Gleiche mit Variationen wiederkehren. So fassen's unsere Begriffe auf." (BPP II, § 672 / Z § 568) Sie bilden, das Verschiedene *erstens* in einer semantischen Bestimmtheit und *zweitens* einer ontologischen Klassifikation als »etwas« gleich*setzend*, „gleichsam Zentren der Variation" (EPB 190), denn sie „sind ja nicht für *ein*maligen Gebrauch" (BPP II, § 672 / Z § 568), sondern für eine konstante Praxis des sprachlichen und nicht-sprachlichen Handelns eingeführt worden.

Dabei „könnte" man nach Wittgenstein „sagen", daß „die Begriffe der Menschen zeigen, worauf es ihnen ankommt und worauf nicht". Sie zeigen, was Menschen in *ihrer* Lebensform, im Lichte der Organisation *ihrer* Praxis als wiederkehrendes Muster erblicken und akzentuieren. „Aber nicht als *erklärte* das die besonderen Begriffe, die sie haben." Um eine die vermeintliche Zwangsläufigkeit bestimmter Begriffssysteme ausweisende »Erklärung« geht es Wittgenstein nicht, sondern darum, die verbreitete „Auffassung aus[zu]schließen, als hätten wir richtige, andre Leute falsche Begriffe." (BF III, § 293) Er will also letztlich „sagen: eine ganz andere Erziehung, als die unsere," eine Initiation in eine andere Art und Weise, Muster des Lebens als wichtig zu sehen, „könnte auch die Grundlage ganz anderer Begriffe sein." (BPP II, 707 / Z § 378) *Welche* Muster in einer Sprache durch Worte fixiert werden, hängt ja *stets* von lebensform*relativen* Gesichtspunkten ab, über die sich im allgemeinen gar nichts ausmachen läßt. „Muß" nämlich beispielsweise „der Begriff der Bescheidenheit, oder der Prahlerei überall bekannt sein, wo es" – nach *unseren* Begriffen – „bescheidene oder prahlerische Menschen gibt?" (Z § 378) Dies möchte man nur im Blick auf die je eigene, in seiner Alternativlosigkeit und Verbindlichkeit *für uns* als natürlich empfundene Einteilungsweise glauben. Doch anhand welcher Kriterien ließe sich entscheiden, welche Lebensmuster eine jede Sprachgemeinschaft als »wesentlich«, ja was sie überhaupt nur *als* ein solches Muster erfassen muß? Konstatieren läßt sich nur, daß dort „z.B., wo es einen Typus nur selten gibt, ... der Begriff dieses Typus" wohl „nicht gebildet" werden wird. „Die Leute", kann man annehmen, „berührt *dies* nicht als eine Einheit, als ein bestimmtes Gesicht." (Z § 376). Das heißt, es „liegt ihnen vielleicht dort nichts an dieser Unterscheidung. Uns sind ja auch manche Unterschiede unwichtig, und könnten uns wichtig sein." (Z § 378)

Daß die Begriffe der Menschen zeigen, worauf es ihnen ankommt, gilt wohl von allen Begriffen; nicht nur von psychologischen, die Wittgenstein ausdrücklich als Musterbildungen bestimmt, sondern auch von sogenannten »Naturbegriffen«, die man traditionell als auf abstraktivem Wege im Denken gebildete Komplexe von »sachidentifikatorischen« Merkmalen auffaßt.[16] „Wäre es" also „richtig", fragte er sich von dieser Einsicht ausgehend, „zu sagen, in unsern Begriffen spiegelt sich unser Leben?" Und er beantwortet sich diese Frage sogleich selbst mit der Bemerkung: „Sie stehen mitten in ihm." (BF III, § 302) Denn die „Regelmäßigkeit unsrer Sprache", wie sie uns Musterbildungen und Merkmalskomplexe als signifikant, typisch oder wichtig erscheinen läßt, „durchdringt", ja strukturiert „unser Leben" (BF III, § 303), indem sie uns Einteilungs- und Darstellungsweisen der Wirklichkeit als die »sachgemäßen«, gar »natürlichen« ansehen und uns nach ihren Maßgaben handeln läßt. Will heißen: So, wie wir sie lebensformspezifisch mit der öffentlichen Sprache lernen, sind solche in Sprachzeichen festgehaltenen Musterbildungen samt der Prädikationssysteme, auf welche sie uns verpflichten, „die festen Schienen, auf denen all unser Denken verläuft, und also nach ihnen auch unser Urteilen und Handeln." (BPP II, § 679) Durch sie sind wir „an eine bestimmte Einteilung der Sachen gewöhnt", welche „uns mit der Sprache, oder den Sprachen, zur Natur geworden" (BPP II, § 678) ist.

Gewiß: Bei manchen Begriffssystemen wie unserem System der Farbbegriffe – einem Begriffssystem also, welches weit weniger kulturimprägniert zu sein scheint als dasjenige unserer psychologischen Begriffe – gewinnt man manchmal den Eindruck, es sei in irgendeinem Sinne durch die phänomenale Wirklichkeit selbst bedingt und insofern nicht nur als lebensform- bzw. kulturrelative Musterfixierung zu verstehen, sondern sehr wohl durch einen Tatsachenrekurs als sachadäquat legitimierbar. „Wir haben" – das ist ein Faktum – ein (im physischen Sinne) »natürliches« „System der Farben wie ein System der Zahlen" oder ein System der musterbasierten psychologischen Begriffe. „Liegen die Systeme" also „in *unserer* Natur, oder in der Natur der Dinge? Wie soll man's sagen?" (Z § 357) Gerade der späteste Witt-

[16] Zu diesem traditionellen Begriff des »Begriffs« als eines „aggregativ-abstraktiv gebildeten Merkmalskomplexes" (Sp. 1416) vgl. Stefan *Majetschak, Begriff* III (Neuzeit), in: Historisches Wörterbuch der Rhetorik, hrsg. von G.Ueding, Tübingen 1992, Sp. 1412-1422.

genstein war in dieser Frage keineswegs vollkommen sicher, und trotz seiner als These von der »Autonomie der Grammatik« bekannten, niemals revidierten Versicherung, daß die Grammatik unserer Begriffe »willkürlich« und keiner Wirklichkeit Rechenschaft schuldig sei, durchaus bereit, „die Entsprechung von Begriffen mit sehr allgemeinen Naturtatsachen" (PU 368) zuzugestehen. So wird man ja, um aus linguistischen Kontexten hinreichend bekannte Beispiele erneut zu bemühen, das im Vergleich zu unserem anders differenzierende System der Farbbegriffe der Inuit durchaus mit den »Naturtatsachen« im Lebensraum ihrer Sprecher in Verbindung zu sehen haben. Gleichwohl blieb er von dem, was man als Gegenposition zur These von der »Autonomie der Grammatik« „als »Naturalismus« zu bezeichnen pflegt"[17], weit entfernt und meinte, solche vagen Entsprechungen reichten nicht hin, die Adäquatheit irgendeines Begriffssystems zu rechtfertigen. Vielmehr bekundeten gerade sie die Relativität der begrifflichen Muster- und (in Begriffssystemen) Ordnungsbildungen. Wer nämlich glaubte, seine „Begriffe seien die richtigen, die intelligenten Menschen gemäßen, wer andere hätte, sähe eben nicht ein, was wir einsehen," braucht sich nach Wittgenstein nur „gewisse allgemeine Naturtatsachen anders" vorzustellen, „und andere Begriffsbildungen ... werden ... *natürlich* scheinen."[18] Dies soll, wohlgemerkt, nicht heißen: „Wären die Naturtatsachen anders, so hätten wir andere Begriffe." Dies wäre ersichtlich eine empirische und nur schwer zu überprüfende „Hypothese", für welche Wittgensteins grammatische Überlegungen „keine Verwendung" haben. Als solche „interessiert" sie ihn deshalb „nicht". (BPP I, § 48 / vgl. BPP II, § 392) Es heißt vielmehr, sich aufgrund eines Gedankenexperiments die lebensformrelative Abhängigkeit *aller* Begriffsbildung und *allen* Begriffsgebrauchs von (physischen *und* kulturellen) Kontextbedingungen vor Augen zu führen. Und es heißt auch, gegen die Versuchung vorzugehen, die je eigenen begrifflichen Systeme für die »richtigen«, »selbstverständlichen«, ja »natürlichen« zu halten.

---

[17] So Richard *Raatzsch, Begriffsbildung und Naturtatsachen,* in: E.v. Savigny / O.R. Scholz, Wittgenstein über die Seele, 271.

[18] Vgl. parallel PU 368, wo Wittgenstein vorsichtiger davon spricht, „andere Begriffsbildungen als die gewohnten" würden „*verständlich* werden". (Herv. S.M.)

19. Weltbilder

19.1 Der Begriff des »Weltbildes«

Trotz Wittgensteins nachhaltiger Betonung, keine neue philosophische *Theorie* anzustreben, kann man nicht sagen, daß sich sein spätes Philosophieren allein auf die Schaffung übersichtlicher Verhältnisse im Dickicht der tradierten philosophischen Mißdeutungen der Sprache reduziere. Im Gegenteil; tatsächlich dürfte das noch kaum ausgeschöpfte inspirative Potential, welches in seinem Spätwerk beschlossen liegt, nicht zuletzt mit den Neubestimmungen zu tun haben, die er einigen »Grundworten« der Philosophie zuteil werden ließ, und die – in einem »schwachen« Sinne – *theoretisch* zu nennen, man nicht umhin kommen wird. Solche Worte sind »Vernunft« und »Wahrheit«, »Zweifel« und »Gewißheit«; Begriffe also, in deren Spannungsfeld sich das neuzeitliche Philosophieren seit Descartes in zentraler Weise formierte. Wittgenstein hat sie insbesondere in seinen beiden letzten Lebensjahren in jenen als *Über Gewißheit* bekannten Aufzeichnungen reflektiert, die – weit weniger von einem dekonstruktiv-metaphysikkritischen Impetus als die *Philosophischen Untersuchungen* getragen – Verständigung über die epistemische Struktur des menschlichen »Wissens« suchen. Gegen den Universalismus ihrer überkommenen Interpretation hat er sie dort – darin erblicken wir die entscheidende systematische Leistung – als *weltbildrelative* Konzepte ausgelegt.

Ein »Weltbild« in Wittgensteins Sinne läßt sich, wie man zu Recht hervorgehoben hat, am besten als „epistemisches Pendant"[1] zur »Lebensform« einer Sprachgemeinschaft auffassen. Korrelativ zu ihr bestimmt er es als „ein Nest von Sätzen" (ÜG § 225); genauer: „ein System, ein Gebäude" von in ihnen ausgedrückten „Überzeugungen" (ÜG § 102), welches die Sprecher einer Sprache als Inbegriff von unbefragt und übersubjektiv als gültig erachteten „Grundanschauungen" (ÜG § 238) miteinander teilen. Führte diese Ausdrucksweise nicht letzten Endes irr, könnte man es mit traditionellem philosophischem Vokabular als den »kategorialen Rahmen« aller Wirklichkeitsbezug-

---

[1] M. *Kober, Gewißheit als Norm,* 154; vgl. dort auch 150-159 sowie zum gesamten Fragenkomplex J. *Schulte, Chor und Gesetz,* 118 ff.

nahmen in einer Lebensform bezeichnen. Doch ist es nach Wittgenstein keineswegs ausschließlich durch apriorisch-transzendentale Grund-Sätze (etwa im Kantischen Sinne des »reinen Verstandes« und insofern allen Denkens) geprägt. Anders als philosophische Autoren der Tradition, die über die epistemische Struktur des menschlichen Wissens schrieben, sieht er, daß auch die unbefragt vorausgesetzte „*Wahrheit* gewisser Erfahrungssätze" zu jenem »Weltbild« genannten „Bezugssystem" (ÜG § 83) gehört, innerhalb dessen sich alles menschliche »Wissen« formiert. Ganz verschiedenartige Sätze, die lebensforminterne Grundanschauungen artikulieren, zeichnen es aus: beispielsweise profane, wie Erfahrungssätze wirkende Aussagen der Art: »Die Erde hat Millionen von Jahren existiert«, »Die Erde ist eine Kugel« oder »Kein Mensch war je auf dem Jupiter«, in *unserer* mathematisch-naturwissenschaftlich geprägten Kultur aber auch Sätze wie: »Alles, was geschieht, hat eine physische Ursache«, »Physische Realitäten lassen sich durch mathematische Gleichungen erfassen« oder »Es gibt chemische Elemente«. Zahlreiche »grammatische Sätze«, die Regeln von Sprachspielen artikulieren, etwa ein Satz wie »Empfindungen sind privat«, insofern er unser Denken über menschliche Subjektivität bestimmt, könnte man hier zudem als Beispiel anführen. Durch sie alle, die den unbefragten, gar nicht als legitimationsbedürftig erachteten, sondern normativ im Blick auf alle empirische Erfahrung vorausgesetzten Rahmen des Wirklichkeitsbezuges bilden, wird ein Weltbild zu einem dynamischen System von Hintergrundüberzeugungen, welche den *äußersten epistemischen Kontext* aller Urteile und Begriffe in einer Sprachgemeinschaft darstellen.

Orientiert an der Funktion einer „Mythologie" (ÜG §§ 95, 97) in manchen Kulturen, lassen sich die in einem Weltbild partiell fest, partiell lose zu einem Netz verknüpften Hintergrundüberzeugungen mit Mythologemen vergleichen, die – wie die Göttererzählungen der griechischen Welt – den Spielraum dessen abstecken, was die Menschen in der jeweiligen Kultur, *ohne Bedürfnis nach epistemischer Rechtfertigung* für möglich oder unmöglich, denkbar oder undenkbar, plausibel oder unplausibel halten. Die „Rolle" einzelner Sätze, die wie z.B. die oben zitierten das jeweilige „Weltbild beschreiben", ist dabei „ähnlich der von Spielregeln" (ÜG § 95). Denn in ihrem Lichte liegt immanent fest, was wir als einen sei es »rationalen«, sei es »wohl begründeten« oder sei es auch nur als einen »zulässigen« Zug in unseren Sprachspielen und Handlungsweisen begreifen. So unterschiedlich verschiedene Weltbilder auch immer strukturiert sein mögen: „Alle Prüfung, alles Bekräften und Entkräften einer Annahme", alles ferner, was wir »Denken«, »Begründen« oder »Argumentieren« *nennen*, „geschieht" nach Wittgenstein „schon innerhalb eines" solchen „Systems. Und zwar ist dies System nicht ein mehr oder weniger willkürlicher und zweifelhafter Anfangspunkt aller unserer Argumente", dem man die Unausgewiesenheit einzelner Hintergrundannahmen vorhalten könnte. Denn „es gehört zum Wesen dessen, was wir ein Argument", einen sinnvollen oder unsinnigen Gedanken oder eine Begründung etc. „nennen. Das System ist nicht so sehr der Ausgangspunkt, als" vielmehr „das Lebenselement der Argumente" (ÜG § 105) sowie all unserer sonstigen epistemischen Bezugnahmen auf die Welt, wie sie innerhalb unserer besonderen Lebensform geschehen. Vor dessen Hintergrund nämlich bildet – das ist Wittgensteins holistische Grundthese – unser *gesamtes* „Wissen ein großes System. Und nur in diesem System hat das Einzelne den Wert, den wir ihm beilegen." (ÜG § 410)

Wir haben das »Weltbild« in Wittgensteins Sinn ein *dynamisches* System genannt. Denn Wittgenstein sagte zu seiner Begriffsbestimmung, man „könnte sich vorstellen, daß gewisse Sätze von der Form der Erfahrungssätze erstarrt wären und als Leitung für die nicht erstarrten, flüssigen Erfahrungssätze funktionierten;" aber auch, „daß sich dies Verhältnis mit der Zeit änderte, indem flüssige Sätze erstarrten und feste flüssig würden." (ÜG § 96) So konnte Wittgenstein selbst den Satz »Kein Mensch war je auf dem Mond« noch als einen zwar in Erfahrungssatzform gekleideten, aber doch »erstarrten« Satz des Weltbildes betrachten. Wir setzen ihn, wie er zu seiner Zeit nicht zu Unrecht dachte, ja gar nicht der Überprüfung durch Erfahrung aus, sondern würden den, der ihn bezweifelte, nicht einmal recht verstehen. „Wenn wir in unserm System denken," konnte er Ende der vierziger Jahre notieren, „so ist es gewiß, daß kein Mensch je auf dem Mond war. Nicht nur ist uns so etwas nie im Ernst von vernünftigen Leuten berichtet worden, sondern unser ganzes System der Physik verbietet uns, es zu glauben. Denn dies verlangt Antworten auf die Fragen: »Wie hat er die Schwerkraft überwunden?«, »Wie konnte er ohne Atmosphäre leben?« und tausend andere, die nicht zu beantworten wären." (ÜG § 108) Im Zuge der technischen Entwicklung nach Wittgensteins Tod ist dieser Satz, dessen Bestreitung ihm einen ganzen Sog von *weltbildintern* motivierten Fragen auszulösen und die ihm *darum*, weil sie an Grundfesten des Weltbildes rührten, unverständlich schienen, freilich in den Status eines »gewöhnlichen« Erfahrungssatzes zurückgesunken. So demonstriert, ohne daß Wittgenstein dies ahnen konnte, sein eigenes Beispiel die von ihm akzentuierte Dynamik des Weltbildes, d.h., die Tatsache, daß die „Mythologie ... wieder in Fluß geraten, das Flußbett der Gedanken", innerhalb dessen wir Sätze und Fragen für verständlich oder unverständlich halten, „sich verschieben" (ÜG § 97) kann. Natürlich: Die in diachronischer Betrachtung beschreibbare Dynamik innerhalb eines Weltbildes muß nicht immer den exemplarisch angeführten Umschlag von der Norm zur Empirie oder der Empirie zur Norm betreffen. Wohl häufiger läßt sich konstatieren, daß Sätze von ihrer Stellung als zentrale Knotenpunkte im Netz des Weltbildes, an der ihre »Wahrheit« uns unerschütterbar scheint, an den Rand rücken und umgekehrt. Zudem wird es an zentralen Stellen des Weltbildes ein eng verflochtenes »Bündel« von Überzeugungen geben, welche, petrifiziert beispielsweise im System der Sätze unserer Logik, der Veränderung kaum oder gar nicht unterworfen sind. Will man bei der Metapher vom »Flußbett« zur Beschreibung der netzartigen epistemischen Struktur eines Weltbildes bleiben, kann man deshalb sagen, „das Ufer des Flusses" bestehe „zum Teil aus hartem Gestein, das keiner oder einer unmerkbaren Änderung unterliegt, und teils aus Sand, der bald hier bald dort weg- und angeschwemmt wird." (ÜG § 99)

Es ist wichtig, dasjenige, was Wittgenstein mit dem Ausdruck »Weltbild« meint, nicht mit einer »Weltanschauung« zu verwechseln. Eine „Weltanschauung", z.B. „Pragmatismus" (ÜG § 422), Konservatismus oder ähnliches, ist ein Bündel von besonderen Überzeugungen unterschiedlicher Personengruppen innerhalb einer Lebensform, im Grenzfall eines einzelnen Individuums. Diese stellt – vergleichbar einem bestimmten »Denkstil« – einen dominanten, freilich *besonderen* Einheitsgesichtspunkt dar. Die epistemischen Gehalte, die ein Weltbild bestimmen, artikulieren sich demgegenüber in Sätzen, die „wir Alle" unabhängig von unseren besonderen Weltanschauungen „zu wissen scheinen, ... , und ohne sagen zu können, wie." (ÜG § 84 / vgl. ÜG § 100) Solche übersubjektive Übereinstimmung im Weltbild ist, wie Wittgenstein sah, nicht nur ein sich darin bekundendes *Faktum*, daß sich innerhalb des unsrigen vermutlich kaum jemand finden wird, der z.B. nicht „davon überzeugt" wäre, „daß die Sonne kein Loch im Himmelsgewölbe ist" (ÜG § 104), obgleich wohl nur Astronomen und Physiker für befriedigende Rechtfertigungen dieser Überzeugung aufkommen können. Denn wir können, wie er in anderem Zusammenhang schrieb, „von diesem Urteil nicht abgehen, ohne alle andern Urteile", die wir über die Natur, ja das Universum im Ganzen für wahr halten, „mitzureißen" (ÜG § 419). Sie ist vielmehr in grundlegendem Sinne schon eine Bedingung jeder Form von sprachlicher Verständigung, weil Verständigung nicht nur eine Überstimmung der Sprecher in den „Bedeutungen der Wörter", also „nicht nur eine Übereinstimmung in Bezug auf Definitionen, ..., sondern *auch* eine Übereinstimmung in Urteilen" voraussetzt. Ohne einen Hintergrund gemeinsamer Fürwahrhaltungen von Urteilen könnten wir nämlich prinzipiell gar nicht zwischen identischem Bedeutungsverständnis der Sprecher und irrtümlicher Behauptung im Satz einerseits sowie abweichendem Bedeutungsverständnis und wahrer Behauptung andererseits unterscheiden. Deshalb ist es „für die Verständigung" überhaupt „wesentlich, daß wir in einer großen Anzahl von Urteilen übereinstimmen." (BGM 343 / vgl. PU § 242) Hinsichtlich des jeweiligen Weltbildes ist solche Übereinstimmung tatsächlich gegeben.

Natürlich verhält es sich nicht so, „als ob" man „das System dieser Überzeugungen" vollständig „beschreiben" oder auch nur überschauen „könnte" (ÜG § 102); schon deshalb nicht, weil man „nicht bewußt durch bestimmte Gedankengänge" (ÜG § 103) zu ihm gelangt ist oder sich auch nur „von seiner Richtigkeit überzeugt" (ÜG § 94) hätte. „Die Sätze, die" als Bestandteile meines Weltbildes „für mich feststehen, lerne ich" ja im Normalfall „nicht ausdrücklich", sondern geradezu »beiläufig« und unexplizit (ÜG § 152), nämlich im Zuge der Erziehung, die uns in die lebensformtypische Praxis des Handelns und Sprechens samt des zugehörigen epistemischen Hintergrundes einführt. Im Zuge der Erziehung „werden uns *Urteile* beigebracht und ihr Zusammenhang mit anderen Urteilen. *Ein Ganzes* von Urteilen wird uns plausibel gemacht." (ÜG § 140) Dies geschieht nicht dadurch, daß man einzelne, isolierte Sätze zu glauben oder für wahr zu halten lernt. Tatsächlich „bildet sich nach und nach ein System von Geglaubtem heraus" (ÜG § 144), in dessen Lichte sich internalisierte Grundüberzeugungen und fortschreitend erworbene Erfahrungen *„gegenseitig"* (ÜG § 142) stützen. Gefragt, *weshalb* man gewiß sei, daß z.B. die Sonne kein Loch im Himmelsgewölbe sei, könnte man als Nicht-Astronom oder Nicht-Physiker darum nur auf diese Übernahme von Überzeugungen in der Erziehung und infolgedessen auf anerkannte Lehrbücher, Autoritäten oder vergleichbare in unserer Kultur maßgebliche Instanzen verweisen und vielleicht hinzufügen: „Alle" dort genannten „Fakten" seien „hundertmal bestätigt worden." Auf die naheliegende Frage: „Aber wie weiß ich das? Was ist meine Evidenz dafür" (ÜG § 162), *daß* ich solchen Instanzen vertrauen kann, läßt sich mit Wittgenstein zuletzt nur noch antworten, man habe für gewöhnlich eben keinen Grund, ihnen *nicht* zu vertrauen.

Solchermaßen erworben, bildet ein Weltbild nach Wittgenstein stets den „überkommene[n]", d.h. kulturspezifisch tradierten „Hintergrund, auf welchem ich zwischen wahr und falsch unterscheide" (ÜG § 94) und der auch aller wissenschaftlichen Forschung zugrundeliegt, wie man sie innerhalb *unserer* Lebensform betreibt. „Denk an chemische Untersuchungen", empfahl er dem Leser seiner Notizen: „Lavoisier macht Experimente mit Stoffen in seinem Laboratorium und schließt nun, daß bei der Verbrennung dies und jenes geschieht. Er sagt nicht, daß es ja ein andermal anders zugehen könne" (ÜG § 167), sondern setzt als unbezweifelte Basis seiner Forschung das »Gesetz der Induktion«, d.h. die, wie man spätestens seit Hume und Kant weiß, ja keineswegs selbstverständliche „Berechtigung zu Induktionsschlüssen" voraus, weil er ohne weitere Reflexion auf die Legitimität einer solchen Voraussetzung von der Idee „der Gesetzlichkeit der Natur" (ÜG § 315) *als solcher* schlicht ausgeht. Das heißt: „Er ergreift ein bestimmtes Weltbild, ja, er hat es natürlich nicht erfunden, sondern als Kind gelernt." Dabei sagt Wittgenstein in diesem Zusammenhang „Weltbild und nicht Hypothese", weil Lavoisier *diese* Idee (*und* auch zahlreiche *andere,* die sämtlich explizit zu machen die Möglichkeit aller voraussetzungskritischen Analyse übersteigt) natürlich nicht als etwas im Fortschreiten der Untersuchungen Bewährbares, möglicherweise gar Falsifizierbares voraussetzt, sondern weil sie „die selbstverständliche Grundlage seiner Forschung" ist, die gewöhnlich nicht einmal *als* Voraussetzung erkannt, „als solche auch nicht ausgesprochen " (ÜG § 167) und schon gar nicht ausgewiesen wird. Lavoisier wie jeder Forscher arrangiert seine Experimente vielmehr *auf* ihrer Grundlage.

Wenn man ein Weltbild mit einem von Wittgenstein einmal gebrauchten Ausdruck als ein »System vom Geglaubtem« beschreibt, besteht, wie er meinte, eine „Schwierigkeit" darin, sich nicht nur über dessen Begriff und Funktion zu verständigen, sondern zudem „die Grundlosigkeit unseres Glaubens einzusehen" (ÜG § 166); d.h.: einzusehen, daß das intern Geglaubte nicht als wirklichkeitsadäquat ausgewiesen werden *kann* – etwa im Unterschied zu dem in andersartigen, im Lichte des je eigenen für gewöhnlich als inadäquat vermeinten Weltbildern Geglaubten. Gerade hinsichtlich der in einem Weltbild *zentral* positionierten Sätze muß man nämlich, wie schon Henry Le Roy Finch pointiert betonte, sagen: „They do not agree or disagree with reality; they constitute *what we mean by reality*."[2] Die besagte Schwierigkeit resultiert wohl daraus, daß man Wittgensteins Auffassung, wie er selbst sah, vermutlich sofort mit der Frage konfrontieren wird, ob es hinsichtlich unserer weltbildkonstitutiven Überzeugungen nicht doch um „objektive Wahrheit" (ÜG § 108) geht. Ist es nicht – in diese Worte wird man die Frage vielleicht kleiden – „die Erfahrung, die uns lehrt, *so* zu urteilen, d.h., daß es richtig ist, so zu urteilen" (ÜG § 130), wie *wir* es innerhalb unserer naturwissenschaftlich geprägten Kultur gegenwärtig tun? Muß man nicht „sagen: »*Alle* meine Erfahrungen zeigen, daß es so ist«" (ÜG § 145), wie wir in unserem Weltbild voraussetzen, weil sich die Adäquatheitsvermutung hinsichtlich unseres Hintergrundes beständig bewährt? Wenn man diese naheliegende Rückfrage an Wittgensteins Auffassung richtet, übersieht man seiner Ansicht nach jedoch, daß gar nicht klar ist, was es heißen soll, die Erfahrung »lehre«, »zeige« oder »bewähre« unsere weltbildinternen Grundannahmen.

Gewiß kann man auch nach Wittgenstein behaupten, daß wir manches aus der Erfahrung entnehmen, insbesondere im Falle »echter«, empirischer Urteile, die nicht das jeweilige Weltbild betreffen. „*Wir* mögen", wie Wittgenstein einräumt, tatsächlich manches „aus ihr entnehmen, aber die Erfahrung rät uns" natürlich „nicht, etwas" *Bestimmtes* „aus ihr zu entnehmen." (ÜG § 130) *Was* wir aus ihr entnehmen, hängt ja umgekehrt gerade davon ab, wie wir sie vor dem Hintergrund *unseres* Weltbildes interpretieren, d.h., was wir in dessen Rahmen generell für möglich, wirklich oder denkbar halten, so daß die verbreitete Vorstellung, nicht nur besondere Erfahrungsurteile, sondern auch weltbildbestimmende Grundannahmen seien erfahrungsbestimmt und als wirklichkeitsadäquate gar »objektiv wahr«, in sich zirkulär ist. Sie sieht nicht, daß jeder „Satz, auf den" besondere Erfahrungen zu „zeigen" scheinen, stets „zu ihrer besonderen Interpretation" im Lichte des Weltbildes „gehört". Darum muß man hin-

[2] Henry *Le Roy Finch, Wittgenstein's Last Word: Ordinary Certainty,* in: International Philosophical Quarterly 15 (1975), 384

sichtlich der ein Weltbild konstituierenden Sätze sagen, daß die Tatsache, daß ich einen dieser Sätze „als sicher wahr betrachte", nicht als erfahrungsbestimmt verstanden werden kann: umgekehrt „kennzeichnet" sie geradezu „meine Interpretation der Erfahrung." (ÜG § 145) Und *wie* ich diese jeweils interpretiere, ist keineswegs ausschließlich »rational« bestimmt: „Bedenke", schrieb Wittgenstein, „daß man von der *Richtigkeit* einer Anschauung manchmal durch ihre *Einfachheit* oder *Symmetrie* überzeugt wird, d.h.: dazu gebracht wird, zu dieser Anschauung überzugehen. Man sagt dann etwa einfach: »*So* muß es sein.«" (ÜG § 92) Natürlich muß das jeweils ästhetisch präferierte Bild „ein *gutes* Bild" sein, das sich „bewährt", „auch ein einfaches" (ÜG § 147), vor allem aber: es muß sich als ein mit unseren übrigen Hintergrundüberzeugungen *kompatibles* Bild erweisen.

Selbstverständlich ist es richtig, wenn auch keineswegs zwangsläufig in allen denkbaren Weltbildern der Fall, daß *wir* einen Rekurs auf – wohlgemerkt: immer schon interpretierte – »Erfahrung« innerhalb des *unrigen* gewöhnlich als einen sogenannten »guten Grund« dafür ansehen werden, einen Satz für wahr zu halten. „Ist sie der *Grund*, daß wir so urteilen", dasjenige also, auf das wir uns beziehen können, um unsere Fürwahrhaltungen zu *motivieren*, „und nicht bloß die Ursache", die uns gleichsam »mechanisch« zu einer bestimmten zwingt, so haben wir aber natürlich „nicht wieder einen Grund dafür, dies als Grund anzusehen." (ÜG § 130) Das Weltbild als der äußerste epistemische Kontext aller Wirklichkeitsbezugnahmen, bzw. wie man mit Blick auf Wittgensteins eigene Ausdrucksweise auch sagen darf: als unser äußerster Interpretationshorizont *umfaßt* all jene Überzeugungen, die wir als »letzte Gründe« ansehen. Verhält es sich so, hat es keinen Sinn, deren »Wahrheit« selbst noch begründen zu wollen. Denn wenn „das Wahre das Begründete ist, dann ist der Grund nicht *wahr*, noch falsch." (ÜG § 205) Es gibt natürlich Begründungen und Rechtfertigungen für Überzeugungen und Fürwahrhaltungen *innerhalb* unseres Weltbildes. Doch haben sie, wie Wittgenstein in *Über Gewißheit* ebenso wie an anderen Stellen seines Spätwerkes unablässig betont, „ein Ende" (ÜG § 192 u.ö.), und zwar spätestens dann, wenn wir auf die weltbildkonstitutiven Hintergrundüberzeugungen stoßen.

Vielleicht ist es nicht überflüssig, ausdrücklich zu betonen, daß die von Wittgenstein aufgezeigte Grenze der Begründbarkeit nicht nur erfahrungsrekursive, sondern auch sogenannte »transzendentalphilosophische« Legitimationsversuche hinsichtlich der horizontalen Hintergrundüberzeugungen betrifft. Auch ein Versuch, bestimmte Grundannahmen über die Verfassung der Wirklichkeit, beispielsweise die Voraussetzung induktionslegitimatorischer Kausalität, als Möglichkeitsbedingung aller Erfahrung und somit als eine weltbildinvariante bzw. weltbildübergreifende Bedingung der Möglichkeit jedes beliebigen Wirklichkeitsbezuges auszuweisen, müßte ja im philosophischen Begründungsgang an irgendeinem Punkte zum Schluß kommen, der selbst nicht ausgewiesen sein *kann*, sondern an dem er sich bei weltbildintern *als* den »letzten«, »unhintergehbaren« oder »absoluten« *angesehenen* Gründen beruhigt. Sofern es um eine Letztbegründung der »Wahrheit« bzw. der »universellen Geltung« von kulturspezifischen Hintergrundüberzeugungen wie der von der Geltung des sogenannten »Gesetzes der Induktion« geht, „könnte" man also „auch so sagen: Das »Gesetz der Induktion« läßt sich ebensowenig *begründen* als gewisse partikulare Sätze, das Erfahrungsmaterial betreffend." (ÜG § 499) Vielmehr „gründet sich" *alles* – sei es philosophische, sei es empirische – „Wissen ... am Schluß auf der Anerkennung" (ÜG § 378) von »etwas« *als* ein letzter Grund; eine Anerkennung, welche stets nur innerhalb der *besonderen* Maßgaben des je eigenen Weltbildes geschehen kann.

Wittgenstein dachte, sowohl die Partikularität als auch die »Grundlosigkeit« der Hintergrundüberzeugungen des je eigenen Weltbildes werde insbesondere im interkulturellen Vergleich deutlich. „Angenommen," schrieb er, „wir träfen Leute, die das nicht als triftigen Grund betrachten", was wir selbst als einen solchen verstehen. Man könnte sich denken, sie „befragen statt des Physikers etwa ein Orakel", da sie unsere Vorstellungen von der ausschließlich physischen Erklärbarkeit und Prognostizierbarkeit von Naturvorgängen nicht teilen. „Und wir halten sie darum für primitiv." Doch ist „es falsch, daß sie ein Orakel befragen und sich nach ihm richten?" (ÜG § 609) Um hier von »Falschheit« zu reden, müßte es ja einen unabhängigen Maßstab geben, an welchem sich diese bemißt. Als ein anzulegender Maßstab kommt aber weder die Erfahrung noch die scheinbar »unverhüllte« Wirklichkeit als solche in Frage. Schon gar nicht kann man sich auf die vermeintlich »objektive Wahrheit« der je eigenen basalen Überzeugungen beziehen, die in *ihrer* Partikularität und letzthinnigen Grundlosigkeit als einen solchen Maßstab zu verwenden hieße, sie in unzulässiger Weise zu verabsolutieren. Andere Weltbilder auf Grund ihrer Inkompatibilität mit dem je eigenen für »primitiv« zu halten, schien Wittgenstein deshalb von einem unreflektierten *Weltbildzentrismus* zu künden, der die *Inkommensurabilität* von Weltbildern gegeneinander verkennt, weil er nicht sieht, daß die sogenannte »Primitivität«, »Unplausibilität« oder »Irrationalität« des fremden Weltbildes ja stets eine am eigenen, dabei zugleich verabsolutierten Horizont bemessene ist. Wie man weiß, war Wittgenstein ein solcher Weltbildzentrismus in der Variante eines Ethnozentrismus aus Frazers ethnologischen Aufzeichnungen im *Golden Bough* vertraut, in dem er ihn überall erkannte und den er als dessen Unfähigkeit, „ein anderes Leben zu begreifen, als das englische seiner Zeit" (F 33), verabscheute.[3] Und er sah ihn wohl auch in seiner eigenen Zeit. „Menschen haben geurteilt," notierte er in *Über Gewißheit*, „ein König könne Regen machen; *wir* sagen, dies widerspreche aller Erfahrung. Heute urteilt man, Aeroplan, Radio etc. seien Mittel zur Annäherung der Völker und Ausbreitung der Kultur" (ÜG § 132); eine Vorstellung, der Wittgenstein bekanntlich zutiefst skeptisch gegenüberstand.

Sofern ein weltbildübergreifender Maßstab zur Bemessung der Adäquatheit (bzw. Inadäquatheit) eines jeden Weltbildes fehlt, hat es also genau genommen keinen Sinn, hinsichtlich der basalen Hintergrundüberzeugungen einer Lebensform von »richtig« oder »falsch« zu reden. Wenn wir die Grundanschauungen eines fremden Weltbildes gleichwohl „»falsch« nennen, gehen wir" deshalb „schon von unserm", darin absolut *gesetzten* „Sprachspiel aus und *bekämpfen* das ihre" (ÜG § 609). Von einer »rationalen Widerlegung« durch Gründe wäre in diesem Falle gar nicht zu sprechen. Ein anderes Weltbild zu »bekämpfen« heißt natürlich nicht, daß man nicht versuchen würde, demjenigen, der in ihm lebt, „*Gründe*" vorzulegen, welche ihn für das je eigene einnehmen sollen. Dies würde man wohl tun; „aber wie weit reichen die? Am Ende der Gründe" wird stets „die *Überredung*" stehen, was man sich, wie Wittgenstein meinte, in einer kulturhistorischen Betrachtungsweise an dem deutlich machen kann, was geschah und immer noch „geschieht, wenn Missionäre die Eingeborenen" einer uns fernstehenden Kultur „bekehren." (ÜG § 612) Man versucht letzten Endes, sie in eine andere *Praxis* des Wirklichkeitsumganges

---

[3] Denn Frazer stellte die Gebräuche der von ihm beschriebenen »wilden« Stämme in Wittgensteins Augen so dar, als seien ihre magischen Auffassungen „aus fehlerhaften Anschauungen über die Physik der Dinge" entsprungen. „So tut es Frazer, wenn er sagt, Magie sei wesentlich falsche Physik, bzw. falsche Heilkunst, Technik, etc." (F 35)

hineinzuzwingen. Und dies kann, aber muß nicht gelingen. Denn wo „sich wirklich zwei Prinzipien treffen, die sich nicht miteinander aussöhnen können, da erklärt jeder den Andern für einen Narren und Ketzer." (ÜG § 611)

Es ist ein ebensolches kulturhistorisches Faktum, welches Wittgenstein deutlich gesehen hat, daß man „unser Vorgehen" im Zuge eines jeden »Bekehrungsversuchs« „freilich ... mit allerlei Schlagworten (slogans) aufstützen" (ÜG § 610) wird, die die letzthinnige »Grundlosigkeit« der eigenen Grundanschauungen kaschieren. Man wird beispielsweise den Begriff der »Rationalität« terminologisch für sie reklamieren und vielleicht dem Vertreter des fremden Weltbildes unter Bezugnahme auf diesen »Slogan« alle Vernunft absprechen, wenn er sich zur Adaption des neuen Überzeugungssystems zuletzt nicht bereit zeigt. Die rhetorischen Strategien solcher Übermächtigungen hat Wittgenstein nicht eingehend erörtert, und sie spielen, jedenfalls in philosophischer Hinsicht, im einzelnen für seinen Gedankengang auch keine Rolle. In dieser Hinsicht entscheidender ist Wittgensteins in *Über Gewißheit* zwar nicht thetisch ausgesprochene, aber in seinen Überlegungen gleichwohl deutlich sichtbare Einsicht, *daß* man philosophische »Grundworte« unserer metaphysischen Tradition überhaupt *nur* als weltbildrelative Konzepte sinnvoll thematisieren kann.

19.2 Die Ablösung des universalistischen Paradigmas: Über Vernunft und Wahrheit, Zweifel und Gewißheit

Mit der Behauptung, daß das philosophisch Weiterführende von Wittgensteins spätesten Notizen gerade in dieser besagten Relativierung des Geltungsbereichs jener »Grundworte« zu sehen sei, haben wir die Darlegungen des letzten Kapitels dieser Untersuchung begonnen. Und so sind ihre Konturen hinsichtlich der Begriffe »Vernunft« und »Wahrheit«, »Zweifel« und »Gewißheit« – Begriffe, welche Wittgenstein nicht nur »kontingenter Weise«[4] interessierten, sondern die wohl tatsäch-

[4] Ein »kontingenter« Grund für Wittgensteins Interesse an ihnen wäre in der Tatsache zu sehen, daß ihm, wie G.E.M. *Anscombe* und G.H. *von Wright* im *Vorwort* von *Über Gewißheit* mitteilen, Norman Malcolm „Mitte 1949" während eines Besuchs in den U.S.A. „neuen Antrieb" gab, sich mit G.E. Moores Schriften *Proof of the External World* und *Defence of Common Sense,* in denen sie eine bedeutende Rolle spielen,

lich im Zentrum aller philosophischen Erörterung stehen – nun noch aufzuzeigen. Gewiß: Im Zuge eines Versuches in dieser Richtung darf man Wittgensteins Mahnung, jede Betrachtung eines Begriffs wie desjenigen der »Vernunft« könne unseren Blick derart »präokkupieren«, daß wir ihn gar nicht mehr auf der Mannigfaltigkeit dessen »*ruhen* lassen können«, was man innerhalb unseres Gedankenkreises für gewöhnlich »Vernunft« bzw. »vernünftig« nennt, selbstverständlich nicht überhören. Und so kann es keinesfalls darum gehen, erneut, gleichsam nun aus Wittgensteinscher Perspektive zu sagen, *was* »Vernunft«, »Wahrheit« etc. in einem alle wirklichen Sprachspiele, ja sogar verschiedene Weltbilder übergreifenden Sinne sei. Dies müßte in Wittgensteins Perspektive als ein weiterer untauglicher Versuch erscheinen, ein prominentes philosophisches Sprachspiel mit solchen Begriffen *gegen* die Wirklichkeit ihres Gebrauchs in der gewöhnlichen Sprache zu etablieren. Doch war Wittgenstein selbst der Ansicht, daß wenigstens hinsichtlich der Klärung des logisch-grammatischen Ortes solcher und ähnlicher Begriffe innerhalb *unserer* Tradition nicht nur „ein Schritt ... ähnlich dem der Relativitätstheorie" „nötig" (ÜG § 305), sondern auch gehbar und durch die »übersichtliche Darstellung« eines philosophischen Textes ohne »Präokkupation« für bestimmte Erscheinungen vermittelbar sei. Vergleichbar zweifellos dem »Paradigmenwechsel«, den die Relativitätstheorie für die Physik bedeutete, ist Wittgenstein nämlich den Schritt zur definitiven Ablösung des *universalistischen* Paradigmas in der Philosophie gegangen.

Nicht zuletzt drückt er sich in *Über Gewißheit* in Notizen aus, welche die Wandelbarkeit und Lebensformgebundenheit des Vernunftbegriffs betonen. Wenn er dort beispielsweise notiert: „was Menschen vernünftig oder unvernünftig nennen, ändert sich. Zu gewissen Zeiten scheint Menschen etwas vernünftig, was zu andern Zeiten unvernünftig schien. U.[nd] u.[mgekehrt]", will er von der Intention auf eine antiuniversalistische Wendung her gesehen also nicht nur ein (kulturhistorisches) Faktum konstatieren. Vielmehr will er, wenn auch mit höchster Vorsicht, darauf aufmerksam machen, daß es ein „objek-

---

auseinanderzusetzen (ÜG 115). Verstünde man den Text von *Über Gewißheit* freilich *primär* als eine Kritik an Moore, würde man seine philosophische Bedeutung aber unterschätzen. Tatsächlich übernimmt Wittgenstein, wie M. *Kober, Gewißheit als Norm*, 15 ff., deutlich gemacht hat, aus Moores angeführten Schriften kaum mehr als die Beispiele.

tives Merkmal" (ÜG § 336)[5] für »Vernünftigkeit« nicht gibt. Was wir »Vernunft«, bzw. in einem prädikativen Wortgebrauch »vernünftig« nennen, ist tatsächlich in keinem Fall anders als durch einen Rekurs auf *jeweils* lebensformintern geteilte Überzeugungen einer Sprachgemeinschaft *definierbar*, d.h. letzten Endes durch Rekurs auf übersubjektiv für wahr gehaltene Sätze, die zu dem jeweiligen Weltbild rechnen. Dabei legt die Gesamtheit der gemeinschaftlich geteilten Fürwahrhaltungen jeweils die akzeptierten Vernunftstandards fest, nicht entscheidet, wie man traditionellerweise wohl zu denken geneigt ist, »Vernunft« darüber, was für wahr zu halten je sinnvoll oder unsinnig sei. Beispielsweise würden *wir*, darin ist Wittgenstein sicher Recht zu geben, „den nicht vernünftig nennen, der etwas, wissenschaftlicher Evidenz zum Trotz, glaubt" (ÜG § 324), der also etwa annähme, daß die Erde erst seit cirka 5000 Jahren existiere[6], all unserer Geologie zum Trotz. *Wir* würden diese Meinung für ebenso unwahr wie unvernünftig halten und – für gewöhnlich übrigens, ohne selbst Geologen zu sein – „sagen, wir *wissen*, daß ...," womit wir dann „meinen", „daß jeder Vernünftige in unserer Lage es auch wüßte, daß es Unvernunft wäre, es zu bezweifeln." (ÜG § 325[7]) Mit Blick auf *unsere* Kultur, auf *unser* Weltbild könnte man „also sagen: »Der *vernünftige* Mensch glaubt: daß die Erde längst vor seiner Geburt existiert hat, daß sein Leben sich auf der Erdoberfläche oder nicht weit von ihr abgespielt hat, daß er z.B. nie auf dem Mond war, daß er ein Nervensystem besitzt und verschiedene Innereien wie alle anderen Menschen *etc. etc.*«" (ÜG § 327 / Herv. S.M.); d.h.: und *unzähliges* anderes, das er, begrifflich sowenig objektivierbar wie das Weltbild selbst, nie ernsthaft und bewußt geprüft, sondern von Kindheit an zu glauben gelernt hat. Jeder Versuch, in Form einer allgemeinen Theorie – zu sagen, *was* »Vernunft« sei, muß *demgegenüber* als ein vereinseitigender Reduktio-

[5] Wittgensteins durch Skepsis sowohl gegenüber jeder Form von philosophischer Theoriebildung als auch gegenüber jeglicher finiter Begriffsbestimmung motivierte Vorsicht drückt sich im Text von *Über Gewißheit* darin aus, daß er – anders als die vorliegende Interpretation – das Fehlen eines objektiven Vernunftmerkmals nicht einfach thetisch konstatiert, sondern seine Beobachtung über die historische Wandelbarkeit von Vernunftbegriffen mit der Frage konfrontiert: „Aber gibt es hier nicht ein objektives Merkmal?" (ÜG § 336) Auf Grund des Kontextes dieser Stelle hat man zur Annahme Grund, daß er die Frage verneinen wollte.

[6] Bekanntlich existiert eine »biblizistische« Gruppierung innerhalb des Protestantismus, die diese Meinung teilt.

[7] Die Punkte im Zitat stammen von Wittgenstein.

nismus erscheinen, der sich, an bestimmten Führwahrhaltungen des je eigenen Weltbildes orientiert, in »grammatischen«, meist strategisch zur Bekämpfung abweichender Rationalitätskonzepte verwendeten Aussagen manifestiert.

Sowenig wie der Vernunftbegriff ist das, was wir traditionell mit dem Wort »Wahrheit« meinen, in einer systematischen Perspektive *post* Wittgenstein ohne Bezugnahme auf je partikulare Weltbilder erörterbar. Sätze, die von (nach unseren Maßstäben) »vernünftigen« Menschen artikuliert werden – dies zeichnet unsere kulturelle Praxis fraglos aus –, *unterscheiden* wir normalerweise hinsichtlich ihrer Wahr- oder Falschheit. Dabei legt man »für gewöhnlich« (will heißen: mindestens in einem alltäglich-lebensweltlichen Sinn, von dem auch Wittgensteins Überlegungen zum Wahrheitsbegriff im Spätwerk ausgehen) einen »korrespondenztheoretischen« Wahrheitsbegriff zugrunde, welcher Wahrheit als Übereinstimmung eines Satzes mit den Tatsachen bzw. Falschheit als dessen korrelative Nicht-Übereinstimmung expliziert. Entsprechend sieht man die Ausdrücke »wahr« und »falsch« als jedem Satze zuzuordnende Prädikate an, mit deren Hilfe wir solche Übereinstimmung bzw. Nicht-Übereinstimmung indizieren. *So* gefaßt, hat der „Gebrauch von »wahr oder falsch«" nach Wittgenstein freilich „etwas Irreführendes". Denn es scheint ja nun allzu leicht, „als sagte man" vermittels der Aussage »Jeder Satz ist wahr oder falsch« etwas über die Wirklichkeitsrelation des »Wahren« oder »Falschen« aus, nämlich: „»es stimmt mit den Tatsachen überein oder nicht«", wobei „es sich doch gerade frägt, was »Übereinstimmung« hier" *jeweils* „ist" (ÜG § 199); d.h., was man jeweils *als solche* betrachtet. Wie wir gesehen haben, war Wittgenstein auf dieses Problem bereits im Zuge der Revision seiner frühen *Tractatus*-Annahmen aufmerksam geworden, genauer: als er sich im Kontext von Überlegungen zur Möglichkeit eines satzsemantischen Verifikationismus davon überzeugte, daß jede Feststellung von Übereinstimmung oder Nicht-Übereinstimmung davon abhängt, was man jeweils als deren Kriterien *anerkennt*.

Die Aussage „»Der Satz ist wahr oder falsch«" sagt so besehen überhaupt nichts über dessen Beziehung zur Wirklichkeit aus, sondern „heißt eigentlich nur, es müsse eine Entscheidung für oder gegen ihn möglich sein. Aber das sagt nicht, wie der Grund zu so einer Entscheidung ausschaut." (ÜG § 200) Das heißt: Sie formuliert ein zu einer Mannigfaltigkeit von *potentiellen* Entscheidungs*methoden* und

-gründen sowie darüber hinaus zu einer jeweiligen Entscheidungs*praxis* relatives *Postulat*, bestimmt aber weder, *wie* jene Methoden und Gründe beschaffen sein müssen, noch, *wie* eine Entscheidungspraxis im einzelnen je aussehen wird. Dies hängt, wie Wittgenstein in den späten Notizen aus *Über Gewißheit* sieht, zuletzt von den Hintergrundüberzeugungen des jeweiligen Weltbildes ab. Verwoben in das unsrige, wird Lavoisier – um auf dieses Beispiel zurückzukommen – andere Gründe und Kriterien akzeptieren, die ihn der »Wahrheit« eines wissenschaftlichen Satzes versichern als ein (fiktiver) Angehöriger eines »primitiven« Stammes, dem der okkasionelle Eingriff einer höheren Macht in das Naturgeschehen plausibel erscheint.

Als »wahr« bzw. in nominalisierender Redeweise ausgedrückt: als »Wahrheiten« können insofern all diejenige Sätze gelten, die innerhalb einer Lebensform vor dem Hintergrund des zu ihr korrelativen Weltbildes *als* wirklichkeitsreferentielle *gelten gelassen* werden. Hierbei entscheidet natürlich nicht die subjektive Wahrheitsgewißheit eines einzelnen, sondern eine öffentliche Praxis des allgemein geteilten Fürwahrhaltens von Urteilen. Sagt Wittgenstein „also, daß die Übereinstimmung der Menschen entscheide, was richtig und was falsch ist?" (PU § 241) Obgleich es auf einen ersten Blick so erscheinen mag, verstünde man ihn wohl nicht völlig angemessen, wollte man diese Frage bejahen und seine Überlegungen als ein Plädoyer für einen *konsensustheoretischen* Wahrheitsbegriff sehen. In solchem Sinne wurden Wittgensteins Gedanken gelegentlich aufgefaßt; beispielsweise von Jörg Zimmermann, wenn er schrieb: »Wahrheit« gelte Wittgenstein „nicht mehr als Ausdruck einer Übereinstimmung von Sprache und Wirklichkeit, sondern als Funktion einer kriteriologisch begründeten Übereinstimmung" der Sprecher „in der Sprache selbst, der gegenüber die Verifikation oder Falsifikation einen abgeleiteten Status besitzt ... Im Hinblick auf die gegenwärtige Diskussion des Wahrheits-Begriffs könnte man auch sagen: »Wahrheit« als Funktion des Konsensus geht der »Wahrheit« als »Übereinstimmung mit der Wirklichkeit« voraus. Diese gründet in jener, nicht umgekehrt."[8] Denn behauptet Wittgenstein in § 241 der *Philosophischen Untersuchungen*, auf den sich Zimmermann über die Überlegungen aus *Über Gewißheit* hinausgehend zum Beleg seiner Deutung bezieht, nicht ausdrücklich:

---

[8] J. *Zimmermann, Wittgensteins sprachphilosophische Hermeneutik*, 241

„Richtig und falsch ist, was Menschen *sagen*; und in der *Sprache* stimmen die Menschen überein"?

So dargestellt ist allerdings übersehen, daß sich Wittgenstein insbesondere in § 241 der *Philosophischen Untersuchungen* gerade *gegen* eine konsensustheoretische Ausdeutung seines Wahrheitsverständnisses wendet. Keinesfalls will er sagen, daß die »Übereinstimmung der Menschen« über Wahrheit und Falschheit »*entscheide*« – wie auch immer sie im Einzelfall zu erzielen sein mag. Vielmehr will er betonen, daß es hinsichtlich der gesellschaftlich akzeptierten »Wahr- und Falschheit« von Sätzen zuletzt *gar nicht* um eine „Übereinstimmung der Meinungen" – also nicht um einen Konsensus *als solchen* – geht, „sondern" um eine Übereinstimmung „der Lebensform" (PU § 241) der etwas für wahr oder für falsch haltenden Menschen, welche, wenn man so will: fundamentaler als jeder Konsensus, begrenzt, was überhaupt als konsensus*fähig* gelten kann. Anders ausgedrückt: Die von Wittgenstein ins Auge gefaßte »Übereinstimmung der Lebensform« ist eine Übereinstimmung in grundlegenden Praktiken der Wahrheits*findung* (des Messens, Berechnens, Experimentierens etc.) und in den dem jeweiligen Weltbild zuzurechnenden, kaum je artikulierten Hintergrundüberzeugungen einer Kulturgemeinschaft. *Weil* wir in diese gemeinsam »eingelebt« sind, können wir, meint Wittgenstein, mit großer Übereinstimmung zwischen Wahrheit und Falschheit, Wirklichkeitsreferentialität und Nicht-Referentialität von Sätzen unterscheiden sowie – wenigstens in den meisten Fällen – darüber hinaus *auch* zu einem Konsensus über die Sätze gelangen, denen wir diese »Eigenschaften« zuschreiben.

Weil die Fähigkeit »vernünftiger« Menschen, zwischen der Wahr- und Falschheit von in Sätzen ausgedrückten Meinungen und Überzeugungen zu unterscheiden, im angeführten Sinne mit ihrer Übereinstimmung in den Praktiken einer Lebensform verbunden ist, vermittels derer man darüber entscheidet, hat es keinen Sinn, die »Gewißheit« mancher Sätze als deren *nicht weltbildrelatives* »Wahrheitsindiz« aufzubieten. Wie man weiß, hat beispielsweise Descartes dies zu Beginn der Tradition des neuzeitlichen Philosophierens getan, wenn er ein System »menschenmöglicher« Wahrheit auf einem fundamentum inconcussum absolut *unbezweifelbarer* – und insofern absolut »gewisser« – Evidenzen zu errichten suchte. Und einflußreiche Strömungen der neuzeitlichen Philosophie bis Husserl sind ihm darin gefolgt. Doch was „heißt es: die Wahrheit eines Satzes sei *gewiß*?" (ÜG

§ 193) Gleichgültig, *welche* Kriterien der Evidenz wir je verwenden: wenn wir einen Satz als »gewiß« bezeichnen, „drücken wir" mit „dem Wort »gewiß«" ja zunächst nichts weiter als „die völlige Überzeugung, die Abwesenheit jedes Zweifels" *für uns* und insofern eine *„subjektive* Gewißheit" aus. Wir „suchen damit den Andern zu überzeugen" (ÜG § 194), d.h. für die Anerkennung unserer Entscheidung, einen Satz als »unerschütterlich« gültig zu betrachten, einzunehmen, aber für dessen weltbildneutrale »Wahrheit« beweist dies nichts.

Es gibt natürlich Sätze, die nicht nur subjektive, sondern sogenannte »objektive«, mindestens von all denen, die einer Kulturgemeinschaft zugehören, geteilte »Gewißheiten« artikulieren. Und Descartes ebenso wie seinen philosophischen Gefolgsleuten ging es um *solche* Sätze, nicht um die subjektive Gewißheit einer – möglicherweise – individuellen Idiosynkrasie. „Wann aber ist etwas objektiv gewiß?" (ÜG § 194) Wittgenstein meinte als Antwort auf diese Frage, daß dasjenige, was wir als »objektive«, unbezweifelbare »Gewißheiten« kennen und akzeptieren, nicht weltbildneutrale »Wahrheiten«, sondern gerade die *partikularen,* obzwar konstitutiven Überzeugungen des Weltbildes sind, in dessen Rahmen eine (Selbst-) Verständigung über Gewißheit jeweils geschieht. Denn als äußerster Rahmen aller epistemischen Bezugnahmen auf »etwas« legt es notwendigerweise auch die Grenzen und Möglichkeiten des Bezweifelbaren respektive des Unbezweifelbaren (als des objektiv Gewissen) fest. Dies muß auch für Descartes' »methodischen Zweifel« gelten, der in Wittgensteins Perspektive zumal übersah, daß, wer wie Descartes „an allem zweifeln wollte," nicht einmal „bis zum Zweifel kommen" würde. Denn er müßte im »Vollzug« jeglichen Zweifels ja letzten Endes auch bezweifeln, daß er *jetzt* wirklich zweifelt – eine Konsequenz, die die *logische* Unmöglichkeit eines »totalen Zweifels« zeigt. „Das Spiel des Zweifelns selbst", soll es überhaupt sinnvoll sein, „setzt schon die Gewißheit voraus" (ÜG § 115), d.h. setzt voraus, daß wir „irgendwo mit dem Nichtzweifeln anfangen". Auch Descartes tut dies *im* Gedanken des Zweifels, der ihm als *bestimmter* Gedanke – ebenso wie die gesamte Semantik seiner Sprache – eine seiner Möglichkeit nach unbefragte Hintergrundvoraussetzung ist; „und das ist nicht, sozusagen, vorschnell aber verzeihlich, sondern es gehört zum Urteilen" (ÜG § 150) *als solchem.* Die »objektiven Gewißheiten«, die er dann ans »Licht der Vernunft« bringt: »daß er existiert, daß er denkt, daß ein Dreieck von nur drei Linien, daß die Kugel von einer einzigen Oberfläche begrenzt ist«

„et similia"[9], sind *Implikate* seiner Hintergrundvoraussetzungen, und sie zeichnen sich *als Propositionen* dadurch aus, daß ihnen niemand, der sein Weltbild teilt, die Zustimmung verweigern *kann* – es sei denn um den Preis, für »unvernünftig« zu gelten.

„Man vergißt" freilich allzu leicht, wie Wittgenstein wohl nicht ohne Grund dachte, „daß auch das Zweifeln zu einem Sprachspiel gehört" (BPP II, § 342) und insofern *nur* der sinnvoll »zweifeln« kann, der sich darauf versteht, was im Rahmen der Sprachspiele einer Lebensform und ihres Weltbildes als „»Grund zum Zweifeln«" (BPP II, § 344) gilt. Descartes tut dies, wenn er einen *universellen* Zweifel mindestens für *methodisch* durchführbar hält, ohne zu sehen, daß sein »Zweifel« – weit entfernt, sich von den »unkritisch« übernommenen Überzeugungen der (in seinem Falle: scholastischen) Tradition zu emanzipieren – seiner Möglichkeit nach gerade in deren Weltbild ruht. Gegenüber einer solchen Illusion „will" Wittgenstein „eigentlich sagen, daß ein" jegliches „Sprachspiel", also auch das philosophisch-methodische universellen Zweifelns, „nur möglich ist, wenn man sich auf etwas verläßt", gewisses *als* Gewißheit faktisch nicht in Frage stellt. Und er stellt ausdrücklich klar: „Ich habe nicht gesagt »auf etwas verlassen kann«." (ÜG § 509)

Vielleicht deutlicher noch als am Beispiel eines philosophischen Sprachspiels wie des cartesischen wird diese für die Logik *alles* »vernünftigen« Denkens und Urteilens konstitutive Einsicht, wenn man sie sich anhand unseres empirisch-wissenschaftlichen Urteilens oder gar profaner, alltäglicher Sprachspiele vor Augen führt. Denken wir nochmals an das Beispiel des Lavoisierschen Experimentierens zurück, zeigt sich ja eindrücklich, daß es „zur Logik unserer wissenschaftlichen Untersuchungen" als solcher gehört, „daß Gewisses *in der Tat* nicht angezweifelt wird." (ÜG § 342) Wenn ich nämlich wie Lavoisier experimentiere, so habe ich natürlich *bestimmte* Zweifel; ich will etwa wissen, ob sich eine spezifische Hypothese über die Gesetzmäßigkeit der Natur experimentell bewähren läßt oder ähnliches. Und ich zweifle, ob dies der Fall ist oder nicht. Doch *wenn* ich denn so „experimentiere, so zweifle ich nicht an der Existenz des Apparates, den ich vor Augen habe" und als Hypothesenbewährungsinstanz verwende, nicht

[9] René *Descartes, Regulae ad directionem ingenii / Regeln zur Ausrichtung der Erkenntniskraft,* hrsg. von H.Springmeyer / L.Gäbe / H.G. Zekl, Hamburg 1973, 18 / 19 (Herv. S.M.)

an der Existenz der Natur als solcher, *nicht einmal* daran, daß sie vielleicht gar kein gesetzlich geschlossener Phänomenzusammenhang sein mag. „Ich habe eine Menge Zweifel, aber nicht *den*" (ÜG § 337) bzw. nicht *diese*. Analog verhält es sich in jedem alltäglichen Sprachspiel, z.B. wenn „ich frage »Welche Farbe siehst du jetzt?«", weil ich zweifle, ob jemand farbenblind ist oder nicht. *Wenn* ich so frage, „so kann ich" natürlich „nicht zu gleicher Zeit auch bezweifeln, ob der Angeredete Deutsch versteht, ob er mich hintergehen will, ob mein eigenes Gedächtnis, die Bedeutung der Farbnamen betreffend, mich im Stich läßt, etc." (ÜG § 345), ohne daß das Spiel des »Jemanden-auf-Farbenblindheit-Prüfens« als solches unsinnig wird. Daß ich dergleichen auch gar nicht tue, beweise ich, wie Wittgenstein durch seine Kursivierung im obigen Zitat hervorhebt, *in der Tat*, d.h. dadurch, daß ich die angeführten und andere Spiele wirklich spiele und im Rahmen ihrer Maßgaben *handle*.

Man könnte diesen Gedanken auch ausdrücken, indem man sagte: „Mein Leben zeigt," daß ich gewisses als Gewißheit in für alle Handlungen und Sprachspiele konstitutiver Weise nicht bezweifle, daß ich also „weiß oder sicher bin, daß dort ein Sessel steht, eine Tür usf.", *obgleich* man einen (cartesischen) Zweifel daran manchmal für denkbar halten mag. „Ich sage" nämlich zu „meinem Freunde z.B. »Nimm den Sessel dort«, »Mach die Tür zu«, etc., etc." (ÜG § 7), führe also sprachliche Handlungen durch und erwarte andere, korrespondierende Handlungen. Wie wir an anderer Stelle mit Wittgenstein bereits betonten, „besteht" mein „*Leben*" geradezu darin, „daß ich mich mit manchen zufriedengebe" (ÜG § 344), mich in sprachlichem und nichtsprachlichem Handeln faktisch auf etwas verlasse, was aber nicht heißt, daß dessen *Möglichkeit* darauf beruht, daß man sich dabei »auf etwas verlassen *kann*«. Denn mindestens die äußersten Hintergrundüberzeugungen des Weltbildes, auf die ich mich je verlasse, sind ja – gleichsam als die Möglichkeitsbedingungen aller Sprachspiele – wesentlich unausweisbar. Sie durch den Gebrauch des Wortes »gewiß« als für uns irreversibel darzustellen, besagt, wie jetzt deutlicher sein sollte, nichts hinsichtlich ihrer Wahrheit oder objektiven Gültigkeit. Es bekundet vielmehr, „daß wir zu einer Gemeinschaft gehören, die durch Wissenschaft und Erziehung verbunden ist." (ÜG § 298) Es bekundet, daß wir ein Weltbild im dargelegten Sinne teilen.

Freilich, so wird man fragen wollen, zeichnet sich mit Wittgensteins dezidierter Rückbindung von Vernunft-, Wahrheits- und Gewißheitsstandards an die zuletzt unbegründbaren Überzeugungen des jeweiligen Weltbildes nicht so etwas wie ein (Kultur-) Relativismus[10] ab, der die überkommenen Idee der (»einen«) »Vernunft« und der (»einen«) »Wahrheit« leichtfertig preisgibt? Denn offenkundig erscheinen ja mit Blick auf unterschiedliche Weltbilder nun partikulare »Rationalitäten« (im Plural) denkbar, von denen keine als angemessener als die andere(n) erwiesen werden kann. Wer diesen Verdacht erhebt, fürchtet für gewöhnlich die philosophische Subversion aller (semantischen, logischen, ethischen etc.) Verbindlichkeit zugunsten einer bloßen »Beliebigkeit« der jeweils in einer Lebensform herrschenden (Vernunft-, Wahrheits- und Gewißheits-) Standards, welche man durch die Preisgabe des Konzepts einer weltbildübergreifend-universellen »Vernunft« erkauft. Und ist ein solcher »Relativismus« nicht philosophisch »unhaltbar«, weil logisch selbstwidersprüchlich, muß er doch wenigstens für seine Thesen über die Partikularität der Rationalitäten und die Weltbildrelativität der Wahrheitskriterien *nicht*-partikulare, *nicht*-relative Geltung beanspruchen? Auf diese Bedenken und Fragen ist in systematischer Perspektive das folgende zu antworten:

Erstens: Wohl ist es richtig, daß man in Wittgensteins Perspektive insofern von der Relativität von »Vernunft«, »Wahrheit« und »Gewißheit« reden kann, als sich die diese Begriffe bestimmenden propositionalen Gehalte *nur relativ* auf das jeweils zugrundeliegende, aber nicht zu vergegenständlichende Weltbild sinnvoll artikulieren lassen. Freilich sollte man nicht verkennen, daß solche Gehalte – bewußt in Sätzen artikuliert oder nicht – nach Wittgenstein *weltbildintern* die Rolle von (hinsichtlich zentraler Überzeugungen gesprochen: kaum reversiblen) Normen, Maßstäben bzw. Spielregeln der Organisation unserer Lebenspraxis spielen. Innerhalb einer Lebensform haftet ihnen, wie gerade Wittgenstein immer wieder betont, übersubjektive Verbindlichkeit an. Tatsache ist freilich, daß solche »Verbindlichkeiten« nicht durch einen Rekurs auf »Vernunft« begründet, sondern nur als Ordungsformen einer sozialen Praxis beschrieben werden können.

Zweitens: Derart pauschal, wie das Relativismus-Verdikt gewöhnlich nicht nur gegen Wittgenstein, sondern auch gegen andere Auto-

---

[10] Für eine eingehende Diskussion der Probleme eines Kulturrelativismus mit Blick auf den späten Wittgenstein vgl. vor allem das Kapitel *Rationalität und Relativismus* bei M.*Kober, Gewißheit als Norm*, 321 ff.

ren, die – wie z.B. Nietzsche – ähnliche Überlegungen vortragen, vorgebracht wird, wird zumeist übersehen, daß die im interkulturellen Vergleich konstatierbare Relativität der jeweiligen Rationalitätsstandards es nicht erlaubt, darüber hinaus auch von einer Relativität von »Weltbildern« als solchen zu sprechen – und Wittgenstein tut dies auch tatsächlich nicht. Denn die unspezifizierte Rede von der »Relativität der Weltbilder« ist schlechthin unverständlich. Sofern es, wie Wittgenstein geltend macht, einen Weltbild-neutralen Standpunkt nicht gibt, von dem aus sich die für jeweils »rational« geltenden Praktiken des Denkens, Forschens, Reflektierens etc. als *die* adäquaten erweisen lassen, fehlt ja ein weltbildübergreifendes tertium comparationis, auf das hin unterschiedliche Weltbilder *relativ* sein könnten.

Drittens: Schließlich muß man sehen, daß der Versuch, die Thesen von der Partikularität der Rationalitäten und der Weltbildrelativität der Wahrheitskriterien durch den Nachweis ihrer Selbstwidersprüchlichkeit zu widerlegen, die Beweiskraft des zu Tage tretenden Widerspruchs gründlich überschätzt.[11] Auch Wittgenstein ist natürlich klar, daß manche Sätze, auf sich selbst bezogen, einen Widerspruch erzeugen. Aber was ist damit philosophisch bewiesen? Zeigt das Auftreten eines Widerspruchs doch nur, daß man im Zuge der Befolgung *unserer* logischen Formen des Denkens an einen Punkt gelangt ist, an dem *wir* innerhalb *unseres* Weltbildes einen Satz als »unbrauchbar« ansehen. Hinsichtlich einer vermeintlichen Nötigung, am Konzept einer als universal vorgestellten »Vernunft« und »Wahrheit« festzuhalten, beweist er nichts.

So besehen ist das Relativismus-Verdikt samt der ihm zugehörigen Argumente wohl kein Grund, die von Wittgenstein angedeuteten Wege einer Neubestimmung philosophischer »Grundworte« nicht weiterzuverfolgen. Diese Arbeit hätte ihr Ziel jedoch bereits erreicht, wenn sie die »Sicht«, die Wittgenstein im Spätwerk seinem »Denkstil« gemäß für »die richtige«, weil die »individuellen Beunruhigungen« seiner Probleme zur Ruhe bringende gehalten hat, zwar nicht als die einzig mögliche, aber doch als *eine* auch im Philosophieren der Gegenwart mögliche und deshalb nicht zu übergehende Sicht dargestellt hätte. Denn dies ist wohl das eigentliche »Wittgensteinsche Paradox«: Gerade dadurch, daß er heute bereits zu einer historischen Gestalt geworden ist, gewinnt er »für uns« als unübersehbare Denkgestalt erst philosophisch Kontur.

Verzeichnis der zitierten Literatur

Wittgensteins Schriften:

Wittgensteins Schriften werden in dieser Untersuchung mit Siglen im fortlaufenden Text unter Angabe der Paragraphennummern bzw. der Seitenzahlen zitiert. Es werden die folgenden Siglen verwendet:

AL = Aufzeichnungen über Logik, *in: Werkausgabe Bd. 1, Frankfurt/Main 1984*

AM = Aufzeichnungen, die G.E. Moore in Norwegen nach Diktat niedergeschrieben hat, *in: Werkausgabe Bd. 1, Frankfurt/Main 1984*

AVES = Aufzeichnungen für Vorlesungen über »privates Erlebnis« und »Sinnesdaten«, *in: VE*

BB = Das Blaue Buch, *Werkausgabe Bd. 5, Frankfurt/Main 1984*

BGM = Bemerkungen über die Grundlagen der Mathematik, *in: Werkausgabe Bd. 6, Frankfurt/Main 1984*

BlF = Bemerkungen über logische Form, *in: VE*

BPP = Bemerkungen über die Philosophie der Psychologie, *in: Werkausgabe Bd. 7, Frankfurt/Main 1984*

BüF = Bemerkungen über die Farben, *in: Werkausgabe Bd. 8, Frankfurt/Main 1984*

EPB = Eine philosophische Betrachtung *(Das sogenannte Braune Buch), Werkausgabe Bd. 5, Frankfurt/Main 1984*

F = Bemerkungen über Frazers Golden Bough, *in: VE*

GT = Geheime Tagebücher 1914 - 1916, *hrsg. von W. Baum, Wien* [2]*1991*

LSPP = Letzte Schriften über die Philosophie der Psychologie, *in: Werkausgabe Bd. 7, Frankfurt/Main 1984*

PB = Philosophische Bemerkungen, *Werkausgabe Bd. 2, Frankfurt/Main 1984*

PG = Philosophische Grammatik, *Werkausgabe Bd. 4, Frankfurt/Main 1984*

Phil = Philosophy. Sections 86-93 (pp. 405-35) of the so-called „Big Typescript" (catalogue Number 213), *in: J.Hintikka, Wittgenstein in Florida, Dordrecht/Boston/London 1991;* deutsch in: *Revue de Philosophie, hrsg. von M.Meyer, Brüssel 1991*

PU = Philosophische Untersuchungen, *Frankfurt/Main 1977*

PT = Prototractatus, *in: Tlp*

TB = Tagebücher 1914 - 1916, *in: Werkausgabe Bd. 1, Frankfurt/Main 1984*

Tlp = Tractatus logico-philosophicus / Logisch-philosophische Abhandlung, *hrsg. von B.McGuinness / J.Schulte, Frankfurt/Main 1989*
ÜG = Über Gewißheit, *in: Werkausgabe Bd. 8, Frankfurt/Main 1984*
UW = Ursache und Wirkung. *Intuitives Erfassen, in: VE*
V I = Vorlesungen 1930 - 1935, *hrsg. von A.Ambrose, Frankfurt/Main 1984*
V II = Vorlesungen über die Philosophie der Psychologie *1946/47, hrsg. von P.T.Geach, Frankfurt/Main 1991*
VB = Vermischte Bemerkungen, *in: Werkausgabe Bd. 8, Frankfurt/Main 1984*
VE = Vortrag über Ethik, *in: J.Schulte (Hrsg.), Vortrag über Ethik und andere kleine Schriften, Frankfurt/Main 1989*
VG = Vorlesungen und Gespräche über Ästhetik, Psychoanalyse und religiösen Glauben, *hrsg. von C.Barrett, Düsseldorf/Bonn 1994*
WWK = Wittgenstein und der Wiener Kreis, *Werkausgabe Bd. 3, Frankfurt/Main 1984*
Z = Zettel, *in: Werkausgabe Bd. 8, Frankfurt/Main 1984*

Weitere Literatur:

Angelelli, I.: (Hrsg.) *Gottlob Frege, Begriffsschrift und andere Aufsätze,* Darmstadt ^{3}1964

Ambrose, Alice: *Wittgenstein on some Questions in Foundations of Mathematics,* in: The Journal of Philosophy 52 (1955)

Anderson, A.R.: *Mathematics and the »Language Game«,* in: Review of Metaphysics 11 (1958)

Anscombe, Gertrud Elizabeth M.: *An Introduction to Wittgenstein's Tractatus,* London 1959

The Question of Linguistic Idealism, in: Acta Philosophica Fennica [Essays on Wittgenstein in Honour of G.H. von Wright] 28 (1976)

Apel, Karl-Otto: *Wittgenstein und Heidegger.* Die Frage nach dem Sinn von Sein und der Sinnlosigkeitsverdacht gegen alle Metaphysik, in: K.-O.A., Transformation der Philosophie, Frankfurt/Main 1973

Wittgenstein und Heidegger. Kritische Wiederholung und Ergänzung eines Vergleichs, in: »Der Löwe spricht ... und wir können ihn nicht verstehen«. Ein Symposion an der Universität Frankfurt anläßlich des hundertsten Geburtstags von Ludwig Wittgenstein, Frankfurt/Main 1991

Ayer, Alfred J.: *Verification and Experience,* in: Proceedings of the Aristotelian Society 37/1936/37, 137-156

Language, Truth and Logic, London 1936

Can There be a Private Language, in: Proceedings of the Aristotelian Society, Supp. Vol. 28 (1954)

Bachmaier, Peter: *Wittgenstein und Kant*. Versuch zum Begriff des Transzendentalen, Frankfurt/ Main/Bern/Las Vegas 1978

Baker, G.P.: (mit P.M.S. Hacker) *Wittgenstein*. Understanding and Meaning (An analytical commentary on the *Philosophical Investigations*, Bd. 1), Oxford 1980

Bartley III, William W.: *Wittgenstein, ein Leben*, München 1983

Baum, Wilhelm: *Nachwort zur Edition*, Ludwig Wittgenstein, Geheime Tagebücher 1914 - 1916, hrsg. von W. Baum, Wien/Berlin 1991

Beerling, Reinier F.: *Sprachspiele und Weltbilder*. Reflexionen zu Wittgenstein, Freiburg/München 1980

Bensch, Rudolf: *Ludwig Wittgenstein*. Die apriorischen und mathematischen Sätze in seinem Spätwerk, Bonn 1973

Bernays, Paul: *Betrachtungen zu Ludwig Wittgensteins »Bemerkungen über die Grundlagen der Mathematik«*, in: Ratio 1 (1959)

Bezzel, Chris: *Wittgenstein zur Einführung*, Hamburg [2]1989

Bild, Satz, Text, in: Schmidt-Dengler 1990

Billing, Hans: *Wittgensteins Sprachspielkonzeption*, Bonn 1980

Birnbacher, Dieter: *Die Logik der Kriterien*. Analysen zur Spätphilosophie Wittgensteins, Hamburg 1974

Hrsg. (mit Armin Burkhardt), *Sprachspiel und Methode*. Zum Stand der Wittgenstein-Diskussion, Berlin / New York 1985

Wittgenstein und die „Grundfrage der Metaphysik", in: Vossenkuhl 1992

Black, Max: *Lebensform and Sprachspiel in Wittgenstein's Later Philosophy*, in: Wittgenstein und sein Einfluß auf die gegenwärtige Philosophie, hrsg. von E.Leinfellner u.a., Wien 1978

Böhler, Dietrich: *Wittgenstein und Augustinus*. Transzendentalpragmatische Kritik der Bezeichnungstheorie der Sprache und methodischen Solipsismus, in: A. Eschbach / J. Trabant (Hrsg.), History of Semiotics, Amsterdam 1983

Borsche, Tilman: *Macht und Ohnmacht der Wörter*. Bemerkungen zu Augustins »De magistro«, in: Kodikas/Code/Ars Semeiotica 8 (1985)

Was etwas ist. Fragen der Wahrheit der Bedeutung bei Platon, Augustin, Nikolaus von Kues und Nietzsche, München 1990

Bouveresse, Jacques: *Ludwig Wittgenstein (1889 - 1951)*, in: Sprachphilosophie. Philosophy of Language. La philosophie du langage. Ein Internationales Handbuch zeitgenössischer Forschung, hrsg. von M. Dascal, D. Gerhardus, K. Lorenz, G. Meggle, Berlin 1992

Was ist eine Regel?, in: G.Gebauer / Ch.Wulf (Hgg), Praxis und Ästhetik. Neue Perspektiven im Denken Pierre Bourdieus, Frankfurt/ Main 1993

Poesie und Prosa. Wittgenstein über Wissenschaft, Ethik und Ästhetik, Düsseldorf/Bonn 1994

Brose, Karl: *Möglichkeiten und Grenzen des Sprachspiels.* Zur Systematik in Wittgensteins „Philosophischen Untersuchungen", in: Ratio 27.2 (1985)

Brunner, Heinz: *Vom Nutzen des Scheiterns.* Eine literaturwissenschaftliche Interpretation von L. Wittgensteins Philosophischen Untersuchungen, Bern/Frankfurt/Main/ New York 1985

Bubner, Rüdiger: *Wittgenstein als meditativer Denker*, in: Haller 1990

Buchheister, Kai: (mit Daniel Steuer) *Ludwig Wittgenstein*, Stuttgart 1992

Carl, Wolfgang: *Sinn und Bedeutung.* Studien zu Frege und Wittgenstein, Königstein/Ts. 1982

Copi, Irving: *Objects, Properties, and Relations in the Tractatus*, in: I.M. Copi / R.W. Beard, (Hrsg.), Essays on Wittgenstein's Tractatus, New York/ London 1966

Couturat, L.: (mit L.Leau), *Histoire de la langue universelle*, Paris ^{2}1907

Demmerling, Christoph: *Sprache und Verdinglichung.* Wittgenstein, Adorno und das Projekt einer kritischen Theorie, Frankfurt/Main 1994

Descartes, René: *Brief an Marin Mersenne* vom 20.11.1629, in: Œuvres de Descartes (= AT), hrsg. von Ch.Adam/P.Tannery, Paris 1897 bis 1909, Bd. I (Neudruck 1974)

Regulae ad directionem ingenii / Regeln zur Ausrichtung der Erkenntniskraft, hrsg. von H.Springmeyer / L.Gäbe / H.G. Zekl, Hamburg 1973

Diamond, Cora: *Ethics, Imagination and the Method of Wittgenstein's Tractatus*, in: Richard Heinrich / Helmuth Vetter (Hrsg.), Bilder der Philosophie, Wien/München 1991

Dietrich, Rolf-Albert: *Sprache und Wirklichkeit in Wittgensteins Tractatus*, Tübingen 1973

Engel, Susanne: *Wittgenstein and Kant*, in: Philosophy and Phenomenological Research 30 (1969/70)

Fahrenbach, Helmut: *Die logisch-hermeneutische Problemstellung in Wittgensteins »Tractatus«*, in: R. Bubner (Hrsg.), Hermeneutik und Dialektik, Bd. 2, Tübingen 1970

Favrholdt, David: *An Interpretation and Critique of Wittgenstein's Tractatus*, Kopenhagen 1964

Fischer, Hans Rudi: *Sprache und Lebensform*. Wittgenstein über Freud und die Geisteskrankheit, Frankfurt/Main 1987

Fleck, Ludwik: *Entstehung und Entwicklung einer wissenschaftlichen Tatsache*. Einführung in die Lehre vom Denkstil und Denkkollektiv, hrsg. von L. Schäfer/Th. Schnelle, Frankfurt/ Main 1980

Floyd, Juliet: *Wittgenstein on 2, 2, 2 ...*: The Opening of Remarks on the Foundations of Mathematics, in: Hintikka 1991

Frank, Manfred: *Wittgensteins Gang in die Dichtung*, in: M.Frank / G.Soldati, Wittgenstein – Literat und Philosoph, Pfullingen 1989

Frege, Gottlob: *Grundlagen der Arithmetik*, Jena 1884

Grundgesetze der Arithmetik, Jena 1893

Begriffsschrift, eine der arithmetischen nachgebildete Formelsprache des reinen Denkens, in: Angelelli 1964

Über das Trägheitsgesetz, in: Angelelli 1964

Ueber den Zweck der Begriffsschrift, in: Angelelli 1964

Ueber die wissenschaftliche Berechtigung einer Begriffsschrift, in: Angelelli 1964

Was ist eine Funktion?, in: Patzig 1986a

Über Begriff und Gegenstand, in: Patzig 1986a

Funktion und Begriff, in: Patzig 1986a

Über Sinn und Bedeutung, in Patzig 1986a

Der Gedanke. Eine logische Untersuchung, in: Patzig 1986b

Die Verneinung. Eine logische Untersuchung, in: Patzig 1986b

Logische Untersuchungen. Dritter Teil: Gedankengefüge, in Patzig 1986b

Fromm, Susanne: *Wittgensteins Erkenntnisspiele contra Kants Erkenntnislehre*, Freiburg/München 1979

Funke, Ralf: *The Names in a Game*, in: Klaus Puhl (Hrsg.), Wittgensteins Philosophie der Mathematik. Akten des 15. Internationalen Wittgenstein-Symposions, Wien 1993

Gabriel, Gottfried: *Logik als Literatur?* Zur Bedeutung des Literarischen bei Wittgenstein, in: Merkur 32 (1978)

Gargani, Aldo G.: *Wittgensteins ethische Einstellung*, in: McGuinness 1989

Garver, Newton: *Die Lebensform in Wittgensteins Philosophischen Untersuchungen*, in: Grazer Philosophische Studien 21 (1984)

Gasking, D.A.T.: (mit A.C. Jackson) *Wittgenstein as a Teacher*, in: K.T. Fann (Hrsg.), Ludwig Wittgenstein: The Man and his Philosophy, New York 1967

Giegel, Hans-Joachim: *Die Logik der seelischen Ereignisse*. Zu Theorien von L. Wittgenstein und W. Sellars, Frankfurt/Main 1969

Goodman, Nelson: *Sprachen der Kunst*. Entwurf einer Symboltheorie, Frankfurt/Main 1995

Seven Strictures on Similarity, in: L.Foster/J.W.Swanson (Hrsg.), Experience and Theory, Amherst, 1970

(mit Catherine Z. *Elgin) Reconceptions in Philosophy and others Arts and Sciences*, Indianapolis 1988

Goslich, Gabriele: *Das »Mystische« bei Wittgenstein*, in: Philosophisches Jahrbuch 98 (1991)

Grayling, A.C.: *Wittgenstein*, Oxford/New York 1988

Habermas, Jürgen: *Zur Logik der Sozialwissenschaften*, Frankfurt/Main 1970

Sprachspiel, Intention und Bedeutung. Zu Motiven bei Sellars und Wittgenstein, in: R.Wiggershaus (Hrsg.), Sprachanalyse und Soziologie. Die sozialwissenschaftliche Relevanz von Wittgensteins Sprachphilosophie, Frankfurt/Main 1975

Hacker, Peter M.S.: *Einsicht und Täuschung*. Wittgenstein über Philosophie und die Metaphysik der Erfahrung, Frankfurt/Main 1978

Hacking, Ian: *Die Bedeutung der Sprache für die Philosophie*, Königstein / Ts. 1984

Hartnack, Justus: *Wittgenstein und die moderne Philosophie*, Stuttgart 1962

Haller, Rudolf: *Das »Zeichen« und die »Zeichenlehre« in der Philosophie der Neuzeit*, in: Archiv für Begriffsgeschichte 4 (1959)

War Wittgenstein ein Neokantianer?, in: Johannessen 1981

Lebensform oder Lebensformen? Eine Bemerkung zu N.Garvers »Die Lebensform in Wittgensteins *Philosophischen Untersuchungen*«, in: Grazer Philosophische Studien 21 (1984)

Das Kunstwerk als Gegenstand sub specie aeternitatis, in: R.H., Facta und Ficta. Studien zu ästhetischen Grundfragen, Stuttgart 1986

Hrsg. (mit Johannes Brandl), *Wittgenstein*. Eine Neubewertung / Towards a Re-Evaluation, Wien 1990, 3 Bd.

Hamann, Johann Gottlieb: *Metakritik über den Purismum der Vernunft*, in: Sämtliche Werke, hrsg. von J. Nadler, Bd. III, Wien 1949

Hanfling, O.: *Logical Positivism*, Oxford 1981

Harward, Donald W.: *Wittgenstein's Saying and Showing Themes*, Bonn 1976

Heinrich, Richard: *Einbildung und Darstellung*. Zum Kantianismus des frühen Wittgenstein, Kastellaun/Düsseldorf 1977

Wittgensteins Grenze, Wien 1993

Hintikka, Jaakko und Merill B.: *Untersuchungen zu Wittgenstein*, Frankfurt/Main 1990

(Hrsg.) *Wittgenstein in Florida*, Dordrecht/Boston/London 1991

Hoche, Hans-Ulrich: *Einführung in das sprachanalytische Philosophieren*, Darmstadt 1990

Hossenfelder, Malte: *Kants Idee der Transzendentalphilosophie und ihr Mißbrauch in Phänomenologie, Historik und Hermeneutik*, in: I.Heidemann / W.Ritzel (Hgg), Beiträge zur Kritik der reinen Vernunft, Berlin/New York 1981

Hülser, Karlheinz: *Die Unterscheidung „sagen – zeigen", das Logische und die „Wahrheit" in Wittgensteins Tractatus*, in: Kant-Studien 65 (1974)

Humboldt, Wilhelm von: *Ueber die Verschiedenheit des menschlichen Sprachbaus und ihren Einfluss auf die geistige Entwicklung des Menschengeschlechts* (1830-1835), hrsg. von der preußischen Akadademie der Wissenschaften durch Albert Leitzmann, Berlin 1903-1936, Bd. VII

Huter, Michael: *Natur der Sprache*. Zu einigen Motiven bei Wittgenstein und Goethe, in: W. Schmidt-Dengler u.a. 1990

Ishiguro, Hidé: *Namen. Gebrauch und Bezugnahme*, in: Schulte 1989b

Can the World Impose Logical Structure on Language?, in: Haller 1990

Die Beziehung zwischen Welt und Sprache im früheren und späteren Wittgenstein, in: Vossenkuhl 1992

Janik, Allan: (mit Stephen Toulmin), *Wittgensteins Wien*, München/Zürich 1987

Jensen, Hennig: *Is Wittgenstein's Ethical Theory a Kind of Error Theory?*, in: Haller 1990

Johannessen, Kjell S.: Hrsg. (mit Tore Nordenstam), *Wittgenstein – Ästhetik und transzendentale Philosophie*. Akten eines Symposions in Bergen (Norwegen) 1980, Wien 1981

Kambartel, Friedrich: *Wittgensteins späte Philosophie*. Zur Vollendung von Kants Kritik der wissenschaftlichen Aufklärung, in: F.K., Philosophie der humanen Welt, Frankfurt/Main 1989

Versuch über das Verstehen, in: »Der Löwe spricht ... und wir können ihn nicht verstehen«. Ein Symposion an der Universität Frankfurt anläßlich des hundertsten Geburtstages von Ludwig Wittgenstein, Frankfurt/Main 1991

Kampits, Peter: *Ludwig Wittgenstein*. Wege und Umwege zu seinem Denken, Graz/Köln/Wien 1985

Kant, Immanuel: *Untersuchung über die Deutlichkeit der Grundsätze der natürlichen Theologie und Moral*, Akademie-Ausgabe, Bd. II

Kritik der reinen Vernunft, hrsg. von R. Schmidt, Leipzig 1979

Kaspar, Rudolf F. : *Wittgensteins Ästhetik*. Eine Studie, Wien/Zürich 1992

(mit Alfred Schmidt) *Wittgenstein über Zeit*, in: Zeitschrift für philosophische Forschung 46.4 (1992)

Kenny, Anthony: *Wittgenstein*, Frankfurt/Main ^{4}1989

Wittgensteins frühe Philosophie der psychologischen Begriffe, in: Schulte 1989b

Kienzler, Wolfgang: *Wittgensteins Wende zu seiner Spätphilosophie*. 1930-1932, Frankfurt/Main 1997

Kober, Michael: *Gewißheit als Norm*. Wittgensteins Erkenntnistheoretische Untersuchungen in Über Gewißheit, Berlin / New York 1993

Kraus, Karl: *Die Sprache*, Werke Bd. II, München ^{4}1962

Kripke, Saul A.: *Wittgenstein über Regeln und Privatsprache*, Frankfurt/Main 1987

Kroß, Matthias: *Klarheit als Selbstzweck*. Wittgenstein über Philosophie, Religion, Ethik und Gewißheit, Berlin 1993

Kunzmann, Peter: *Dimensionen von Analogie*. Wittgensteins Neuentdeckung eines klassischen Prinzips, Düsseldorf / Bonn 1998

Lambert, Johann Heinrich: *Neues Organon oder Gedanken über die Erforschung und Bezeichnung des Wahren und dessen Unterscheidung von Irrtum und Schein*, Bd. 2 (1764)

Lang, Martin: *Wittgensteins Philosophische Grammatik*. Entstehung und Perspektiven der Strategie eines radikalen Aufklärers, Phil. Diss. [masch.] Köln 1971

Lange, Ernst-Michael: *Wittgenstein und Schopenhauer*. Logisch-philosophische Abhandlung und Kritik des Solipsismus, Cuxhaven 1989

Leibniz, Gottfried Wilhelm: *Meditationes de cognitione, veritate et ideis / Betrachtungen über die Erkenntnis, die Wahrheit und die Ideen,* in: G.W.L., Kleine Schriften, hrsg. von H.H. Holz, Darmstadt 1985

Lenk, Hans: *Zu Wittgensteins Theorie der Sprachspiele,* in: Kant-Studien 58 (1967)

Le Roy Finch, Henry: *Wittgenstein's Last Word: Ordinary Certainty,* in: International Philosophical Quarterly 15 (1975)

Liebrucks, Bruno: *Sprache und Bewußtsein,* Bd. VI.1, Frankfurt am Main/ Bern 1974

Lorenz, Kuno: *Elemente der Sprachkritik.* Eine Alternative zum Dogmatismus und Skeptizismus in der analytischen Philosophie, Frankfurt/ Main 1970

Luckhardt, C. Grant: *Philosophy in the Big Typescript,* in: Hintikka 1991

Das Sprechen des Löwen, in: Savigny 1995

Lütterfelds, Wilhelm: *Zur sprachanalytischen Rehabilitierung des Kantischen Idealismus bei Wittgenstein,* in: Zeitschrift für Didaktik der Philosophie 3 (1981)

Majetschak, Stefan: *Begriff* III (Neuzeit), in: Historisches Wörterbuch der Rhetorik, hrsg. von G.Ueding, Tübingen 1992

Die Logik des Absoluten. Spekulation und Zeitlichkeit in der Philosophie Hegels, Berlin 1992

Intention und Interpretation. Anmerkungen zu Wittgensteins Interpretationsbegriff, in: Peter Baumanns (Hrsg.), Realität und Begriff. Festschrift für Jakob Barion zum 95. Geburtstag, Würzburg 1993

Der Begriff der »Bedeutung« in Wittgensteins Spätphilosophie, in: Th. S. Hoffmann / St. Majetschak, Denken der Individualität. Festschrift für Josef Simon zum 65. Geburtstag, Berlin / New York 1995

Ludwig Wittgenstein, in: Tilman Borsche (Hrsg.), Klassiker der Sprachphilosophie, München 1996

Sprache (III. Neuzeit), in: Historisches Wörterbuch der Philosophie, hrsg. von K. Gründer, Bd. 9, Basel 1996, Sp. 1468 - 1495

Malcolm, Norman: *Sprache und Gegenstände,* in: Schulte 1989b

Maslow, Alan: *A Study in Wittgenstein's Tractatus,* Berkeley/Los Angeles 1961

McGuinness, Brian: *Wittgenstein:* A Life, Duckworth 1988

Hrsg. (mit Rudolf Haller), *Wittgenstein in Focus – Im Brennpunkt: Wittgenstein,* Amsterdam/Atlanta 1989 (=Grazer Philosophische Studien 33/34 [1989])

Der Grundgedanke des »Tractatus«, in: Schulte 1989b

Die Mystik des Tractatus, in: Schulte 1989b

Molitor, Arnulf: *Bemerkungen zu Ludwig Wittgensteins posthumer Philosophie der Mathematik*, in: Salzburger Jahrbuch für Philosophie 10-11 (1966/67)

Monk, Ray: *Wittgenstein*. The Duty of Genius, London 1990

Moore, George Edward: *Wittgenstein's Lectures in 1930-33* (1954/55)

Müller, Anselm: *Wittgensteins »Tractatus«*, Bonn 1967

Nedo, Michael: Hrsg., *Ludwig Wittgenstein, Wiener-Ausgabe*, Bd. 1 und 2, Wien 1994

Nietzsche, Friedrich: *Jenseits von Gut von Böse*. Vorspiel einer Philosophie der Zukunft, in: Kritische Studienausgabe, Bd. 5, hrsg. von G. Colli / M. Montinari, München 1980

Nöth, Winfried: *Handbuch der Semiotik*, Stuttgart 1985

Nyíri, J. Christoph: *Das unglückliche Leben des Ludwig Wittgenstein*, zuerst in: Zeitschrift für philosophische Forschung 26.4 (1972)

Gefühl und Gefüge. Studien zum Entstehen der Philosophie Wittgensteins, Amsterdam 1986

Schriftlichkeit und das Privatsprachenargument, in: Deutsche Zeitschrift für Philosophie 40 (1992)

Parak, Franz: *Wittgenstein in Monte Cassino*, in: Ludwig Wittgenstein, Geheime Tagebücher 1914 - 1916, hrsg. von W. Baum, Wien/Berlin 1991

Patzig, Günther: (Hrsg.) *Gottlob Frege, Funktion, Begriff, Bedeutung*, Göttingen ^{6}1986

(Hrsg.) *Gottlob Frege, Logische Untersuchungen*, Göttingen ^{3}1986

Pears, David: *Die Beziehung zwischen Wittgensteins Bildtheorie des Satzes und Russells Urteilstheorien*, in: Schulte 1989b

Wittgenstein's Account of Rule-Following, in: Hintikka 1991

Pitcher, George: *Die Philosophie Wittgensteins*. Eine kritische Einführung in den Tractatus und die Spätschriften, Freiburg 1967

Popper, Karl R.: *The Nature of philosophical problems and their roots in science*, in: K.P., Conjectures and Refutations, London 1963

Die beiden Grundprobleme der Erkenntnistheorie, aufgrund von Manuskripten aus den Jahren 1930-1933, hrsg. von T.E.Hansen, Tübingen 1979

Quine, Willard Van Orman: *Word and Object*, Cambridge/Mass. 1960

Raatzsch, Richard: *Begriffsbildung und Naturtatsachen*, in: Savigny 1995

Ramsey, Frank: *Rezension des »Tractatus«*, in: Schulte 1989b

Rhees, Rush: *Can There be a Private Language*, in: Proceedings of the Aristotelian Society, Supp. Vol. 28 (1954)

Röd, Wolfgang: *Enthält Wittgensteins Tractatus transzendentalphilosophische Ansätze?*, in: Johannessen 1981

Rorty, Richard: *Wittgenstein, Heidegger und die Hypostasierung der Sprache*, in: »Der Löwe spricht ... und wir können ihn nicht verstehen«. Ein Symposion an der Universität Frankfurt anläßlich des hundertsten Geburtstages von Ludwig Wittgenstein, Frankfurt/Main 1991

Russell, Bertrand: (mit A.N. Whitehead) *Principia Mathematica*, Bd. 1, Cambridge 1910

The Problems of Philosophy, Oxford 1912

Knowledge by Acquaintance and Knowledge by Description, in: B.R., Mysticism and Logic and other Essays, New York/London 1959 (*Erkenntnis durch Bekanntschaft und Erkenntnis durch Beschreibung*, in: B.R., Die Philosophie des logischen Atomismus, hrsg. von J.Sinnreich, München 1979)

Introduction / Vorwort, in: B.McGuinness / J.Schulte (Hrsg.), Ludwig Wittgenstein, Logisch-philosophische Abhandlung / Tractatus logico-philosophicus. Kritische Edition, Frankfurt/Main 1989

Ryle, Gilbert: *Collected Papers*, Hutchinson 1971

Savigny, Eike von: *Wittgensteins „Philosophische Untersuchungen"*. Ein Kommentar für Leser, Frankfurt/Main 1988

Hrsg. (mit Oliver R. Scholz), *Wittgenstein über die Seele*, Frankfurt/Main 1995

Scheier, Claus-Artur: *Wittgensteins Kristall*. Ein Satzkommentar zur »Logisch-philosophischen Abhandlung«, Freiburg/München 1991

Scherb, Martin: *Künstliche und natürliche Sprache*. Bemerkungen zur Semantik bei Tarski und Wittgenstein, Hildesheim 1992

Scherer, Georg: *Grundphänomene menschlichen Daseins im Spiegel der Philosophie*, Düsseldorf/Bonn 1994

Schmidt-Dengler, Wendelin: Hrsg. (mit M.Huber und M.Huter), *Wittgenstein und Philosophie ↔ Literatur*, Wien 1990

Schneider, Hans Julius: *Phantasie und Kalkül*. Über die Polarität von Handlung und Struktur in der Sprache, Frankfurt/Main 1992

Scholz, Oliver R.: *Bild, Darstellung, Zeichen.* Philosophische Theorien bildhafter Darstellung, Freiburg/München 1991

Zum Status von Teil II der Philosophischen Untersuchungen, in: Savigny / Scholz 1995

Wie schlimm ist Bedeutungsblindheit? Zur Kernfrage von PU II xi, in: Savigny / Scholz 1995

Schulte, Joachim: *Erlebnis und Ausdruck.* Wittgensteins Philosophie der Psychologie, München 1987

Wittgenstein, Stuttgart 1989a

(Hrsg.) *Texte zum Tractatus,* Frankfurt/Main 1989b

Chor und Gesetz. Wittgenstein im Kontext, Frankfurt/Main 1990

»Es regnet, aber ich glaube es nicht.«, in: Savigny / Scholz 1995

Schulthess, Peter: *Am Ende Vernunft – Vernunft am Ende?* Die Frage nach dem logos bei Platon und Wittgenstein, St. Augustin 1993

Schulz, Walter: *Wittgenstein.* Die Negation der Philosophie, Pfullingen ²1979

Schweidler, Walter: *Wittgensteins Philosophiebegriff,* Freiburg/München 1983

Siitonen, Arto : *Tractatus, Schön und Gut,* in: Grazer Philosophische Studien 21 (1984)

Simon, Josef: *Philosophie und linguistische Theorie,* Berlin/New York 1971

Sprachphilosophie, Freiburg/München, 1981

Philosophie des Zeichens, Berlin / New York 1989

Zeichenphilosophie und Transzendentalphilosophie, in: J. Simon (Hrsg.), Zeichen und Interpretation, Frankfurt/Main 1994

Simons, Peter: *Das alte Problem von Komplex und Tatsache,* in: Schulte 1989b

Smith, Barry: *Wittgenstein und das ethische Gesetz,* in: Birnbacher 1985

Specht, Ernst Konrad: *Die sprachphilosophischen und ontologischen Grundlagen im Spätwerk Ludwig Wittgensteins,* Köln 1963

Spiegelberg, Herbert: *The Puzzle of Wittgenstein's Phenomenology,* in: American Philosophical Quarterly 5 (1968)

Staten, Henry: *Wittgenstein and Derrida,* Oxford 1985

Stegmaier, Werner: *Zeichenphilosophie, Ontologie und Ethik,* in: Th. S. Hoffmann / St. Majetschak, Denken der Individualität. Festschrift für Josef Simon zum 65. Geburtstag, Berlin / New York 1995

Stegmüller, Wolfgang: *Ludwig Wittgenstein als Ontologe, Isomorphietheoretiker, Transzendentalphilosoph und Konstruktivist,* in: Philosophische Rundschau 13.2 (1965)

Hauptströmungen der Gegenwartsphilosophie, Stuttgart [4]1969

Stenius, Erik: *Wittgenstein's Tractatus*. A Critical Exposition of its Main Lines of Thought, Oxford 1960

Stetter, Christian: *Wittgensteins »Tractatus«*: Bemerkungen zu einem Mißverständnis, in: Kodikas/Code/Ars Semeiotica 2.4 (1980)

Strawson, Peter Frederick: *Philosophical Investigations. By Ludwig Wittgenstein*, in: Mind 63 (1954)

Stripling, Scott Randall: *The Picture Theory of Meaning*: An Interpretation of Wittgenstein's Tractatus Logico-Philosophicus, Washington 1978

Taylor, Charles: *Lichtung oder Lebensform*. Parallelen zwischen Wittgenstein und Heidegger, in: »Der Löwe spricht ... und wir können ihn nicht verstehen«. Ein Symposion an der Universität Frankfurt anläßlich des hundertsten Geburtstages von Ludwig Wittgenstein, Frankfurt am Main 1991

Teuwsen, Rudolf: *Familienähnlichkeit und Analogie*. Zur Semantik genereller Termini bei Wittgenstein und Thomas von Aquin, Freiburg/München 1988

Terricabras, Josep-Maria: *Ludwig Wittgenstein*. Kommentar und Interpretation, Freiburg/München 1978

Thiel, Christian: *Sense and Reference in Frege's Logic*, Dordrecht 1968

Thiele, Susanne: *Die Verwicklungen im Denken Wittgensteins*, Freiburg/München 1983

Tranøy, Knut Erik: *Wittgenstein – Ethics and the »Wonderful Life«*, in: Haller 1990

Tugendhat, Ernst: *Die Bedeutung des Ausdrucks »Bedeutung« bei Frege*, in: M.Schirn (Hrsg.), Studien zu Frege, Bd. 3, Stuttgart 1976

Vossenkuhl, Wilhelm: (Hrsg.) *Von Wittgenstein lernen*, Berlin 1992

Wittgenstein über Farben und die Grenzen des Denkbaren, in: Vossenkuhl 1992

Warnock, Geoffrey James: *English Philosophy since 1900*, London 1959

Wiesing, Lambert: *Stil statt Wahrheit*. Kurt Schwitters und Ludwig Wittgenstein über ästhetische Lebensformen, München 1991

Winch, Peter: *Versuchen zu Verstehen*, Frankfurt/Main 1992

Wohlfart, Günter: *Grammatik und Ästhetik*. Zum Verhältnis von Sprache und ästhetischer Erfahrung bei Wittgenstein, in: Deutsche Vierteljahresschrift für Literaturwissenschaft und Geistesgeschichte 57 (1983)

Sprachkritik und Sprachmetakritik. Bemerkungen zur Sprachphilosophie Wittgensteins, in: Allgemeine Zeitschrift für Philosophie 9.3 (1984)

Wright, Georg Henrik von: *Ludwig Wittgenstein*. Eine biographische Skizze, in: G.H.v.W., Wittgenstein, Frankfurt/Main 1986

Wuchterl, Kurt: *Struktur und Sprachspiel bei Wittgenstein*, Frankfurt/Main 1969

Zimmermann, Jörg: *Wittgensteins sprachphilosophische Hermeneutik*, Frankfurt/Main 1975

Personenregister

Sachregister